Rodinskys Raum

Rachel Lichtenstein
mit
Iain Sinclair

Rodinskys Raum

Aus dem Englischen von
Monika Noll und
Ulrich Enderwitz

Claassen

Für David

Inhalt

Rachel Lichtenstein
vor Ort

Iain Sinclair

Hast du den Schwarzrock gesehen? ein Zaddik.
Sie können sich unsichtbar machen, hab' ich gehört.

David Hartnett, *Black Milk*

Eine junge hochschwangere Engländerin wird in die Bürosuite eines New Yorker Literaturagenten vorgelassen. Mit dem belustigten Gefühl, sich in einer unendlich oft durchgespielten Bühnenprobe zu befinden, läßt sie all das Imponiergehabe über sich ergehen: die lange Wartezeit im Vorzimmer, der niedrige Sessel, der sie zwingt, über einen schimmernden Teppichrasen zum großen Schreibtisch hinüberzustarren, die Batterie von goldgerahmten Familienfotos. »Also, ich gebe Ihnen zwanzig Minuten. Ein frommer Kauz in der Dachkammer, und er verschwindet. Na und? Wo ist der Witz bei der Sache?« Sie lacht, sagt ihr Sprüchlein auf. Sie hat das schon oft getan, aber der Effekt ist immer derselbe. Rachel wird zu dem, wovon sie erzählt. Er hört zu. (In der Filmfassung würde sich hier ein Standfoto vom Zigarrenrauch gut machen.) Sie spielt, aber sie spielt sich selbst. Rachel Lichtenstein *ist* die Geschichte, eine verrückte Recherche, um alles aufzuspüren, was sich über den Hausmeister einer Synagoge, einen Talmudgelehrten, einen heiligen Narren in Erfahrung bringen läßt, über einen Mann, der sich durch sein Verschwinden erfand. Einen Einfältigen, der ein halbes Dutzend lebender und toter Sprachen beherrschte. Einen Klippschulabbrecher, der Keilschrifttexte aus dem Zweistromland übersetzt hat. Einen Dauergast in Cafés ohne einen Pfennig Geld. Einen Stadtstreuner, der eine Bibliothek zusammentrug, die über fünfzig Bücherkisten füllte. Rodinsky war eine Gestalt, deren einzige Bestimmung ihre Gestaltlosigkeit, der fehlende feste Umriß war. Je mehr Belege Rachel zusammentragen konnte, je mehr Artefakte sie zu fotografieren und zu etikettieren vermochte, um so ungreifbarer wurde diese Fiktion David Rodinsky. Sie experimentierte mit allen erforderlichen Rollen: Sie spielte Privatdetektiv, Archäologe, Kurator, bauchrednerisches Sprachrohr der Stimme und Kunst Rodinskys. Mit Schrecken erkannte sie, daß die Aufgabe ihres Lebens, dieses Abschnittes ihres Lebens, darin bestand, zu vollenden, was auch immer Rodinsky begonnen hatte: das Ich und all die nichtssagenden Umstände von Raum und Zeit zu transzendieren und in einen Parallelzustand zu gelangen. Entfleischlicht. Entkörperlicht. Ewig gegenwärtig.

Die Art, wie Rachel ihre Geschichte erzählte, hatte etwas Unwiderstehliches, Zwingendes. Agenten, Verleger, Gönner ließen sich auf Anhieb von der Leidenschaft in dieser ruhigen, vernünftigen Stimme überzeugen. Die weit auseinanderstehenden, mandelförmigen Augen verwirrten sie. Bannkräftig, leuchtend. Die junge, sorgfältig geschminkte Frau war die Ruhe selbst, als sie auf die letzte Minute zu diesem Treffen erschien. Was sie schildert, passiert *hier und jetzt*, in diesem Augenblick. Die Vergangenheit ist aufgehoben, absorbiert. Sie war offenbar Zeugin von Geschehnissen, die sich lange vor ihrer Geburt ereigneten. Wie die besten Kriminalgeschichten zerbricht ihre Erzählung in nicht-ganz-aufgeklärte Episoden. Spannende Fortsetzungsgeschichten, die einen nicht mehr loslassen. Telefonanrufe von Leuten, die amtlich tot sind. Kürzlich gefundene Beweisstücke, die allem Vorhergegangenen ins Gesicht schlagen. Sich etwas zurechtzulegen, womit man sich beruhigen kann, ist nicht möglich. Sie *mußten* einfach wissen, wie die Sache ausging, diese Geschichte, die in einem versiegelten Zimmer in einer nicht mehr benutzten Synagoge in Spitalfields begann und bis an die Ostgrenzen Polens und der Ukraine, nach New York, Israel, Toronto führte. Tatsächliches und Erdichtetes gingen eine stürmische Verbindung ein. Raunende Vorfahren. Internetkontakte. Totenscheine. Zahlreiche Fragmente, die sich zu einem fragwürdigen Lebenslauf zusammensetzen ließen. Der Mann schien in engstem Zusammenhang mit dem Ort zu stehen, mit der Auflösung des jüdischen Ghettos. Wenn man genau hinsah, konnte man gar so etwas wie eine Verschwörung entdecken. Gruppen, die daran interessiert waren, daß der arme Synagogendiener in den Akten begraben blieb. In Akten, die seit langem verloren oder vernichtet waren. Rodinskys Leben wurde ins Legendäre verdrängt. Es gehörte ans Ende einer Ära, lag vor der Zeit, da Erinnerungen sich in Gedenktafeln verwandelten. Ein verlassener Raum enthielt alles, was vom Leben eines Mannes übrig war; Rachel Lichtenstein begriff es als ihre Aufgabe, die niemand sonst erfüllen konnte, dieses Leben noch einmal zu leben und zu vollenden. Irgendeine Lösung zu finden oder sich auf ewig in dem Versuch zu verlieren. Das war ihre Lust. Das war ihre Last. Und das war es, was die Männer erschreckte und aufwühlte, vor denen sie die Werbetrommel rührte.

Gehe heute dorthin, nach Whitechapel, in die Princelet Street. Nummer 19, das Museum für Jüdische Tradition. Aus dem Gebäude dringt kein Licht, die Fenster sind mit Rolläden verrammelt, blind. Eine Webspindel, die an der Wand herunterhängt, sieht aus wie eine Gebetsrolle, eine Reliquie. Mir fiel ein Objekt ein, das ich im Witney Museum in New York gesehen hatte, die berühmte Fernschreibpapierrolle, auf der Jack Kerouac seinen Roman *Unterwegs* ausgewalzt hatte. Das dünne Papier war an den Rändern zerfleddert, aber der Text strömte dahin, ohne Abschnitte, strotzend von den wirklichen Namen wirklicher Leute, unzensiert, ungeglättet. Erster Einfall, bester Einfall. Die ganze fiebrige, benzedringeschwängerte Erzählung, die durch Abschweifungen, gespielt naive Bedenklichkeiten, Selbstzweifel, Geständnisse, rhapsodische Ergüsse und strategische lyrische Anleihen beim überwältigenden Ansturm des Alltäglichen voransprintete. In meinen parteiischen Augen wurde diese Webspindel von Spitalfields zu der Spule, von der gerade eine solche Rolle abgestreift worden war. Memento für einen fehlenden Text. Einen Text, den Gleichgültigkeit, der Alltag mit seinen Anforderungen, verschlissen hatte. Einen Text, der sich nur mittels sympathetischer Magie, einer eigentümlichen Verbindung aus Gelehrsamkeit und Besessenheit, wiederherstellen ließ.

Der Gelegenheitsbesucher, den es nach dem Augenschein verlangt, nach der Bestätigung, daß solch ein Mann an solch einem Ort gelebt hat, wechselt auf die Südseite der Princelet Street, um Rodinskys Dachkammer, die alte Seidenwebergalerie, in den Blick zu bekommen. Jeder Versuch, hinter dem verdunkelten Fenster ein Gesicht, irgendeine winzige Bewegung zu erspähen, ist unfehlbar zum Scheitern verurteilt. Absolut nichts. Vom Gebäude hinter dem Betrachter hängt eine Fernsehantenne herab und bildet ein Pendant zur Webspindel am Museum für Jüdische Tradition. Worin besteht diese Tradition? In Türen, die so braun sind wie Kaffeesatz oder eingewecktes Blut. Ein abweisendes Äußeres, das nichts verrät. Ein herrenloses Gebäude. Eine dieser Szenerien, die für Spitalfiels typisch sind: hinten die Hektik der Brick Lane, vorne die restaurierte Eleganz der Wilkes Street. Als ob dieses ziellose Herumtreiben im Zeitenstrom eine Alternative wäre: georgianisch, viktorianisch, Nachkriegsverwahrlosung, Renovierungen der Thatcherära – such's dir aus. Aus Häusern werden Garnituren. Modeschneider beliefern die City und hocken in Wohnungen, die noch nicht wieder entrestauriert und ihren hugenottischen Ursprüngen wiedergegeben sind. Schmutz, Spinnweben, Rattendreck, Asche im Kamin. Wir kratzen die verbackenen Tapetenschichten von den Wänden, um irgendeine Spur vergangenen Lebens offenzulegen. Die originale Vertäfelung als spiritistische Alphabettafel. Gedenktafeln erzeugen Schuldgefühle: Wir werden gezwungen, uns an Leute zu erinnern, die vielleicht lieber vergessen sein möchten. Aber das können wir nicht zulassen. Wir müssen sie hier, vor Ort, festhalten, damit sie unserem eigenen vergänglichen Dasein Sinn verleihen. Princelet Street 17: »Miriam Moses, die erste Frau im Majorsrang aus Stepney. 1931–1932.« Keine Gedenktafel aber gibt es bis jetzt für David Rodinsky. Den meschuggenen Kabbalisten und komischen Kauz. Den Anreger der Phantasie. Den Retrogolem. Er ist ungeschrieben, unerklärt und deshalb frei.

Um die Princelet Street gibt es keinen Kult, der sich dem des Anne-Frank-Hauses an die Seite stellen ließe. Eines Hauses, das zu einem Markennamen, einer Industrie, geworden ist, die gespenstische Vergegenwärtigung einer Person, deren kurze Biographie einstehen muß für all die anderen ausgelöschten Leben, die es indes nicht zur Autorschaft gebracht haben. Schon frühmorgens bilden sich an der Prinsengracht in Amsterdam die Schlangen. Bereits aus der Ferne sieht man, wie sich Touristen, Tramper, Schulkinder mit ihren Klassenheften vorwärtsschieben: zu einer Stätte, die, glaubt man dem Reiseführer, inzwischen »einer der meistbesuchten Orte der Welt ist«.

Die Geschichte eines heimlichen Lebens, das Tagebuch eines jungen Mädchens, ein Haus im Haus – das alles hat quälende Öffentlichkeit gewonnen. Ich sah von der Straße aus der unablässigen Prozession zu. Ich dachte, es gebe vielleicht eine nachforschenswerte Verbindung mit dem noch verborgenen Rodinsky-Mythos, den Tagebüchern, die ich in seiner Dachkammer gesehen hatte; dem Gekritzel, den Zitaten, den Versfetzen, den holprigen Übersetzungen. Aber dies hier war einfach zu öffentlich. Ein fröstliger Nachmittag im Februar, die Sonne dicht über dem Wasser, und immer noch strömten die Massen herbei, sammelten sich, bildeten Trauben, drängten hin zu dem öffentlichen Gebäude. Suchten nach Bestätigung für das, was sie bereits wußten, nach der Empirie, die Bilder freisetzen würde, die ihnen eine nur allzu vertraute Geschichte bereits vor Augen gestellt hatte.

Spitalfields geht an die Börse. Voll Eifer, sich am Aktienmarkt notiert zu finden, putzt es sich heraus. Die Gegend war schon immer bereit, ihr Mäntelchen nach dem Wind zu hängen, mit der Mode zu gehen. Die »Katakomben« unter der alten Fruchtbörse von Spitalfields Market dienen heute als Speicherraum für Straßenhändler, für Leute, die mit biologisch-dynamischem Gemüse, Andenkenschnickschnack, exotischer Volkskunst und Imbissen handeln, bei denen man nachher hungriger ist als vorher. Daran ist nichts auszusetzen. Das bleibt nicht so. Es ist eine Phase, durch die das Gelände durch muß, ehe der Landhunger der City es vollständig kolonisiert. Aber dabei geht Zwischenzeiliges verloren. Alles erscheint plötzlich explizit, übertrieben deutlich, in Prospektform gebracht.

Unmittelbar nördlich des alten Spitalfields Market, wo man durch die Gegend kommt, in der sich einst Obdachlose und Säufer in der Abenddämmerung Gemüseabfälle zusammenkochten, befinden sich die schönsten Beispiele restaurierter georgianischer Behausungen: das, was von Spital Square, Folgate Street und Elder Street übriggeblieben ist. In ihrer Hoheit, ihrer Strenge, dem Schimmer blankgeputzter Fensterscheiben und frischbemalter Jalousien, lassen uns diese Straßen wissen, daß sie zu gut für uns sind, zu gut für die Zeit, in die es sie verschlagen hat. Hier, in der Folgate Street, fällt dem flanierenden Passanten die flackernde Gasbeleuchtung auf. Eines der Häuser, Nummer 18, will augenscheinlich die Aufmerksamkeit auf sich lenken: Es hat sich herausgeputzt und seinen Wahlspruch, AUT VISUM AUT NON (»du siehst es oder du siehst es nicht«) ins Fenster geklebt. Wie an der Synagoge in der Princelet Street gibt es auch hier eine Weberspindel (nur daß sie hier eine fremde Zutat ist). Nummer 18 ist das Zuhause, der »Wohnsitz«, von Dennis Severs, einem Südkalifornier, der sich seit gut zwanzig Jahren damit beschäftigt, die Vergangenheit einem persönlichen Verhör zu unterziehen. Er betrachtet das Haus als eine Szene, eine Reihe von stillebenartigen Genrebildern, Tableaux, in deren Mitte (und denen gegenüber) frivole Bemerkungen nicht gestattet sind. Severs handelt mit Aura, widmet sich der Erzeugung von »Atmosphäre«.

Ein Meßdiener reagiert mit gebotener Gemächlichkeit auf das laute Klopfen, nimmt das Geld an der Tür entgegen und läßt die Besucher wissen, wie sie sich zu betragen haben. Man braucht nur den Besichtigungspfad zu verlassen und ins »falsche« Zimmer zu treten – schon ruft einen der lächelnde Regisseur, Severs höchstpersönlich, mit einem energischen »Pst!« zur Ordnung. Ein merkwürdiges Erlebnis: die verlangte Zehenspitzen-Stimmung durchhalten und gleichzeitig eine unziemliche Begeisterung für die Dienstbotenklingeln und den Mief, die randvollen Nachttöpfe und das halbverdaute Gebäck simulieren zu sollen. Die Besucher sind die Gespenster, die, zumindest unterschwellig, auf die Zitate reagieren sollen: auf den Küchentisch, der wie eine Illustration aus Beatrix Potters *Tailor of Gloucester* gedeckt ist, auf die Dachstube mit ihren Dickensschen Gräßlichkeiten. Das Haus stellt eine Parallelwelt dar, die man aufmerksam, dankbar, schweigend durchwandern soll. In kostbarer Gedankenverlorenheit. Durch Räume, die es niemals gab, voll Rührung angesichts (massiv dokumentierter) erdichteter Geschichten um Familien, die niemals existierten.

Wie nah ist dies der Erfahrung, die einen im Museum für Jüdische Tradition in der Princelet Street erwartet? Hier treffen wir das vexierbildlich genaue Gegenstück an. Die braunen Türen der alten Synagoge sind nie offen, obwohl das Gebäude den vagen Anspruch in sich birgt, ein Museum für Einwanderung und falsche Erinnerung zu werden. Im Längsschnitt betrachtet, präsentiert sich das Bauwerk hierarchisch: von den Küchen des 18. Jahrhunderts, den Untergeschossen der Keller und gefliesten Traumfluchten, durch die Synagoge hinauf zu den Wohnräumen des Rabbi und Rodinskys Mansarde. Aber das Haus ist kalt, abweisend, geistig unabhängig. Der Kustos, der eifrig an seinem eigenen Projekt arbeitet und dessen Schreibtisch mit Papieren überhäuft ist, gewährt Leuten von draußen nur widerstrebend Zutritt. Er schleicht um sie herum, wartet begierig darauf, sie wieder hinausgeleiten, die leeren Räume dem ihnen eigenen, ruhigen Pulsschlag wiedergeben zu können. Jede Invasion, so gibt er zu verstehen, zerstört das Verständnis, das er gerade zu entwickeln beginnt, zertrümmert die allmähliche Besinnung.

Überall im Severschen Haus gibt es Aufpasser, Herumlungerer, nichtssagende Personen, die kaum etwas tun, und wenn, dann nichts Sinnvolles. Sie gehören zur Truppe, sind Schauspieler in Ruhestellung. Ein Chor von Komparsen mit sorgfältig gebügelten Gesichtern, die vor kultischer Begeisterung strahlen. Dilettanten alter Schule in reizenden Bohemienkostümen. Die einstudierte Nonchalance, mit der sie im Feuer stochern oder an einem schmutzigen Fenster lehnen, steht im Gegensatz zu der getragenen Prozession zahlender Gäste. Die allesamt zu gut gekleidet sind. Die nicht wissen, welches Verhalten von ihnen erwartet wird. Sie möchten zeigen, wie angetan sie sind, möchten ihr Verständnis bekunden, aber sie dürfen nicht sprechen. Sie nicken Severs in wortloser Pantomime zu. Sie kriegen mit, selbstverständlich kriegen sie mit, daß die Sachen auf dem Tisch, die Punschbowle, die Tonpfeifen, der umgestürzte Stuhl, das Gemälde an der Wand, die Hogarthsche Orgie, nachstellen. Dies ist eine zahme Orgie, eine Orgie, die stillgestellt, ausgelaufen, die in ihrer Giftigkeit entschärft ist. Die Teil der Folgate-Street-Aufführung geworden ist, des Schauspiels, bei dem das wichtigste die Szenerie ist. Severs, der sichtbare Regisseur/Autor, ist zufrieden mit sich, mit dem Haus (seine Anmerkungen im Programm buchstabieren die Botschaft vor); er ist Brecht im ausgebeulten Pullover. Räucherharz duftet. Kerzen flackern. Kirchenglockengeläut vom Band tönt hinter jedem Vorhang, perlt aus jedem Winkel hervor. Hier wird eine Zeremonie, ein kirchliches Hochamt, abgehalten. Tatsache ist, daß aus dem Haus eine Bühne für Gespenster geworden ist. Mit Rekonstruktion und Echtheit hat das nichts mehr zu tun: Dies sind die Geister von Leuten, die nie einen Atemzug getan haben. Die Bilder, die Severs in seinen Begleittexten den Besuchern souffliert, sind fast schon sexuell: »von Kerzen erleuchtete Kammern, aus denen sich ihre Bewohner, Menschen des 18. und 19. Jahrhunderts, gerade erst zurückgezogen haben.« Man kann sie riechen, sieht die zerknitterten Laken, das eingetrocknete Essen. Man kann die Anweisungen an die Dienerschaft lesen. »Laß die Asche liegen«, lautet eine schriftliche Ermahnung, die neben den Kamin gepinnt ist. »Kümmere dich um das, was du gerade zu tun versäumt hast.« Ein Haus der Spiegel, der Reflexionen, der wahlverwandtschaftlichen Familienporträts aus Altvorderenzeit. (Nur das gelbe Fahrrad, das im Hof an einer Wand hängt, fällt aus dem Rahmen. Oder vielleicht ist das auch nur ein weitere Brechtsche Eskapade.)

Der Aufstieg durch das Haus von Severs mit den inszenierten Erscheinungen, den verschwundenen Präsenzen, stellt eine parallele Bildsequenz zu der mühsamen Klettertour über die ramponierten Stiegen der Synagoge in der Princelet Street dar. Der Aufpasser der Synagoge heftet sich einem an die Fersen, sagt kein Sterbenswörtchen, möchte nur, daß man wieder geht.

Severs macht einem Beine, spielt den Illusionskünstler, verschafft einem sanften Mystizismus Geltung: »Was wir nicht sehen können, verleiht dem, was wir sehen können, Sinn.« Severs hat sich für seine Mansarde eine Familie von »sechs armen Seelen«, die Familie Jervise, einfallen lassen. Weber, die sich um einen Phantomwebstuhl drängen. Er scheut keine Mühe, die Spinnweben, die Wolle, den viktorianischen Schmutz zu konservieren. »Nur weiter«, flüstert er, »versäumen Sie nichts von dem Erlebnis.« Leid und Hunger sind wie matter Rauch emporgestiegen. Unter dem Dachgebälk erwartet uns Taubendreck statt Zwitschern aus dem Vogelbauer. (Die Vögel selbst haben die Falken von Christ Church weggefangen.) Werden wir am Ende über Gerippe in Lumpen stolpern, über die unglücklichen Armen, von deren Elend die Philanthropen der viktorianischen Zeit, die Braumeister und Quäker in einer Person, so salbungsvoll kündeten? Wird der Augenblick kommen, in dem es über das Sensationelle, die Raritätenschau, hinausgeht? Keine Chance: »Sie werden die Räume ohne ihre Bewohner antreffen, die ausgegangen sind, um hinunter zum Fluß zu spazieren.«

Ein Raum, so leer wie Rodinskys Dachstube. Oder ebenso erfüllt von angehaltener Zeit. Severs' Theaterinszenierung verlangt Achtung für das, was war, für Echos aus der Vergangenheit, die etwas Besonderes sind und für die man zahlen muß. Die Präsenz, die man diesen Räumen entnimmt, ist die Anwesenheit der Spezialeffekthascher, der Assistenten, die als Besucher posieren. Durch die Gerüche und die Tonbänder wird man konditioniert. Durch sie bekommt man mitgeteilt, wie man die Szene zu interpretieren hat. In der Princelet Street ist das ganz anders. Man weiß nichts über Rodinsky; viel wird über ihn gemunkelt. Niemand ist da, der einem die Geschichte erklären könnte. Eines Tages verließ ein Mann, der in einem leerstehenden Gebäude in einem vergessenen Teil der Stadt lebte, seine Behausung und verschwand. Aber es war kein echtes Verschwinden, weil es niemand mitbekam. Der Raum, zugeschlossen, dichtgemacht mitsamt seinen Büchern, Kleidern, Kalendern, war der einzige Zugang zu der Geschichte. Wenn die Besucher gerade das Severs-Haus verlassen wollen, hören sie eine Kinderstimme: »Mutter – wer sind die Leute?« Die Inszenierung ist darauf abgestellt, sich selbst für unsterblich zu erklären, darzutun, daß die raffiniert hergerichteten Räume in einem erhalten gebliebenen georgianischen Gebäude in die Ewigkeit entrückt sind. Zeitlose Zeugen der Vergänglichkeit. Mimikry des Verfalls. Ein warmer Hauch von Staub. Und wir, rasch die Bühne überquerend, sind der Spuk der Zukunft. Ohne Zugriff auf Leben, aufgefordert, zu betrachten und zu bewundern, nicht hingegen befugt, herausfinden, daß der nachlässig arrangierte Bücherhaufen nichts weiter enthält als Bände aus der Waverley-Romanreihe, die man in den Bücherkellern von Cheshire Street aufs Geratewohl zusammengekauft hat.

Chaos herrscht auch im Zimmer von Rodinsky. Aber es ist ein zufälliges Chaos. Eines, das zu keiner Rückkehr auffordert. Der Raum übermannt den vorübergehenden Eindringling. Rodinsky lebt von dem, was niemals in Erfahrung zu bringen ist. Er läßt die Archetypen probesprechen. Und das kann dem Unbesonnenen zum Verhängnis werden. Sein Stück ist ungeschrieben. Es gibt zuviel Material. Man braucht eine sublime Rücksichtslosigkeit, um das Stück zu vollenden, das dieser mundtot gemachte Autor begann: ein Raum in solch absichtlichem Durcheinander, vollgestopft mit Spuren und Echos. Mach den Kleiderschrank auf. Geh das Tagebuch durch. Fang irgendwo an, und du wirst mehr Material finden, Verzweigungen, die sich immer weiter verzweigen, als du in einem ganzen Leben zu entwirren hoffen kannst.

Die Synagoge in der Princelet Street

Rachel Lichtenstein

Eine kleine Geschichte: Ein Mann geht nach Krakau und berichtet bei der Rückkehr seinem Freund:
»Die Juden von Krakau sind merkwürdige Leute. Ich traf einen Juden, der seine Nächte mit Träumen und seine Tage damit verbringt, die Revolution vorzubereiten. Ich traf einen Juden, der seine ganze Zeit dem Talmudstudium widmet. Ich traf einen Juden, der hinter jeder Schürze herjagt, und ich traf einen Juden, der von Frauen nichts wissen will. Ich traf einen Juden, der ständig überlegt, wie er schnell reich werden kann!
Der Freund sagt: »Warum erstaunt dich das so? Krakau ist eine große Stadt, und es gibt dort viele Juden, Leute aller Art.«
»Nein«, sagt der Mann, »es war immer derselbe Jude.«

Rafael Felek Scharf

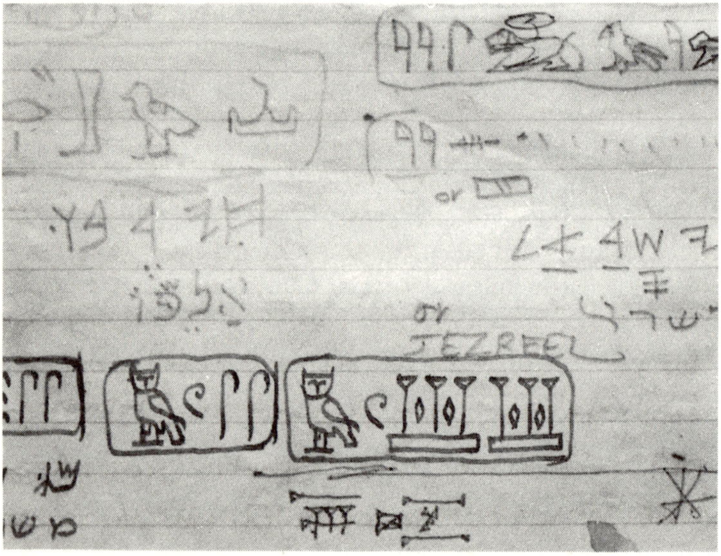
or
or
JEZREEL

Die Eltern meines Vaters, Gedaliah und Malka Lichtenstein, entkamen Anfang der dreißiger Jahre aus Polen und ließen sich im Ostteil Londons nieder. Nach dem Krieg zogen sie mit ihren drei Söhnen nach Westcliff in Essex. Ihr geschäftlicher Erfolg veranlaßte meinen Vater und seine Brüder, ihren Familiennamen zu anglisieren. Ich kam im April 1969 als Rachel Laurence zur Welt.

Malka starb an Leukämie, als ich zwölf Jahre alt war. Ich erinnere mich an sie, wie sie lachend den Kopf zurückwarf und einen Mund voller Goldzähne enthüllte, die ich immer wieder gezeigt bekommen wollte. Ich erinnere mich an ihre kastanienbraune Perücke, die langsam von ihrem Kopf glitt, während sie ihr nachmittägliches Nickerchen hielt und meine Schwester und ich sie beobachteten. Durch den Türspalt bewunderten wir ihre majestätische Gestalt, in einen roten Samtumhang gehüllt und hingegossen auf ihre rosafarbene Chaiselongue. Voll Ehrfurcht starrte ich das Foto auf dem Kaminsims an, das sie als junge Frau in einem Seidenkleid mit V-Ausschnitt zeigte, in reizvoller Pose auf den Arm gelehnt.

Andererseits erinnere ich mich an eine besorgte Frau, die am Tor auf und ab lief, wenn wir eintrafen, und hemmungslos weinte, wenn wir fünf Minuten zu spät kamen. »Meine Schätzchen, ich dachte, ihr kämt nicht wieder, ich dachte, ich würde

euch nie mehr wiedersehn.« Meistens aber hielt sie sich in der Küche auf, wo sie Unmengen von leckeren Köstlichkeiten zauberte. Meine Schwester und ich saßen am Tisch, während sie Brathähnchen und *gefilte Fisch* auf unsere Teller türmte. »Eßt, eßt, denkt an all die hungernden Kinder in Afrika, eßt, und laßt es euch gutgehen.« Voller Schuldgefühl, weil wir wußten, daß sie als kleines Mädchen oft hungrig zu Bett gegangen war, stopften wir uns ihr zuliebe voll, bis wir beinahe platzten.

Ich erinnere mich daran, wie mein Großvater zu essen pflegte. Er senkte den Kopf bis fast auf den Teller, schlang den rechten Arm schützend darum und schaufelte mit der anderen Hand seine Mahlzeit mit solch bestürzender Geschwindigkeit in den Mund, daß er kaum zum Atmen kam. Diese Gewohnheit legte er nie ab; stets blieb er auf der Hut vor eventuellen hungrigen Geschwistern. Als Kind faszinierten mich meine Großeltern und flößten mir gleichzeitig Schrecken ein. Sie waren anders als die übrigen Leute in meiner Umgebung, irgendwie lauter, ausladender.

Als ich siebzehn war, starb mein Großvater. Er hatte die Achtzig überschritten, und alle waren sich einig, daß er ein gutes, langes Leben gehabt hatte. Ich erinnere mich, wie ich nach der Beerdigung sein Arbeitszimmer betrat, dessen Wände vom Boden bis zur Decke mit Büchern vollgestapelt waren. Sie waren in vielen verschiedenen Sprachen verfaßt, von denen ich keine einzige verstand. In seinem Nachttisch fand ich einen Samtbeutel, bestickt mit hebräischen Buchstaben, die ich nicht lesen konnte. Der Beutel enthielt ein blauweißes Tuch und ein kleines Lederetui mit langen Lederriemen. Ich wußte nicht, wozu die Sachen dienten, hob sie aber vorsichtshalber auf. Ich nahm seinen Handkoffer in Verwahrung, der gefüllt war mit Teilen alter Uhren, Zeugnissen und Fotografien. In meinem Zimmer studierte ich den Inhalt stundenlang.

Sein Tod versetzte mich in Schrecken, weil ich begriff, daß mit ihm der Schlüssel zu meinem Traditionserbe zu Grabe getragen wurde. Ich faßte den Entschluß, es nicht mit ihm sterben zu lassen. Eine Woche nach seinem Tod unternahm ich den ersten Schritt zur Wiederherstellung eines Zusammenhanges zwischen meiner Vergangenheit und meiner Gegenwart und nahm kraft förmlicher Absichtserklärung den Nachnamen Lichtenstein an. Im Sommer des gleichen Jahres zog ich aus meinem Elternhaus aus, um an der Universität Sheffield ein Kunststudium mit Schwerpunkt Bildhauerei zu absolvieren.

Mein Wunsch, bildende Kunst zu studieren, war sehr stark von meinem Großvater beeinflußt. Als ich etwa acht Jahre alt war, fragte ich ihn, wer die Tuschezeichnung eines alten Mannes angefertigt hatte, die in einem schweren Goldrahmen in der Diele des großelterlichen Hauses hing. Er erzählte mir folgende Geschichte:

»Das war ich. Als junger Mann war ich sehr begabt, auch wenn ich nicht groß davon träumte, Künstler zu werden. Ich war arm, kam aus einem kleinen Dorf, und so ehrgeizige Ziele waren mir nicht erlaubt. Aber ich hatte einen Onkel, der in Łódź lebte. Er war sehr einflußreich und hochgestellt und hatte wohl mit Politik zu tun. Nun, eines Tages kam er zu uns zu Besuch. Eines Tages sah er meine Zeichnungen und war stark beeindruckt. Er verfügte in der Kunstschule über einigen Einfluß, und es gelang ihm, dort einen Platz für mich zu beschaffen. Nach viel gutem Zureden ließ meine Mutter mich ziehen. Mein Onkel sollte die Schulgebühr zahlen, und ich würde bei ihm wohnen. Ich konnte mein Glück gar nicht fassen und machte mich in der folgenden Woche auf den Weg. Die Reise nach Łódź war damals langwierig und mühsam. Wir reisten mit dem Pferdekarren und brauchten fast drei Tage. Am nächsten Morgen sollte ich mit dem Studium beginnen. Ich war schrecklich aufgeregt in dieser Nacht; ich konnte nichts essen und fand keinen Schlaf. Schließlich muß ich doch eingedöst sein, denn ich werde nie vergessen, was dann geschah. Ich wachte zu Tode erschrocken auf. Der Mond stand noch hoch am Himmel, aber an Schlaf war nicht mehr zu denken. Ich hatte geträumt, mein Bruder liege im Sterben. Das Traumbild und die Empfindungen waren so wirklich, daß ich herausfinden mußte, ob er wohlauf war. Es gab damals kein Telefon. Wollte ich mir Gewißheit verschaffen, mußte ich zurück ins Dorf fahren. Bei Tagesanbruch war ich bereit zum Aufbruch. Mein Onkel war verständlicherweise entgeistert und enttäuscht; ich aber ließ mich nicht umstimmen. Er sorgte für eine Rückfahrgelegenheit, und ich trat die lange Reise nach Hause an. Mit jeder Meile, die ich dem Dorf näher kam, wuchs meine Angst vor dem, was mich erwartete. Als wir schließlich den Dorfrand erreichten, stürzte ich nach Hause, ohne jemanden unterwegs zu begrüßen, und traf das Haus seltsam verlassen an. Ich trat auf die Straße hinaus und sah meine in Tränen aufgelöste jüngere Schwester. Sie kam gerade vom Friedhof, wo man meinen Bruder beerdigt hatte. Am Abend meiner Abreise hatte er zu fiebern begonnen und war am nächsten Tag an der Cholera gestorben. Ich fuhr nie wieder nach Łódź zurück, sondern blieb zu Hause und kümmerte mich als nunmehr ältester Sohn um die Familie. Bald danach wurde die Lage schwierig für uns, und die Familie ging nach England. Gezeichnet habe ich seitdem nicht mehr.«

Ich nahm die Chance wahr, die mein Großvater nie bekommen hatte; während meiner drei Jahre an der Kunstschule drehte sich fast meine gesamte bildhauerische Arbeit um seine

Lebensgeschichte. Gegen den Rat meiner Lehrer wählte ich im letzten Studienjahr als Thema meiner Abschlußarbeit die Zuwanderung osteuropäischer Juden ins Londoner East End und den Prozeß ihrer Assimilation und Integration in dem neuen Land. Ich fuhr nach London, um die nötigen Forschungen zu betreiben, und verbrachte eine Woche in dem in Finchley gelegenen Museum für das Jüdische East End. Dort freundete ich mich mit einem älteren Mitarbeiter an, der mir riet, das Museum für Jüdische Tradition im Osten Londons zu besuchen, eine frühere Synagoge, die, wie er mir sagte, heute ein der jüdischen Einwanderung gewidmetes Museum war. Ich bestieg die U-Bahn nach Whitechapel. Der Name der Straße, Princelet Street, weckte irgendeine vage Erinnerung in mir, aber ich kam damals nicht darauf, wo ich sie unterbringen sollte.

Nach etwa einer Stunde Fahrt erreichte ich die Station Aldgate East. Ich wandte mich nach links und ging die Brick Lane entlang, bis ich zum Abzweig Princelet Street kam. Nummer 19 machte ganz und gar nicht den Eindruck eines Museums; draußen fehlte jede Tafel, und das Gebäude wirkte verlassen. Trotzdem läutete ich, erhielt aber keine Antwort. Sanft drückte ich gegen die großen hölzernen Türflügel, fand sie unverschlossen und trat ein. Drinnen war es kalt. Ich fröstelte und zog die Jacke an, die ich draußen in der Hitze des Sommertages nicht gebraucht hatte.

Eine einsame Glühbirne bemühte sich, den dunkelgrün getäfelten Korridor zu erhellen, in dem ich mich befand. Als sich meine Augen an das Dämmerlicht gewöhnt hatten, konnte ich zu meiner Linken einen großen roten Stahltresor erkennen und dahinter eine verschlossene Tür. Zur Rechten führten ausgetretene Steinstufen zum nächsten Stockwerk hinauf. Im Winkel hinter der Eingangstür türmten sich Kästen mit leeren Bierflaschen; ihr schaler Geruch verstärkte noch den Eindruck von Muff und Feuchtigkeit. Von weiter vorne konnte ich gedämpfte Stimmen hören; aus dem Spalt unter der Tür am Ende des Korridors drang Licht. Ich machte Anstalten zu rufen, aber die Worte blieben mir im Halse stecken. Dem Ort haftete immer noch etwas von der bedrückenden Atmosphäre religiöser Stätten an, wo man sich automatisch im Flüsterton unterhält. Ich tastete mich den Korridor entlang und öffnete die Tür an seinem Ende. Warmes Kerzenlicht erhellte die abblätternde Bemalung der Synagoge. Die verblaßten purpurfarbenen Kissen auf der *Bima* waren in zerschlissene Gebetsmäntel gehüllt, die aussahen, als ob sie dort schon seit Jahrzehnten ruhten. Den schmiedeeisernen Balkon bedeckten Staub und Spinnweben; verschiedenste Artefakte aus der Dachstube lagen auf dem Fußboden verstreut. Mir kamen die Tränen. Ich hatte die vorangegangenen drei Sommer in Polen verbracht und war mit Reiseführer im Land herumgereist, um frühere jüdische Stätten zu lokalisieren. Auf diesen Reisen hatte ich zahlreiche ähnliche Gebäude besucht; mir kam es so vor, als sei die Synagoge in der Princelet Street geradewegs aus Osteuropa hierherversetzt worden. Wie ich später erfuhr, war dies im Grunde auch der Fall: Die handgeschnitzten Türen des Thoraschreins stammten aus Polen; zusammen mit den Messingleuchtern und anderen religiösen Objekten hatten sie polnische und russische Flüchtlinge herübergebracht, die ihre Gemeinde in London wiedererstehen lassen wollten.

In der Synagoge wimmelte es von Leuten, die herumrannten und einander anbrüllten. Es waren Studenten der Landesfilmschule, die mitten in einer Filmproduktion steckten, die den Titel »Der Golem von Princelet Street« trug. Die Spinnweben hatte man um des kinematographischen Effektes willen versprüht. Die Filmhandlung war eine freie Bearbeitung der Geschichte eines kabbalistischen Gelehrten und seiner Freundschaft mit einem muslimischen Jungen aus der Nachbarschaft. Einer der Filmstudenten erzählte mir, ein orthodoxer Gelehrter namens David Rodinsky habe in den Mansardenräumen über der Synagoge gelebt. Ende der sechziger Jahre sei er eines Tages verschwunden, und sein verschlossenes Zimmer sei fast ein Jahrzehnt lang nicht betreten worden. Geöffnet habe man es erstmals in den achtziger Jahren; alles sei so gewesen, wie er es zurückgelassen habe. Ich hatte vorher noch nie von Rodinsky gehört. Ein gelangweilter Lichttechniker folgte mir durch das Gebäude und versorgte mich mit Geschichten über Rodinskys Raum. »Als sie sein Zimmer öffneten, fand man in seinem Bett angeblich eine mumifizierte Katze, die dort geschlafen hatte. Da droben stapelten sich Hunderte von Büchern mit mystischen Formeln; die Leute glauben, daß er sich aus dem Zimmer schaffte, ohne es zu verlassen.« Der Beleuchter beugte sich verschwörerisch flüsternd zu mir: »Seine Stiefel standen noch da, in einer Ecke, und waren bis zum Rand gefüllt mit Staub.«

Als ich in Princelet Street Nr. 19 eintrat, wußte ich sofort, daß ich dort hingehörte. Am Abend sprach ich mit meinem Vater über das Gebäude; er erzählte mir, daß meine Großeltern nach ihrer Heirat zuerst in der Princelet Street Nr. 32 gewohnt und dort ein Uhrmachergeschäft eröffnet hatten. Er nahm an, daß sie in der Synagoge getraut worden waren. Nach etlichen Telefonanrufen gelang es mir, Donald Chesworth, den Vorsitzenden des Projekts, aufzuspüren. Eine Woche nach meinem ersten Besuch in der Synagoge trafen wir uns; mittlerweile hatte ich voll Übereifer den Plan gefaßt, mich in der Princelet Street als »Künstlerin des Hauses« zu etablieren. Ich würde Führungen durch die Nachbarschaft und das Gebäude anbieten, Bildungsveranstaltungen für jede nur denkbare Gruppe der Gemeinde vorbereiten, die gesamte Museumssammlung archivieren und katalogisieren und künstlerische Ausstellungen organisieren. Mr. Chesworth war begeistert von meiner Idee und trug sie dem Komitee des Museums für Jüdische Tradition vor. Ich wurde als unbezahlte Künstlerin am Ort akzeptiert. Nach meinem Abschlußexamen im Sommer desselben Jahres zog ich nach London um und fand eine Wohnung in der ebenfalls in Whitechapel gelegenen Brady Street. Ich trat meinen neuen »Posten« an und veranstaltete als erstes eine Ausstellung eigener Arbeiten.

Unter dem Titel »Ewig Grün« war die Ausstellung im Untergeschoß des Gebäudes zu besichtigen. In ihr kulminierten meine Polenreisen und die Modellierungsversuche, die sich um meinen Großvater drehten. Abbildungen aus Dokumenten, die ich im Jüdischen Museum in Warschau gefunden hatte, Jungen aus den ersten Jahren des Ghettos von Łódź, die arglos in die Kamera lächelten, *Menora* und Gewürzdosen auf den Betonstufen des alten Marktes in Krakau. Ein in blauen Samt gehüllter Bücherturm. Objekte aus der Uhrmacherwerkstatt meines Großvaters, in Harz eingeschlossen und in massive Stahlrahmen gefaßt.

Jeden Tag schloß ich auf und wartete in dem feuchten Keller auf das Läuten der Türglocke. In den ersten paar Wochen kamen etwa zehn Besucher am Tag, hauptsächlich ältere Leute, die in der Gegend gewohnt hatten und früher zum Gottesdienst in die Synagoge gekommen waren. Ich verbrachte viele faszinierende Stunden im Gespräch mit diesen Menschen, begierig nach ihren Geschichten, die sie mir nur zu gern erzählten. Ich wollte soviel wie möglich über Whitechapel in Erfahrung bringen und begann, täglich in der Gegend herumzulaufen und mir Notizen über Orte zu machen, die für Juden von Interesse waren. Das war die Zeit, in der ich Professor Bill Fishman kennenlernte. Sein Buch *The Streets of East London* enthielt viel Wissenswertes über das Viertel, aber ich hatte keine Ahnung, daß ihn auch etwas mit dem Synagogengebäude verband. Eines Tages trappelten viele Füße in die Synagoge. Ich ging hinauf und hörte mir an, was Bill Fishman einer Gruppe junger Geschichtsstudenten über die Synagoge in der Princelet Street zu erzählen hatte. Bill ist wie kein anderer in der

Geschichte der Juden im East End bewandert. Seine Vorträge klingen, als zitiere er unmittelbar aus einem seiner vielen Bücher, und deshalb erinnere ich mich auch noch so genau an seine lebendige Schilderung:

»Zwischen 1870 und 1914 erlebte der Ostteil Londons einen so großen Zustrom von ›Fremden‹ wie nie zuvor. Über 120000 Juden, die hauptsächlich aus Rußland und Polen kamen, suchten hier Zuflucht. Bis 1850 hatte sich das Ghetto mit der Petticoat Lane im Zentrum fest etabliert, wobei sich einige Ausläufer über die engen Gassen um die Brick Lane wie etwa die Princelet Street hinaus erstreckten. Für diejenigen, die gerade erst angekommen waren oder von der Anpassung an die veränderten Lebensverhältnisse nichts wissen wollten, übernahm die Synagoge eine wichtige Stützfunktion. Verstreut in diesen paar Straßen gab es mindestens fünfzig Synagogen, aber diese eine ist etwas ganz Besonderes. Sie ist der drittälteste Synagogenbau in England, der heute noch steht. Die Synagoge stellt nicht den ältesten Teil des Gebäudes dar. Sie wurde 1870 von russischen und polnischen Flüchtlingen im Garten hinter diesem Haus errichtet, das ursprünglich hugenottische Seidenweber nutzten und das

1718 Samuel Worrall, der Zimmermannsmeister des Architekten der Christ Church, Nicholas Hawksmoor, erbaut hatte.
Ich möchte Ihnen einen Auszug vorlesen, der von Israel Zangwill, dem großen Schriftsteller aus dem Ostteil Londons, stammt; er kam nur wenige Straßen von hier entfernt zur Welt. Diese Schilderung vermittelt einen lebendigen Eindruck davon, wie dieses Gebäude in seiner Blütezeit aussah und welche Rolle es spielte:
›Das *stibel* bildeten zwei große Räume, deren Zwischenwand man niedergerissen hatte, um aus ihnen einen einzigen Saal zu machen; der hintere Teil war abgetrennt und wurde von perückentragenden Frauen mit schwerer Kinnpartie genutzt, die nicht bei den Männern sitzen sollten, damit sie deren Gedanken nicht in ihren Bann zogen und vom Spirituellen ablenkten. Das Mobiliar bestand aus kahlen Bänken, einem Podest mit Lesepult in der Mitte und einem hölzernen Thoraschrein mit Vorhängen und pergamentenen Thorarollen, zu denen jeweils ein silberner Zeigestock sowie silberne Glöckchen und Granatäpfel gehörten. Der Raum war schlecht belüftet, und das bißchen Atemluft verschlangen meist die gefräßigen Scharen großer und kleiner Wachskerzen, die in Messinghaltern steckten.
Hierher kamen die Gläubigen, zwei- oder dreimal täglich. Sie schneiten herein, meistens in ihrer Arbeitskluft, polterten und brüllten und ließen im Chor ihre Gebete ertönen, daß die Fensterscheiben zitterten. Diese Synagoge war ihr Salon und ihr Vorlesungsraum. Sie bot ihnen nicht nur religiöse Erbauung, sondern befriedigte auch ihr Bedürfnis nach Kunst und Literatur, nach Politik und öffentlicher Unterhaltung. Sie war gleichermaßen ihr eigenes Zuhause und das Haus des Allmächtigen. Sie vergnügten sich in dieser ihrer Schule; sie schrien und hüpften und sangen, sie klagten und stöhnten, sie ballten die Fäuste und schlugen sich gegen die Brust, und wenn sie weinten, taten sie es mit Lust.‹
Diese Synagoge ist in vieler Hinsicht etwas Besonderes. Abgesehen davon, daß sie eine der ältesten Synagogen in London ist, knüpft sich an sie auch eine bemerkenswerte Geschich-

te. Vor vielen Jahren, als sie noch genutzt wurde, gab es dort einen Hausmeister, der in den Dachräumen des Gebäudes lebte. Er war ein polnischer Jude namens David Rodinsky und ein hervorragender Gelehrter; er sprach viele verschiedene Sprachen. Als Junge, damals, in der dreißiger Jahren, sah ich ihn manchmal, wenn ich an der Synagoge vorbeiging; ich erinnere mich an ihn, wie er in seiner Dachstube bei Kerzenlicht über seine Bücher gebeugt saß. Auf mich wirkte er uralt. Er war ein liebenswürdiger Mann, ein echter *Zaddik*, das heißt ein Rechtschaffener. Ich sah ihn, wie er mit den Taschen voller Münzen durch die Straßen ging und den Bettlern Geld gab. Wenn ich an ihn denke, überkommt mich Trauer. Eines Tages in den sechziger Jahren verschwand er einfach – niemand weiß, was mit ihm geschah. Sein Zimmer ließ man lange Zeit verschlossen. Wir können da jetzt nicht hinauf, die Treppen sind zu gefährlich, dieses Haus ist unvorstellbar baufällig. Schauen Sie sich also bitte in der Synagoge um, und dann begeben wir uns zu unserer nächsten Station.«

Während Bills Studenten das Gebäude bewunderten, stellte ich mich vor. Er wußte sofort, wer ich war. »Ich habe im Komitee von Ihnen gehört; man läßt mich das Gebäude für meine Rundgänge benutzen.« Er war überaus reizend, hielt es für eine hervorragende Idee, daß ich hier meinen Aufenthalt genommen hatte, und zog mit all seinen Studenten ins Untergeschoß, um meine Ausstellung zu besichtigen. Ich fragte ihn, ob er sonst noch etwas über David Rodinsky wisse, und er riet mir, in die Bishopsgate-Bücherei zu gehen und mit dem dortigen Lokalhistoriker zu reden. Damit hatte er mich auf eine Fährte gesetzt, die ich jahrelang verfolgen sollte.

Meine Ambitionen, Bildhauerei in der Synagoge zu treiben, ließ ich bald fallen, weil mich das Gebäude in einen Zustand künstlerischer Lähmung versetzte. Sein ästhetischer Reichtum und seine Geschichte überwältigten mich; es gab wenig, was ich dem an die Seite stellen konnte. Ich saß in stiller Bewunderung allein auf den leeren Holzbänken und sah mich satt an der Szenerie, die sich mir bot: gedrechselte Messingleuchter vor einem Hintergrund aus handgemalten hebräischen Schriftzügen in Gold, schwarzbraun gefleckte Stuckwände, eingerahmt von verstaubten Samtvorhängen, die das bunte Glasdach mit einem zarten Hauch von Rosa übergoß.

Einmal im Monat wurde das Gebäude an Filmteams vermietet, die die einzigartige Szenerie als Kulisse nutzten, und ich brachte viel Zeit damit zu, mich mit den Filmleuten herumzustreiten. Ich drückte mich dann im Schatten des Frauenbalkons herum, beobachtete argwöhnisch jede ihrer Bewegungen dort drunten, brüllte zornig los, wenn ich sah, wie ein Bühnenbildner sich anschickte, den Thoraschrein anders zu bemalen, um die gewünschte Aufnahme machen zu können, zuckte innerlich zusammen, wenn ich das Klirren der Glaslampen auf der *Bima* hörte, gegen die ein achtloser Kameramann stieß, während er sich rückwärts bewegte. Ich übernahm die Rolle, die nach meiner Vorstellung Rodinsky gespielt hatte, wurde zum unbezahlten Hausmeister der Synagoge in der Princelet Street und verteidigte mit Zähnen und Klauen ihre zerbrechliche Konstruktion.

Unfähig, Eigenes zu schaffen, fühlte ich mich immer stärker zu Rodinskys Zimmer hingezogen. Es existierte nicht mehr in seinem ursprünglichen Zustand, war wie ein aufgelassenes Grab. Das Museum of London hatte das Zimmer ausgeräumt, die Sachen in Verwahrung genommen und sie magaziniert, damit sie unter stabilen Bedingungen trocknen konnten, ehe sie der Synagoge zurückgegeben wurden. Als ich das Zimmer zum erstenmal sah, waren Rodinskys Habseligkeiten sorgfältig in Archivkisten verstaut, die in großen Stapeln an den Wänden aufgereiht standen. Auf den ersten Blick schien der Raum, abgesehen von den Kisten, wenig Zeugnisse von Rodinskys langem Aufenthalt zu bergen. Allmählich aber fing ich an, die Spuren zu entdecken. Ich fand seine alten Grammophonplatten, die unter dem Bett lagen, und eine große Sammlung staubbedeckter leerer Bierflaschen in einem Schrank in der Ecke. Im Kleiderschrank stieß ich auf steif gewordene Schlafanzüge und versteinerte Decken. Als ich mir eines Tages an seinem Klavier zu schaffen machte und den Deckel hob, entdeckte ich auf den

Elfenbeintasten schwache Bleistiftspuren: seltsame, unentzifferbare Symbole in seiner Handschrift. Von der hölzeren Zimmerdecke hing eine rostige Gaslampe, umgeben von einem Kohlering, den die ständige Benutzung hinterlassen hatte. Auch die abblätternde Tapete hinter der Tür trug Markierungen, feine handschriftliche Spuren, die sich unter den durchweichten Rändern verbargen. In unmittelbarer Nähe des emaillierten Spülbeckens, an dem sich Rodinsky vermutlich jeden Tag gewaschen hatte, waren die Dielen verzogen und rissig.

Sein Tisch stand mitten im Raum; darauf ein grüner Überwurf. Hier, an diesem Tisch, in diesem Raum, widmete ich mich meinem täglichen Ritual, der Freilegung seiner Hinterlassenschaft. Mit baumwollenen Schutzhandschuhen nahm ich nach und nach seine Besitztümer aus ihren Archivkisten und schälte sie behutsam aus ihren säurefreien Hüllen, ehe ich dann jedes Stück fotografierte und zu bestimmen und zu katalogisieren versuchte.

Anfangs enthüllte diese allem Anschein nach willkürliche Archäologie wenig: Die Dinge wirkten mangels der erläuternden Stimme ihres Urhebers stumm. Ich verbrachte zahllose Stunden in seinem Zimmer. Haufen von verrottendem Material türmten sich um mich herum auf. Die meisten der Sprachen, in denen er schrieb, konnte ich nicht lesen. Rodinskys Kleider, Töpfe, Schuhe und sonstigen persönlichen Gegenstände sollten weggeworfen werden. Als ich sie eines Tages in Säcken verpackt auf der Straße fand, brachte ich sie klammheimlich wieder hinauf.

Nicht selten trieb mich das überwältigende Gefühl, beobachtet zu werden, aus dem Zimmer, wobei es mir eiskalt den Rücken herunterlief. Am nächsten Tag aber saß ich wieder am Tisch: Die Faszination triumphierte über die Angst. Allmählich, im Laufe der Zeit, begann sich dank sorgfältiger Untersuchung seiner riesigen Sammlung andeutungsweise ein Bild des Mannes herauszuschälen: Ich sah einen Gelehrten, der voller Geheimnisse steckte, einen akribischen Kommentator von Texten, einen Witzbold, ein Rätsel.

Ich entdeckte handschriftliche Notizbücher, die deutlich machten, wie viele Sprachen er konnte – Sumerisch, Arabisch,

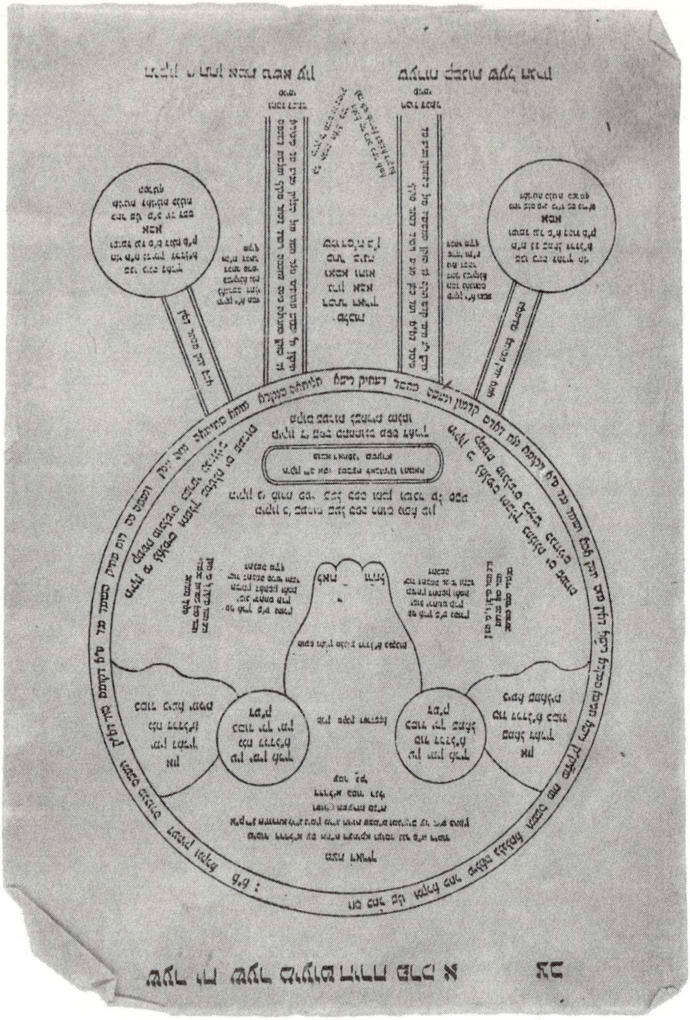

Japanisch, Hebräisch, Jiddisch, Griechisch und Russisch – außerdem ägyptische Hieroglyphen. Ich fand ein altes Mietzahlungsbuch, das bis ins Jahr 1936 zurückreichte. Es gab ausländische Reiseliteratur, obwohl ich so meine Zweifel hatte, daß Rodinsky je in diesen Ländern gewesen war. Ein Notizbuch war mit irischen Trinkliedern in fetten, roten Großbuchstaben vollgeschrieben, und hinter seinem Kleiderschrank zog ich ein zerknittertes kabbalistisches Diagramm hervor.

Es gab weitere verstreute Hinweise darauf, daß er orthodoxen Glaubensvorstellungen angehangen hatte: die Packungen mit koscheren Lebensmitteln, die religiösen Bücher, der batteriegetriebene Rasierapparat, die Einkaufsliste für den Sabbat: »zwei Zopfbrote, Kerzen, Fleisch, sechs Eier, Wein für den *Kiddusch*«. Ich packte Hunderte von Artefakten aus, Tausende von kleinen Papierfetzen, die er mit verschlüsselten Botschaften in verschiedenen Sprachen vollgekritzelt hatte. Auf der Rückseite von Einwickelpapier für Schokolade, das in seinen Kladden und Büchern steckte, fanden sich handgezeichnete Karten, die auf Ausflüge in die Umgebung Londons hindeuteten, auf Fahrten von Hainault nach Chigwell, von Clapton nach Hendon; wen er allerdings besucht hatte oder worum es bei den Besuchen ging, ließ sich nicht in Erfahrung bringen. Anfangs war ich überzeugt davon, daß er allein gelebt hatte, aber immer wieder gab es vereinzelte Hinweise darauf, daß er das Zimmer mit Familienangehörigen geteilt hatte. Ich fand einen Briefumschlag, der an Mrs. C. Rodinsky, vielleicht seine Mutter, adressiert war und den Poststempel »Essex Januar 1961« trug. Und einen weiteren, traurigen Brief von der Sozialfürsorgeabteilung des St.-Clement-Krankenhauses anläßlich des Todes seiner Schwester Bessie Rodinsky. Er wurde aufgefordert, vorbeizukommen und ihre Besitztümer abzuholen, »ein Paar Goldohrringe«. Quer über die Maschinenschrift hatte er mit roter Tinte die Worte TEUFLISCHES KONZENTRATIONSLAGER gekritzelt.

Ich beschloß, Bill Fishmans Rat zu folgen und die heimatgeschichtliche Abteilung der Bishopsgate-Bibliothek aufzusuchen. Ich wollte wissen, wie der Raum ausgesehen hatte, als man ihn zum erstenmal öffnete. Bill hatte mir gesagt, ich solle nach David Webb, dem leitenden Bibliothekar fragen; das tat ich auch, als ich hinkam. Hinter dem hohen Mahagonipult tauchte ein kleiner Mann mit fettigem Haar und Brille auf. Ich fragte ihn, ob er etwas über die Synagoge in der Princelet Street wisse. Er erzählte mir, es kämen häufig Leute mit diesem Anliegen in die Bibliothek, voll Zorn darüber, daß ihnen der Zutritt zu dem Gebäude verwehrt blieb. Er wußte zu berichten, daß im Laufe der Jahre eine ganze Reihe von Besessenen versucht hätten, in das verlassene Zimmer einzudringen; Leute hätten stundenlang gegen die Tür gehämmert, und Journalisten hätten Ziegelsteine durchs Fenster geworfen. Vor ein paar Jahren, glaubte er sich zu erinnern, habe die ganze Geschichte einen hysterischen Kulminationspunkt erreicht, als Behauptungen auftauchten, der erste, der den Raum betreten habe, sei über eine mumifizierte Katze gestolpert. Seiner Ansicht nach würde in fünfzig Jahren die ganze Geschichte entstellend-mythologische Züge angenommen haben. »Jede Besichtigungstour wird dort haltmachen; es werden immer übertriebenere Geschichten in Umlauf kommen.« Er huschte nach hinten und kam mit einer großen Mappe voller Zeitungsausschnitte zurück. Ich ließ mich in einem stillen Winkel nieder und verschlang die Informationen, die vor mir lagen.

Es gab eine Reihe von Artikeln, die sich mit Rodinskys Zimmer beschäftigten. Der *East London Advertiser* schilderte unter der Schlagzeile »Geheimnis des vergessenen Raums« einen Besuch:

»Arbeiter haben bei der Renovierung eines der historischen Gebäude von Spitalfields ein zwanzig Jahre altes Geheimnis gelüftet. Sie haben in der Webermansarade in Princelet Street einen vergessenen Raum entdeckt. Der Raum war das Zuhause eines einsiedlerisch lebenden polnischen Juden namens Michael Rodinsky. Er war ein autodidaktischer Sprachfanatiker, der seine einsamen Tage mit dem Studium alter Idiome verbrachte. In dem Raum fand man seine riesige Sammlung von Wörterbüchern sowie seine Brille und das Kärtchen einer Maschinenwaage, das er als Buchzeichen benutzte. Im Jahre 1969 aber verschwand er plötzlich. Seitdem blieb sein Zimmer unberührt; die einzige Veränderung war die dicke Staubschicht, mit der es sich bedeckte. Bis heute weiß niemand, was aus ihm geworden ist.«

Ich fand verschiedene andere Artikel, die alle mehr oder minder die gleiche Geschichte erzählten: Ein David oder Michael

Rodinsky, aus Polen oder Rußland gebürtig, sei irgendwann gegen Ende der sechziger Jahre auf geheimnisvolle Weise aus seiner Dachkammer in der Princelet Street Nr. 19 verschwunden. Die Mappe enthielt noch weitere Artikel über die Straße, mit Schreckensgeschichten über hinterhältige Überfälle und zerfallende Gebäude; sie stammten aus der Zeit um 1980, als man Rodinskys Zimmer entdeckt hatte.

KASTRATIONSANGST

»Während er eine dunkle Seitengasse in der Nähe von Princelet Street entlangging, wurde ein Mann von einem wahnsinnigen Messerstecher ebenso grausam wie mit voller Absicht kastriert. Einer Theorie zufolge war die bösartige Attacke das Werk einer Frau, die einen Groll gegen ihr Opfer hegte.«

Andere Artikel schilderten die schrecklichen Bedingungen, die in dem Elendsviertel herrschten.

»Eine Wohnungsbaukooperative läßt die Mieter in einer Straße von Spitalfields hoffen; mit ihren verfallenden Häusern gilt die Straße als die schlimmste Slumgegend in London. Die Kooperative bemüht sich um staatliche Gelder, mit denen sie die baufälligen Gebäude in der Princelet Street aufkaufen und renovieren will. Die dreistöckigen Backsteinhäuser wurden seit Jahren vernachlässigt; in vielen aber drängen sich Mieter, die keine andere Unterkunft in der Gegend finden können. Eine Mieterin, die vermutlich Nutzen aus der Renovierung ziehen wird, ist eine Witwe von 71 Jahren, die seit 41 Jahren in der Princelet Street wohnt. Mrs. Daren lebt im ersten Stock eines verwahrlosten Hauses, das nach Rattendreck stinkt. Durch riesige Risse in der Rückwand dringt Licht herein, die Feuchtigkeit in anderen Wänden hat auf den abblätternden Tapeten Stockflecken hinterlassen. Mrs. Daren hat eine Außentoilette, kein heißes Wasser und defekte Elektroleitungen. Ein Inspekteur der Gemeinde erklärte, das Haus sei als Unterkunft menschenunwürdig. Dem Beamten der Stadtentwicklungsbehörde zufolge gibt es in der Straße noch schlimmere Wohnungen als die von Mrs. Daren; außerdem seien einige der von Bengalen gemieteten Wohnungen beklagenswert überbelegt.«

Und dann entdeckte ich, wonach ich sehnlichst gesucht hatte: Fotografien von Rodinskys Zimmer in dem Zustand, in dem es sich bei seiner Öffnung befand. Sie waren unheimlich reizvoll, herrlich ausgeleuchtet und regelrecht komponiert; sie entsprachen in jeder Hinsicht meiner Vorstellung davon, wie das Zimmer ausgesehen haben mußte. In dem Buch *London Revealed* gab es ein Bild von Danny Gralton, das ich besonders aufregend fand. Es zeigte Rodinskys Tisch an genau derselben Stelle, an der er nach wie vor stand, bedeckt von dem gleichen grünen Überwurf, auf dem ich nur wenige Stunden zuvor gearbeitet hatte. Auf dem Tisch stapelten sich Bücher und Papiere, was dem Raum den Studierstubencharakter verlieh, den er nach meiner Vorstellung gehabt hatte. Hinter dem Tisch konnte ich Rodinskys Kleiderschrank sehen, und auf einer Anrichte erkannte ich eine emaillierte Waschschüssel. Sie sah genauso wie die Schüssel aus, die ich von der Straße zurückgeholt hatte, als jemand einen Teil von Rodinskys Habseligkeiten in den Müll hatte werfen wollen. Das Buch *The Saving of Spitalfields* enthielt eine weitere schöne Fotografie. Der Bildtext lautete: »Rodinskys Zimmer in dem Zustand, in dem man es vorfand, als es vom Kuratorium zwanzig Jahre, nachdem er verschwunden war, erstmals geöffnet wurde; Foto von Danny Gralton.« Das Bild wirkte heiter, war sorgfältig komponiert wie ein Gemälde von Vermeer und hatte ein Moment von Greifbarkeit, das im Betrachter das Verlangen weckte, die Hand auszustrecken und die Tapete zu berühren, die sich so malerisch an den Wänden löste, und das seinen nachdenklichen Blick an der Schlagzeile der Zeitung auf dem Tisch haften ließ, die »ISRAEL REBORN« lautete und im Vordergrund des Bildes perfekt plaziert war. Das Licht fiel durch die Fenster der Webergalerie genau auf den bücherbeladenen Tisch, was noch den Eindruck verstärkte, daß man vor dem Werk eines alten holländischen Meisters stand. Es war leicht zu sehen, warum die Geschichte, gestützt durch diese großartigen

Fotos, damals, Anfang der achtziger Jahre, so viel Aufsehen erregt hatte. Ich verstrickte mich tiefer in Rodinskys Netz.

Der letzte Artikel, auf den ich stieß, brachte mehr Skepsis zum Ausdruck. Es war ein Beitrag im *Guardian*, verfaßt von Iain Sinclair und betitelt »Der Mann, der ein Raum wurde«.

»Patrick Wright hat mich auf eine Mär aufmerksam gemacht, die im amorphen Fürstentum Spitalfields für viel Furore sorgt – die phantastische Geschichte vom Verschwinden David Rodinskys. Rodinsky, ein polnischer Jude aus Piotsk oder Lublin oder woher auch immer, war der Hausmeister und ortsansässige Poltergeist der Synagoge in der Princelet Street, einer gestaltlosen *Chewra* ohne die für den Unterhalt eines hauseigenen Gelehrten erforderlichen Mittel. Er nistete unter dem Giebel, eine Krähe, ebenso unbemerkt wie unscheinbar – bis zu dem Tage Anfang der sechziger Jahre, als ihm das große Werk gelang und er unsichtbar wurde. Wie viele Wochen oder Jahre vergingen, ehe seine Abwesenheit jemandem auffiel, ist ungewiß. Er hatte sich in Dunst aufgelöst, von ihm blieb nichts als Staub, ein ungenannter Name; auferstehen ließ man ihn bloß als Reklamefigur, als nötigen Anreiz zum Konsum, um ihn zusammen mit Nicholas Hawksmoor in den Dienst einer dunkelmännischen Legendenbildung zu stellen, die den achtziger Jahren den Legitimationsgrund für eine schwindelerregende Inflation von Immobilienwerten in der Gegend lieferte.

Die Legende war freigesetzt, und hinter ihr wurden die Haustüren verrammelt; die Fenster verschwanden unter Gipskartonplatten, getünchten Abbildern ihrer selbst. Rodinskys Zimmer ließ man so, wie er es verlassen hatte: Bücher auf dem Tisch, Wolldecke vom Bett geschleudert, billiger Kalender mit einer Reproduktion von Millets *Angelus*, auf ewig zum Januar 1963 verurteilt.

Die Neuzuzügler, denen angesichts eines ausgegrabenen Hühnerfrikassees mit anschließenden geräucherten Fleischschnitten und grünem Flammeri das Wasser im Mund zusammenlief, hatten einen urigen kleinen Mythos für den

ISRAEL REBORN

Eigengebrauch entdeckt, ohne Blut und Eingeweide, einen verschwundenen Juden. Sie stürzten sich darauf wie auf ein holzgetäfeltes Treppenhaus oder eine Webspindel. Zusammen mit ihrem dunklen Geheimnis wechselte die Synagoge im Nu in die Hände des Museums für Jüdische Tradition von Spitalfields – und nunmehr ist es möglich, mit Hilfe einer guten Taschenlampe die ramponierte Treppe hinaufzusteigen und Aug in Aug mit dem Zimmer den Mann zu entdecken.
Am 2. August 1957 wog Rodinsky 163 Pfund: Er behielt das Kärtchen von der Waage als Buchzeichen. Den Jacken zufolge, die in dem Kleiderschrank hingen, betrug seine Körpergröße ungefähr 175 Zentimeter – was bedeutete, daß sich die Zimmerdecke weniger als 30 Zentimeter über seinem Kopf befand. Er trug eine Brille: Die leeren Futterale sind mit seinem Namen gezeichnet. Und obwohl seine Kleidung eintönig grau war, schätzte er extravagante Krawatten im Paisley-Muster oder gar einen schillernden, goldfarbenen Binder: Nüchternheit mit einem Schuß Lebemann.
Vielleicht nicht gar zu nüchtern – die Kommode ist mit so vielen leeren Bierflaschen dekoriert, daß der Inhalt ausgereicht hätte, ein die ganze Nacht währendes Besäufnis von Harold Wilsons Küchenkabinett mit Nachschub zu versorgen. Der innere Mensch fand Trost am Klavier oder beim Grammophon; die Sammlung 78er Platten reichte von *D'une Prison* bis *Ol' Man River*. Zeitungen waren treue Freunde, die nie des Zimmers verwiesen wurden: DUKE'S WACHTE ÜBER DIE FLITTERWOCHEN, 1923; 72 JAHRE ALTE FRAU AN STUHL GEFESSELT, 1932. Die Schlagzeilen sind immer die gleichen. Alle Sterne verblassen vor der Sonne.
Aber falls Rodinsky nicht einfach aus dem Zimmer ging und sich in eine andere soziale Existenz verlor oder irgendeiner unplanmäßigen Aufhebung mittels Gewalttat zum Opfer fiel, muß die Suche nach seinem Geheimnis wohl bei den Büchern und Tagebüchern ansetzen. Er war besessen von der Sprache als Kodierung: Wörterbücher und Elementarbücher für Hebräisch, Russisch, Französisch, Texte des alten Orients. Wie der Raum selbst aus einer Zufluchtstätte in ein Heiligtum umgewandelt worden war, so übertrug Rodinsky einen

Schulmädchenalmanach in sein eigenes System einer universalen Zeit und Sprache – durchlief julianische, georgische, armenische Versionen, sprang von Sanskrit zu Latein und zu sumerischen Zeichen. Die Arbeit endet erst mit seinem Verschwinden.

Die nebensächlichen Einzelheiten türmen sich auf, und der Mann verliert sich. Er geht nicht weg, das war gar nicht nötig. Es ist noch so viel von ihm da, daß er in anderer Form gar nicht mehr gegenwärtig zu sein braucht. Das Zimmer, das er verlassen hat, ist weg und wird nicht wiederkehren: Was bleibt, ist Rodinsky, ein Museum des Vergänglichen und der staubgesättigten Luft. Eine Falle. Er hat sich in diese Scherben verwandelt, die dich verführen wollen, sie mitzunehmen, so daß seine Arbeit ihre Fortsetzung findet. Verfall ist unsterblich.«

Sinclairs Artikel machte einen großen Eindruck auf mich. Er hatte recht, das Zimmer war eine Falle, und ich spürte, daß er mir eine Art von prophetischer Warnung zukommen ließ. Aber ich hatte mich zu sehr in dem Raum vergraben, als daß ich mich ohne weiteres aus ihm hätte verscheuchen lassen, ich war zu eng durch meine persönliche Geschichte mit dem Gebäude verbunden, um jetzt schon aufzugeben. Ich wollte Iain Sinclair treffen, um ihn auszufragen. Er war bislang der erste mir bekannte Mensch, der Rodinskys Raum in seinem ursprünglichen Zustand gesehen hatte.

Ich wußte nicht, wie ich mich mit Iain Sinclair in Verbindung setzen sollte, und konzentrierte mich deshalb auf Bill Fishman, der von denen, die ich kannte, als einziger David Rodinsky wirklich zu Gesicht bekommen hatte. Bill und ich freundeten uns an; er übernahm es, seine Kenntnis der Gegend an mich weiterzugeben, und half mir dabei, mich zu einem Stadtführer für das jüdische East End auszubilden. Während unserer vielen Streifzüge durch Whitechapel zeigte er mir die Gebäude, die einst von der jüdischen Gemeinschaft benutzt worden waren, wie etwa den kommunistischen Versammlungssaal, wo einst Lenin gesprochen hatte, und die Mission, wo Juden einen Sixpence bezahlt bekamen, wenn sie der Predigt christlicher Pfarrer zuhörten. Wir besuchten die einstigen Standorte jüdischer Kaufhäuser, Juweliergeschäfte, Molkereien, die russischen Dampfbäder. Tatsächlich gab es nur noch wenig zu sehen. Aber durch Bills Augen betrachtet, war das jüdische East End noch immer existent. Der einzige Ort, wo man es nach wie vor wirklich erleben konnte, war der Koschere Speiseklub in der Greatorex Street, direkt östlich der Brick Lane. Meinen ersten Besuch dort machte ich mit Bill im Sommer 1991.

Paul Levine, der Besitzer, empfing uns an der Tür und begrüßte uns herzlich. Wie mir Bill erzählte, wurden alle Gäste, die Stammgäste ebenso wie die neuen, auf diese Art empfangen, egal, ob sie für einen Schwatz und ein Glas Zitronentee vorbeischauten oder gekommen waren, um ein Dreigängemenü aus Graupensuppe, Hering und *gefilte Fisch* zu verzehren. Auf der Rückseite der Speisekarte fand sich eine Beschreibung des Koscheren Speiseklubs und seiner Geschichte:

> »Im Laufe des 18. Jahrhunderts machten überall im East End Eßlokale auf. Zuerst waren sie wenig mehr als Suppenküchen, aber in dem Maße, wie es der Gemeinschaft besserging, wuchs auch die Viefalt der Speisen, die ein Abbild der von den Zuwanderern aus der Heimat mitgebrachten Gerichte waren. Verantwortlich für den Niedergang dieser Eßlokale war tatsächlich der wirtschaftliche Erfolg jener Zugewanderten, die sie so getreulich mit Essen versorgten. Die Mitglieder der Gemeinschaft siedelten in bessere Wohngegenden um, und die Eßlokale machten zu. Dies ist das letzte derartige Lokal, das es in London noch gibt.«

Für die Überbleibsel der Gemeinschaft war das Lokal ein Treffpunkt; hier konnte man Erinnerungen austauschen und voll Stolz Fotos von neugeborenen Enkeln herumzeigen.

Der Speiseklub wurde meine Trumpfkarte, als ich in den folgenden Jahren eigene Führungen durch die Gegend veranstaltete. Vom jüdischen East End war damals wenig übriggeblieben: verfallende Gebäude, Ruinenstätten, verblichene Schilder. »Das hier war früher – jetzt ist es ein Parkplatz«... »Wenn man ganz genau hinsieht, kann man hier gerade noch das Zeichen einer *Mesusa* erkennen.« Gegen Ende der Tour, wenn sie lange genug durch die Straßen von Spitalfields gelatscht waren, hatte sich der Touristenscharen unfehlbar ein Gefühl tiefer Trostlosigkeit bemächtigt. Da brachte ich sie dann in den Koscheren Speiseklub. Da war Leben und Trubel. Frische weiße Tischtücher, das Klirren von Gläsern und das Schlürfen von Suppe vor einer Geräuschkulisse aus Jiddisch und Gelächter. Hier spürte man noch die Wärme, von der ich in Schilderungen der jüdischen Welt in Ostlondon so oft hatte reden hören.

Im Jahr 1994 machte der Speiseklub zu, ein weiteres Opfer im Auflösungsprozeß des jüdischen East End. Nicht einmal ein Jahr danach schloß Blooms Restaurant, und anschließend das Feinkostgeschäft Marks in der Wentworth Street. Der Speiseklub hatte zuletzt schwere Zeiten durchgemacht; nach einem rassistischen Brandanschlag 1992 stand er bereits kurz vor der Schließung. Die Brandstifter schichteten Gebetbücher aus der benachbarten Synagoge auf, übergossen sie mit Terpentinersatz und steckten sie an; der Schaden belief sich auf zehntausend Pfund. Nur neun Monate vor der Attacke waren Vandalen in den Speiseklub eingebrochen und hatten die Wände mit Nazisprüchen und Nazisymbolen beschmiert. Das Feuer brach am *Schawuot*-Fest aus, um die gleiche Zeit im Jahr, zu der ich 1997, drei Jahre nach der Schließung, in den Klub zurückkehrte. Ich war zu einem Kunstereignis eingeladen, das von einer Galerie in Spitalfields Market an der einstigen Stätte des alten Speiseklubs veranstaltet wurde. Meine Neugier war zu groß, als daß ich mir einen letzten Blick hätte versagen können; also wanderte ich von Whitechapel durch den feuchten Nieselregen in die Greatorex Street.

Der einst in makellosem Blauweiß gehaltene Speisesaal ähnelte nun einem zwielichtigen Nachtklub. Man hatte die Fliesen aus dem Boden gerissen und schwarz bemalt. Der alte Holztisch vorne im Saal, auf dem damals eine uralte Registrierkasse gestanden hatte, war übersät mit Bierflaschen und Zigarettenkippen. Die Tische waren verschwunden, an ihrer Stelle standen schwarzgekleidete Künstler und traten verlegen von einem Fuß auf den anderen. Ich bewegte mich wie benommen durch die Menge und kam ans Ende des Saals, wo ich mich einem langen, mit schwarzem Samt verkleideten Tapeziertisch gegenübersah, auf dem verstreut Blumen und offene Bücher lagen. Bei genauerem Hinsehen erkannte ich, daß es sich bei den Büchern um religiöse Literatur handelte, die der Synagoge gehörte.

Ich schob mich mit der Herde in den benachbarten Raum. In der ganzen Zeit, in der ich im Speiseklub ein und aus gegangen war, hatte ich doch nie die Synagoge besucht, obwohl ich wußte, daß sie in der Greatorex Street direkt nebenan lag. Ein großartiges Gebäude: die schön geschnitzte hölzerne *Bima* stolz in der Mitte postiert, das Gestühl noch an seiner Stelle, die Platznummern in weißer Farbe sorgfältig auf die Rückseite gemalt. Den Thoraschrein säumten Marmortafeln, auf denen verschiedener Ereignisse im Leben der religiösen Gemeinde gedacht wurde. Es fiel mir schwer, mich auf all das zu konzentrieren, mir war, als hätte jemand mein Bier mit einer Säuretablette versetzt. Hinter der *Bima* blieb ich stehen, um mein seelisches Gleichgewicht wiederzugewinnen. Es war Freitagabend, Sabbat. Wo Rabbi und Vorbeter gestanden hätten, war ein langhaariger DJ mit Baseballmütze und darübergestülpten riesigen Kopfhörern eifrig damit beschäftigt, alptraumhafte Technoklänge zu produzieren, während er sich verzweifelt bemühte, eine zerfledderde Zigarette anzuzünden, die aus seinem Mundwinkel hing.

An jeder Ecke der *Bima* hatte man eine flammenwerfende Gasfackel angebracht, was den Eindruck des Höllenszenariums noch verstärkte. Zwischen dem Gestühl fuchtelten bekiffte Raver in Technicolor-Hosen und Rastalocken wild mit den Armen, während andere herumsaßen und Zigaretten auf dem Teppich ausdrückten. Der Thoraschrein war durch eine Kette billiger farbiger Lichtblitzbirnen abgesperrt, und von der Frauengalerie blies eine Rauchmaschine giftige Schwaden nach unten.

Mir wurde schwindlig, und als ich mich umwandte, bemüht, die Szene vor meinen Augen zu verstehen, verlor ich den Halt und stürzte hin. Der Rausschmeißer beäugte mich mißtrauisch:

noch so eine Raverin, die eine zuviel eingeworfen hatte. Freunde halfen mir auf und geleiteten mich hinaus; sie schlugen vor, sich die Kunst anzusehen. Benommen trat ich wieder in den Saal des früheren Speiseklubs und bewegte mich in Richtung Eingangstür, wo sich Leute zusammendrängten, um bei einem Happening zuzusehen. Auf einem Podest saßen zwei Frauen, in babyrosafarbenes Vinyl gekleidet, die ausdruckslosen Gesichter mit grellem Make-up beschmiert. Sie saßen hinter einem großen Schreibtisch, um den bis in Kniehöhe alte Bücher gestapelt lagen, die ein höchst ästhetisches und ansprechendes Arrangement bildeten. Ich drängte mich durch die verständnislos glotzende Menge nach vorn. Die jungen Damen stempelten die Bücher mit großen Gummigeräten und rissen dann mit anmutiger Bewegung Seiten heraus und warfen sie auf den Boden.

Ich ging zum Tisch und begann, mir die Bücher näher anzusehen. Alte Gebetbücher lagen dort verstreut, gebrochene Buchrücken balancierten auf alten Quittungsbüchern, Registern und anderen Archivunterlagen, die bis zu Anfang des Jahrhunderts zurückreichten. Ich blätterte in einem großen verblichenen Album: C10113, BESTATTUNGSGESELLSCHAFT DER VEREINIGTEN SYNAGOGEN, 1. März 1933, Chaya Jablonsky, Alter 92 Jahre, Hackney Hospital, Homerton ... Eine Handschrift wie gestochen füllte die Seiten mit akribischen weiteren Anmerkungen zu der jeweiligen verstorbenen Person: genau spezifizierter Beruf, finanzielle Situation, nächste Angehörige, Geburtsort, hebräischer Name, anwesender Totenwächter.

»Was zum Teufel machen Sie da? Das hier ist eine Performance«, keifte eine der rosafarbenen Plastikpuppen.

»Ich bitte Sie, was zum Teufel machen *Sie* da?« brüllte ich zurück.

»Wir sollen diese Bücher stempeln und auseinanderreißen, das Jüdische Museum weiß Bescheid«, fügte sie schnippisch hinzu. »Sie stören, legen Sie das verdammte Buch hin.«

Der Krach ging weiter, und meine Freunde sahen entsetzt, wie ich Teil dieses Happenings wurde; die Menge rückte neugierig näher. Wie hypnotisiert lud ich mir die Arme voll Bücher und ging in Richtung Tür. Die rosafarbenen Mädchen kreischten Beschimpfungen und fuhren wie rasend damit fort, Bücher zu stempeln und zu zerfetzen.

Meiner Freundin Michelle gelang es irgendwann, mich für kurze Zeit zu beruhigen; sie hielt es für sinnvoller, sich nach den Organisatoren dieser eigenartigen Veranstaltung umzusehen. Nach einer Weile erschien ein gewisser Marco von der verantwortlichen Galerie auf der Bildfläche, dem ich klarzumachen versuchte, daß die Bücher doch immerhin von historischem Interesse und vielleicht in einem Museum besser aufgehoben waren. Nach wortreichen Entschuldigungen seinerseits wurde die ganze Sache schließlich abgebrochen. »Wir hatten keine Ahnung, was das für Bücher waren, tut uns schrecklich leid«, und so weiter und so weiter. Das Happening wurde abgebrochen. Die jungen Frauen saßen eingeschnappt auf ihren Stühlen, ehe sie sich wieder zu ihren Freunden in der Synagoge gesellten. Ich teilte Marco mit, ich würde Verbindung zu den einschlägigen Gruppen aufnehmen, und mich darum bemühen, daß die Bücher angemessen untergebracht oder bestattet würden. Er war bereit, dabei zu helfen, und erzählte mir dann von all den anderen Dingen, die er in der Synagoge gefunden hatte: *Tefillin*, Gebetsmäntel, religiöse Literatur aller Art. Gott sei Dank hatten sie genug Feingefühl, einen Teil des Materials zu verwahren. Ich sagte Marco auch, daß ich das Buch, auf das ich zufällig gestoßen war, das Sterberegister, mit nach Hause nehmen würde. Er legte sich deswegen nicht mit mir an.

Ich hatte Pietätlosigkeiten wie diese bereits mehrfach in der Synagoge in der Princelet Street erlebt. Filmaufnahmeteams bemalten das Mobiliar neu, um die richtige Atmosphäre zu schaffen, Künstler hängten anstößige Kunstwerke in die Synagoge, und oft empfing mich schaler Zigaretten- und Biergeruch, wenn ich an einem Montagmorgen die Synagoge betrat. Ich akzeptierte, daß Gebäude aufgegeben wurden, daß Synagogen ihren geweihten Charakter verloren und daß die neuen Eigentümer durchaus ein Recht hatten, sie neuen Verwendungszwecken anzupassen. Aber Bücher zerstören? Mir kamen Szenen aus Nazideutschland in den Sinn. Diese Bücher hier waren nicht aus den Wohnungen und Synagogen verängstigter Juden geraubt worden, der Synagogenverband hatte sie preisgegeben und auf dem Gestühl liegenlassen, damit sich neue Bewohner mit ihnen verlustieren konnten.

Am folgenden Montagmorgen rief ich die Heimatgeschichtliche Bibliothek in Tower Hamlets an und bekam einen Bibliothekar an die Strippe, der mit gedämpfter Stimme sprach. Ich erklärte ihm, worum es ging, und fragte, ob sie interessiert daran seien, das Material für ihre Archive zu retten.

»An sich ja, selbstverständlich, aber Greathorex liegt nicht in Tower Hamlets, nicht unsere Zuständigkeit, wissen Sie, deshalb fürchte ich, wir können Ihnen da nicht helfen.«

»Nicht doch, die Greatorex Street liegt ganz eindeutig in Tower Hamlets.«

»Greathorex Street liegt nicht in Tower Hamlets, wir können Ihnen nicht helfen, auf Wieder...«

»*Ich bitte Sie*, Greatorex Street liegt absolut in Tower Hamlets, gar nicht weit von Brick Lane, in der Nähe ...«

»Hören Sie, ich weiß definitiv, daß es in Tower Hamlets keine Greathorex Street gibt, warum versuchen Sie es nicht bei ...«

»Greatorex Street ist ohne jeden Zweifel in Tower Hamlets, in der Nachbarschaft von Whitechapel High Street und Brick Lande, G-R-E-A-T-O-R-E-X Street.«

»Ach so ... Greatorex Street ... hm, ja, da wären wir interessiert ... haben Sie die Nummer der derzeitigen Eigentümer des Gebäudes?«

»Ja, gewiß.«

Telefonnummern wurden ausgetauscht, und der Bibliothekar gab mir taktvoll zu verstehen, er wolle sich selbst mit den Eigentümern in Verbindung setzen. »Sagen wir, es wirkt vielleicht ein bißchen weniger hysterisch, wenn der Vorschlag von mir kommt.« Ich stimmte zu und legte erleichtert den Hörer auf. Dann nahm ich das Register, das ich bei dem Happening an mich genommen hatte, aus dem Regal, in dem es seit Freitagabend ungeöffnet geruht hatte. Die nächsten zwei Stunden saß ich auf dem Sofa und las in dem Buch.

C10337, Mr. Milner, Sohn des Samuel Milner, verstorben, nur ein Sohn, ein Schneider, befindet sich gerade in einer geschäftlichen Flaute. Der eine Sohn lebt in Paris, ist gelähmt. Es heißt, die Synagoge unterhielt den alten Mann, der seine ganze Zeit dort verbrachte, tatsächlich zahlte ihm die Synagoge 6 Shilling für ein Zimmer in der Gasse. Sein Sohn ist nicht in der Lage zu bezahlen, will aber keine milden Gaben, sagt, er wird sich bemühen, 3 Pfund aufzutreiben, und wird alle Ausgaben, die sonst noch nötig sind, später zurückzahlen. Mr. Gaber sagte, der alte Mann war ein höchst achtbarer Mensch, er kennt auch den Sohn, noch keine endgültige Entscheidung, WÄCHTER Mr. Nathan Dienstag 10 Uhr 30 Mrs. Lipman Dienstag 17 Uhr 30 ... C10338, Benjamin Rabinovitch, 50 Jahre, starb an Herzversagen 19.3.33, der Verstorbene war Toilettenwart im Filmpalast, ältester Sohn Musiker, keine regelmäßige Arbeit. Vater des Verstorbenen hat Lebensmittelladen in Cable Street, Mitglied der Synagoge Warschauer Loge. Ich verlangte den Mindestpreis, der Vater feilschte, Gemeinschaft verantwortlich für die Bestattung. KEIN WÄCHTER ... C10339, Milly Rosen, Alter 32 Jahre, starb 8 Alan 5693, Fehlgeburt, Ehemann ist Fischbrater, Angestellter, wohnt zur Miete, hat zwei Brüder mit gleichem Beruf, weiterer Bruder, Harry Mason der Boxer, der Vater erzählte mir, er hat Pleite gemacht, boxt nicht mehr. Ich verlangte den Mindestpreis, sie feilschten, boten 12 Pfund, noch nicht engültig entschieden, KEIN WÄCHTER ... C10340, Bella Abrahams, C10341 Hyman Jankovitch, C10342 Solomon Ginskey, 10343 Esther Bodinsky, Handschrift undeutlich, könnte Rodinsky heißen. Esther Rodinsky, Weaver Street Nr. 5, weiblich 41 Jahre, Zeitpunkt des Todes 8.6.33 Donnerstag 10 Uhr, hebräisches Datum 14 Siwan 5693, Todesursache Selbstmord, nächste Verwandte des verstorbenen Hyman Rodinsky, Angehörige: Bruder.

Immer wieder betrachtete ich prüfend die verblichene Handschrift, weil ich meinen Augen nicht trauen wollte. Ich war auf eine unbekannte Verwandte von David Rodinsky gestoßen.

Meine Versuche, etwas über Esther Rodinsky herauszufinden, blieben ohne Erfolg. Ich ließ von ihr ab, und bemühte mich verzweifelt, Spuren von David zu entdecken. Ich machte einen Aushang, den ich im Schaufenster des *Beigel*-Ladens in der Brick Lane, im jüdischen Altersheim in Stepney, in Toynbee Hall (wo es für die Überbleibsel der jüdischen Gemeinschaft noch immer jiddische Dichterlesungsveranstaltungen gibt) und in Cafés und Geschäften der Umgebung anbrachte.

KANNTEN SIE DAVID RODINSKY?
ER LEBTE ÜBER DER SYNAGOGE IN DER PRINCELET STREET
NÄHE BRICK LANE; LONDON E1
ICH WÜRDE MICH GERN MIT FRÜHEREN MITGLIEDERN
DER SYNAGOGE IN DER PRINCELET STREET UNTERHALTEN
ODER
MIT LEUTEN, DIE IN DER PRINCELET STREET GEWOHNT
UND IHN VIELLEICHT GEKANNT HABEN
WER MEINT, MIR BEHILFLICH SEIN ZU KÖNNEN,
MELDE SICH BITTE BEI:
RACHEL LICHTENSTEIN UNTER DER NUMMER 01716908412
VIELEN DANK, DASS SIE SICH DIE ZEIT ZUM
DURCHLESEN GENOMMEN HABEN!

Wochenlang hörte ich nichts, und dann wurde ich von einem Mann angerufen, der seinen Namen mit Charlie angab. Ich hatte ein Plakat im Fenster des Marktcafés in der Fournier Street ausgehängt. Charlie wohnt in der Wilkes Street, die am oberen Ende der Fournier und Princelet Street verläuft; von seinem Haus hat er einen hervorragenden Ausblick auf die Synagoge. Als ich ihn traf, stellte ich fest, daß ich ihn schon viele Male im Vorübergehen gesehen hatte, auf der Straße, in Cafés, auf Märkten. Auf die gleiche Weise erinnerte er sich an David Rodinsky, wie dieser Ende der sechziger Jahre durch Whitechapel gestreift war. Sie hatten nie miteinander gesprochen, aber er hatte ihn mit großen Bücherpaketen zur Synagoge gehen und aus ihr herauskommen sehen. Charlie schilderte ihn als »sehr scheu. Ziemlich groß und gelehrt aussehend. Sehr darauf bedacht, in Ruhe gelassen zu werden.« Viel mehr als das wußte Charlie nicht zu berichten, aber immerhin hatte ich meinen zweiten Augenzeugen (der erste war Bill Fishman) gefunden, und ich wußte, daß es in der Gegend noch andere geben mußte.

Ich gewöhnte mir an, jeden Mittag in ein anderes Lokal oder Café zu gehen und mich in jedem zu erkundigen, ob sich jemand an David Rodinsky erinnerte. Monatelang war die Antwort immer die gleiche – niemand wußte, von wem ich redete. Schließlich hatte ich beim Wirt von Rossi's Café in der Hanbury Street Glück, einem freundlichen Italiener, der mit seiner Frau das Lokal schon seit 1947 an dieser Stelle betreibt. Als ich ihn nach Rodinsky fragte, verzog sich sein Gesicht zu einem breiten Lächeln. »Natürlich erinnere ich mich an ihn, er war hier ein regelmäßiger Gast, ein sehr unterhaltsamer Mensch. Er hatte nie Geld, aber er kam immer und setzte sich da in die Ecke und musizierte mit Löffeln. Das konnte er wirklich gut, die Gäste waren immer begeistert und spendierten ihm dafür eine Tasse Tee und ein Stück Brot.« Ich fragte ihn wiederholt, ob er sicher sei, daß es sich um den David Rodinsky aus der Princelet Street Nr. 19 gehandelt habe. Er bekräftigte das, behauptete, ihn gut gekannt zu haben; er sei »ein richtiger Stammgast« bei Rossi's gewesen.

Diese Information schien im Widerspruch zu den anderen bruchstückhaften Zeugnissen zu stehen, die ich über Rodinsky zusammengetragen hatte. Bill Fishman erinnerte sich an ihn, wie er »mit den Taschen voller Münzen unter den Armen Almosen verteilte« – schwerlich der Mann, der sich nicht einmal eine Scheibe Brot leisten konnte. Und Charlie schilderte ihn als sehr scheu – nicht gerade der Typ, von dem man erwartet, daß er ein Café voller Leute unterhält. Die Charakterisierung des Wirtes unterschied sich auch von dem romantischen Bild, das ich bevorzugte und zu dem mich Bill Fishman inspiriert hatte, als er Rodinsky als Strenggläubigen beschrieb, »der in seiner Dachstube bei Kerzenlicht über seine Bücher gebeugt saß«.

Ich sprach mit einem Mann von einem in der Brick Lane ansässigen Taxiunternehmen, der sich wie Charlie daran erinnerte, David Rodinsky in den sechziger Jahren gesehen zu haben, »wie er in langem schwarzem Mantel und mit großem weißem Bart durch die Straßen eilte. Den Kopf hielt er immer gesenkt, kann mich an sein Gesicht nicht erinnern. Er sah ein bißchen so aus wie Fagin, der Typ aus *Oliver Twist*. Er blieb nie stehen, um guten Tag zu sagen, ging einfach weiter.« Obwohl ich mittlerweile vom wahren Rodinsky gar keine klare Vorstellung mehr hatte, fachte die neue Information mein Verlangen, mehr über ihn herauszufinden, noch an. Ich war völlig besessen von der Sache. Ich bemühte mich wie wild, streifte täglich durch die Gegend und stellte Fragen, aber Neues erfuhr ich nicht. Vielleicht ließen sich in dem Zimmer über der Synagoge mehr Antworten finden.

Während ich sorgfältig die Fotos studierte, die ich in der Bishopsgate-Bibliothek gefunden hatte, fiel mir auf, daß viele Artefakte inzwischen aus dem Raum verschwunden waren. Ich mußte mit jemandem sprechen, der das Zimmer in seinem ursprünglichen Zustand gesehen hatte. Ich fragte den Leiter des Zentrums für Jüdische Tradition nach weiteren Namen, und er wies mich an Rosemary Weinstein, die früher dem Komitee angehört hatte und jetzt im Museum of London arbeitete. Damals, Anfang der achtziger Jahre, als die Sachen im Zimmer verpackt wurden, war sie mit der Koordination der Aktion betraut gewesen. Eine hochgewachsene, schlanke, blonde Frau erschien an der Türschwelle von Princelet Street 19, was mich überraschte, weil ich wohl erwartet hatte, sie müsse »jüdisch« aussehen. Wie sich herausstellte, stammte Rosemary von Hugenotten ab; sie war nur mit einem Juden verheiratet. Eine ganze Reihe von Jahren hatte sie mit dem Gebäude nichts mehr zu tun gehabt, dennoch erinnerte sie sich an vieles, was die Synagoge und den Zustand von Rodinskys Raum betraf, als man ihn öffnete.

Ihr zufolge gab es durchaus Leute, die mir helfen konnten, besonders eine Frau namens Feona Hamilton, die über jüdische Einwanderung promoviert und auch ihre eigene Familiengeschichte intensiv erforscht hatte – Rosemary erinnerte sich an herrliche Fotos von Feonas Vorfahren in Polen, bis zur vierten Generation weit zurück. Feona war außerordentlich interessiert an Rodinskys Notizheften und Tagebüchern gewesen und hatte als eine der ersten Zugang zu ihnen erhalten. Ich war sehr erpicht darauf, sie so bald wie möglich zu kontaktieren und schrieb ihr an die Adresse, die Rosemary mir gegeben hatte. Ein paar Wochen später kam der Brief ungeöffnet zurück.

Wie Rosemary mir erzählte, blieb Rodinskys Zimmer fast ein Jahrzehnt lang in seinem ursprünglichen Zustand. Die Fensterscheiben waren zerbrochen, das Dach war undicht, und es regnete hinein. Das erwies sich als äußerst fatal für Rodinskys Habseligkeiten, und deshalb hatte Rosemary angeboten, sich im Museum of London darum zu kümmern, während das Gebäude instand gesetzt wurde. Die verpackten Artefakte wurden um 1989, die Zeit, in der ich erstmals den Raum betrat, zurückgegeben.

Rosemary stattete der Synagoge kurze Zeit, nachdem man Rodinskys Mansarde geöffnet hatte, ihren ersten Besuch ab; alles befand sich noch an seinem Platz. Sie zeigte mir Aufnahmen, die der Hausfotograf des Museum of London gemacht hatte, um die seltsame Zeitkapsel dokumentarisch festzuhal-

ten. Sie hatte den Verdacht, daß sich schon vor dem Erscheinen des Fotografen jemand in dem Raum zu schaffen gemacht hatte, weil dort ein heilloses Durcheinander herrschte und Stangen von dem Gerüst draußen durch die Fenster hereinragten.

»Es gab so viele Notizbücher, so viele lose Seiten, die überall auf dem Fußboden herumlagen. Wir taten unser Bestes, alles einzusammeln, viel war verstreut, nichts weggeworfen, aber die Bauarbeiter wurden erwartet, und der Raum war jahrelang Wind und Wetter ausgesetzt, manches war einfach weggeweht worden. Alles wurde dokumentarisch festgehalten, aber so viele Leute hatten das Zimmer betreten, Sachen wurden hin und her getragen, so daß man sowieso nicht sicher sein konnte, ob alles an seiner ursprünglichen Stelle lag, die Kleider waren noch im Kleiderschrank, aber die alten Schallplatten und andere Dinge waren aufgehoben und anderswo hingelegt worden, weil die Leute sie sich anschauen wollten. Ich meine, ich konnte nicht garantieren, daß irgend etwas in seinem ursprünglichen Zustand war oder sich an dem Ort befand, an den es gehörte. Es waren solche Haufen, und an der Art, wie Bücher zerfleddert waren, sah man, daß die Leute hier alles achtlos durchwühlt hatten, ich kann mir nicht vorstellen, daß Rodinsky selbst das getan haben würde. Es war auch einmal eingebrochen worden, während das Gerüst stand, und sein altes Grammophon wurde aus dem Zimmer gestohlen.«

Rosemary fand die Sachen in dem Zimmer faszinierend, hielt es aber für falsch, sich Rodinsky als großen Gelehrten vorzustellen. Ihrer Ansicht nach interessierte er sich für eine Vielzahl von Gebieten; seine Notizhefte seien zwar kurios, aber doch nur voll mit abgeschriebenen Passagen in alten Sprachen und mit dazwischen geklebten Ausschnitten – nichts Großartiges. In ihren Augen waren das Interessanteste in dem Zimmer »die Überreste aus dem vorrevolutionären Rußland; in seiner Brieftasche gab es jede Menge Rubel und solche Sachen. Ich erinnere mich an seine Brieftasche, es war richtig gespenstisch,

als wir sie fanden; sie steckte in seiner Jacke, die noch im Kleiderschrank hing, vollgestopft mit persönlichen Artefakten, Papierfetzen mit handgezeichneten Karten darauf, Zigarettenpäckchen vollgemalt mit seltsamen Diagrammen. Aus historischer Sicht war für mich seine Bar-Mizwa-Urkunde am spannendsten.« Ich war sicher, daß ich jeden einzelnen Karton in dem Raum durchgemustert hatte und nie auf die Urkunde gestoßen war. Je mehr sie erzählte, um so deutlicher wurde mir, wieviel Material im Laufe der Jahre verlorengegangen war. Ich bezweifelte, ob es je möglich sein würde, sich jetzt noch ein vollständiges Bild von der Rodinsky-Geschichte zu machen.

Rosemary war empört darüber, daß einige der Sachen im Zimmer verlorengegangen waren. »Wir haben uns solche Mühe gegeben, alles zu retten. Ich erinnere mich, wie ich das

Zeug vom Fußboden aufhob, es war triefend naß, man hatte es einfach dort liegengelassen.« Ich fragte sie, ob sie wisse, wer den Raum geöffnet und als erster betreten hatte. Sie meinte, es sei entweder Douglas Blane, Mitglied der Spitalfields Gebäude-Treuhandgesellschaft, oder David Jacobs, ein Lokalhistoriker, gewesen. Die Adressen, die sie mir gab, waren schon seit Jahren überholt. Ich vermochte weder den einen noch den anderen aufzuspüren.

Mir ging auf, daß Rosemary auch die Synagoge im fast ursprünglichen Zustand gesehen haben mußte. Ich bat sie, mir den Raum zu beschreiben. »Es war ein Erlebnis, als wir dort eintraten, Thoramäntel lagen einfach auf den Sitzen herum und troffen vor Nässe, wo es hereingeregnet hatte. Die Atmosphäre berührte mich sehr, es war ganz eigen, als hätten die Geister der einstigen Gemeindemitglieder den Raum nie vollständig verlassen.«

Ich fragte Rosemary, ob sie jemals ein Foto von David Rodinsky gefunden habe, und erklärte ihr, wie scharf ich darauf sei, mir ein Bild von dem Mann zu machen. »Nein, kein einziges, allerdings erinnere ich mich an ein Schwarzweißfoto von seiner Schwester.« Das Bild zeigte also seine Schwester! Ich war darauf gestoßen, und es hatte meine Neugier geweckt, ein blasser Abdruck eines traurigen Gesichts, eingerahmt von einer großen Kapuze, so daß es schwerfiel, zu entscheiden, ob die Person männlich oder weiblich war. Ich hatte das Foto selbst geknipst, wie ich das mit jedem Gegenstand im Rodinsky-Archiv getan hatte. Als die Filmrolle vom Entwickeln zurückkam, stellte ich fest, daß ausgerechnet dieses Bild, das, wie ich nun weiß, David Rodinskys Schwester Bessie zeigt, versehentlich doppelt belichtet worden war. Ihr Gesicht hatte sich über eines der vielen Sprachlexika gelegt, die ich im Zimmer fand. Bei dem Buch dürfte es sich um eines der ersten Englisch-Hebräisch-Wörterbücher gehandelt haben, die nach der Gründung des neuen Staates Israel erschienen: Sein Titel lautete *Ewrit Hadascha*. Diese Worte standen oberhalb von Bessies Lippen: Das Neue Hebräisch. Obwohl es eine Aufnahme seiner Schwester war, wurde dieses Foto für mich zum Bild von Rodinsky.

Tag für Tag schloß ich das Synagogengebäude auf und ging sofort hinauf in Rodinskys Raum, um seine Sachen durchzugehen, sie zu katalogisieren und zu fotografieren. Oft war die Atmosphäre dort oben so staubgesättigt und spannungsgeladen, daß ich einfach nicht mehr weiterarbeiten konnte und wieder hinunterging, um mich in der neutraleren Umgebung des Synagogenbüros zu erholen. Es lag auf der Vorderseite des Gebäudes; das Fenster ging direkt auf die Princelet Street und erlaubte mir, einen Blick auf die Welt außerhalb des Zeitgespinstes der alten Synagoge zu werfen. Den häufigsten Anblick boten muskulöse Bangladeschi, die mit blutbefleckten Schürzen vorbeischwankten und auf den Schultern gehäutete Schafkadaver mühsam im Gleichgewicht hielten; sie waren unterwegs zu den indischen Restaurants in der Brick Lane. Immer wieder sausten Jungen mit Stoffballen und Pappkartonschablonen die Straße auf und ab, um sie expreß in eine der vielen Werkstätten zu liefern, die sich in den Dachgeschossen der alten georgianischen Häuser niedergelassen hatten, in denen einst hugenottische Seidenweber ihrer Arbeit nachgingen. Gelegentlich konnte ich Bill Fishman zuwinken, der mit einer wißbegierigen Gruppe einen Rundgang durch das East End machte, und hin und wieder trieben dunkelhaarige Frauen in farbenfrohen Seidensaris vorüber und erhellten die Szenerie draußen.

Mitte November muß es gewesen sein, als ich ihn zum erstenmal sah. Für die Dachstube war es entschieden zu kalt, und ich verbrachte die ganze Zeit im Büro im Erdgeschoß, wo ich, in mindestens vier Kleiderschichten gehüllt, vor einem kleinen elektrischen Heizofen kauerte. Ich las irgendein schreckliches Buch über den Holocaust (Vorarbeiten für eine Ausstellung, die ich im Auftrag von Rabbi Hugo Gryn an der West-London-Synagoge zusammentrug), als ich aus dem Augenwinkel einen Blick auf seinen dunklen Umriß erhaschte. Ich sah ihn nur den Bruchteil einer Sekunde lang, während er vor dem Fenster vorbeihastete, aber der flüchtige Eindruck genügte, um mich in den Flur rennen, rasch die schweren Holztüren öffnen und die Straße nach ihm absuchen zu lassen. Ich kam gerade noch rechtzeitig, um seine hochgewachsene, gebeugte Gestalt in die Brick Lane einbiegen zu sehen. Er schob einen großen Einkaufswagen voller Pappkartons vor sich her, und als er die Straße überquerte, konnte ich einen Augenblick lang sein Gesicht sehen. Er sah uralt aus, seine Haut war so bleich und durchscheinend, daß sie bläulich schattiert wirkte, und unter seiner Nase hing majestätisch ein langer, wehender, weißer Bart herab. Sein Mantel und sein großer schwarzer Hut waren zerlumpt und abgetragen, aber eindeutig als die Tracht eines chassidischen Juden erkennbar, ein ungewöhnlicher Anblick im Whitechapel gegen Ende des 20. Jahrhunderts. Ich war außer mir vor Aufregung und Angst. Überzeugt davon, daß ich gerade David Rodinsky zu Gesicht bekommen hatte, rannte ich auf die Straße und hinter ihm her. Als ich die Ecke erreichte, um die ich ihn Augenblicke zuvor hatte biegen sehen, war er verschwunden.

Meine Enttäuschung kannte keine Grenzen. Ich fragte sämtliche Leute, die mir begegneten, nach der geheimnisvollen Gestalt, aber niemand wußte, wovon ich sprach. Inzwischen glaubte ich an eine Erscheinung, ich schlief unruhig und hatte einen Alptraum nach dem anderen. Meine Bemühungen, Rodinsky aufzuspüren, fingen an, mich Nerven zu kosten. In der Synagoge und zumal in Rodinskys Zimmer zu arbeiten fiel mir schwerer, und das lag nur zum geringsten Teil an den frostigen Wintertemperaturen, die dort herrschten.

Ein paar Wochen später sah ich ihn wieder. Genau das gleiche passierte: Ich las im Büro auf der Straßenseite, als seine Silhouette vorbeihuschte. Diesmal war ich darauf gefaßt, sprang aus meinem Sessel und stürzte hinaus auf die Straße. Er schob den gleichen Einkaufswagen, hochbepackt mit Kartons, und trug genau dieselbe Kleidung wie beim letzten Mal, nur daß ihn diesmal das Eis auf dem Gehsteig weniger schnell vorankommen ließ. Ich konnte ohne Mühe zu ihm aufschließen und folgte ihm mit klopfendem Herzen und in sicherem Abstand in die Brick Lane. Er ging nicht weit, hielt vor einem kleinen Geschäft gegenüber der Moschee und tastete in seiner Manteltasche nach irgendwelchen Schlüsseln. Dann öffnete er die Eingangstür und schob den Einkaufswagen hinein. Ich stand an der Ecke und beobachtete ihn. Schließlich brachte ich den Mut auf, an dem Geschäft, in dem er gerade verschwunden war, vorbeizugehen und einen unauffälligen Blick durchs Schaufenster zu werfen. Das Ladenschild las ich von der gegenüberliegenden Straßenseite aus: »C. H. N. Katz, Schnur und Tüten.« Das Schaufenster war halb blind vor Staub und unbeleuchtet; darin lagen auf einem alten, von Teeflecken verunzierten Streifen Papier drei große Knäuel braune Kordel und einige Rollen Klebeband. Hinter dem Schaufenster, im Inneren des Ladens, konnte ich einen langen hölzernen Ladentisch und auf dem Boden viele große Ballen und Kartons erkennen. Am Ende des Ladentisches befand sich eine Türöffnung, durch die ich meinen Chassiden sehen konnte, wie er neben einem Schreibtisch, auf dem sich Papiere häuften, saß und in einem dicken roten Buch las. Ich wäre ums Leben gern hineingegan-

gen, um mit ihm zu reden, aber meine Nerven ließen mich im Stich; so kehrte ich zurück in die Princelet Street.

Wochenlang ging ich nun auf meinem täglichen Weg zur Synagoge an dem Geschäft vorbei und sah hinein, ob er da war. Fast immer war der Laden leer. Nur einmal sah ich ihn noch, aber den Mut hineinzugehen, brachte ich nie auf.

Dann erhielt ich einen Telefonanruf von der Kunstgalerie Whitechapel. Die Galerie vergab Aufträge an einige ortsansässige Künstler, die durch öffentlich finanzierte Kunstwerke einen Beitrag zur Offenen Ausstellung Whitechapel leisten sollten; der Anrufer wollte wissen, ob ich interessiert daran war, mich zu beteiligen. Ich fand es toll, daß man mich fragte. Sie erzählten mir, sie wollten die Installationen in Schaufenstern von Geschäften in der Brick Lane ausstellen und meinten der passendste Ort für meine Arbeit sei der einzige übriggebliebene jüdische Laden in der Straße, C. H. N. Katz. Ich konnte es nicht fassen. Sie hatten den Besitzer des Ladens darauf angesprochen, und er hatte sie ausgelacht und zur Tür hinauskomplimentiert; er erklärte, sich für zeitgenössische Kunst nicht zu interessieren, und wollte, daß man ihn in Ruhe ließ. Die Leute von der Kunstgalerie Whitechapel wußten, daß ich in der Gegend tätig war und Kontakte hatte; sie meinten, wenn ich mich persönlich an den Mann wende, lasse er sich vielleicht umstimmen. Mit klopfendem Herzen fragte ich sie nach seinem Namen. Mr. Katz. Als ich ihn in den Laden hatte eintreten sehen, waren mir Zweifel gekommen, ob es sich bei ihm um David Rodinsky handelte, aber mir ging nun auf, daß sich Mr. Katz hervorragend für eine Befragung eignete. Vielleicht hatte er Rodinsky gekannt; ich war jedenfalls sicher, daß er mir interessante Geschichten über die Gegend erzählen konnte. Mir war klar, daß sich ein so orthodoxer Mann, wie er einer zu sein schien, vielleicht nicht einmal allein mit mir im Laden aufhalten, geschweige denn, von mir interviewen lassen durfte. Aber versuchen würde ich es jedenfalls, und zwar gleich am nächsten Tag.

Eine Glocke bimmelte laut, als ich die Tür öffnete, aber es dauerte einige Minuten, ehe Mr. Katz aus seinem Büroraum auftauchte. Sein Gesicht war aus der Nähe sogar noch umwerfender; mit einer Stimme, die genauso wie die meines Großvaters klang, fragte er mich, was er für mich tun könne. Ich stellte mich vor und erklärte ihm, daß ich in der alten Synagoge in der Princelet Street arbeite. Er erzählte mir, er kenne die Synagoge gut und sei viele Jahre lang zum Gottesdienst dort hingegangen. Ich fragte ihn, ob er in der Princelet Street wohne, da ich ihn einige Male dort gesehen hätte; er wohnte aber in Stamford Hill und hatte in der Princelet Street einen Lagerraum. Ich wollte von ihm wissen, ob er David Rodinsky gekannt habe. »Natürlich, der *Schammes* in der Synagoge. Ich kannte ihn gut. Wir sprachen Jiddisch miteinander, er kam mir sehr klug vor.« Er erzählte mir, er kenne seine Tochter, eine Mrs. Lipman, die Mr. Katz einmal im Jahr zu besuchen pflege, wenn sie auf dem Weg zur Princelet-Street-Synagoge vorbeikomme, wo sie für ihren Vater eine *Jahrzeit*-Kerze anzünde. Er schilderte sie als alt und gebrechlich. Mit weiteren Einzelheiten konnte er mir nicht dienen, versprach aber, sich ihre Adresse geben zu lassen, wenn er sie das nächste Mal sehen sollte. Das war die vielversprechendste Spur, auf die ich bislang gebracht worden war – ich drang in ihn, um weitere Informationen zu ergattern, stellte tausenderlei Fragen: wie Rodinsky ausgesehen habe, was mit ihm passiert sei, ob Mr. Katz seinen Vater gekannt habe. Durch Rosemary Weinstein und meine Beschäftigung mit den Sachen im Zimmer wußte ich, daß sich David Rodinsky die Mansarde zumindest während eines Teils der Zeit, die er dort verbrachte, mit seiner Schwester Bessie und seiner Mutter geteilt hatte. Über seinen Vater aber hatte ich bisher nichts herausbekommen; ich fand nur eine zerknitterte sepiafarbene Fotografie, auf der oben mit schwarzer Tinte das Wort *Abba*, »Vater«, geschrieben stand.

Mr. Katz wußte auch nichts von ihm und reagierte allmählich gereizt auf meine Flut von Fragen. Ich hatte bereits zahlreiche Interviews mit älteren Menschen in der Gegend geführt und dabei gelernt, daß es nicht gut war, schon bei der ersten Begegnung der Neugier die Zügel schießen zu lassen; also nahm ich mich zurück und ließ statt dessen Mr. Katz das Gespräch führen. Er war neugierig zu erfahren, was eine junge Frau wie mich dazu brachte, in einer leerstehenden Synagoge zu arbei-

ten. Ich erzählte ihm etwas über mich. Als er die Namen meiner Großeltern hörte, blühte er förmlich auf. Er erinnerte sich an sie und an ihr Uhrmachergeschäft in der Princelet Street. Das machte für mich mehr als wett, daß er nicht der schwer faßbare David Rodinsky war: Nichts liebte ich mehr, als Geschichten über meine Großeltern zu hören.

Diese erste Unterhaltung muß mindestens eine Stunde gedauert haben. Ich war im Begriff, mich zu verabschieden, als mir der ursprüngliche Zweck meines Besuches wieder einfiel. Glücklicherweise hatte Mr. Katz sich ja bereits danach erkundigt, womit ich meinen Lebensunterhalt verdiente – »abgesehen davon, daß Sie sich in alten Synagogen herumtreiben«, hatte er mit einem Lächeln bemerkt. Er interessierte sich sehr für meine Arbeit und musterte meine Mappe gründlich durch. Ich glaube, er war der erste Mensch in meinem Leben, dem ich keine einzige meiner Produktionen erklären mußte, ihm war völlig klar, was ich zu machen versuchte. Ich zeigte ihm das Werk, das die Kunstgalerie Whitechapel für seinen Laden vorgesehen hatte: Objekte aus dem Uhrmacherladen meines Vaters, eingeschlossen in Harz und Stahl. Mr. Katz hatte Tränen in den Augen, als er sie sah und war einverstanden damit, daß sie in seinem Schaufenster ausgestellt wurden; darüber war ich glücklich.

In der folgenden Woche installierte ich meine Arbeiten, wobei er mir großzügig half. Als ich fertig damit war, konnte man uns guten Gewissens als Freunde bezeichnen. Immer wenn ich vorbeikam und er da war, trat ich zu einem kleinen Plausch in den Laden. Etwa zwei Wochen, nachdem die Objekte ausgestellt worden waren, winkte er mich aufgeregt herein. Er erzählte mir, er habe eine Nachricht für mich, und kehrte aus dem Hinterzimmer mit einer Eilpostkarte von einer Filmgesellschaft zurück, die ihren Sitz in Brixton hatte. Der Regisseur war daran interessiert, für einen Dokumentarfilm über Spitalfields Filmaufnahmen von meinen Arbeiten zu machen. Ich bedankte mich bei Mr. Katz und verabredete mich mit dem Regisseur für die folgende Woche in der Synagoge. Am vereinbarten Tag läutete Punkt zehn Uhr morgens die Türglocke. Als ich öffnete, standen vor mir zwei elegant gekleidete Her-

CH N.KATZ
PAY
HERE
STRING
TWINE
CORD
&
PAPER

ren. Der eine erwies sich als Bob Bentley; er war der Regisseur. Dann stellte er den anderen vor: »Ich hoffe, es macht Ihnen nichts aus, aber ich habe Iain Sinclair mitgebracht, den Schriftsteller. Er wirkt auch an dem Film mit, äußert sich über die Gegend. Ich dachte, Sie wären vielleicht interessiert daran, einander kennenzulernen, und ich weiß, daß sich Iain Ihre Arbeiten angeschaut hat.«

Das war also der Mann, der den Artikel »Der Mann, der ein Raum wurde« geschrieben hatte und von dem ich wußte, daß er als einer der ersten in Rodinskys Raum gewesen war. Ich hatte auch vor kurzem sein Buch *Downriver* gelesen und wollte ihn unbedingt zu den Nachforschungen über Rodinsky befragen, die er bereits angestellt hatte. Mir war klar, daß uns vermutlich vieles verband, weil wir beide an ähnlichen Themen in derselben Gegend arbeiteten. Ich erinnerte mich an die atemlose Erregung, mit der ich Sinclairs Roman *White Chapell Scarlet Tracings* gelesen hatte und an die lebendigen Beschreibungen des jüdischen Friedhofs in der Brady Street, hinter dem ich wohnte, seit ich vor vielen Jahren nach London gezogen war. Ich erzählte Iain davon, und bald schon hatten wir für Bob Bentley keinen Blick mehr übrig. Iain zeigte sich an meinen Arbeiten ehrlich interessiert und lud mich für die folgende Woche ein, um mit mir darüber zu reden. Wir trafen uns im Hinterzimmer des Pubs Seven Stars in der Brick Lane. Iain bat mich, meine Mappe mitzubringen, und wir unterhielten uns bis spät in die Nacht über meine Kunst, seine Projekte, Rodinskys Raum und über Whitechapel. Iain saß an einem neuen Buch über London, in dem er sich auch mit einigen Künstlern beschäftigen wollte; unter anderem hatte er vor, über die Arbeiten zu schreiben, die ich im Schaufenster von Katz ausgestellt hatte.

Ein paar Wochen nach meinem Treffen mit Iain wurde ich schwer krank. Mein Asthma geriet außer Kontrolle; ich konnte mich kaum bewegen. Schließlich wurde eine Lungenentzündung diagnostiziert. Sechs Wochen verbrachte ich damit, auf dem Sofa zu liegen und nach Atem zu ringen. Ich reagierte mit Erstickungsanfällen auf die Schmutzluft von Ostlondon; mir war klar, daß ich gut daran tat, die staubige Synagoge zu meiden. Hinzu kam, daß mich der Aufenthalt dort künstlerisch lähmte. Ich mußte unbedingt ein bißchen Abstand gewinnen, mir an einem neutralen Ort ein Studio besorgen und meinen geschwächten Lungen ermöglichen, sich zu erholen. Ein Freund ließ mir Informationen über ein Kunstprojekt im israelischen Arad, in der Nähe von Masada, zukommen. Das schien genau das Richtige: ein sechsmonatiger Aufenthalt, der mir die Zeit und Bewegungsfreiheit verschaffen würde, in einem friedlichen Wüstenmilieu, Tausende Kilometer weit weg von der Verführungskraft des Rodinskyschen Zimmers, an meinen eigenen Sachen zu arbeiten. Arad ist außerdem ein weltbekanntes Zentrum für die Behandlung von Asthma und rühmt sich, die sauberste Luft der Welt zu besitzen. Die Stadt liegt auf einem Berggipfel oberhalb der schimmernden Salzflächen des Toten Meeres. Ich bewarb mich um den Aufenthalt und wurde genommen.

Während ich mich in dem verschlafenen Städtchen erholte, bekam ich einen Brief von Iain Sinclair. Er wünschte mir alles Gute und fragte, ob ich interessiert daran sei, etwas über David Rodinsky für eine Ausstellung zu machen, die er im Zusammenhang mit dem Erscheinen seines neuen Buches, *Lights Out for the Territory*, plane. Das Buch enthielt ein Textstück, das er nach unserem Gespräch im Seven Stars geschrieben hatte. Er schickte mir eine Kopie des Textes:

»Lichtenstein war in ihren Vorgehensweisen besessen, ritualistisch. Die Suche nach einer Identität, einer Familie, die sie ihres Wesens und ihrer Existenz versichern konnte, veranlaßte sie, eine Reihe von Reisen zu unternehmen: nach Polen, nach New York, nach Israel – und zwangsläufig auch nach Whitechapel. Jede Erkundung – Interviews, Eintragungen, Gebäude, Stoffe – brachte sie ihrem Ursprung näher. Wenn alles zusammengetragen war (wie die manischen Ansammlungen von heiligem Trödel in David Rodinskys Dachstube in der Princelet Street), konnte sie sich als Person aufheben. Sie war dann frei, in andere Dimensionen zu entweichen. Der Augenblick, der sie mit dem existentiellen Schrecken des Verlustes konfrontierte, trat ein, als sie sich im Halbwüchsigen-

alter anschickte, eine Fotowand zu fotografieren, Holocaustopfer, Kinder. Sie konnte nicht ansehen, was sie einfing. Sie gewann die Überzeugung, daß sie eine vorläufige Wiedergabe ihres eigenen Gesichtes ausgemacht hatte. Ihre Installation *Shoah*, die sie 1993 in der West-London-Synagoge ausstellte, war unter anderem ein Versuch, diese Doppelgängerin zu beschwichtigen (bei einem früheren Versuch in der Kunstschule in Sheffield hatte sie alle Spiegel der Schule mit großformatigen Kopien verhängt – mit schwachen Abdrücken der dem Untergang geweihten Gesichter. Die Aktion fand keine gute Aufnahme. Sobald von den weißen Hüllen welche heruntergerissen wurden, ersetzte Lichtenstein sie wieder.) Für *Shoah* verwendete Lichtenstein abermals Fotos aus den vernichteten polnischen Ghettos, die sie auf Streifen von Leinentuch gedruckt hatte. Sie unterzog sich bereitwillig den Schwierigkeiten, dem Nähen und Flicken, den langen Stunden, in denen sie unablässig über die Unmöglichkeit ihres Projektes nachsann.

Nichts gab sie preis, keinen Umschlag, keine Haarsträhne. Mit stiller Verbissenheit hätte sie aus Kramecken, aus Truhen voller Trödel, ganze Alben gefüllt. Sie war unter Antiquitätenhändlern groß geworden, hatte sich durch Schachteln mit entpersönlichtem Zeug, durch frei wählbare Geschichten, erfundene Stammbäume hindurchgewühlt.

6.

> Pfandleiher, Juweliere, Goldhändler: das sind die wahren Erbschaftsverwalter, die Preis *und* Wert von allem kennen. Lichtensteins Kunst bezog Inspiration aus der Liebe zu diesen unzerstörbaren Fragmenten, diesen raunenden Überbleibseln. Aus der Resttemperatur gefundener Objekte schuf sie neue Rituale.«

Es mutete mich merkwürdig an, über mich selbst in einem von Sinclairs Büchern zu lesen. Ich fühlte mich unbehaglich, war aber beeindruckt von seiner Fähigkeit, Zugang zu meinem Leben und zu meiner Arbeit zu finden. Ich schrieb zurück und erklärte mich damit einverstanden, etwas über Rodinsky zu machen; ich hoffte, schrieb ich, rechtzeitig nach Großbritannien zurückzukehren, um persönlich bei der Ausstellung dasein zu können.

Rodinsky erleben

Iain Sinclair

ASTON: Wo sind Sie denn geboren?
DAVIES (finster): Wie meinen Sie das?
ASTON: Wo sind Sie geboren?

Harold Pinter, *Der Hausmeister*

Ich war hungrig nach Geschichten aus der Gegend und ein guter Zuhörer. Ein Schwamm. Ich überprüfte, was es an schriftlichen Zeugnissen gab, ging Berichte von stadtbekannten Verbrechen durch (sie widersprachen sich). Ich belauschte Schurken im Ruhestand, schlug mich mit Stadtplänen herum. Pedantisch bemühte ich mich, diese Topographien mit den wiederkehrenden visionären Motiven eines William Blake oder Thomas De Quincey in Übereinstimmung zu bringen. Ich plünderte Legenden, raubte Namen (Swedenborg Gardens), entriß sie ihrer wohlverdienten Vergessenheit. Verstand, wie Männer zu Orten wurden. Wie sie ins Gedächtnis zurückgerufen werden konnten, heraufbeschworen aus dem großen Traum, in dem echte Menschen mit Geburtsurkunde eine Verbindung mit unsterblichen Phantasiegestalten eingingen, mit Sherlock Holmes, Fu Manchu, Dr. Jekyll, Dr. Mabuse und dem Golem von Prag.

Erinnerung bedeutete Verrat. Ich mähte das Gras um Nicholas Hawksmoors Kirchen und räumte die Scherben zerbrochener Sherryflaschen unter den Schlafbänken der Stadtstreicher weg. Ich ging auf die Pirsch nach Gerüchten, war ein Spitzel, ein unbezahlter Spion. Ich suchte eifrig nach Hilfsarbeiterjobs, die mir erlaubten, meinem obsessiven Hang zur mythischen Geographie zu frönen, meiner Sucht nach verborgenen Kräften, die in demolierten Ghettos steckten, im Zwischenreich der Todeszone. Der Abfüllkeller der Brauerei Truman's in der Brick Lane war das höchste der Gefühle, eine lebende Metapher, in die ich seit Jahren gehofft hatte, eindringen zu können.

Ich hatte mich vorgearbeitet, von den Container-Verladeschuppen in Stratford East, entlang den nicht enden wollenden weißen Linien von Hackney Marshes, bis zu den dürren Grasflächen von Limehouse, Poplar und Canning Town; und nun, bei der Brauerei, ins Herz von Whitechapel. Zum Born, zum Springquell aller Geheimnisse.

Es war nicht leicht. Man mußte sich auf Herz und Nieren prüfen lassen, selbst für Handlangerarbeiten; man wurde medizinisch untersucht, nach Einstichen abgesucht. Die Räume aber, in denen diese Einstellungsgespräche stattfanden, waren holzgetäfelt, Collegeräume. Man hatte ein Gefühl von Initiation. Während der Amtsgewaltige seine lange Liste von Fragen verlas, konnte ich durch die Fenster die schweren, von Pferden gezogenen Karren beobachten, die durch den kopfsteingepflasterten Hof rumpelten. Die Glocken der Brauerei dienten als Uhr und verrieten den Klempnern (bei denen ich als Werkzeugträger und Zureicher von Schraubenschlüsseln anfing), wann sie ihre Hängematten (die sie zwischen Heißwasserleitungen aufgehängt hatten) räumen mußten, um rechtzeitig zum letzten Rennen das Wettbüro zu erreichen und anschließend Überstunden einzutragen. Das konnte auf Dauer nicht gutgehen.

Spekulanten erschienen, und die Brauerei hörte auf, ein zu erforschendes Labyrinth, ein Hort phantasierter und fundierter Erinnerungen zu sein und wurde zum Grundstückswert; ein Glied in einer Kette von preisgegebenen Besitzungen, die sich bis zur Eisenbahnbrücke auf Höhe des U-Bahnhofs Pedley Street erstreckte. Ich gewann davon nur den allerunbestimmtesten Eindruck, das körperliche Erleben des Ortes, aber der Anreiz zur Erforschung der Umgebung, der sich mir daraus ergab, war unwiderstehlich. Das jüdische Ghetto war eine Erinnerungsspur, die Zuwanderung von Bangladeschis nur erst ein Rinnsal. In der Sheba Street gab es einen Eckladen, ein schmuddeliges, nach Katze stinkendes Loch mit grellfarbenen Bonbons in Gläsern, feuchten Zigarettenpäckchen, versteinerten Marsriegeln, Zeitungen von vor dem Krieg. An den meisten Nachmittagen machte ich dort Station, irgendwann auf meiner Rundtour zwischen den Seven Stars und dem Nazrul, auf dem gewundenen Weg, der mich unausweichlich in Richtung der Minories und des Flusses, des unteren Endes der Mile End Road und des verriegelten jüdischen Friedhofs an der Brady Street führte. Zum Untergang verdammte Mietshäuser. Anarchistische Gassen. Verwilderte Grundstücke und plötzlich ansteigendes offenes Gelände, das den Blick zurück zur Stadt freigab, zerklüftete Sonnenuntergänge unter drohenden Wolken.

Das Trottoir außerhalb des Ladens ist mit Glassplittern überfroren. Schwarzer Rauch. Später gab es in der Lokalpresse eine Schlagzeile, die mir nachging wie ein Sprechchor, Titel eines Films, der nie gedreht werden würde: BENZINBOMBE IN DER SHEBA STREET. Der erste rassistische Anschlag. Gutgeheißen von bestimmten Leuten in der Brauerei, die ihre Nachmittage damit verbrachten, ihre mit Leder ausgekleideten Rover zu wienern. Aber zugleich empörte der Vorfall auch eine Reihe von älteren Männern, die Geschichtenerzähler. Sie erinnerten sich an Nächte, in denen sie Brandwache gehalten hatten, an die Bombe, die im Jüdischen Friedhof eingeschlagen war und zerfetzte Leichen auf dem Schutzraum des Totengräbers abgelegt hatte. Sie erinnerten sich an alles, was mit dem Krieg zusammenhing. Da war ein Jack-the-Ripper-Spezialist, der mit einer Plattenkamera alle einschlägigen Orte fotografiert hatte. Da waren Cable-Street-Kämpfer; die einen waren mit Mosley marschiert, andere hatten gegen ihn demonstriert. Da waren wunderliche alte Käuze, die zur Truppe des Exsoldaten und Vorarbeiters Jack Spot gezählt hatten und ihn wegen seiner Überfälle auf die Schwarzhemden in Ehren hielten. Da waren Alkoholiker mit glasigen Augen, die zum Frühstück ein Maß Dunkelbier aus einem Zinnkrug brauchten, um das Zittern loszuwerden, Männer, die in den Abfüllbottichen weiße Krokodile gesehen hatten. Aber in dieser ganzen Zeit, den Überstunden, den Nächten im kalten Lagerhaus, wo man sich um den Zapfhahn drängte, den gestaltlosen Nachmittagen in der Freibar, hörte ich niemals jemanden David Rodinsky erwähnen. Kein Wort über den verschwundenen Hausmeister aus der Princelet Street und über sein Bermudadreieck-Stübchen. Nach dieser Geschichte bestand kein Bedarf. Aus heutiger Sicht will mir scheinen, daß die alten Kamellen, denen ich lauschte, von mir selbst herausgefordert wurden. Ich war es, der bereits Bekanntes bestätigt und breitgetreten haben wollte. Rodinsky war eine Leerstelle, eine Lücke, etwas, das nicht aufgedeckt werden sollte, etwas hermetisch Verschlossenes und Vergessenes. Das war in den Siebzigern, in der Zeit zwischen seinem Verschwinden und dem Aufbrechen der Dachkammer. Er war nicht sichtbar oder unsichtbar. Er war weder gegenwärtig noch abwesend. Seine Geschichte war noch nicht in Worte gefaßt. Es war noch zu früh, sie in den Kanon von Spitalfields aufzunehmen. Sie gehörte in eine Ära, die noch nicht wiederentdeckt war beziehungsweise noch keine Umdeutung erfahren hatte. Wie das Ghetto selbst, jene schwebende Zone zwischen der City und der verborgenen Welt des East End, lag der Mythos noch auf Eis. Mit der imaginativen Wiederentdeckung des Gebiets, die von den Stadtentwicklern der achtziger Jahre vorangetrieben werden sollte – dem Bedürfnis, ihren hochgestochenen Prospekten eine Nimmerwelt aus Hugenotten, tanzenden Chassidim und hübsch finsteren Serienmördern aus dem Freimaurermilieu zu unterlegen –, wurde Rodinsky, seine merkwürdige Geschichte und plötzliche Verflüchtigung, ans Licht gezerrt. In Worte gesetzt. Mit dem Echtheitssiegel versehen. Gebt uns ein Gespenst in der Dachkammer, einen zerbrochenen Webstuhl, und wir liefern euch ein Dutzend koschere Einheiten im georgianischen Stil für den Fernostkatalog. Banker aus Hong Kong kauften bereits unbesehen Wohnungen in der Heneage Street auf, noch ehe Chris Patten, der letzte britische Gouverneur der Kolonie, seine Hunde aus der Quarantäne zurückhatte.

Im Oktober 1987 blitzte David Rodinsky im Bewußtsein der Öffentlichkeit auf, als Patrick Wright in *London Review of Books* einen Artikel erscheinen ließ, in dem er die Geschichte aus der Princelet Street (»ein Post-hoc-Märchen aus dem mittelständisch aufgeputzten Immigrantenviertel«) mit einem scharfsichtigen Bericht über den derzeitigen Stand der Dinge verknüpfte – Neogeorgianer, alte Käuze, Traditionsgewinnler, das alles in einer Gegend, die gerade erst ihrer umgemodelten Identität als »Spitalfields« innegeworden war. (Das Transparent Banglatown war noch nicht quer über die Brick Lane gespannt.) Wrights Beitrag trug den Titel »Rodinskys Ort«. Die Vorstellung dieses Falles von Verschwinden, der manipulative Umgang mit seiner Bedeutung, wurde als die metaphorische Figur herausgestellt, von der das Verständnis dieser »Übergangszone« auszugehen hatte. Jahrelang hatte zwischen der City und ihrem östlichen Nachbarn ein imaginärer Grenzgraben existiert, angefüllt mit Hundekadavern, zerbrochenen Flaschen, Hühnerkrallen und gelbem Erbrochenem. Wright zufolge war Whitechapel von Banken und Baugesellschaften für kreditunwürdig erklärt worden. Ohne Kredite fand sich die Gegend der Verkümmerung preisgegeben und gezwungen, ihre Zuflucht zu kompensatorischen Bildern von einer heroischen Vergangenheit zu nehmen. Der City war es recht, daß sich der Bezirk die Seele aus dem Leib soff. Die Gesundheit einer geographischen Lage bemißt sich an deren Liquidität. Die Ausbeuter sahen mit Begeisterung, wie sich ihre unmittelbare Nachbarschaft, die ein für allemal als Dienstleistungsareal ausgewiesen war (Prostitution, mittägliche Sauftouren, Stripperinnen, Currys), in eine Wüste verwandelte. Soll sie doch verfallen! Soll sie verdorren! Damit die Schakale Einzug halten, die Zukunft kolonisieren können. Die City war eine Horde von Visionären. Sie sahen, was mittlerweile auch für uns übrige sichtbar ist: senffarbene Büros, Investitionsmöglichkeiten, Appartementwürfel entlang dem Kanal statt der abgerissenen Wohnsilos, der Einzelschuhverkäufer. *Sie* waren die Romantiker, nicht die verwirrten jüdischen Schriftsteller wie Emanuel Litvinoff oder Willy Goldman, die zurückkamen, um unter den gespenstischen Überlebenden Spuren ihrer Kindheit zu entdecken. Litvinoff begeistert sich an »denselben zerbrochenen Steinfliesen im Durchgang, denselben baufälligen Treppen, dem durchdringenden Geruch nach Katze«. Aber es ist nicht mehr derselbe Ort. Derselbe kann der Ort nur sein, wenn er, Litvinoff, ist, was er war, unbelastet von der Erfahrung, die er inzwischen gemacht hat. Niemand sonst sieht den Rückkehrer, versteht, was er ist, seinen Zustand. Er ist so unsichtbar wie Rodinsky. Die Straßen, meint er, schulden Warschau und Kischinjow mehr als dem restlichen London. Der Straßenmarkt ist unsterblich. Die Einleitungen zu den Neuauflagen der Schilderungen dieser nüchternen Rückkehrer (Litvinoffs *Journey through a Small Planet*, Goldmans *East End Cradle*), sind erfüllt von Melancholie. »Zwanghafte Streifzüge« nennt Goldman seine Erkundungsgänge. Das »Hier«, das sie in Erinnerung rufen, ist nicht mehr zu finden. Sie suchen nach sich selbst. Goldman lokalisiert eine beredte Absenz: »Die niedergerissene White Chapel (Weiße Kapelle), die der Gegend den Namen gab, ist heute ein Rasenfleck; frühere Synagogen in der Brick Lane sind Moscheen ... Ich bin auf ewig gefangen in dieser nicht eben sanften Falle. Ich kann ihr niemals entrinnen und würde das auch nicht wollen.« Litvinoff erinnert sich an einen gescheiterten Bildungsgang, der den Lauf seines Lebens hätte ändern können. »Draußen regnete es. Ich saß auf der Fensterbank und schnitzte meine Initialen in das Holz. Als ich nach ihnen suchte, waren sie immer noch da, gezackt und ungelenk, »E. L.« Seine Erinnerung hatte ihn also nicht getrogen. Es hatte diese Person einst gegeben. Mit den Fingern ertastete er die Restwärme in den Einkerbungen, dem handgreiflichen Beweis.

Ich traf mich mit Patrick Wright. Er zog seine Bahn durch Hackney: jede Adresse ein Buch (*On Living an Old Country* für Stoke Newington, *A Journey through Ruins* für Dalston). Auf der falschen Seite von Queensbridge Road gab es viel Bewegung. Die Ungläubigen auf der Suche nach provisorischer Glaubwürdigkeit. Keimende New Labour, die mittelständisches Leben in viktorianische Hülsen goß.

Tony und Cherie Blair hatten sich in die Mapledene Road eingekauft, von wo sie über die große Kluft – rasender Verkehr heraus aus der Gangsterregion, künftige Exilanten auf dem Weg zur Lea Bridge Road und der M11 – zu den gespenstischen Wohntürmen der Holly Street hinüberstarren konnten, der gespenstischen Anlage mit den Pitbull-Lifts, den abgedunkelten, endlos langen Korridoren und den brettervernagelten Fenstern, die auf den Glaser warten, seit der jüngste Lebensmüde seinen unplanmäßigen Abgang aus dem Alptraum gemacht hat. Nach Wrights Ansicht war dies das redende Symbol der Zeit: das Ländlichkeit simulierende Einfamilienhaus, arretiert vor einem apokalyptischen Wolkenhimmel. Hier bildete Blair seine politischen Fähigkeiten aus, hier lernte er, die widerspenstigen Labour-Linken des Wahlbezirks Queensbridge auszutricksen.

Ich besuchte Wright, und er zeigte mir zwei von seinen Reliquien, die er besonders hochhielt: einen roten Schulmädchenalmanach, der einst David Rodinsky gehört hatte, und eine Silbergabel mit den eingravierten Initialen *T. F. B.* Dieses geheiligte Gerät stammte von einem der Vorfahren Wrights namens Thomas Fowell Buxton, einem Quäker und Braumeister, der im Oktober 1816 in Mansion House, dem Amtssitz des Oberbürgermeisters von London, eine Rede gehalten und an die Kaufmannschaft der Stadt appelliert hatte, gegenüber den Armen von Whitechapel Wohltätigkeit zu beweisen. Mir ging auf, daß zwischen den Zwillingsfetischen, dem Tagebuch und der Gabel, eine hübsche Verbindung existierte. Das Tagebuch war aus Rodinskys Dachstube gerettet worden (es sollte später an Rachel Lichtenstein weitergereicht werden), um Wright Inspirationen zu dem Beitrag zu liefern, an dem er schrieb. Die Dinge verschwanden so rasch aus der Princelet Street, daß sich der Sozialhistoriker genötigt sah, dieses wichtige Dokument, ein Sammelsurium aus Übersetzungen und aphoristischen Selbstinstruktionen aufzubewahren. Die Gabel hätte genausogut aus dem Wirrwarr auf Rodinskys Tisch herausgefischt sein können; sie hätte sich auch geeignet, in einem von Severs' Tableaux in Folgate Street einen angemessen fettigen Teller zu zieren.

Wright schilderte, wie er auf Rodinskys Geschichte gestoßen war. Er hatte von ihr durch den Architekturhistoriker Dan Cruickshank gehört. Cruickshank war ein begeisterter Neugeorgianer, ein engagiertes Trüffelschwein in den Nebengassen von Spitalfields. Das Verschwinden des Synagogendieners sei vor dem Hintergrund seiner angeblichen kabbalistischen Praktiken eine Geschichte so recht nach dem Geschmack der Zeit gewesen. Diejenigen, die geschäftlich daran interessiert waren, Spitalfields als eine Zone mit besonderem, auszeichnendem Flair erscheinen zu lassen, brauchten eine Mythologie zur Fundierung der Immobilienwerte. Die Wahl fiel auf Rodinsky, auf eine unter vielen ausgelöschten Existenzen, gestaltlosen Biographien. Im wesentlichen habe der Trick darin bestanden, ihn seiner Geschichte zu entkleiden und unmittelbar in die Substanz des Raumes zu überführen, der ihn beherbergt hatte. In den siebziger Jahren hatte ich die Geschichte nie auch nur erwähnen hören – weil sie noch nicht formuliert war. Der Name Spitalfields war noch eine altertümelnde Marotte. Wenn von der Gegend gesprochen wurde, hieß sie Whitechapel. Freunde sprachen von »Brick Lane« oder »Cheshire Street«. Vom »Markt«. Vom »*Beigel*-Laden«. Vom »Hinterzimmer im Seven Stars«.

Wright griff Cruickshanks Hinweis auf und sah in Rodinsky den Kristallisationspunkt für einen Essay, ein Kapitel seines Buches *Journey through Ruins*. Und ich, ein ebensolcher Vampir, war scharf darauf, den verschwundenen Juden für die Handlung meines Romans *Downriver* zu vereinnahmen. Wright hatte ich bereits in der Figur von Frederik Hanbury in Dienst genommen; wir stießen entlang der Queensbridge Road, über die bucklige Brücke, nach Süden in das Gebiet vor; Verbündete, Konkurrenten, die begierig waren, herauszufinden, was sich aus diesem verlorengegangenen Schriftgelehrten machen ließ. Was ich damals empfand, als ich die baufällige Treppe hinaufstieg und in dem Zimmer, in dem die Jalousien heruntergelassen waren, herumstöberte, empfinde ich auch heute noch: Hier war aus einem Menschen ein Raum geworden.

»Ein Strudel der Erwartung saugt uns in die Synagoge und die unbeleuchtete Treppe hinauf: Wir kehren zurück, nähern uns einem Etwas, das immer da war. Die Bewegung ist zwangsläufig. Aber wir spürten auch sofort, daß wir unbefugt in ein Gebiet vordrangen, das vielleicht bald schon zum »Einwanderungsmusem« neutralisiert sein würde – als kön-

ne Einwanderung etwas anderes sein als eine aktive Reaktion auf unhaltbare Zustände – ein mutiger, verrückter, begieriger Ausfall in Richtung auf irgendeine Vision von Zukunft; ein Vorstoß der Ungeborenen in eine Region, auf die sie weder Anspruch noch Lust hatten. Einwanderung läßt sich gefühlsselig aufbereiten, aber niemals nacherleben. Sie ist so unaufhaltsam und unumkehrbar wie das Vordringen von Gletschern und läßt sich nicht kodifizieren und in der Nostalgieschublade verstauen. Wir selbst aber waren, moralisch gesehen, Ludditen, die mit Gewalt in die Realität der territorialen Existenz von David Rodinsky eindrangen: in die manifeste Verwahrlosung und das verhängte Geheimnis.
Es gab kein Geheimnis, nur jenes, das wir bei unserer Suche nach dem nicht Wißbaren fabrizierten: um uns mit Gewalt ein Gefühl unserer eigenen menschlichen Verletzlichkeit zu verschaffen. Wir waren eine Barbarenrasse der Zukunft, zu großgewachsen für den Raum, in dem wir standen. Nur zu gern warfen wir uns auf die Sammlung von Fakten: Wir waren heruntergekommene Agenten, Leichenfledderer mit japanischen Billigkameras.
Am Verschwinden dieses Mannes war nichts Erstaunliches. Er hätte nicht greifbarer sein können. Es war alles noch da: die Hüllen, die Bildung, die Arbeit, die er unternommen hatte, sein Atem auf dem Glas – und sogar, wenn wir sie mitnahmen, seine Geschichte. Wir konnten allein aus den Spuren, die Rodinsky so demonstrativ gelegt hatte, das fehlende Element, das Dichtwerk, beisteuern. Daß Frederik in folgenschwerem Entschluß das Tagebuch aufhob, entschied darüber, daß das unvollendete Werk dieser Kammer bis an sein unausweichliches, wenn auch nach wie vor unaufgelöstes Ende geführt wurde.
Der Mann bleibt, *der Raum ist es, der verschwindet.* Man blickt in ein Faksimile, eine raffinierte Fälschung hinein, so unwirklich wie das in Originalgröße nachgebildete Arbeitszimmer von Thomas Hardy im Museum von Dorchester. Die Fälschung aber hatte niemand sonst als das augenscheinliche Opfer gefertigt! Das Original des Zimmers ist an einen anderen Ort gewechselt, hat eine andere Realitätsebene

erreicht. Um es zu finden, müßte man Rodinskys Schicksal teilen ...

Der Raum enthüllt sich als ein dekonstruiertes Heiligtum, das die Unvorsichtigen einsaugt, mit den Haaren an das gewichtete Mobiliar knotet. Niemand, der die Schwelle überschreitet, ist ungezeichnet. Diese parapsychologischen Touristen machen sich mit bescheidenen Reliquien aus dem Staub, mit Andenken, die in ihren Taschen wuchern und sich vervielfältigen wie Splitter vom Heiligen Kreuz. Sie propagieren einen gefährlichen Irrglauben. Sie werden versengt von Schatten, die zu keinem dreidimensionalen Objekt gehören. Wie ein Golem ersteht Rodinsky im Feuer ihrer Zuwendung. Er ist in all den merkwürdigen und verführerischen Bruchstücken, die in seiner Zelle zurückgeblieben sind, gegenwärtig. Und was auch immer hinter all diesen reizvollen Plunder verstoben ist, hat sich vollständig aufgelöst.«

Die Redaktionsassistenten der *London Review of Books* hatten Wrights Rodinsky-Beitrag in roten Großbuchstaben quer über die Titelseite mit »SPITALFIELDS MAGIC« überschrieben. Unter der ironischen Überschrift sah man ein konturloses, schlecht reproduziertes Titelfoto (Danny Gralton zugeschrieben). Als Quelle des Fotos ist »das Zentrum für Jüdische Tradition« angegeben, während Rodinsky als der Hausmeister eines »hugenottischen Seidenweberspeichers« apostrophiert wird. Das Raster aus grauen Punkten, die verschwimmen und sich wieder formieren, zeigt einen schweren, spätviktorianischen Kleiderschrank, der als Gegengewicht zu den spekulativen Wirbelwinden der Wrightschen Prosa taugt. Das Graltonsche Foto erfüllt die Funktion eines Briefbeschwerers. (Wright interessiert sich brennend für die Geschichte, das Nachleben dieses Kleiderschranks – den er als »klassische Nachbildung aus den neunziger Jahren des letzten Jahrhunderts« beschreibt. Was wurde daraus? Wurde er verkauft? Zerhackt? In Museumsgewahrsam gebracht? Ich konnte ihn beruhigen. Nachdem es jahrelang verschwunden war, befindet sich das häßliche Stück jetzt sicher verstaut in der kleinen Vorratskammer hinter Rodinskys Mansarde.) Der Schrank war eine

Verkörperung Rodinskys, ein trauriges Übersprungsobjekt, ein aufrecht stehendes Grab oder ein Zauberkasten, durch den er in eine andere Dimension hinübergewechselt war. Alte Kleider quollen aus offenen Schubladen und baumelten schwerkräftig herunter zu dem gesprengten Papierarchiv auf dem Fußboden. Die verspiegelte Rückseite einer der Türen reflektiert ein ungemachtes Bett. Eine andere Dimension gibt es nicht. Die verzierten Vorsprünge oben auf dem Schrank schweifen empor zu einer niedrigen Holzdecke. Das schwere Ding erzeugt Klaustrophobie, zerspaltet das Licht in rechteckige Felder; übereinandergetürmte Regalbretter mit Untertassen und seltsamen Haushaltsgeräten, die sich vielleicht für rituelle Zwecke mißbrauchen lassen.

Dieses klobige Möbelstück, halb Sperrmauer vor, halb Eingang zu einer Parallelwelt (die verspiegelten Türfüllungen geben Zugriff auf den Aspekt der spiegelweltlichen Unendlichkeit), nimmt seinen Platz in der Mythologie des Holocaust ein. Der geheime Raum, der eine Zuflucht für Flüchtlinge wird. Ein Raum, in den man nur durch die Türfüllungen des Kleiderschranks eintreten kann. Ein Raum, in dem sich die Zeit schleppend bewegt. Ein Raum, in dem Flüchtlinge, während sie den Atem anhalten, Unsichtbarkeit erlangen. Sie verschwinden in ihren Kleidern wie auf einem Gemälde von Magritte.

Genau solch ein Raum findet sich in *Black Milk*, einem Roman von David Hartnett. Der Autor schildert ein fiktives Ghetto, eine eingeschlossene Stadt, eine Gemeinschaft von Gefangenen, denen die Ausrottung droht. Viehwaggontransporte dezimieren die schwindende Bevölkerung und schaffen ihre Passagiere zu einem unbekannten Bestimmungsort im Osten. *Black Milk* mit seinen Anklängen an Paul Celan ist ein Endzeitroman; Träume, Erinnerungen und Archetypen aus Vorfahrenzeiten werden überrollt von einer blindwütigen Realpolitik des Hungers, der Leiden und des Zwangs zu überleben.

Josef Rosenfeld, vormals Akademiker, der an einer Dissertation über messianische Bewegungen im Judentun arbeitete, ist nunmehr Bürokrat und stellt als Funktionär des Judenrats Todeslisten zusammen. Aber durch den Schutz, den er dem ekstatischen Visionär Mendel angedeihen läßt, und durch die geheime Kammer, die er hinter seiner Amtsstube einrichtet (eine Kammer, in der sich Aufzeichnungen über alles, was im Ghetto geschah, aufbewahren lassen), schafft er es, einer Vorstellung von Anderssein, einem eigenen Bewußtsein die Treue zu halten. »Er schob dann den knarrenden Schrank zur Seite und trat wieder in seine geheime Welt ein. ... Eine harte Geometrie der Zeugenschaft und der Klage. Das war jetzt sein Kern, sein Gravitationszentrum. Was zuvor die Mystik für ihn gewesen war.« Die verborgene Kammer hat kompensatorische Funktion. Sie macht das andere Leben erträglich.

In der Verzweiflung der letzten Räumungen beschließt Rosenfeld, daß seine Frau in einer Höhlung hinter dem Kleiderschrank in ihrem Zimmer versteckt werden müsse. »Die Rückseite des Kleiderschranks war entfernt und lehnte an der Wand. Das Kunststück war vollbracht. Etwas oder jemand war unsichtbar geworden.« Kleiderschränke und Unsichtbarkeit, verborgene Räume. Da sind so viele seltsame Anklänge; als ob durch die Aufzählung dieser Dinge, durch ihre Zusammenstellung, ein alchimistischer Prozeß in Gang gesetzt würde. Eine Formel niedergeschrieben. Das Gewicht des Kleiderschranks – seine massive Häuslichkeit, das Gewirr der Schubladen, Messinggriffe, Spiegel, der Geruch der Politur, angekokelt von Kerzen, Haarbüschel, die sich zwischen den steifen Borsten einer geschwärzten Bürste verfangen haben – ausgespielt gegen das innere Licht auf der anderen Seite.

Eine von denen, die in Rosenfelds Schrank eingeschlossen werden, ist eine hingebungsvolle Freiheitskämpferin, ein Mädchen namens Rachel. Erstmals sichtbar wurde Rachel als flüchtige Erscheinung an einem hochgelegenen Fenster (»Komm weg vom Fenster, Rachel, du wirst dir den Tod holen«). Die Leidenschaft dieser »halbwüchsigen Untergrundaktivistin« wandelte sich allmählich und wurde zu etwas Fiebrigem und Fremdbestimmtem. Widerstrebend erklärt sie sich bereit, in den Schrank zu steigen. »Die Person, die unsichtbar geworden war, stand im Begriff, wie durch Zauberhand in die Welt zurückversetzt zu werden.«

Hartnett vollzieht hier eine effektvolle Überleitung: Rachel, eine eidetische Gestalt, die wie ein Bild im Fensterrahmen erscheint, gleitet ins Rampenlicht der Erzählung. Sie wechselt aus einem Etwas, dessen Stimme nicht vernehmbar ist, aus dem Gegenstand traumartiger sexueller Phanatasien, in die Position einer an Tochters Stelle Angenommenen, einer Bewohnerin des familiären Raumes, über. Wenn es zur abschließenden Säuberungsaktion kommt, steigt sie in den Kleiderschrank – wo sie, obwohl das Versteck entdeckt wird, unsichtbar bleibt.

Natürlich fiel mir, als ich *Black Milk* las, die zufällige Namensgleichheit auf: Rachel, die Aktivistin, die in eine Erzählung hineingezogen wird, aus der sie nicht mehr entrinnen kann. Die Beobachterin, die Teil des Gebäudes wird. Und dann eines Zimmers in dem Gebäude. Dann eines Kleiderschranks. Dann nichts mehr.

Es gibt ein Bild von Rodinskys Zimmer, das der in Hackney beheimatete Fotograf Marc Atkins aufgenommen hat. Es entstand einige Jahre nach der Sequenz von Danny Gralton, die das Durcheinander des gerade erst geöffneten Dachgeschosses zeigt. Die erste Aufregung über den noch nicht katalogisierten Kram, über die Bücher, Lumpen, Matratzen, Zeitungen, hat sich gelegt. Eine andere Geschichte nimmt Form an. Alle waren sie interessiert daran, die frühere Version so lange festzuhalten, bis man die Elemente herausgezogen hatte, die zur Rechtfertigung eigener Nachforschungen dienen konnten. Architekturgeschichtler, Sozialreformer, Dichter, Performance-Künstler, Produzenten von Werbespots für das lokale Fernsehen, Gruftikult-Spezialisten. Graltons Schwarzweißabzug, dem das nicht durch Jalousien verschlossene Fenster einen Strahl natürlichen Lichtes spendet, gibt perfekt die Romantik des *fin de siècle* wieder: die Dachstube des hungerleidenden Künstlers. Wandklavier, Flasche und Bücher auf dem Tisch, gerahmter Druck von Millets *Angelus*, das ungemachte Bett und der Fußboden übersät mit Papieren, fallengelassenen Entwürfen. Die Komposition von Marc Atkins hingegen läßt das Licht am Fenster zerfasern. Es muß später Nachmittag sein, die Sonne wandert gerade um den Kirchturm von Christ Church. Das Bett ist verschwunden. Die Bücher sind weg. Auf den Regalen sind wie aus dem Nichts Weberspulen und Baumwollgarnrollen aufge-

taucht. Der Tisch ist leer. Abgesehen von der jungen Frau, die an seinem Rand lehnt und von einem offenen Buch aufsieht. Es ist Rachel Lichtenstein an Rodinskys Platz. Vor Hintergrundbeleuchtung, wegschauend, am Anfang der Performance. Sie lernt gerade, sich zu interpretieren, lernt, den Kompromiß zwischen Detektivin, Aufdeckerin der Geschichte Rodinskys, und Künstlerin des Raumes zuwege zu bringen. Wie wird sie dieser »nichtmanifesten Existenz«, diesem Sog und Treiben zwischen Welten, Gestalt verleihen? Wie wird sie ein Werk übertragen, das seinem Wesen nach unvollständig, unvollendet, fallengelassen ist?

Auf *Black Milk* war ich wegen des Titelfotos gestoßen. Ebenfalls ein Bild von Marc Atkins. Ein junges Mädchen lehnt an der Wand, verschattet, niedergeschlagene Augen, bescheiden, nachdenklich oder fügsam gegenüber den Anweisungen des Fotografen. Die Stimmung ist geschickt arrangiert, feierlich. Es herrscht eine unterkühlte Melancholie (dazu das Plus eines gut sichtbaren, aber streng eingefaßten Busens). Dieses Modell verkörpert nicht die Rachel aus Hartnetts Roman und ist dazu auch gar nicht imstande. Die Rachel des Romans ist ausgezehrt, im Sterben, widerscheinend von inneren Bränden. Sie ist eine Krähe, besessen von der Geschichte, in der sie sich wiederfindet. Diese andere Rachel, diese Performance einer Rachel auf dem Deckel von Hartnetts Buch, ist ganz anders. Sie hat alles abgeschaltet, ist ganz darauf konzentriert, mit ihrer Wange den Lichtfluß abzubilden. Sie tariert die Enge des Raumes, in den man sie gebracht hat.

Und hier ist der Punkt, an dem sich Atkins' Konstruktion wieder mit Hartnetts Roman verschränkt und an dem die eigentliche Verbindung geknüpft wird: Auf der Rückseite des Buches kehrt das Bild wieder, in reduzierter Form, aber auch weniger zurechtgestutzt. Jetzt ist außerhalb des Fensters eine Ziegelmauer zu sehen. Dieses Zimmer gehört nun zum Ghetto, verdoppelt sich um den Raum hinter Hartnetts verschwindendem Kleiderschrank und um die Dachstube von Rodinsky. Nun kommt der Raum, in dem das Foto aufgenommen wurde, zu sich selbst.

Atkins lebte damals in einer Wohnung über einer anderen nicht mehr genutzten Synagoge in der Heneage Street, einer in östlicher Richtung verlaufenden Seitenstraße der Brick Lane. Und dort inszenierte er das Titelbild für *Black Milk*. Dort war es, wo sich sein Modell in die gespenstische Verkörperung einer Romangestalt verwandeln sollte. Man mußte genau hinschauen, wenn man Spuren dieser Synagoge, der Poltava, entdecken wollte; einst diente sie als Studienstätte und als »landsmannschaftlicher« Versammlungsort. Eine Vereinigung gegen die Gleichgültigkeit einer fremden Großstadt; eine Stätte, die den Menschen eines einzigen kleinen Bezirks Rückhalt bot. Die Emporen der Synagoge waren in einem von Bangladeschi betriebenen Supermarkt zu sehen, bepackt mit Reissäcken, vollgestopft mit buntfarbenen Gewürzen und schimmernden Konservendosen. Atkins wohnte zur Untermiete in einem langen schmalen Raum im ersten Stock, wo sich einst die Wohnung des Rabbi befunden hatte. Es war das Zimmer, in dem Rodinsky zuletzt gesehen wurde. (Jedenfalls bezog sich der letzte mir bekannte Augenzeugenbericht auf dieses Zimmer.)

Kurz nach meinem ersten Besuch in Rodinskys Dachstube

hatte ich eine kurze Beschreibung des Ortes und der Mythologie veröffentlicht, die in rasantem Tempo um ihn emporrankte. Und ich hatte einen Brief von Mr. Ian Shames aus Stamford Hill erhalten, der meine »Annahme« berichtigen wollte. Mr. Shames war der Schwiegersohn des Rabbi in der Princelet Street und hatte Rodinsky bei mehreren Gelegenheiten getroffen.

> »1948, während meiner Zeit als Krankenpfleger am Deutschen Hospital in Dalston, nahm ich an einer *Bar-Mizwa* in der Heneage-Street-Synagoge teil, & zu meiner Überraschung begegnete ich David, er war zum *Kiddusch* dort!
> Er erkannte mich sofort, in den paar Jahren meiner Abwesenheit war er gewachsen, männlicher geworden, ganz klar im Kopf. Er wohnte immer noch in der Princelet Street Nr. 19, & zu meiner Überraschung sprach er ziemlich fließend Arabisch. Das kam heraus, als ich ihm erzählte, wo ich überall gewesen war, & mich mit ihm auf Arabisch unterhalten konnte, weil ich am Suezkanal und in Kairo Militärdienst geleistet hatte. Das war das letzte Mal, daß ich ihn sah, & damit bin ich am Ende meiner Geschichte.«

Atkins hatte, wie immer auch durch Zufall, den idealen Ort gefunden, um eine Abwesenheit zu fotografieren. Während ich die Mauer anstarrte, nahm sie die Gestalt der jungen Frau in sich auf, verschlang diese »Rachel-Verkörperung«, erwies sich als ein Vorhang aus Ziegeln. Eine Projektionsfläche, auf die sich jede selbstgefertigte Phantasie abbilden ließ.

Zu Beginn der sechziger Jahre war das Verschwinden in Mode.

Obwohl von den Kritikern der *Cahiers du Cinéma* geschmäht, gewann *Die mit der Liebe spielen* von Michelangelo Antonioni einen Festspielpreis und stellte sich als ein Renner heraus, der in den meisten europäischen Hauptstädten lange in den Kinos lief. Lethargie, eine ausgebleichte Landschaft; depressive Stimmung. Nicht die Art von Film, in die Rodinsky gegangen wäre. Das Chelsea Classic war ein zu schriller Schuppen. Trockene Kunstfilme fanden sich nicht auf seiner Liste.

Aber in seinem zerfledderten Exemplar von *London A–Z* waren zahlreiche obskure Ausflüge vermerkt. Manchmal machte er Randnotizen, zeichnete Bruchstücke ein, die von den Planzeichnern ausgelassen worden waren. Die um »Europas tote Seele« kreisende Bildersprache Antonionis war nichts für Rodinsky. Aber das jähe Verschwinden von Lea Massari, die Art, wie sich Monica Vitti ihre Rolle im Zentrum der Erzählung anverwandelte, wurde Gemeingut, Bestandteil des Traumgespinstes der Zeit. Ein Film, der sich durch Standfotos wiedergeben, aus einer Reihe unbewegter Bilder nacherleben ließ.

Der Millet-Kalender in Rodinskys Zimmer war für alle Zeit auf den Januar 1963 festgelegt. Die letzte Eintragung in dem Tagebuch, das Patrick Wright mitnahm, stammte von »Dienstag, 20. Dezember 1961«. Die Zeitstimmung erheischte einen Akt des Verschwindens (ein paar Jahre zuvor hätte die Samuel-Beckett-Gemeinde noch auf einem Nichterscheinen, einer leeren, von Statisten für ihr Hin- und Hergerede »entliehenen« Bühne bestanden).

Es gab einmal einen Autor, wohnhaft in der Nähe von Clapton Ponds, ständig auf Streif durch London, der mit der Kultur tatsächlich Schritt hielt. Er war auf sie abgefahren. Sein Hackney-Roman, den er Anfang der fünfziger Jahre schrieb, wurde erst 1990 veröffentlicht. In *The Dwarfs* tragen eine Gruppe junger Männer Positionskämpfe aus, stellen sich in mitternächtlichen Küchen auf die Probe, diskutieren über Buslinien, reden über Theater und philosophieren über billige Freßlokale. Sie sind voll dabei, ganz in der Tradition, in der Wissenschaft zwischen Gesprächspartnern stattfindet, These und Gegenthese, Behauptung und Widerlegung. Dank Begabung und Übung war Harold Pinter bestens gerüstet, das 1960 uraufgeführte Stück zu schreiben, das in prophetischer Form die Rodinsky-Legende auf die Bühne brachte. *Der Hausmeister* war weit mehr als eine Arbeitsplatzbeschreibung. Er war die früheste und sonnenklarste Fassung des Einakters vom Einzug des Mittelstandes ins Ghetto.

Das Bühnenbild für die Eingangsszene von *Der Hausmeister* – »Eiserne Bettstelle längs der linken Wand ... auf dem Gasherd eine Buddha-Statuette ... einige Koffer, ein zusammengerollter Teppich, eine Lötlampe, ein altmodischer elektrischer Toaster, ein umgefallener Stuhl, Schachteln, alte Papiergirlanden, ein Kleiderständer, ein paar Holzscheite, ein kleiner elektrischer Heizofen. Dahinter ein Stapel Zeitungen« – changiert zwischen den beiden Szenarien von Spitalfields, der Dachstube Rodinskys und dem Severs-Haus. Rodinskys Zeitungen und der gezielt umgestürzte Stuhl (auf den der Hausherr sein Publikum eigens aufmerksam macht). Beredter Kram. Erinnerungshilfen. Requisiten, die Sprache herausfordern, Bruchstücke arrangierter »Zusammenhänge« ins Spiel bringen. (Rachel Lichtenstein katalogisierte als erstes die Bühne der Dachstube, listete alles auf. »Ich habe Fotos von dem Zimmer, den Objekten«, erzählte sie mir. »Haben Sie ein Foto von Rodinsky«? fragte ich. »Nein«, sagte sie. Sie war immer noch die Regiegehilfin, die auf das Eintreffen des Hauptakteurs wartete.)

Es ist ein hübscher Einfall, sich vorzustellen, daß Rodinsky, nachdem er sich aus der Probeaufführung in der Princelet Street absentiert hat, im Westen Londons als der amnestische Davies in *Der Hausmeister* wiederauftaucht. »Wissen Sie«, sagt Mick, der gewiefte Bruder, der potentielle Stadtentwickler (Vorläufer der Immobilienhaie von Spitalfields), »ob Sie's glauben oder nicht, Sie haben eine komische Ähnlichkeit mit dem Kerl, den ich mal in Shoreditch kennengelernt habe. Eigentlich wohnte er in Aldgate ...«

Wie Michael Billington in *The Life and Work of Harold Pinter* aufdeckt, war Pinter nicht der Abkömmling einer portugiesischen Sephardimfamilie, für den er früher häufig gehalten wurde; seine Großeltern waren vielmehr Aschkenasim und kamen aus Polen und Odessa. Billington zufolge spielten lokale und familiäre Eigentümlichkeiten bei Pinter eine größere Rolle, als den Kritikern damals klar war. Ein Garten, von dem man auf eine Wäscherei blickt. Die Bibliothek in der Mare Street. Springfield Park und der Fluß Lea. Statt am Unterricht in der Schauspielschule teilzunehmen, wanderte er durch die Stadt, studierte Litaneien von Straßennamen, geographische Geheimformeln, ein, die er später nutzbar machen sollte. Als er Schauspieler wurde, nahm er den Künstlernamen David

Baron an, nach seiner Großmutter väterlicherseits. Baron ist auch der Familienname der autobiographischen Figur Mark (in *The Dwarfs*); außerdem läßt er einen weiteren früheren Schüler der Hackney-Downs-Schule anklingen, der ebenfalls wie besessen die Stadt durchstreifte, Alexander Baron, den Autor von *The Lowlife*. Vom Krieg beschädigt, lebte Baron nach seiner Heimkehr eine Reihe von Jahren im Haus seiner Mutter in Hackney, bemüht, sich in die Geschichte der Straßen zu absentieren.

Einer von Pinters Onkeln, Judah, übernahm die Rolle des Familiengespenstes, des Stadtstreichers. Er könnte Boxer gewesen sein oder auch nicht. Er wohnte eine Zeitlang in Whitechapel statt im aufstrebenden Hackney. Irgend etwas lief schief. Er kehrte zurück. Und dann, eines Tages, verschwand er. »Er kam nicht bei einem Überfall oder so etwas ums Leben. Er verließ einfach sein Zimmer und war weg. ... Er sagte nicht auf Wiedersehen, nichts. Er erklärte sich nicht«, erinnert sich Pinter. »Ich habe mein ganzes Leben lang nach ihm gesucht und ihn nicht gefunden.«

Davies ist nicht Judah. Davies ist nichts als er selbst und sogar das nur mit Mühe. Er existiert nur unter den besonderen und eigentümlichen Bedingungen des Stückes. Die Lichter gehen an, er betritt die Szene. Sie gehen aus, und er ist weg. Er hat keine Identität, keinen Namen, keine Papiere: »... wissen Sie, ich habe meinen Namen geändert. Vor Jahren. Ich bin unter einem falschen Namen herumgezogen.« Sein Bewußtsein reicht bis an die Grenzen der großstädtischen Phantasie, bis an den Rand des Rodinskyschen *London A–Z*. Krankenhäuser, Obdachlosenheime, Klöster, die Schuhe verschenken oder auch nicht, das sind seine Grenzregionen; geht man darüber hinaus, ist seine brüchige Identität vollständig verschwunden. Das verstreute Umfeld von Gebäuden, in denen städtische Alpträume geerdet sind, ermöglicht das Leben in einem einzigen Zimmer. Rodinsky führte einen jahrelangen Kampf, schrieb einen Brief nach dem anderen, um seine verwirrte Schwester aus der psychiatrischen Anstalt Clayberry herauszubringen, in die sie eingewiesen worden war. In seinem Brief erinnerte sich Mr. Shames an sie: »Meines Wissens könnte sie dort noch sein.« Davies lebt von solchen Fetzen, Anekdoten gescheiterter Existenzen. Seine Vision vom Leben als einer Pilgerfahrt, die ihn nach Sidcup, dem schimmernden Vorort auf dem Hügel, führt, hält ihn aufrecht. Was Rodinsky, der andere Hausmeister, zurückläßt, wenn er sich aus Zeit und Raum absentiert, ist die Schutthalde, die Szene, auf der Pinters Stück beginnen kann. Das Zimmer ohne seine anderen Bewohner (Rodinskys Mutter und Schwester, die beiden Brüder, die Davies aufnehmen) ist unerträglich. Ohne Konflikt kein Theater. Die Stimmen, die Davies zusetzen, sind eine Art von schizophrener Besessenheit. Er klammert sich hartnäckig an seine Erinnerungen von einer Vergangenheit, die es nie gab, die immer noch Gegenwart ist. Er macht nachts »Geräusche«. Er beargwöhnt die »indische Familie«, die nebenan wohnt. *Der Hausmeister* ist ein Bühnenstück, in dem ein »Vater« von seinen »Söhnen« verstoßen wird. Rodinsky hat keinen Vater. Er befindet sich in einem Gespensterstück, das nur eine selbsternannte Tochter schreiben kann, eine junge Frau, die dem Zeugnis der stummen Mutter und der gestörten Schwester Gerechtigkeit widerfahren lassen kann. Mit Blick auf die kulturellen Marksteine der Zeit interpretiert, nimmt Rodinskys Verschwinden die Züge eines von Selbstlosigkeit geprägten heroischen Aktes an. Eines freiwilligen Aufbruchs in den Schneesturm. Eines Opfers, das nötig ist, um die Szene freizumachen. Räume, hat Pinter einmal gesagt, »wechseln ihre Form nach Belieben«. Der Raum in der Princelet Street, seine Veränderungen und Stimmungen, seine Objekte und Einrichtungsgegenstände – das ist alles, was wir haben. Die Geschichte beginnt und endet hier.

Der Splitter im Auge ist die beste Lupe
Barnet Litvinoff
(Adorno zitierend)

Rachel Lichtensteins Gefühl für die Straßen um die Brick Lane, die Zubringer mit ihren klingenden Namen (Buxton Street, Woodseer, Hanbury, Princelet, Fournier, Fashion) war außerordentlich. Eignerschaft: ohne Besitzurkunde oder Mietbuch. Eignerschaft kraft Behauptung, Eignerschaft durch Eingliederung der kleinen Alltäglichkeiten in eine mythologische Struktur. Eigentumsanspruch durch Besitz. Durch Liebe. Durch mühsam wiedergewonnene Erinnerung. Viele Male war sie nach Israel, Polen, New York entflohen, aber immer kehrte sie zurück. Da wartete eine unvollendete Aufgabe. Sie schleppte Gruppen harmloser Gefühlsdusler durch Gebäude, in denen sich vielleicht noch ein Ziegel oder eine Inschrift fand, denen man die Geschichte der jüdischen Besiedlung des Viertels entlocken konnte. Ihre Trumpfkarte bei diesen Stadtgängen war der Koschere Speiseklub in der Greatorex Street. Hier hatte man einen funktionierenden Überlebenden; stieg man erschöpft von der Straße hinunter, betrat man eine Welt geräuschvoller Gemeinschaftlickeit und guten Essens. »Gerstensuppe, Hering, *gefilte Fisch* und Pommes«, wie sich Rachel erinnert. Der Speiseklub war ein brodelnder, preiswerter, lauter, händelsüchtiger Ort, der noch nicht entdeckt worden war. Mit ihrem Projekt, über das Leben in der orthodoxen Gemeinde Buch zu führen, fing ihn die Fotografin Sharon Chazan noch ein, bevor er verschwand.

Solch großzügige Zufluchtsorte waren nicht mehr lebensfähig. Es fehlte die Gemeinschaft, die sie hätte tragen können. Der Speiseraum und die Synagoge, mit der er zusammenhing, versanken im Dämmerschlaf, verstaubt, dem Ungeziefer und den Freischärlern der Kunst ausgeliefert. Das übliche Szenarium vor der Neuerschließung. Ein Gebäude, derart geschändet, daß es sich hinter sich selbst zu verstecken, den Passanten zu suggerieren suchte, daß es gar nicht da war. Aber genau das sind die Gebäude, die unbehauste Künstler aufspüren. Sie müssen einen Weg finden, die schlummernde Absenz zu diskreditieren, ehe die heimlichen Schirmherren dieser Künstler, die Stadtentwickler, ihr *droit de seigneur* geltend machen.

Lichtenstein, die von einem dieser »Liveart«-Auftritte Kenntnis erhalten hatte, kehrte zu der Synagoge neben dem Speiseklub zurück und wurde Zeugin einer Performance, bei der zwei junge Frauen systematisch Bücher mit Registern der verschwunden Gemeinde zerstörten. Ihre Reaktion war von dem »Geldwechsler-im-Tempel«-Kaliber. Sie riß die Reliquien an sich und wurde dadurch Mitwirkende in der Show. Gerechter Zorn gegen unziemliche und und sinnlose Rituale. Gegen die Preisgabe dieses Ortes durch die milden Stiftungen, die Traditionswahrer. Gegen die Zeitläufte. Ihre öffentlich ausgebrochene Wut entschädigte für ruhigere Ereignisse, wo sie sich unter Kontrolle halten mußte: Ereignisse wie die Darbietung der Funde aus Rodinksys Zimmer in der Schlachthaus-Galerie in Smithfield. Den Exorzismus besorgte eine Zeremonie in der besudelten Synagoge, bei der sie Dias aus Rodinskys Zimmer an die Wände projizierte. Aufzeichnungen. Eine unbedeutende, praktisch unbemerkte Seance, durch die der Dachraum der Weber quer durch Whitechapel transportiert wurde, so, wie sie ihn später auf ihrer Reise nach Polen mitnahm. Das Zimmer wurde von seiner körperlich-zeitlichen Grundlage abgelöst und in ein Kuriositätenkabinett, eine Wunderkammer, verwandelt, zu deren Hüterin Rachel wurde. Sie war die Hausmeisterin *in absentia*. Ihre Aufgabe war es, die Geschichte zu erzählen, in der sie jetzt die Hauptrolle übernahm. Das Geheimnis von David Rodinsky dadurch aufzudecken, daß sie ihre eigene faszinierte Beschäftigung mit seinem Leben und Werk offenlegte.

Einem kurzen Bericht über das Londoner Viertel Hatton Garden im *Independent* zufolge wählte *Oasis*-Sänger Liam Gallagher seinen Verlobungsring aus dem »Pretiosenschaufenster« von Anthony Gray aus. »Er hat mich ein halbes Vermögen gekostet – mehr als ihr in einem ganzen Jahr verdient«, soll Gallagher die Reporter angeknurrt haben. Mr. Gray, der Eigentümer dieses verschwiegenen Etablissements, kennt sich mit Steinchen aus. Er war jahrelang als gewiefter und erfolgreicher Antiquitätenhändler unterwegs, ehe er sich in London etablierte. Anthony Gray ist Rachel Lichtensteins Vater. Rachel wechselte 1988 ihren Nachnamen, kehrte zu dem älteren Familiennamen zurück. Das war kein Ausdruck des Aufbegehrens, keine Lossagung vom Elternhaus, sondern sie tat damit kund, daß sie sich auf die Suche nach ihrer Herkunftsgeschichte machen wollte. Zu wem sie gehörte und woher sie stammte. Die Reise, die sie vorhatte, tat Hatton Garden keinen Abbruch. Rachel erinnerte sich an den Ort mit plastischer Klarheit: bescheidene Geschäftsräume, graue Teppiche, Präzisionsspiegel, kleine Nischen mit Schmuckstücken, und darunter Kellerräume. Gewölbe voll unermeßlichen Reichtums. Ein Untertagefluß aus Gold und Juwelen, der parallel zur gesunkenen Flotte der Fleet Street verlief.

Der Glitzerglanz von Anthony Grays Geschäft war die zwangsläufige Fortsetzung der bescheidenen Räumlichkeiten, die Rachels Großeltern in der New Road in Whitechapel bewohnt hatten. (Und vorher in der Princelet Street.) Rachel kam von dem Gerümpel des verlassenen Grundstücks gegenüber dem London Hospital nicht los: Bruchstücke von Uhren, Haarringe, Fahrscheine, Etiketten, unerlöste Kuriositäten. Der Laden (jetzt ein Kebablokal) stand an der Stelle, an der sich einst ein malerischer Erdwall, der große Whitechapel-Hügel befand.

Der Laden in der New Road wurde zu einer Art von Vorübung für das Rodinsky-Zimmer. Lichtenstein nahm sich der geretteten Erinnerungsstücke an, faßte sie in Stahlrahmen und stellte das Ergebnis zwischen den Schnurknäueln im Kordelladen von Mr. Katz in der Brick Lane aus. New Road war ein Markstein, ein Fixpunkt, auf dem sie ihren Kompaß plazieren konnte, um die Reichweite ihrer Obsessionen zu ermessen. Als ich sie bat, irgendwo auf dem Londoner Stadtplan eine Stelle für mich zu markieren, als Ausgangspunkt eines Stadtgangs, den ich im Rahmen einer Ausstellung der Galerie Jago in der Shoreditch High Street unternehmen wollte, schickte sie mich zu dem Kebablokal.

Rachel stand mit ihrer Rückkehr nach Whitechapel nicht allein, war nicht die einzige, die sich einem Prozeß der Wiedereinwanderung verschrieb, sich, wie sie es ausdrückte, der Aufgabe widmete, »die Hinterlassenschaft ihrer Familie auszugraben und fragmentarische Fundstücke zusammenzutragen und zusammenzufügen«. Ich habe immer gefunden, daß die kurze, tragische Suchaktion von Sharon Chazan, ihre Bemühung um eine Dokumentation chassidischen Lebens, das extremste Beispiel dieses Vorganges darstellt. Eine junge Frau, ruhelos und getrieben, läßt die erreichte Bequemlichkeit eines assimilierten Lebens im Stich und wendet sich zurück zum Unbekannten, zum Traum vom Ghetto. Und dabei findet sie ihren Gegenstand, der sich in Chazans Fall als todbringend erweisen sollte.

Rachel will von dem Vergleich nichts wissen. Als ich die Themen umriß, auf die ich in meiner Einleitung gerne zu sprechen kommen wollte, schrieb sie, sie sei sich »nicht sicher, ob Sharon Chazans Geschichte hierhergehört«. Ihrem Gefühl nach gehe das »zu weit«. Sie könne keinen Zusammenhang sehen. Aber auch wenn ich ihr Unbehagen respektierte, scheint mir die Verbindung doch so sehr auf der Hand zu liegen, daß ich ihr einfach nachgehen mußte.

Sharon Chazan machte an der Kunstschule Newport zu ebender Zeit Examen, da Lichtenstein durch förmliche Erklärung den Namen ihrer Familie wieder annahm. Chazan wurde als »energisch« oder »furchtlos« beschrieben. Als junge Frau, die auf einem hart umkämpften Gebiet, auf dem sie nicht mit Nachsicht rechnen konnte, beruflichen Erfolg suchte, war sie offenbar eine beeindruckende Persönlichkeit. Begabt, wie so viele andere begabt sind, aber auf eine Weise getrieben, wie das kaum jemand nachvollziehen kann. Ihre Eltern hatten sich getrennt. Ihr Vater war Arzt, Berater für Diabetes. Ihre

Mutter leitete ein vegetarisches Restaurant in Cambridge. Die Familie hatte lange Zeit in Israel gelebt. Chazan, die weitgereist war und abgelegene Orte besucht hatte, wobei sie nach Ansicht mancher Leute großen Leichtsinn bewies, kehrte nach England mit einem Essay zurück, der den Titel trug: »Fremden Männern nach Hause folgen«.

Dieser Text, niedergeschrieben in ein »altes, liniertes Schulheft« (von der Art, wie es Rodinsky für seine Übersetzungen bevorzugte), war ebenso merkwürdig wie sein Titel. *Fremden Männern nach Hause folgen.* Es hat mehr solche Übungen in städtischer Paranoia gegeben, Material, das wie die stenographische Zusammenfassung eines Romans von Paul Auster wirkt. Ausgedachte Geheimnisse, die Wirklichkeit werden. Der aufs Geratewohl angesprochene Fremde, der zum Protagonisten einer Geschichte wird. »Es war«, schrieb Caroline Moorhead in einem Artikel mit dem Titel »Letzter Wille«, »als ob sie sich all diese Erlebnisse wünschte.«

Natürlich tat sie das. Wünschte, brauchte, fürchtete. So war ihre Kunst beschaffen. Ein fiebriges Tagebuch auf der Kippe, kurz vor dem Punkt, wo die Geschichte, die man schreibt, sich weigert, in der Bahn zu bleiben, die man ihr gesteckt hat. In der Fotografie hat man immer das Gefühl, daß der Künstler einfach nur einem Subjekt auf den Leim geht, das sich interessant macht, um ihn in die Falle zu locken. Selbst bei den perfekt realisierten, ästhetisch ausgewogenen Offenbarungsaugenblicken eines Cartier-Bresson erscheinen die Gesichter, ein einziges Mal im Kreislauf der Ewigkeit auftauchend, um ihn zu verführen. Ihn dazu zu bringen, daß er auf den Auslöser drückt. Weit entfernt davon, daß dem Subjekt seine Seele gestohlen würde, ergreift vielmehr es Besitz von der Seele des Fotografen. Es gibt Menschen, potentielle Fotografien (Gemälde oder Geschichten), die dem nichts Böses Ahnenden auflauern. Sie benötigen die Dienste eines Technikers, um ins Leben treten zu können. Sie scheuen keinen Trick, um das zu erreichen: pikareskes menschliches Strandgut, das in der Gosse musiziert, Samstagnachtopfer mit kaputten Gesichtern, romanträchtige Zimmer mit verführerischem expressionistischem Schattenwurf.

Während sie hinter dem Geheimnis von David Rodinsky, den faszinierenden Eigentümlichkeiten der Dachkammer in der Princelet Street her war, suchte Rachel Lichtenstein immer wieder auszubüxen, den Rückzug anzutreten, andere Projekte in Angriff zu nehmen. Aber alles war umsonst. Aus Rodinsky, *der Idee, für die er stand*, war ein *Dybbuk* geworden. Die Seele eines Toten, die in den Körper eines Lebenden fährt und seine Handlungen bestimmt. Die lebende, von Geistesgegenwart erfüllte Rachel war gezwungen, sich der gewaltigen Aufgabe zu unterziehen, das unvollendete Werk eines Mannes wiederaufzunehmen, dessen Tod noch nicht einmal feststand. Rodinsky trieb sich im Niemandsland zwischen wohlfahrtsstaatlichem Armenmärchen und Dostojewskischem Mythos herum. Seine Absenz war sein Potential. In den Anfangstagen ihrer Suche verfügte Lichtenstein über Hunderte von Fotos, die Objekte aus dem Zimmer, Rodinskys Bücher und Sachen, zeigten; von dem Mann selbst aber hatte sie kein Bild. Er existierte in widersprüchlichen Schilderungen. Er ließ seine Möchtegernbiographen probeschildern. War er ein Gelehrter oder ein Verrückter? Ein Straßenkomödiant, ein Spaßmacher oder ein verbitterter Einzelgänger? Ein autodidaktischer Kabbalatreibender oder ein irregeleiteter Schwachkopf?

Die Motive, denen Sharon Chazan nachging, erinnerten mich an den Versuch des visionären Filmemachers Stan Brakhage, ein Schichtbild von der Großstadt zu entwerfen (nächtliche Polizeistreife, Operation am offenen Herzen, Leichenschauhaus). Die Mappe aus Chazans Frühzeit umfaßte die Leichenhalle, Beschneidungsrituale, Drogensüchtige, Zigeuner, Hell's Angels. Nach London zurückgekehrt, zog sie in eine Lagerhausetage in Wapping und widmete sich der Aufgabe, die Überreste orthodoxen jüdischen Lebens zu fotografieren. Als sie an einem Symposion in Cambridge teilnahm, lernte sie Moshe Drukash, einen Ostlondoner aus der Cable Street kennen. Drukash war Kunsttischler und »Antiquitätensammler«. Er erzählte Chazan, er sei polnischer Freiheitskämpfer gewesen und »beteiligt an der jüdischen Widerstandsbewegung, Hagana, während der britischen Mandatszeit in Palästina«.

Es gibt ein Foto von Drukash, das Chazan in seinem Zimmer in der Cable Street aufgenommen hat. Seinen Monolog kurz unterbrechend, schaut er auf zu ihr; große Hände bearbeiten eine Marketerie, die eine europäische Synagoge zeigt. Die Wände mit ihrer lauten geometrischen Tapete wimmeln von anderen, ähnlichen Objekten, Ovalen und Rechtecken, Vorfahren, Landschaften, gerahmten Sammlungen von Uhrenblättern in surrealen Anordnungen. Drukash war ein verkannter Künstler, ein rasender Autodidakt, entschlossen, sich in sein eigenes Museum zu verwandeln. Er fixierte sich auf Chazan. Er machte ihr Geschenke, die wie talismanische Verfluchungen waren: rote Seidenrosen, eingeweicht in Aftershave, Schokolade, so schwarz wie Schlacke, eine Fotografie von seiner Mutter und seiner Schwester, an den Rändern versengt (wie aus dem Feuer gerissen). Er verriet, daß seine Mutter und seine Schwester von Nazisoldaten vergewaltigt worden waren. Er war einsam. Mehr als den Bericht von dieser qualvollen Vergangenheit hatte er nicht zu bieten. Und es war nicht auszuhalten. Seine Telefonanrufe quälten Chazan. Er war der erzählende andere, der nicht gehen wollte. Sie stand im Zentrum seines Erlösungsszenariums, spielte eine Rolle, die sie nie gewollt hatte, die sie nicht brauchte, die sie aber nicht loszuwerden vermochte. Der Druck der Vergangenheit, neugemachte und neugeschaute Erinnerungen, war entsetzlich. Drukashs Briefe, immer wahnsinniger, von verzweifelter Sprachlosigkeit, erstickten alles Gefühl in ihr. »Du läßt mich im Stich, und aus. Kein Erbarmen, das Schlimmste meines Lebens ... Ich bin die Unschuld.«

Chazan willigte ein, sich mit ihm in der Artischocke zu treffen, einem Pub, der sich gleich um die Ecke von Drukashs Wohnung befand. Sie wollte ihm das Foto von Mutter und Schwester zurückgeben und eine Armbanduhr, die er geschickt hatte, noch eines von seinen Wahnsinnsgeschenken. Niemand in der Artischocke erinnert sich, das Paar an jenem Abend gesehen zu haben. Chazan kam nicht heim. Ihre Mutter alarmierte die Polizei; unmittelbar nach Mitternacht brachen sie die Tür der Wohnung in der Cable Street auf. »Zwei unberührte Gläser mit Kirschlikör und eine eingewickelte Schokoladenschachtel« standen auf dem Tisch mit dem gemusterten Tuch. Chazan war umgebracht worden, durch Schläfe und Hals geschossen. Drukash hatte die silberne Halskette seiner Mutter um ihren Hals drapiert, sich neben sie gelegt und dann die Pistole sich selbst an den Kopf gesetzt.

Es gibt Orte, wo die eine Geschichte alle anderen erdrückt. Straßennamen, die ein für allemal ins Erinnerungsalbum eingesperrt sind. Die Sidney Street, im Osten des Royal London Hospital, wird für alle Zeit Polizeihelme und Regenumhänge heraufbeschwören, Soldaten, flach auf dem Pflaster liegend. Straßenpolizisten, die sich Gewehre unter den Arm geklemmt haben, ein schirmmützentragender Mob, zurückgehalten, wartend unter den zischenden Gaslaternen. Rauch aus dem brennenden Haus. Eine Hierarchie von Hüten. Winston Churchill, ein seltener Gast im East End, beherrscht mit seinem Zylinder die Szene, versicherte sich seiner Unsterblichkeit, indem er zum unvergeßlichen Bild wurde. Der Regisseur der Operation ist auch der Regisseur des Films im Gedächtnis. Er entscheidet über das Wetter, die Anordnung der Menge, die Beleuchtung. Das hier war ein Schwarz-Weiß-Ereignis: Gut und Böse in einer Klassenkampfpantomime zurechtgestutzt. Eine Armee, aufgeboten, um einen Haufen gefährlicher Ausländer, Bohemiens, Teilzeitkünstler, Anarchisten zu zerschmettern. Um das Wort selbst zu zerschmettern, es aus dem Drehbuch zu tilgen. In einem Bericht, der in *The Times* erschien, wählte Churchill zur Bezeichnung der Männer einen anderen Begriff (geradewegs aus dem Wildwestroman). Er nannte sie »Desperados«.

Drukashs Zimmer in der Cable Street ist zu sehr eine Einzelschicksalstragödie, zu privat, zu versteckt. Die Bilder, die mit seiner Geschichte einhergehen, sind redend, aber sie gehören zu einer Künstlerin, die ihre eigenen, ausgeprägten Vorstellungen davon hat, wie die Wahrheit festgehalten und aufgedeckt werden muß. Die Cable Street wird immer die Schlacht zwischen Mosleys Schwarzhemden und denjenigen bleiben, die Barrikaden errichteten, um den Demonstrationsmarsch der ersteren zu stoppen. Generationen überdauernder Ruhm wurde durch dieses berühmte Bild der Menge, die von dem umgestürzten Lastwagen wegrennt, während die Polizei vorrückt, begründet. Der Nachkriegs-Bandenchef Jack Spot schlachtete seine Beteiligung als antifaschistischer Straßenkämpfer zum Mythos aus: Er war ein jüdischer Krieger, der sein Volk verteidigte, indem er in Spielhöllen Chauvis aufschlitzte. Auf dieser Grundlage errichtete er ein kleines Imperium aus Schutzgelderpressungen und illegalen Wettgeschäften. Dort zu sein, auf der Fotografie oder unmittelbar außerhalb des Rahmens hieß, zur Geschichte zu gehören. Bestätigt zu sein. Angeblich waren surrealistische Dichter und Meinungsforscher bei dem Ereignis zugegen, um auf diese Weise ein bißchen Einblick in das unbekannte London zu gewinnen. Rachel Lichtenstein, die es in die Straßen zurückzog, in denen ihre Großeltern ihren Unterhalt verdient hatten, erklärte die Geschichte von David Rodinsky zu einer Methode, ihre eigene Vergangenheit zu entdecken (oder zu erschaffen). Der verschwundene Hausmeister lieferte alle Elemente für das klassische »Geheimzimmer«-Motiv: eine geschlossene Szene, Notizbücher mit Geheimschrift, unzuverlässige Zeugen, die anscheinend eine ganze Reihe völlig verschiedener Männer gesehen hatten. Das Stigma des Wahnsinns war vorhanden, eine Andeutung von vergessenen oder unaufgedeckten Verbrechen und die schwarze Spinne des Holocaust, eines unaussprechlichen Ereignisses, das im Hintergrund von allem lauerte, was Rachel unternahm.

Kaum hatte sie die Aufgabe in Angriff genommen, waren die trägheitsgeborenen Schranken, die sich frühere Nutzer des Rodinsky-Mythos auferlegt hatten, niedergerissen. Wir hatten nichts entdeckt, weil wir gar nichts wissen wollten, die gemütliche Geheimnistuerei, unsere romantischen Gruselstückchen nicht missen wollten: Golems und Spinnweben und Kammern, die aus der Zeit herausfielen. Die Biographie des wahren Rodinsky, ihr Gewicht und ihre Bedeutung, warteten auf die wahre Biographin, Rachel Lichtenstein. Die erste Person, die es nach Enthüllung statt nach Bestätigung verlangte (Bestätigung dafür, daß Spitalfields der Einbildungskraft idealen Entfaltungsraum bot). Sehr bald schon wußte Rachel mehr, als sie verdauen konnte. Fakten stürzten auf sie ein, wo immer sie nachschaute. Sie mußte nur auf der Suche nach Rodinsky-

Unterlagen eine Bibliothek oder ein Archiv betreten, und schon hatte sie sich die Finger verbrannt. Sie war ferngesteuert. Sie raste durch London, hinaus in die Vororte. Es war kinderleicht: vergessene Verwandte, verlorene Briefe, bündelweise Fotos, zusammengeschnürt mit schwarzem Band, Dokumente, Tonbandaufnahmen, überall Fachleute, die sie mit geheimnisvollen Anmerkungen überschütteten.

Sie mußte Abstand gewinnen, oder es würde sie mit Haut und Haar auffressen. Um sich von der Princelet Street loszureißen, arbeitete Rachel in Israel, in einem Künstlerdorf am Rande der Wüste. In einem Brief von dort schrieb sie:

> »Ich verbringe jetzt meine Tage ein bißchen so wie Rodinsky, mit dem Studium einer fremden Sprache und alter Texte ... In London brachte ich 3 Tage in Rodinskys Zimmer damit zu, einen Teil seiner Sachen noch einmal zu fotografieren ... Es ist sehr merkwürdig, die Sachen an der Wand meines Arbeitszimmers hier zu sehen – ich glaube, es würde ihn amüsieren, wie Rabbis, Hebräischlehrer und gelehrte Kabbalisten bemüht sind, sich einen Reim darauf zu machen!«

Frieden fand Rachel in Arad nicht. Sie mußte wieder zurück zu Rodinsky, ihre Aufgabe fortführen. Sie hatte über ihre Beteiligung an einer Darbietung nachgegrübelt, die anläßlich der Veröffentlichung meines Buches *Lights Out for the Territory* in der Schlachthaus-Galerie in Smithfield geplant war. Sie dachte an eine Rodinsky-Präsentation mit Dias und Filmvorführungen. Aus dem Zimmer in der Princelet Street wollte sie eingepackte Objekte mitbringen.

»Ich möchte die Fotos aufhängen ... auf eine sehr sachliche – museal-archivarische – Weise & und vielleicht seine Anordnung der Sachen mit meiner eigenen, zufallsbestimmten überlagern. Ganz aufgeregt macht mich auch die Vorstellung einer Performance. ... Ich muß ständig an meine vielen Tonbänder denken ... & habe überlegt, daß es interessant sein könnte, ganz im Stil von BBC aus seinen Tagebüchern vorzulesen – 2 Leute, die sich mit einer Sprache abmühen – Sehnsucht nach einem Heim usw. Was halten Sie davon? Es ist der erste Schritt zu einem Konzept.«

Was ich dachte, aber nicht sagte, war, daß es auch der erste Schritt zu etwas anderem, einem Buch, sein konnte. Daß es großartig wäre, wenn es Rachel gelang, das Material das sie gesammelt hatte, auf ein Gebiet hinüberzuschaffen, das weit jenseits von Performance, Museumsarbeit, Installationen lag. Daß dieses Buch, die Geschichte vom Zimmer in der Princelet Street, die Aufgabe war, für die Rodinsky all die Elemente, die ein Geheimnis machen, ausgebreitet hatte. Die Aufgabe, für die er sie erkoren hatte.

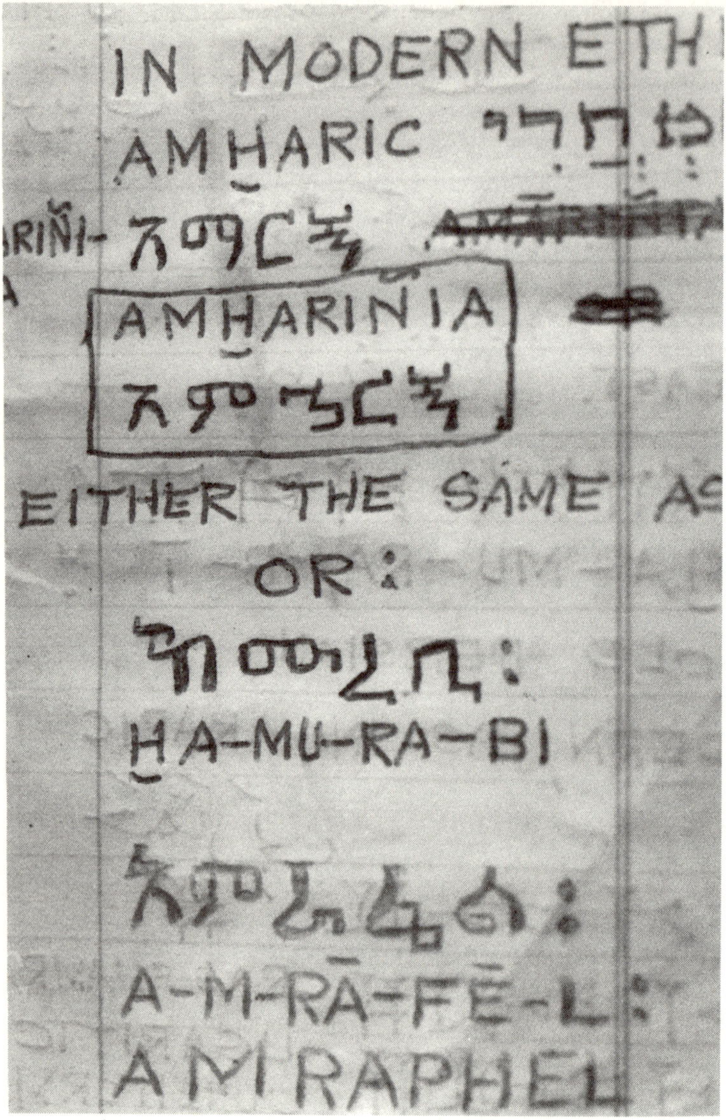
IN MODERN ETH
AMHARIC
RIÑI- አማርኛ
AMHARINIA
EITHER THE SAME AS
OR:
HA-MU-RA-BI
A-M-RA-FĒ-L:
AMRAPHEL

Jenseits der Grenzen von Whitechapel

Rachel Lichtenstein

Der Gestank von rohem Fleisch hing in der kalten Januarluft und erinnerte mich an eine andere Reise vor ein paar Monaten, als ich mich durch die Gassen des arabischen Fleischmarktes in Jerusalem geschlängelt hatte. Jahrzehnte schienen seitdem vergangen. Die tuchüberdachten Gassen des Basars hatten willkommenen Schutz vor der brennenden Sonne geboten, die mir besonders zusetzte, weil ich ein langes, schweres Kleid trug. Das war der angemessene Aufzug für einen Besuch im Haus eines Rabbi. Jetzt hatte ich meine Künstlerkluft für den Londoner Winter an: schwarze Jeans, schwere Stiefel, ausgediente Armeejacke und dicke Wollhandschuhe. Es war erst drei Uhr nachmittags, aber das Tageslicht begann bereits zu schwinden. Mit Hilfe von Iains handgezeichneter Karte bewegte ich mich im Zickzack auf den Großmarkt zu. Die Blutspuren verrieten mir, daß ich ganz nahe sein mußte, aber ich konnte den Ort nicht finden.

Ich muß den verlassenen Markt mindestens fünfmal umrundet haben, ehe ich das Gebäude mit dem kleinen Messingschild über dem Briefkasten entdeckte. »Das Schlachthaus«. Ich läutete. Keine Antwort. Da die Tür offen war, stieg ich die enge Treppe hinab und gelangte in einen großen, leeren, weißen Raum. Die Luft drinnen war frostig und roch nach feuchter Erde.

Ich rief und hörte eine gedämpfte Antwort, die aus einem Keller unter mir zu kommen schien. Als ich mich nach einer Möglichkeit umsah hinunterzugelangen, entdeckte ich zu meiner Rechten eine kleine eiserne Plattform. Über den Rand konnte ich in drei tunnelartige Höhlen mit Ziegelwänden hineinblicken, die einst den unterirdischen Schlachthof beherbergt haben mußten. Als sich meine Augen an das Dämmerlicht gewöhnt hatten, sah ich am anderen Ende des längsten Tunnels zwei schemenhafte Gestalten stehen. Das waren Iain und der Direktor des Schlachthauses; sie gaben mir durch Winken zu verstehen, ich solle eine halsbrecherische Treppe aus Holzbohlen hinabsteigen, die neben der Plattform versteckt lag.

Grelles Licht blendete mich. Dahinter stand Iain, der eine Taschenlampe hielt. Der Ort gefiel ihm ebensosehr wie mir. Für meine Absichten war er ideal. Weit genug weg von »dem Zimmer«, um arbeiten zu können, und gesättigt von einer gespenstischen Atmosphäre vergangenen Lebens, die der Performance erlauben würde, sich auf diesen Raum zu übertragen. Man hatte mir den kleinsten Tunnel zur Linken zugedacht; er war dunkel und eng, also bestens geeignet für die Vorführung des Films, an dem ich gearbeitet hatte. Ich ließ Iain und den Direktor stehen, um den Raum auszumessen. Noch nie zuvor hatte ich auf Anhieb so klar gewußt, wie die Sachen plaziert werden mußten. Die Fotos von Rodinskys Artefakten würde ich an der Wand gegenüber dem Eingang auf blauen Samt betten. Ein großer Holztisch sollte das auffällige Loch im Boden verdecken, das direkt in das ungeheure Labyrinth des Londoner Abwassersystems der viktorianischen Zeit führte. Der Tisch würde mir als Bühne dienen – Spiegelbild des Rodinskyschen Tisches –, und um die Wirkung zu vervollständigen, würde ich das grüne Tischtuch aus der Synagoge mitbringen.

Nicht einmal eine Woche später stand ich nervös auf meiner improvisierten Bühne, vor mir eine große, schweigende Menge, deren warmer Atem die feuchte Nachtluft mit Nebelschwaden füllte. In genauer Korrespondenz zu dem Film hinter mir fing ich an: schlug mit weißbehandschuhten Händen

Bücher vorsichtig in blauen Samt ein, entzündete rotes Siegelwachs, ließ heiße Tropfen auf Knoten aus Seidenband fallen, um dann die eingepackten Artikel behutsam in Archivkästen zu legen. Während ich mit diesen rituellen Handlungen fortfuhr, füllten Tonbandstimmen den Raum und drängten die Menge, zur Wand hinter mir hinaufzuschauen, wo Dokumentarfilmaufnahmen von Rodinskys Zimmer zu sehen waren.

Über den Bildern hörte man Iain Sinclairs Stimme vom Band:

»Ich glaube, was auch immer passierte, geschah in einer Mehrfachversion – das gleiche, das sich in ein und demselben Augenblick vielfach ereignet. Er verließ den Raum und ging hinunter auf die Straße und erlitt in irgendeiner dunklen Gasse einen Herzanfall und wurde wie Treibgut der Gesellschaft weggekehrt und ward nie mehr gesehen, dies zum ersten. Zweitens denke ich, er hatte bei seinen kabbalistischen Studien einen Punkt erreicht, wo er begonnen hatte, das ›Große Werk‹, eine Art Unsichtbarkeit oder Wechsel in eine andere Dimension, zu vollbringen; und er verschwand auf diesem Weg. Drittens, er ist immer noch da, und verschwunden ist das Zimmer selbst, wenn man also in dieses Zimmer geht, sieht man ihn nicht, ein anderer Raum wurde geschaffen. Viertens, er war bis über beide Ohren verschuldet, weil er solch eine ungeheure Masse von Büchern zusammenkaufte, und setzte sich einfach ab. Und zum fünften, die CIA oder andere geheime Staatsstellen haben ihn auf dem Gewissen.«

Danach sprach Val Williams, ein Schriftsteller und Museumsdirektor:

»Zuerst erfuhr ich von Rodinsky durch Alan, der mir erzählte, wie dieses Zimmer über der Synagoge nach fünfundzwanzig Jahren entdeckt worden war. Ich weiß noch genau, das erste Bild, das ich von diesem Zimmer hatte, waren Leute, die da raufgehen und es finden und feststellen, daß in der Tasse noch die Teeblätter sind. Und ich glaube, es war dieses kleine Detail, das mich dazu brachte, darüber nachzudenken, wie wir Dinge zurücklassen, und nachzudenken über eine Angst, die ich immer gehabt habe, daß ich vielleicht morgens losgehe und nie mehr zurückkomme, und über all die kleinen Spuren, die dann von einem zurückbleiben. Das ist immer etwas gewesen, was mich sehr beunruhigt hat. Rodinskys Raum brachte mich ins Grübeln, wie es sein würde, wenn man starb, und die Leute fanden die Sachen, die man zurückgelassen hatte, Fotos, die Briefe, die Menschen dir geschrieben hatten, was für eine Art von Bild würden sie sich dann von dir machen?«

Die Stimme Alan Deins, eines Lokalhistorikers und Fremdenführers:

»Meine ersten Eindrücke von dem Zimmer waren die von einem Ort, wo jemand lange Zeit gelebt hatte. Ich hatte keinerlei Vorstellung davon, wer der Betreffende war. Ich schneite zufällig herein und stolperte über Stöße von uralten Zeitungen, *Star*, *Herald*, *Evening Standard*, Blätter, die bis zum Ersten Weltkrieg zurückreichten. Ich stieg über das Papier und blickte auf die andere Seite des Zimmers, wo ein Bett stand, kaum gemacht, zerwühlt, voller Staub. Mein erster Eindruck war, daß in diesem Raum ein Mann buchstäblich verschwunden und zu Staub zerfallen war.«

Die Stimmen brachen ab, die Bilder verblaßten zu Weiß. Dann meine Stimme in dem kalten Tunnel:

»Ich kam 1969 zur Welt, im gleichen Jahr, in dem David Rodinsky, ein orthodoxer Jude unbekannter Herkunft, auf geheimnisvolle Weise aus seinem baufälligen Dachgeschoß in Ostlondon verschwand. Er wohnte über der Synagoge, in der meine Großeltern geheiratet hatten. Sein verlassener Raum blieb über ein Jahrzehnt unberührt, Spiegel des Endes einer Ära, des verlassenen jüdischen East End.
Als sein Zimmer schließlich im Jahre 1980 geöffnet wurde, stand, so hat man mir erzählt, eine halb ausgetrunkene Tasse Tee neben seinem ungemachten Bett. Auf dem von einer Fettschicht bedeckten Herd stand ein Topf mit steinhartem Haferbrei. Seine Kleider hingen im Kleiderschrank, schwer vom Staub. Ein leeres Brillenetui, mit seinem handgeschriebenen Namen darin, lag auf dem Kaminsims neben einem Kalender, der nicht über den Januar 1963 hinausgekommen war. In den Ecken und an der Wand türmten sich Zeitungsstapel. Alte 78er Schallplatten, leere Flaschen und aller mög-

liche gesammelte Kram füllten den Raum, soweit er nicht von den Büchern eingenommen wurde.

Jede Fläche quoll über von Büchern, deren Themen vom Talmud bis zum Studium der Hieroglyphen reichten. Er scheint ein guter Sprachkenner gewesen zu sein, denn die Funde in seinem Zimmer zeigen, daß er sich autodidaktisch in mindestens fünfzehn Sprachen eingearbeitet hatte, darunter viele, die nicht mehr gesprochen werden. Kleidung, Bücher und Essensreste verraten uns, daß er gläubig war, aber anderen Materialien ist zu entnehmen, daß er sich für irische Sauflieder ebenso interessierte wie für die Geheimnisse des Sohar. In viele seiner Bücher hat Rodinsky Sachen eingelegt oder eingeklebt: alte Pläne und Karten, die er auf die Rückseite von Zigarettenschachteln gezeichnet hat, eine Zehnrubelnote, ein verblichenes Foto von einer Synagoge in Prag, Kaugummibildchen aus Island und Venezuela, Einwickelpapier für Schokolade, das mit arabischem Text bedeckt ist. Auch zahlreiche handgeschriebene Notizbücher wurden gefunden, in denen man phönizische Zeittafeln, kabbalistische Diagramme, bizarre Gedichte und lustige Anekdoten findet. All diese zurückgelassenen Besitztümer, die wie die Konsonanten einer vergessenen Sprache wirken, wie ein Bedeutungsgerippe, das auf Rodinskys Rückkehr wartet, um seine volle Gestalt wiederzuerlangen.

Einige unzweifelhafte Tatsachen sind aus dem empirischen Material, das er hinterlassen hat, erschließbar. Rodinsky wohnte in der Dachstube, Princelet Street Nr. 19, mindestens siebenunddreißig Jahre lang, wie aus dem folgenden, vom 18. August 1961 datierten Brief hervorgeht. Der Brief wurde nie abgeschickt.

Sehr geehrter Herr,

In Antwort auf Ihr zweites Schreiben an mich muß ich Ihnen mitteilen, daß mein Anwalt mir empfohlen hat, meine Mietzahlung einzustellen, bis ich mich in einem Kommunalen Mieterberatungsbüro habe beraten lassen. Würden Sie mir bitte folgendes erklären. Wenn ich nicht der anerkannte Mieter bin, wer dann? Schließlich bin ich der Sohn meiner verstorbenen Mutter und habe hier mit ihr seit 1932 gelebt, abgesehen von der Zeit, die ich in Broadstairs und an anderen Orten verbrachte; aber mein Zuhause war hier.

Hochachtungsvoll
D. Rodinsky

Rodinskys Lernfähigkeit scheint umwerfend gewesen zu sein; er sprach offenbar zahlreiche Sprachen und interessierte sich, wie es scheint, ganz allgemein für die Sprachentstehung. Ich möchte Ihnen aus einem seiner Notizbücher vorlesen:

»Der früheste Bezug aufs Schreiben findet sich im Alten Testament, 2. Mose, 17,4, wo Moses befohlen wird, einen Bericht vom gerade errungenen Sieg über Amalek in Raphidim niederzuschreiben. Das war möglicherweise die erste Eintragung in das Buch von den Kriegen des Herrn, das in 4. Mose, 21,14 erwähnt wird. In 2. Mose 42,7 liest Moses vor versammeltem Volk das Buch des Bundes, d. h. 2. Mose, Kapitel 20 bis einschließlich 23, und steigt danach auf den Berg Sinai, um die zwei ›Lhiot‹ in Empfang zu nehmen. Von da an tauchen immer häufiger Verweise aufs Schreiben auf, aber es ist dabei stets Mittel des Festhaltens und Aufbewahrens. Über die Schrift verfügen nur wenige; die Ausbreitung und Veröffentlichung von Literatur geschieht durch mündliche Überlieferung. In Richter 8,14 allerdings scheint die Tatsache, daß ein zufällig Gefangener für Gideon Informationen über die Leute von Sukkoth aufschreiben kann, auf die allgemeine Kenntnis des Schreibens und Lesens hinzudeuten. Unter Hinweis auf die späte Datierung der meisten älteren Bücher des Alten Testaments, von der man heute ausgeht, wird dagegen geltend gemacht, daß Stellen wie diese nur für den Zeitraum ihrer Abfassung und nicht für die Zeit, von der sie handeln, aussagekräftig sind. Dennoch findet sich das Wort, das später die Bedeutung von ›Schreiber‹ gewann, bereits im Triumphlied der Debora (Richter 5, 14–15): ›... von Machir zogen Gebieter herab und von Sebulon, die den Stab des Schreibers hielten.‹«

Rodinsky scheint allein gearbeitet zu haben und nicht zusammen mit einem *Hawrusa* (Studienkollegen), mit dem man im traditionellen *Jeschiwa*-Stil diskutierend lernt. Aber vielleicht erhielt er in seinem Zimmer Rabbinerbesuch. Der einzige Beweis dafür, daß er in seinem Einsiedlerleben Kontakte nach draußen, tatsächliche oder eingebildete, unterhielt, besteht allem Anschein nach in seinem handgeschriebenen »Konversationslexikon Englisch-Hebräisch«. Ich möchte im Exzerpt die Englischtexte vorlesen, die er sich für seine Übersetzungen ins Hebräische aussucht:

»Meiner Schwester geht es heute nicht gut. Sie hat Schmerzen und fühlt sich matt. Der Doktor sagt, wir brauchten uns keine Sorgen zu machen. Es handele sich nur um leichte Beschwerden, an denen viele Neuzuwanderer litten. In drei oder vier Tagen seien sie vermutlich vorbei. Wir dürften ihr nur leichtverträgliche Kost geben wie Grießbrei, Zwieback und schwachen Tee.
Hat er eine Arznei verschrieben?
Jawohl, dreimal täglich einzunehmen.«

»Ich hoffe, die Sache verschlimmert sich nicht. Kopf hoch! Nimm's nicht so schwer. Also dann, bis bald!
Jemand klopft an die Tür. Jemand läutet. Geh und schau nach, wer es ist. Es ist Rabbi Amitov. Laß ihn rein, bitte, kommen Sie herein, herzlich willkommen.
Ich habe Sie seit Urzeiten nicht mehr gesehen. Sie haben mir gefehlt. Ich freue mich, Sie zu sehen. Ich bin überglücklich. Ich war in der Gegend und dachte, ich schaue mal vorbei (für einen Schwatz). Seien Sie willkommen! Sie sind immer willkommen (bring dem Herrn einen Stuhl). Bitte, setzen Sie sich. Möchten Sie den Mantel ablegen? Was führt Sie her? Wie geht's, wie steht's? Wie geht es zu

Hause? In unserer Familie wird strikt Hebräisch gesprochen, spricht Ihre Frau Hebräisch?
Ja, ihr Englisch ist sehr bescheiden, wie ich leider zugeben muß.
Aber nein, das ist großartig! Ich dachte, ich müßte mir die Zunge verrenken, um Englisch zu radebrechen, wenn man das überhaupt Englisch nennen kann!
Wie hübsch Sie hier wohnen. Was für schöne moderne Möbel.
Bitte nehmen Sie auf dem Diwan Platz. Möchten Sie sich nicht ein bißchen setzen? Wir sehen Sie so selten. Warum bekommen wir Sie nicht mehr bei uns zu sehen?«

Dank seiner unersättlichen sprachwissenschaftlichen Neugier stürzte sich Rodinsky auf eine Vielzahl von Anwendungsgebieten. Er studierte Japanisch, Griechisch, Chaldäisch, Deutsch, Akkadisch. Nach meiner Überzeugung versuchte er, ein Buch über die Struktur der Sprache als solcher zu schreiben. Hier ein weiterer Auszug aus seinen Notizbüchern:

»Also, wenn man sich nun die akkadische Keilschrift aneignen soll, fragt man sich vielleicht, warum diese Art zu schreiben, warum haben sie kein Alphabet oder irgendwelche anderen Zeichen mit nur einer Lesart erfunden? Dazu ist zu sagen, daß sie das taten, als die Sprache am Aussterben war, aber damit wollten sie nicht das Akkadische erleichtern, sondern nur das Sumerische erhalten. Vorher hatten schon die Leute von Ugarit, dem heutigen Ras Schamra, aus diesen Keilschriftzeichen ein einziges Alphabet gemacht und später erfanden die Perser ein weiteres, das zum Teil aus Buchstaben, zum Teil aus Silbenzeichen bestand, wozu noch ein paar behelfsmäßige Wortzeichen dazukamen ...«

Es fanden sich zahlreiche Notizbücher mit solchen Schriften, und viele andere wurden entdeckt, die voller merkwürdiger Gedichte und Lieder waren:

»Laß dir die Haare schneiden
Besorg dir einen Yul Brinnser
Hab ich einen Yul Brinnser
Wirst du zum Grinser«

»ICH BIN HEISS, DU BIST HEISS AUF DAN-DURMA-EIS
Mein Alter läßt das Saufen nicht
Verplempert sein Geld für Bier
Also sagte ich ihm
Mach die Fliege Mann
Hau ab
Und laß dich nicht mehr blicken bei mir.«

Ich möchte mit einem weiteren Auszug aus Rodinskys »Konversationslexikon Englisch-Hebräisch« schließen. In dem folgenden Abschnitt behält sich Rodinsky das Recht vor, unser morbides Interesse an seiner persönlichen Lebensgeschichte in Frage zu stellen. Hier das Englisch, das er ins Hebräische zu übersetzen wünscht:

»Wer bist du?
Wo bist du?
Was tust du?
Wohin gehst du?
Woher bist du gekommen?
Wo wohnst du?
Wie alt bist du?
Was wünschst du dir?
Was macht dir Spaß?
Kann ich dir helfen?
Was hast du gesagt?
Stimmt was nicht?
Stimmt es, was sie sagen?
Was ist mit dir geschehen?
Was ist los mit dir?
Hast du gehört?
Hast du verstanden?
Meinst du das ernst?

Wo bist du ausgestiegen?
Wie weit ist es von hier bis Jerusalem?
Nach wem hältst du Ausschau?
Was schaust du an?
Wer, meinst du, bin ich?
Verstehst du Arabisch, Türkisch, Maltesisch? Ich kann ein bißchen Russisch …«

Ich war in Rodinskys Privatleben eingedrungen, hatte seine Habseligkeiten durchwühlt, mit vielen Leuten über seine Persönlichkeit und seinen denkbaren Verbleib gesprochen, aber Tatsache war, daß ich nicht wußte, ob er tot oder noch am Leben war. Ich beschloß, Saul Issroff anzurufen, den einzigen Menschen, der mir vielleicht dabei helfen konnte, das herauszufinden.

Ich hatte Saul im vergangenen Oktober kennengelernt, nach einem Vortrag, den ich am Spiro Institute, einer Londoner Einrichtung für Hebräisch und Judaistik, hielt und in dem ich meine Arbeit vorstellte. Saul ist der Leiter des Genealogischen Instituts Britischer Juden und hat seiner eigenen Familiengeschichte ziemlich intensiv nachgeforscht. Er zeigte großes Interesse an meiner künstlerischen Arbeit und beauftragte mich, zum neunzigsten Geburtstag seiner Mutter auf Basis ihrer Lebensgeschichte eine Skulptur anzufertigen. Wir wurden gleichermaßen Freunde und Arbeitskollegen, und als ich Saul von meinen Nachforschungen über Rodinsky erzählte, bot er mir an, auf der Website des Jüdisch-Genealogischen Instituts eine Erkundigung nach ihm einzurichten. Innerhalb einer Woche erhielt ich daraufhin zwei E-Mails. Die erste kam von einem Dr. Robert Rodensky aus Toronto, einem Physiologen, Russischübersetzer und Amateurgenealogen. Dr. Rodensky wollte meine Postadresse wissen und schickte mir dann folgendes: einen dreiseitigen Ausdruck über Vokalabwandlungen im Namen Rodensky, einen schrulligen Zeitungsausschnitt über Morris »Red« Rudensky, einen Safeknacker, der mit Al Capone zusammengearbeitet hatte und 1989 gestorben war, und die Kopie eines Fotos aus einem Buch, *The Career of Frank Licht*, das die Bildunterschrift »Ansicht von Charles St.« (Providence, Rhode Island, USA, um 1900) trug und ein Ladenschild zeigte, auf dem »L. Rodinsky. Neuwertige Gebrauchtkleidung« stand. Eine zweite faszinierende E-Mail kam von einem »Jim«, der ebenfalls dem Namen Rodinsky nachgeforscht hatte und behauptete, es gebe viele Mitglieder der Familie in Hartford und anderen Gegenden von Connecticut wie auch in Boston, Las Vegas und Argentinien. Seiner Ansicht nach stammten die Rodinskys aus Grodno oder Białystok.

Saul schlug einen Besuch in St. Catherine's House – dem Amt für Volkszählungen und Populationserhebungen – vor, um dort vielleicht einen auf David Rodinsky ausgestellten Totenschein zu entdecken; er war so lieb, mir seine Begleitung anzubieten. In der Woche darauf trafen wir uns an der U-Bahnstation Holborn und legten zu Fuß den kurzen Weg bis St. Catherine's House zurück. Saul hatte mich bereits darauf vorbereitet, daß die Chancen, einen Totenschein zu finden, wenn nicht einmal das Todesjahr feststehe, außerordentlich gering seien. In der Haupthalle des Gebäudes sahen wir uns zig Reihen überdimensionierter, ledergebundener Bücher gegenüber und folgten einem großen Schild mit der Aufschrift TODESFÄLLE. Müde Gestalten, die in Anzügen steckten, zogen die schweren Bände aus den Regalen und durchkämmten die Seiten gewissenhaft nach Informationen. Alle paar Minuten kam über die Lautsprecher eine auf Band gesprochene Durchsage: »Bitte, achten Sie auf Ihre persönlichen Gegenstände; in diesem Gebäude sind erfahrungsgemäß Taschendiebe am Werk.« Das einzige andere Geräusch war das rhythmische Knallen, wenn die Schwarten zugeschlagen, aus den Regalen gezerrt und auf die Pulte gedonnert wurden. Die Luft in dem grauen, überheizten Raum war staubgesättigt.

Wir hatten nicht viel, worauf wir aufbauen konnten. Ich

schlug 1969 vor, mein Geburtsjahr; dem Material in Rodinskys Raum hatte ich entnehmen können, daß er mit Sicherheit nicht vor 1967 gestorben war. Wir orteten den betreffenden Gang, und jeder wählte aufs Geratewohl einen Band aus. Ich schlug meinen ungefähr in der Mitte auf: Rodenskitzy, Rodin, Rodin, umblättern, Rodin, Rodins, *Rodinsky, David, aus Princelet Street 19, London E1, DX 421235, Quartal März bis April 1969*. Ich sah hinüber zu Saul, der die Nase in den Seiten vergraben hatte und mit geübtem Finger rasch die kleingedruckten Buchstaben entlangfuhr. »Saul«, kreischte ich (viel zu laut; zornige Blicke von allen Seiten). »Ich glaube, ich habe ihn gefunden.« Er schenkte mir ein freundliches, ruhiges Lächeln, das, wie ich mich aus meiner Kindheit erinnerte, oft auf dem Gesicht meines Vaters erschienen war, wenn er mir irgendeine phantastische Geschichte erzählt und ich sie ihm geglaubt hatte; aber da stand es, David Rodinsky. Es würde ein paar Tage dauern, bis der Totenschein mit der Post kam, aber dann kannte ich Ursache, genaues Datum und Ort seines Todes.

Am Mittwoch landete ein dünner, brauner Briefumschlag auf dem Fußabtreter vor der Tür. Ich sauste hinauf, um ihn zu öffnen. Ich brauchte einige Zeit dazu, meine Hände zitterten so sehr. Tief Atem holend, las ich die Bescheinigung, las sie noch einmal, las sie wieder. Hier lag ohne Frage irgendein Irrtum vor. Das konnte nicht derselbe David Rodinsky sein. Dem Totenschein zufolge war er in Epsom in der Grafschaft Surrey gestorben.

Name und Vorname: David Rodinsky, Nr. 391, DX 421235
Wann und Wo: 4. März 1969. The Grove, Horton Lane, Epsom
Geschlecht: männlich. Alter: 44 Jahre. Beruf: keiner
Adresse: Princelet Street 19, E1
Todesursache: Bronchiallungenentzündung, II Epilepsie mit paranoiden Zügen
Beglaubigt von J. S. Patmat Arzt
Wohnstätte des Nachrichtgebers: D. Wiltshire, Hausbesitzer, The Grove, Horton Lane, Epsom, eingetragen am 5. März 1969.

Wie hatte es ein jüdischer Gelehrter, der dem Anschein nach nie über die gut zwei Quadratkilometer von Spitalfields hinausgekommen war, geschafft, sein Leben in Surrey zu beschließen? Das widersprach aller Wahrscheinlichkeit, aber es gab doch ganz gewiß nicht zwei David Rodinskys, wohnhaft in Princelet Street 19. Darüber etwas herausfinden konnte ich nur, wenn ich das Haus in Epsom besuchte und sah, ob »D. Wiltshire« Licht in die Sache bringen konnte.

In der folgenden Woche fuhr ich nach Surrey und fragte mich nach Horton durch, einem kleinen Stadtteil von Epsom, der ein paar Kilometer südlich des Zentrums lag. Horton besteht aus einem dreieckigen, von Häuschen umstandenen Dorfanger, einem Tümpel und einer Wirtschaft. Ich beschloß, in der Wirtschaft nach dem Weg zu fragen. Die Frau hinter dem Tresen starrte mich an und zuckte die Schultern, während sie schweigend dem einzigen anderen Menschen im Raum, einem großen Mann mit Halbglatze, der in grauem Overall am entfernten Ende des Tresens hockte, ein schales Lager kredenzte. Ich war schon im Begriff zu gehen, als der Mann mich zurückrief. »In welche Ecke von Horton Lane wollen Sie denn?« fragte er gedehnt. »Ich bin die Straße in den letzten fünfundzwanzig Jahre rauf und runter gefahren, kenn' da alles.«

»Ein Privathaus, das The Grove heißt.«

Er kiekste. »Ich glaub, Sie werden wohl Longrove meinen, eine von den psychiatrischen Kliniken an der Straße.«

Diese Information verlieh der merkwürdigen Tatsache, daß Rodinsky in Epsom erschienen war, einen Sinn. Der Mann erzählte mir dann weiter, daß es fünf Irrenanstalten an der Horton Lane gegeben habe, von denen mittlerweile vier geschlossen hätten, darunter auch Longrove. Er rückte näher und erzählte mir flüsternd, Longrove sei vor fünf Jahren unter geheimnisvollen Umständen abgebrannt, einschließlich sämtlicher Krankengeschichten. Er sagte, er habe fünfundzwanzig Jahre lang medizinisches Gerät für die Kliniken an der Horton Lane gefahren; dann zog er die Augenbrauen herab und berichtete von seltsamen Vorgängen, von unaufgeklärten Feuersbrünsten, unheimlichen Fällen, in denen Leute verschwunden waren. Ich holte ein Notizbuch heraus und drängte ihn, weiterzuerzählen. Das war ein Fehler. Panische Angst huschte über sein Gesicht, und er stürzte fort zum Spielautomaten, wobei er etwas ähnliches wie »ich bin doch nicht lebensmüde« murmelte; er wollte um keinen Preis mehr mit mir reden.

Ich beschloß, mir die Horton Lane auf jeden Fall anzusehen. Die Straße war genauso, wie er sie mir beschrieben hatte: eine lange Landstraße, die sich durch Felder wand, gesäumt von hohen Tannenbäumen. Weit und breit waren keine Privathäuser zu sehen, nur in der Ferne ragten die leeren Hülsen der einstigen Anstalten empor. Etwa auf halber Strecke stieß ich auf ein Hinweisschild für Longrove. Ich bog in die Auffahrt ein und fand den Weg durch ein vier Meter hohes Eisentor versperrt, das oben mit Stacheldrahtrollen gesichert war. Ich stieg aus dem Auto, um das Schild am Tor zu lesen:

PRIVATBESITZ
UNBEFUGTES BETRETEN WIRD STRAFRECHLICH VERFOLGT
TEL. GESUNDHEITSAMT SURREY NR. 0126445876
FÜR WEITERE INFORMATIONEN

Außer dem Tor gab es offenbar keinen anderen Zugang zu dem Gelände. Als ich gerade probierte hinüberzuklettern, warf sich ein riesiger geifernder Schäferhund gegen die Eisenstäbe und schnappte wild nach meinen Knöcheln. Ich sprang zurück, adrenalindurchflutet, und in Sekundenschnelle tauchte ein grimmig dreinblickender Wächter auf. Nein, ich könne nicht rein, nein, ich dürfe keine Fotos machen, nein, er könne mir nichts sagen; er wies auf die Telefonnummer auf dem Schild und forderte mich auf zu gehen. Am nächsten Tag versuchte ich, unter der Nummer anzurufen. Eine kurzangebundene Sekretärin ließ mich wissen, alle Unterlagen seien in dem Feuer verbrannt, sie könne mir nicht helfen.

Wieder eine Sackgasse: Ich konnte nicht beweisen, daß es sich bei dem Mann, der hier gestorben war, um David Rodinsky gehandelt hatte. Einige der Angaben auf dem Totenschein standen in scharfem Gegensatz zu früheren Informationen, die ich über ihn gesammelt hatte, zum Beispiel das Alter. Dem

Totenschein zufolge war er mit vierundvierzig gestorben. Bill Fishman hingegen erinnert sich, ihn Ende der dreißiger Jahre in seiner Dachstube gesehen zu haben. Er beschreibt ihn als einen alten Mann, der bei Kerzenlicht über seine Bücher gebeugt saß. Falls wir über denselben Rodinsky redeten, hätte er damals erst im Halbwüchsigenalter sein dürfen. Und ebensowenig paßte sein Alter zu der Geschichte von Mr. Katz über Rodinskys ältliche Tochter, Mrs. Lipman.

Ein paar Wochen danach kämpfte ich mich durch die Massen von Gläubigen, die nach dem Ramadan-Gottesdienst aus der Moschee in der Brick Lane strömten, als ich Mr. Katz durch das Schaufenster seines Ladens erspähte, der gegenüber der Moschee liegt. Als er mich sah, winkte er mich herein. »Schalom, Raquel. Wissen Sie, wenn ich heutzutage von Stamford Hill weggehe, habe ich das Gefühl, einen Paß zu brauchen, um hierherzukommen.« Er grinste mir hinter seinem langen weißen Bart zu, während er gestenreich auf die Menge draußen wies. Sein Laden war so menschenleer wie immer, dennoch reichte der Platz gerade einmal für mich, weil überall große braune Pakete herumstanden, die, wie ich vermutete, die Kordeln und Papiertüten enthielten, von denen er genug verkauft haben mußte, um sich fünfundsiebzig Jahre lang im Geschäft behaupten zu können. »Raquel, erinnern Sie sich an die alte Dame, von der ich Ihnen erzählt habe, Rodinskys Tochter? Sie kam letzte Woche herein, um mich zu besuchen, und ich habe ihr von Ihnen und Ihrem Projekt erzählt, und sie will mit Ihnen sprechen. Irgendwo habe ich ihre Adresse.« Ich konnte vor Aufregung kaum antworten: Das war möglicherweise die beste Spur, die ich bislang hatte! Er verschwand im Hinterzimmer. Ich konnte sehen, wie er einen Berg von losem Papier auf seinem Schreibtisch durchwühlte. »Irgendwo muß es hier sein ... ah ... hier haben wir es.« Er reichte mir den kleinen Fetzen Papier, und ich bedankte mich überschwenglich. Ein paar Minuten lang unterhielt ich mich noch mit ihm in meinem gebrochenen Hebräisch, das ihm immer ein Lächeln entlockte, und verließ den Laden in Jubelstimmung.

Ich machte mich gleich auf den Weg, um mit der Frau möglichst umgehend zu sprechen. Eine Telefonnummer hatte sie nicht hinterlassen; ich würde also einfach hingehen und sehen, ob sie zu Hause war: Mrs. Bella Lipman, Dobson's Place, London E1. Die engen Seitengassen hinter Brick Lane durchwandernd, brauchte ich einige Zeit, bis ich die Adresse gefunden hatte. Sie wohnte in einem mit Graffiti übersäten, heruntergekommenen Sozialbaublock aus den sechziger Jahren. Ich konnte von der Straße aus ihre Eingangstür sehen, aber der einzige Zugang zum Gebäude führte über die Gegensprechanlage. Ich drückte mehrmals die Wohnungsnummer; keine Antwort. Ich versuchte es mit der Nummer der Wohnung daneben und sprach mit einer Nachbarin. Von ihr erfuhr ich, daß Mrs. Lipman *niemals* ausgehe und wahrscheinlich zu Hause sei; ob ich hochkommen und an der Tür klopfen wolle? Sie ließ mich in ein feuchtes Treppenhaus ein, in dem es nach Urin stank. Ganz auf mein eigenes Vorhaben konzentriert, betrat ich den Fahrstuhl, ohne die Clique asiatischer Teenager zu beachten, mit denen ich die Metallkabine teilte. Ich starrte sie gedankenverloren an. Zwei Jungen, höchstens vierzehn Jahre alt, hielten eine große Plastiktüte auf, in die ein anderer ein bißchen weißes Pulver schnipste. Alles erstarrte. Ich hörte nichts weiter als meinen eigenen Herzschlag. Ein vierter Junge, der offenbar anfing, meine Gegenwart als lästig zu empfinden, zog ein kleines, aber scharf wirkendes Taschenmesser heraus und stieß es mit den Worten »Hau ab, wir ham zu tun« in meine Richtung. Ich verdrückte mich rückwärts aus der Kabine und raste die Treppe hinauf. Atemlos kam ich vor Mrs. Lipmans Wohnungstür an und klopfte laut, während ich ängstlich über die Schulter zurücksah. Stille, keine Schritte hinter mir, keine Antwort von Mrs. Lipman. Nachdem ich eine Nachricht durch den Briefkastenschlitz geschoben hatte, klopfte ich an der benachbarten Tür. Schließlich tauchte ein Paar dunkler Augen am Briefschlitz auf. Die Frau sprach wenig Englisch, kannte Mrs. Lipman nicht, hatte sie nie gesehen. Die Nachbarin auf der anderen Seite weigerte sich zu reagieren. Es überraschte mich nicht, daß Mrs. Lipman nie ausging. Ich glaube, ich hätte das auch nicht getan. Ich tigerte im Flur herum, weil ich zu große Angst hatte, die Treppe hinunterzusteigen, bis ich am anderen Ende des Wohnblocks eine Feuertreppe fand; ich sauste hinab und aus dem Haus und hetzte zurück in die Princelet Street, um mich dort zu sammeln.

An die merkwürdigen Geräusche in der Synagoge hatte ich mich mittlerweile gewöhnt. So viele Stunden hatte ich dort verbracht; die Zeiten waren vorüber, da mich ein Türenschlagen oder gedämpfte Schritte mit gesträubtem Haar und Gänsehaut auf die Straße hatten hinauslaufen lassen. Jetzt war das Gebäude für mich eine Zuflucht; oft schaute ich auf dem Weg zum Studio dort vorbei und ging hinauf in Rodinskys Zimmer, um zu schreiben, nachzudenken, zu zeichnen. Diesmal saß ich in der Synagoge und versuchte, mich zu beruhigen. In all den Jahren, die ich in Ostlondon verbracht hatte, war ich noch nie zuvor körperlich bedroht worden. Aber zum Teil war ich selbst schuld. Die innerstädtischen Gebiete haben große Ähnlichkeit mit einer Wüste: Sie sind voller gefährlicher Geschöpfe, die man kaum zu sehen bekommt, es sei denn, man wird neugierig und fängt an, Steine umzudrehen oder in dunklen Spalten herumzuschnüffeln. Hätte ich früher mitbekommen, was los war, hätte man mich in Ruhe gelassen. Während ich mich langsam von meinem Schock erholte, nahm ich vage ein seltsames Geräusch in der Synagoge wahr. Ich konnte hören, wie etwas über den Fußboden gezerrt wurde; das Geräusch klang, als käme es aus Rodinskys Zimmer. Ich rief – keine Antwort. Langsam begann ich, die Treppe hinaufzusteigen; das Geräusch wurde lauter. Ich versuchte, mich mit dem zu beruhigen, was ich einmal über alte Holzgebäude hatte äußern hören. Sie seien stets von Ratten und Mäusen bewohnt. Die Geräusche, die diese Geschöpfe machten, seien zu schwach, um vom menschlichen Ohr richtig wahrgenommen zu werden; gleichzeitig aber habe man das Gefühl, daß da jemand sei. Dieses Gefühl verwechselten viele Menschen mit der Wahrnehmung eines Spuks. Wenn das Ratten waren, was ich hörte, dann waren es gigantische Biester.

Als ich eben in das Zimmer eintreten wollte, überzeugt davon, daß der Augenblick gekommen sei, da Rodinsky mir als Lichtgestalt erscheinen werde, hörte ich ein lautes »Huhu, hallihallo«, und zwei Frauen tauchten hinter der Tür auf, die einen großen, merkwürdig aussehenden hölzernen Gegenstand trugen. Sie stellten sich als Evelyn und Michal Friedlander vor, beziehungsweise als die Frau und die Tochter des berühmten Rabbi Albert Friedlander, dessen Buch *Riders Towards the Dawn* ich damals gerade las. In dem Buch führt Rabbi Friedlander »einen Dialog mit den großen jüdischen Autoren und Denkern unserer Zeit – mit Primo Levi, Bruno Bettelheim, Elie Wiesel – und bemüht sich um die Annäherung an einen Begriff vom Menschsein, der das Böse als integrierendes Moment unseres Charakters anerkennt, der die Größe der menschlichen Existenz in die partiellen Siege setzt, die wir über das Dunkel erringen, und der die Zuversicht hochhält, daß selbst eine Reise in die Finsternis Aspekte der Hoffnung birgt«. Rabbi Lionel Blue hat darüber geäußert: »Jeder, der an der Frage interessiert ist, welche Zukunft das Judentum hat und wie es nach dem Holocaust um sein eigenes Menschsein steht, sollte dieses Buch lesen.« Rabbi Friedlanders Frau und Tochter stellten sich als ebenso dynamisch heraus wie er selbst; Evelyn kennt sich in jüdischen Textilien aus, hat die Stiftung Verborgene Tradition gegründet und ist auch noch an zahlreichen anderen Projekten beteiligt; Michal ist Kuratorin des Jüdischen Museums im kalifornischen Berkeley. Das Objekt, das sie trugen, erwies sich als die Spezialanfertigung eines Stativs für Aufnahmen von Thora-Gebetsmänteln [Schutzhüllen für Thorarollen, die oft reich verziert sind]. Sie hatten in Rodinskys Raum Aufnahmen von den Artefakten aus der Synagoge gemacht, weil sie hofften, Mittel für die Restauration der gefährdeten Objekte aufzutreiben. Von Evelyn hatte ich durch Samuel Melnick gehört; er berichtete mir von den großartigen Restaurationsarbeiten an dem kostbarsten der Gebetsmäntel aus der Princelet-Street-Sammlung, die sie durchgeführt hatte. Der Gebetsmantel bestand aus Rohseide und war über und über perlenbestickt. Sam erzählte mir, er sei aus einem alten Hochzeitskleid gefertigt. Als ich mich erkundigte, ob das koscher sei, lachte er und sagte, da müsse er einen Rabbi fragen.

Ich erzählte den beiden großartigen Frauen ein bißchen was über meine Arbeit; dann tranken wir einen Kaffee bei Rossi's in der Hanbury Street, dem einstigen Stammlokal Rodinskys, in dem er Ende der fünfziger Jahre auf Löffeln musiziert hatte. Die beiden waren fasziniert von den Geschichten über Rodinsky und versprachen, sie würden versuchen, mir zu helfen, und in ihrer Synagoge einen Aushang machen beziehungsweise sich bei Gemeindemitgliedern, die früher in Ostlondon gewohnt hatten, erkundigen, ob sie ihn gekannt hatten. Wir saßen stundenlang bei Rossi's, und ich schilderte mein kürzliches Erlebnis im Koscheren Speiseklub; sie waren lebhaft interessiert daran, mir bei der Unterbringung der heimatlosen Artefakte zu helfen. Evelyn wirkte an einem Projekt mit, das sich zur Aufgabe gemacht hatte, in London eine sichere Bleibe für Judaika einzurichten. Ihr Partner bei diesem Projekt war David Jacobs; den Namen hatte ich bereits in Verbindung mit der Synagoge in der Princelet Street gehört – und zwar von Rosemary Weinstein am Museum of London. Ich hatte das sichere Gefühl, daß mir Evelyn bei meiner Suche nach Rodinsky eine große Hilfe sein würde.

Nach fünf vergeblichen Versuchen, mit Bella Lipman Kontakt aufzunehmen, hatte ich fast schon die Hoffnung aufgegeben, als ich einen Anruf erhielt. Bella kam gerade aus dem Krankenhaus, sie hatte die Nachricht, die ich ihr hinterlassen hatte, erst jetzt erhalten; ich durfte sie nach Sabbat besuchen. Am Telefon klang sie hinfällig und verwirrt; sie fing an, mir von ihren verschiedenen Krankheiten zu erzählen. Wir verabredeten uns für den kommenden Montagmorgen.

Ich fing an, mir auszumalen, wie ich Bella Lipman aus jenem entsetzlichen Mietblock rettete. Ich stellte mir sie vor, einsam, zitternd vor Angst, ohne Hilfe. Ich machte eine Stippvisite bei Grodzinski's und kehrte mit koscherem Gebäck und Keksen bewaffnet zurück. Bella betätigte diesmal den Türöffner, und ich betrat den Hausflur, der mit einem starken Desinfektionsmittel geschrubbt worden war. Im Lift traf ich niemanden. Als ich im ersten Stock ankam, sah ich einen kleinen Kopf, eingerahmt von einem verblüffenden Glorienschein leuchtend roten Haares, aus einer blauen Tür nach mir Ausschau halten. Bella winkte mich herein. Während ich mich näherte, hatte ich das Gefühl, eine Riesin zu sein; so geht es mir häufig, wenn ich mich unter Juden bewege. Wie die meisten meiner Verwandten reichte mir auch Bella nur bis zur Achselhöhle.

Ihre Wohnung war im schroffen Gegensatz zur häuslichen Umgebung tadellos in Schuß. Mir widerfuhr die Ehre, überall herumgeführt zu werden, wobei die Besichtigungstour in der Küche begann. Bella zeigte mir stolz ihren großen »modernen« Kühlschrank und ihren blitzblanken, wenn auch altertümlichen Herd. Alle Schränke wurden geöffnet, damit ich sie inspizieren konnte, und ich bewunderte das duftende Schrankpapier und den umfangreichen Vorrat an koscheren Lebensmitteln. Sie schimpfte mit mir, weil ich die Kuchen mitgebracht hatte, sie habe reichlich zu essen da, ihre Haushilfe kaufe immer für sie ein und hole ihre Rente ab, und ihre Nichte besuche sie regelmäßig und bringe Vorräte mit. Die Teilchen mußte ich wieder mitnehmen. Ich fühlte mich in ihrer Gegenwart bereits ganz klein. Bella war bestens imstande, für sich selbst aufzukommen. Sie war klug und konnte sich ausdrücken, allerdings bemerkte ich, daß ihre Augen verschleiert waren und sie offenbar Sehschwierigkeiten hatte. Sie zeigte mir die große Tablettensammlung, die sie täglich brauchte und hielt dann die Hände hoch. Die Fingerspitzen waren gekrümmt. »Ich kann keine Kartoffeln schälen, keine Fischdose aufmachen, nichts. Die Haushilfe kommt und macht das für mich.« Sie führte mich in einen spärlich möblierten Salon und ließ mich an einem runden Tisch mit Spitzendeckchen, der in der Mitte des Raumes stand, Platz nehmen. »Setzen Sie sich hierhin, Liebes. Nein, hier ist es bequemer. Also, was wollen Sie wissen, was habe ich Ihnen Interessantes zu erzählen?« Ich erklärte ihr abermals, weshalb ich gekommen war, und fragte sie, ob ich die Unterhaltung auf Band aufnehmen dürfe. »*Nein*, ich glaube nicht, daß es meiner Familie gefiele, wenn ich auf Band aufgenommen würde.«

Ich fühlte mich wie ein Eindringling, der sich unter einem Vorwand Zutritt verschafft hatte. Bella wollte nicht über die Princelet Street reden. Sie wollte etwas über meine Familie, meine Reise nach Israel hören, wollte wissen, ob ich verheiratet sei. »Nein – warum nicht?« Sie wollte mir Fotos von ihrer Nichte zeigen. »Sehen Sie, wie hübsch sie ist, mein Liebling, so winzige Füße, ihre Tochter ist ganz die Mutter, so ein Engel.« Sie wollte Gesellschaft haben, nicht ausgefragt werden. Als ich erneut in sie drang, um etwas über ihr damaliges Leben in der Princelet Street zu erfahren, füllten sich ihre Augen mit Tränen und die Stimme zitterte. »Ich habe dort mein ganzes Leben verbracht, mit meinem lieben Mann, seine Seele ruhe in Frieden; allen jiddischen Mädchen wünsche ich einen Mann wie ihn. Ich wurde dort getraut, meine Schwestern und mein Bruder wurden dort getraut, mein Bruder erhielt dort die Bar-Mizwa, seine Seele ruhe in Frieden, es ist die einzige *Schul*, die ich je gekannt habe.« Bella lebte fast ihr ganzes Eheleben lang in den Räumen über der Synagoge (einen Stock tiefer als die Rodinskys). Sie war nicht Rodinskys Tochter – sie lachte, als ich diese Vermutung äußerte. »Er war nie mit einer Frau zusammen, soweit ich weiß, die Mutter ließ das nicht zu; sie war sehr streng, überfürsorglich.«

Bella und ihr Mann zogen im Sommer 1981 aus der Synagoge aus. Bella war da bereits eine alte Dame und sehr auf ihren Mann angewiesen. Gegen seinen Willen hatte sie an einem sonnigen Nachmittag im Juli des gleichen Jahres erstmals allein einen Ausflug zum Markt in der Whitechapel High Street unternommen, der gerade einmal fünf Minuten Fußweg von ihrem Heim entfernt war. Während sie ein bißchen Gemüse einkaufte, wurde sie Opfer eines gemeinen Angriffs von hinten und mitten auf der Straße niedergeschlagen, wobei sie das Bewußtsein verlor. Man raubte ihr den Inhalt ihrer kleinen Lederhandtasche: die paar Pfundnoten, die von ihrer wöchentlichen Rentenzahlung übrig waren, einen grünen Plastikkamm, Fotos von ihrem Hochzeitstag und die bunte Kollektion ihrer täglichen Medikamente.

Glücklicherweise hatte Bella keinerlei Erinnerung an das Ereignis selbst; sie erinnerte sich nur, wie sie im London Hospital auf der anderen Straßenseite aufgewacht war und ihren Mann haltlos weinen hörte. Beim Erwachen stellte sie fest, daß sich ihre Welt unwiderruflich verändert hatte: Sie konnte nicht mehr sehen. Das rechte Auge gewann später eine beschränkte Sehkraft zurück, auf dem linken Auge hingegen erblindete sie durch den Überfall dauerhaft. Der Vorfall ließ die Sozialfürsorge auf die schrecklichen Wohnverhältnisse der Lipmans aufmerksam werden, und bald darauf erhielten sie in Dobson House eine neue Wohnung. Bellas Mann starb ein paar Jahre später. Für Bella war es verständlicherweise schmerzlich, über diese Dinge zu reden, und ebenso schmerzlich war es für sie, sich an die glücklicheren Zeiten in der Princelet Street zu erinnern. Als ich wieder auf David Rodinsky zu sprechen kam, füllten sich ihre Augen mit Tränen. »Der arme David, natürlich kannte ich ihn, *Alaw Haschalom*. Ich bin sicher, er ist inzwischen tot.« Ihrer Ansicht nach hatte er nichts von einem Genie an sich; sie hielt ihn im Gegenteil für zurückgeblieben. »Er hatte eine Beschäftigung, er arbeitete in einer Schuhfabrik in der Princelet Street. Die ganze Fürsorge der Mutter galt ihm, für die Tochter zeigte sie wenig Interesse.« Bella hat Rodinskys ältere Schwester Bertha als »hochbegabt« in Erinnerung. »Sie sammelte ständig Bücher, Hunderte von Büchern, sie war sehr scheu und hat nie geheiratet; sie fand ein trauriges Ende in einer psychiatrischen Anstalt, *Alaw Haschalom*.« Die Mutter gestattete offenbar keinem der Kinder irgendwelche Beziehungen; sie führten ein extrem orthodoxes Leben. »Alles, was er verdiente, sparte sie für ihn, sie war eine gute Mutter, kennen Sie eine schlechte Mutter?« Bella erinnerte sich an einen Tag im Jahr 1961. »Die Mutter war steif wie ein Stock, sie war krank. Sie kam herunter zu mir und bat mich, ein Huhn für David kaufen zu gehen und es für ihn zu koschern, eine große Mizwa fand statt, deshalb tat ich ihr natürlich den Gefallen. In der gleichen Nacht kam ein Krankenwagen und brachte sie weg. David ging den ganzen Weg zum Krankenhaus in der Bancroft Road zu Fuß. Bei seiner Rückkehr kam er zu mir; sie war tot, Krebs.« Bella und ihr Mann wußten, daß David sie nicht lange überleben würde, zumal auch die Schwester nicht mehr da war. »Bitte, es ist nicht recht, schlecht über die Toten zu reden.« Wir unterbrachen das Interview, und Bella zuckte beim Aufstehen zusammen. »Mein Bruch, schauen Sie sich meinen Bauch an, ich war immer gut in Form.« Dann zeigte sie mir ihre Arme, die gekrümmt und verbogen waren, »Osteoporose«. Bella ging in die Küche, um den Teller mit Teilchen nachzufüllen und frischen Zitronentee zu machen.

Ich fing an, wie wild zu schreiben, weil sie sich nicht wohl fühlte, wenn ich mitschrieb, während sie redete. Meine Augen blieben an dem frisch polierten Kaminsims hängen. Winzige Messingleuchter standen darauf, Kerzen und Streichhölzer lagen bereit; daneben saß eine handgehäkelte Puppe, und rechts von der Puppe schloß sich ein Blumenarrangement aus blauen und rosafarbenen Plastiknelken an. Auf der anderen Seite der Leuchter stand ein ausgebleichtes Foto des regierenden Königspaars, ein emaillierter Aschenbecher aus Israel und eine kleine Kaminuhr aus Messing. Bella schenkte mir Tee ein und reichte mir die Teilchen. »Essen Sie, essen Sie nur und lassen Sie es sich wohl sein. Ich darf keine essen, hoher Blutdruck, ich habe mehr Krankheiten als erlaubt.« Bella begann wieder, von ihren Familienangehörigen zu erzählen, die jetzt allesamt im Norden Londons leben, zeigte weitere Fotografien. Ich war voller Empörung: Wie konnten sie die alte Frau hier sich selbst überlassen? Ich hatte Bella Lipman unterschätzt. »Ich sag Ihnen was, Schätzchen. Wohnen Sie nie zusammen mit Ihrer Familie! Meine Familie möchte, daß ich dorthin ziehe, aber hier bin ich unabhängig, und das ist das Wichtigste. Mein eigenes Bett, meine eigene Wohnung, meine Unabhängigkeit, das bedeutet mir alles.«

Wir kamen zurück auf das Thema Princelet Street. Bella erinnerte sich an einen frohen *Seder*-Abend in der Princelet Street, den sie mit den Rodinskys verbracht hatte: »Dieses eine Mal nach dem Krieg feierten wir *Pessach* gemeinsam im Zimmer droben. Sie kochte, die Mutter, und wir sangen und aßen bis in die Nacht. David war still, aber er war glücklich, es war eine glückliche Zeit.« Bellas Augen füllten sich erneut mit Tränen. »Heute habe ich keine *Seder*-Abende mehr, weil ich orthodox bin und nicht reise, so bin ich halt erzogen worden. Hier ist keiner, der zusammen mit mir feiern könnte. Ich spreche jeden Abend mein *Schema Israel*, ich *bensche* nach den Mahlzeiten über den Kerzen, ich küsse alle *Mesusas*, bevor ich schlafen gehe, damit Gott mir gnädig ist, das kann ich immer noch tun.« Wir sprachen über die schrittweise Schließung der Synagoge in der Princelet Street. Ich wußte von Samuel Melnick, daß sie offiziell im Jahre 1963 geschlossen worden war, hatte aber auch gehört, daß zu dieser Zeit schon oft am Sabbatmorgen jemand davor stand oder an Türen klopfte, um genug Personen für ein *Minjan* zusammenzubekommen. Bella erzählte mir, die Synagoge sei schon Anfang der fünfziger Jahre in einem schrecklichen Zustand und dringend reparaturbedürftig gewesen. Obwohl zu Beginn der sechziger Jahre der letzte Gottesdienst stattfand, stellten die verbliebenen Gemeindemitglieder ein *Bet Midrasch* im Gebäude auf, und wenn sich genug Leute für ein *Minjan* zusammenfanden, wurden von Lerngruppen neben diesem *Bet Midrasch* noch bis Ende der siebziger Jahre Gottesdienste abgehalten. Vermutlich nahm David an diesen Bibelstudien teil, aber daran konnte sich Bella nicht mehr erinnern. Plötzlich kam sie wieder auf David zu sprechen. »Nachdem die Mutter tot war, bin ich nie mehr hinauf in das Zimmer gegangen, er wollte es nicht; wir sagten hallo, guten Morgen, und damit hatte sich's. Manchmal war er tagelang verschwunden. Ich hörte dann mitten in der Nacht, wie der Schlüssel im Schloß umgedreht wurde, und hatte schreckliche Angst, daß gleich ein *Nabach* hereinstürzen würde. Er fing an, in den indischen Restaurants *Trejfe* zu essen, furchtbar. Ich glaube, er nahm auch die Gewohnheit an zu trinken, er konnte nicht auf sich selbst aufpassen. Ach bitte, wir dürfen nicht schlecht über die Toten reden. Ich weiß, er ging regelmäßig ins Lichtspielhaus in der Brick Lane, nach dem Tod seiner Mutter streifte er oft draußen herum. Sie hatte ihn nicht rausgelassen, müssen Sie wissen. Geld hatte er, an dem Abend, an dem sie zu mir kam, vor ihrem Tod, zeigte sie mir ein Postsparbuch von ihm, mit dem Geld, das sie für ihn gespart hatte. Gott allein weiß, was er damit angefangen hat.«

Mir fiel ein, daß Bill Fishman David Rodinsky als einen *Zaddik* beschrieben hatte, der mit den Taschen voller Kleingeld auf die Straße ging und *Zedaka* übte, das heißt den Armen Almosen gab. Bella wollte nicht mehr über ihn reden; ich merkte, daß sie müde wurde. Sie lud mich ein, wiederzukommen, wann immer ich wollte. Ich bedauerte, daß ich drei Monate lang dazu keine Gelegenheit haben würde, weil ich in zwei Tagen nach Israel und anschließend nach Polen reisen wollte. Ich hatte Angst, Bella Lipman würde bis zu meiner Rückkehr vielleicht nicht mehr durchhalten, aber das »winzig kleine bißchen«, als das sie sich selbst beschrieb, war zäher, als es aussah.

In vieler Hinsicht bestätigte die Unterhaltung mit Bella, daß es sich bei dem Totenschein, den ich entdeckt hatte, um den von David Rodinsky handelte. Es schien allerdings ausgeschlossen, daß ich dies jemals zweifelsfrei würde beweisen können, da alle Akten in Longrave durch den Brand zerstört worden waren. Mein Interesse an dem Totenschein rührte nicht bloß daher, daß ich mir Gewißheit über Rodinskys Tod verschaffen wollte, sondern hatte auch darin seinen Grund, daß er in meinem Geburtsjahr und tatsächlich nur wenige Tage vor meinem Geburtstag gestorben war. Geburts- und Todestage spielen im kabbalistischen Denken eine große Rolle, und ich hatte mir innerlich vorgenommen, diesem Punkt während meines bevorstehenden Aufenthalts in Israel nachzugehen.

Als ich in der folgenden Woche auf dem Ben-Gurion-Flughafen ankam, nahm ich die Buslinie 5 nach Dizengoff, um meine Freundin Liz zu besuchen. Sie ist eine eigenartige Amerikanerin, die beschlossen hat, in Israel zu bleiben, und das trotz der Bombenattentate der letzten Zeit, der armseligen Bezahlung, die sie erhält, ihrer absoluten Unkenntnis der Landessprache und dem Abscheu, den sie gegen die männliche Bevölkerung Israels hegt. Liz arbeitete als Modellistin für eine Trickfilmgesellschaft in Tel Aviv; sie hatte mich gebeten, sie direkt von der Arbeit abzuholen, da sie mir ihren britischen Chef vorstellen wollte. Kaum hatte ich ein Wort mit Jeremy gewechselt und seinen klar erkennbaren Nordlondoner Akzent gehört, fingen wir auch schon an, uns mit Namen zu bombardieren. Die jüdische Gemeinde in London ist nicht riesengroß. Fast konnte ich dem Ton seiner Stimme die Straße entnehmen, in der er aufgewachsen war; ich hatte ziemlich genaue Vorstellungen von den anderen in Israel lebenden Londonern, die er kennen mochte. Als ersten erwähnte ich Johnny Kamiel, einen Freund von der Universität, der jetzt in Tel Aviv lebte und der sich als enger Freund von Jeremy herausstellte, in dessen Haus er sich zur Zeit aufhielt. Liz und ich wurden eingeladen, die beiden am Abend zu besuchen.

Jeremy lebt im Geschäftsviertel von Tel Aviv, in einem früheren Industriegebiet namens Florentine, das schick vergammelt ist und hauptsächlich von Künstlern bewohnt wird. Liz und ich schlängelten uns endlos durch die schlecht beleuchteten Seitengassen, ehe wir schließlich Jeremys kleines arabisches Haus entdeckten, erkennbar an dem runden türkisfarbenen Fenster, nach dem er uns angewiesen hatte Ausschau zu halten.

Das Haus bestand im Erdgeschoß aus einem einzigen weißgestrichenen Raum mit Gewölbedecke, an den sich eine winzige Küche anschloß. Rechts über der Küche befand sich ein in Blau und Gold gekachelter Alkoven, hinter dem sich ein exotisch ausgeschmücktes Schlafzimmer verbarg, behangen mit beduinischen Wandteppichen und Vorhängen aus Musselin. Eine kleine Wendeltreppe am Fußende des Bettes führte aufs Dach hinauf, von wo aus man den Hafen von Jaffa und das Minarett der nahe gelegenen Moschee sehen konnte. Es war seltsam, in diesem Ambiente Knaben aus einem mittelständischen Londoner Vorort zu begegnen, die auf Bergen tiefroter Kamelhaarkissen ruhten und sich mittels einer *Nargila*, der von den Beduinen traditionell zum Rauchen von Tabak und Hasch benutzten Wasserpfeife, in aller Ruhe ihren Rausch holten. Johnny war verblüfft, mich zu sehen, konnte aber kaum artikuliert sprechen, weil er der blubbernden Pfeife vor ihm allzu tüchtig zugesprochen hatte. Und wer wollte ihm deswegen einen Vorwurf machen? Morgen würde er sein *Miluim*, seinen Wachdienst an der Grenze der Westbank, antreten. Man konnte sich den schmächtigen, sanften Johnny nur schwer vorstellen, wie er Seite an Seite mit robusten, muskelbepackten, durchtrainierten Israelis marschierte. Stolz stellte er mich seiner »neuen besten Freundin«, seinem Gewehr, vor, die ihm während des nächsten Monats nicht von der Seite weichen werde. Hysterisch kichernd, bemühte er sich erfolglos, den riesigen Metallbrocken über Kinnhöhe zu hieven; die Anstrengung ließ sein Lachen ersterben. Jeremy hatte wenig Lust, sich auf Johnnys melancholische Stimmung einzulassen. Liz hatte ihm von meinen Rodinsky-Nachforschungen berichtet, und er wollte mehr erfahren. Er ließ uns Platz nehmen, setzte uns starken türkischen Kaffee vor und stellte mir jede Menge Fragen. Als ich Jeremy von Rodinskys Todeszeit und meinem Geburtsdatum erzählte, fing er Feuer; er schlug vor, ich solle einen Rabbi in Jerusalem aufsuchen, den er kannte und der sich auf das Kabbalastudium spezialisiert hatte. Jeremy hatte den Rabbi selbst schon besucht und berichtete uns, es gebe eine eindrucksvolle, wenn auch vielleicht erfundene Geschichte über den Mann und darüber, wie er zum großen Kabbalisten wurde. Er versprach, uns die Geschichte zu erzählen, ließ uns aber bis nach dem Abendessen, das aus Omelett und Salat bestand, zappeln. Die Hitze vom Kochen ließ die feuchte, stickige Atmosphäre im Raum unerträglich werden. Auf der Suche nach einem Lufthauch wechselten wir aufs Dach, wo uns Jeremy seine Geschichte erzählte:

»Ein junger Mann fuhr eine Straße in Jerusalem entlang, als ihm ein bärtiger alter Chasside winkte anzuhalten. Er tat das, ließ den alten Mann einsteigen und fragte ihn, wo er hinwolle. Dieser bat, ihn in *Mea Shearim* abzusetzen. Während sie fuhren, musterte der bärtige Fremde den jungen Fahrer aufmerksam und teilte ihm nach minutenlangem Schweigen mit, er verfüge über besondere, noch ungenutzte mystische Begabungen. Als sie den Bestimmungsort des alten Mannes erreichten, segnete dieser den jungen Mann und stieg aus. Der Fahrer versuchte zwar, die Sache als kurioses Ereignis abzutun, lag aber die ganze Nacht wach und dachte über die Worte des alten Mannes nach. Was hatte er mit besonderen Begabungen gemeint? Er beschloß, am nächsten Tag zu dem Ort zurückzufahren und den Alten um eine Erklärung zu bitten. Als er zu dem Haus kam, stellte er überrascht fest, daß es mit Brettern vernagelt war und leer stand. Seine Neugier war geweckt, er klopfte überall, aber niemand antwortete. Schließlich kam in einem benachbarten Haus eine Frau ans Fenster. Als er sich erkundigte, was es mit dem alten Mann auf sich hatte, erfuhr er von ihr, das Haus stehe schon fünfzehn Jahre leer – seit der frühere Besitzer gestorben sei. Er fragte nach dessen Namen, aber die Frau kannte ihn nicht; sie wußte nur, daß der Mann ein Rabbi, ein angesehener Kabbalist, gewesen sei. Der Fahrer bemühte sich, den Vorfall zu vergessen, aber jahrelang klangen die Worte des Rabbi in seinem Geiste nach. Etwa zehn Jahre nach dem Ereignis wachte er eines Morgens auf und fand sich zu seinem Entsetzen von der Hüfte an abwärts vollständig gelähmt. In den Tagen, Monaten und Jahren, die er ans Bett gefesselt war, fing er an, die Kabbala zu studieren. Nachdem er viele Jahre mit dem Studium zugebracht hatte, wurde er ein angesehener Kabbalist mit großen mystischen Fähigkeiten.«

Jeremy behauptete, diese Geschichte von Yossi, dem Freund eines Freundes, gehört zu haben, der einige Jahre zuvor den Kabbalisten aufgesucht habe. Jeremy zufolge war Yossi, Inhaber einer Falafelbude in Tel Aviv, damals Opfer einer anhaltenden Pechsträhne. Bei seinem ersten Besuch erfuhr Yossi von dem Rabbi, in seinem Haus befänden sich zehn Gegenstände, die das Pech anzögen; sie müßten augenblicklich entfernt und im Hof verbrannt werden. Der Rabbi beschrieb die betreffenden Gegenstände und die Stellen, an denen sie sich im Haus befanden, mit unvorstellbarer Genauigkeit. Yossi war ebenso schreckerfüllt wie verblüfft und hielt sich genau an die Anweisungen des Rabbi. Augenblicklich hörten Yossis Probleme auf, und er kehrte in der folgenden Woche zurück, um dem Rabbi zu danken.

Im Haus des Rabbi sah er Essen und Trinken auf dem Tisch und viele Leute im Zimmer, die lachten und sich unterhielten. Die Leute stellten sich als Schüler des Kabbalisten heraus; sie hatten sich versammelt, um ihn vortragen zu hören. Plötzlich war es mit der Fröhlichkeit vorbei; aller Augen wandten sich einem verzweifelten Paar zu, das gerade den Raum betreten hatte. Die beiden gingen geradewegs auf den Rabbi zu und berichteten ihm unter Tränen, welche Schwierigkeiten sie mit ihrer siebenjährigen Tochter hatten. Sie benahm sich unflätig, brach ständig in Beschimpfungen aus und war gewalttätig. Sie konnten ihr Verhalten nicht verstehen und waren außer sich vor Kummer. Der Rabbi versprach zu helfen und hieß sie, ihm das Kind sofort zu bringen. Der Tisch wurde abgeräumt und mit einem weißen Tuch bedeckt. Die Eltern zerrten das Mädchen herein, das um sich spuckte und jedermann mit wüsten Beschimpfungen überhäufte. Der Rabbi scharte seine Schüler um sich und befahl dem Mädchen, sich auf den Tisch zu legen. Dann bedeckte er ihr Gesicht mit einem aufgeschlagenen *Sohar*-Exemplar und stimmte einen leisen Singsang an. Als seine Stimmer lauter wurde, fielen die Schüler ein. Sie wiederholten wieder und wieder ein und dieselben drei Geheimwörter, Wörter, die im Gebet nie verwendet werden. Plötzlich legte sich die Raserei des Mädchens. Gleichzeitig begannen die Kerzen, über den Kerzenhaltern zu schweben. Die Deckel auf den Brauseflaschen flogen in die Luft, und eine Wassermelone auf dem Tisch barst auseinander. Das junge Mädchen warf den Kopf heftig zurück, um dann die unmenschlichsten, schrillsten Schreie auszustoßen. Seine Mutter geriet außer sich, aber der Rabbi ließ nicht zu, daß sie in den magischen Kreis, den er und seine Schüler bildeten, eindrang. Der Singsang nahm an Stärke zu, die dämonischen Schreie wurden lauter und lauter. Yossi hielt es nicht mehr aus, stürzte aus dem Zimmer und rannte die Straße entlang. Mit heftig pochendem Herzen und zitternden Händen kramte er die Wagenschlüssel heraus, und als er im Auto saß, sank er wie tot über das Lenkrad und lehnte sein bleiches Gesicht dagegen. Gelähmt vor Angst verbrachte er Stunden in dieser Stellung. In das Haus des Rabbi kehrte Yossi nie wieder zurück.

Ob ich die Geschichte glaubte oder nicht, darauf kam es nicht an. Meine Neugier war geweckt; ich mußte den Rabbi unbedingt persönlich kennenlernen. Jeremy gab mir seine Adresse, und ich rief am folgenden Tag an. Eine junge Frauenstimme antwortete. Ich erfuhr, daß es nicht möglich sei, einen Termin zu vereinbaren, aber zwischen vier und sieben an Feiertagen pflege der Rabbi den Brauch der offenen Tür. Ich könne kommen und warten; vielleicht hätte ich Glück und würde vorgelassen. Sie riet mir, früh da zu sein.

Der Rabbi lebte im Zentrum der Altstadt, im jüdischen Viertel von Jerusalem, in einem Labyrinth aus alten, engen Sandsteingassen. Es ist unmöglich, die Straßen auseinanderzuhalten, und wenn man sich in der Gegend nicht gut auskennt, verläuft man sich leicht und überquert unabsichtlich die Grenze zum arabischen Fleischmarkt, wo man sich inmitten enthaupteter Ziegen und tropfenden Blutes wiederfindet. Um mir diesen grauslichen Anblick zu ersparen, leistete ich mir den Luxus, mich von einem kleinen, dunkelhaarigen Jungen für ein paar Schekel aus dem Labyrinth herausführen und zurück ins jüdische Viertel bringen zu lassen. Da fühlte ich mich dann sicher genug, um mich auf Hebräisch nach dem Weg zu erkundigen.

»Sie möchten den rebbe sehen?« sagte eine zahnlose Frau mit Kopftuch, die geradewegs meiner nostalgischen Phantasie entsprungen schien. Sie humpelte mit mir ein paar Straßen weiter und wies auf einen kleinen Eingang, um den herum lebhaftes Treiben herrschte. Vor dem Eingang saß auf einem kleinen Holzstuhl ein Künstler mit breitkrempigem Panamahut, grandiosem Schnauzbart und tadellosen Bügelfalten in seinen Leinenhosen. Er war ganz versunken in die Aufgabe, die pittoreske Straßenszene vor seinen Augen in Öl festzuhalten. Eine Horde von Hunden, Kindern und Leuten aus der Nachbarschaft umringte den Maler und versperrte den Aufgang zum Haus des Rabbi. Als ich näher kam, stürzte eine Anzahl kleiner Kinder vor mir ins Haus hinein, aber als ich eintrat, waren sie wie vom Erdboden verschluckt.

Das helle Licht der Straße hatte mich geblendet: drinnen konnte ich nur verschwommene Muster erkennen, die sich allmählich als ein exotischer Wirrwarr aus Stoffen herausstellten. Es sah aus, als hätte ein Vulkanausbruch mitten im Raum farbige Miniaturkleider über sämtliche Flächen verstreut. Ein Sturzbach von ihnen hatte sich ins enge Treppenhaus ergossen; Kleider waren auf jedes Möbelstück geschwappt, hingen von den Balkonbrüstungen und zwischen den Schränken. Ich hatte Schwierigkeiten herauszufinden, wo die Wände und die verschiedenen Niveaus der winzigen Behausung anfingen und aufhörten – es ließ sich kein einziger Zentimenter unbedeckten Bodens entdecken. Ein besonders großer Stapel Kleider links von mir begann sich zu heben, und zwei grinsende Buben mit strahlenden Augen und langen, sanft gewellten Schläfenlocken tauchten auf. Von rechts hörte ich unterdrücktes Kichern; drei weitere kleine Kinder krabbelten unter dem Tisch hervor und hielten stolz eine Flasche Coca-Cola hoch, während sie im Chor sangen »Rak b'schabbas, rak b'schabbas« (nur zum Sabbat, nur zum Sabbat).

Eine ausladende Frau erschien hinter einem Vorhang am anderen Ende des Zimmers. Sie trug ein hellrotes geblümtes Kleid, hatte eine dunkelfarbige Perücke auf und schleppte ein Zwillingspaar, das auf ihren breiten Hüften thronte. Ich fragte sie, ob sich noch mehr Kinder in dem Zimmer versteckten, und sie sagte, sie nehme es an, insgesamt hätten sie zwölf. Wo sie alle Platz zum Schlafen fanden, war mir ein Rätsel. Sie zog den Vorhang am anderen Ende des Zimmers zurück und führte mich in einen langen schmalen Raum, in dem eine Reihe von Leuten geduldig auf den Rabbi warteten. Dieser Raum war im Gegensatz zu dem Farbchaos und der Unordnung nebenan aufgeräumt; er war nüchtern gehalten und die Wände bedeckten vom Boden bis zur Decke Bücher. Mitten im Raum stand ein langer Holztisch, um den acht Personen saßen, die den Rabbi sprechen wollten.

Ich setzte mich und wartete mit ihnen. Die Mehrzahl der anderen Besucher waren rundliche sephardische Hausfrauen, die aus abgenutzten, ledergebundenen Büchern dringliche Gebete flüsterten. Die Uhr am anderen Ende des Raums tickte vor sich hin; im Schneckentempo verschwanden Leute im Büro des Rabbi und kamen wieder heraus. Gott sei Dank drangen durch die Wände keine unheilvollen Geräusche.

Jeremy hatte gesagt, ich solle mir eine Frage für den Rabbi ausdenken, da dies das übliche Schema für den Besuch eines Kabbalisten sei. Meine Frage stand fest. Ich kehrte nicht bloß um Urlaub zu machen nach Israel zurück. Erst vor wenigen Monaten hatte ich mich zum letzten Mal in Jerusalem aufgehalten. Ich hatte ein ereignisreiches Jahr hier im Land verbracht, und war nur widerstrebend zurück nach England gefahren, um meine Familie wiederzusehen, im Rahmen einer Ausstellung eine Skulptur zu zeigen und auch an der Performance im Schlachthaus mitzuwirken. Ursprünglich hatte ich vor, mich zwei Monate in London aufzuhalten und dann wieder nach Israel zu gehen. Aber nachdem ich eingewilligt hatte, dieses Buch zu schreiben, war ich mir ganz im unklaren darüber, in welchem Land ich leben und welchen Weg ich als nächstes einschlagen wollte.

Während der langen Wartezeit beim Rabbi dachte ich darüber nach, wie ich an diesen Punkt in meinem Leben gelangt war. Ich hatte im Sommer 1995 London in Richtung Arad verlassen, froh über die Gelegenheit, dem Stadtleben den Rücken kehren und dem Sog des Rodinskyschen Zimmers entrinnen zu können. Kränkelnd und abgemagert, die Brust geschwächt von einer Lungenentzündung, war ich in Arad angekommen, voller Hoffnung, daß die reine Wüstenluft meinen angeschlagenen Lungen guttun werde. Die feuchte und staubige Atmosphäre in der Princelet Street hatte mich arg mitgenommen, und die Holocaust-Ausstellung, die ich für die West-London-Synagoge gemacht hatte, ließ mich physisch und emotional ausgebrannt zurück.* Die Ausstellung hatte den größten Teil der vorangegangenen drei Jahre aufgefressen und war die schwierigste Aufgabe, die ich je bewältigt hatte. Nach jahrelangen Forschungen hatte ich die Ausstellung schließlich im Untergeschoß der leerstehenden Synagoge in der Princelet Street aufgebaut. Eine qualvolle Liebestat. Mühsam nähte ich Hunderte von bedruckten Leinenvierecken zusammen, die in aller Kürze die Geschichte der Shoah erzählten. Es war feucht

* Das Ergebnis meiner Bemühungen ist als Dauerausstellung in der West-London-Synagoge zu besichtigen.

dort unten, und das Gewicht meiner Aufgabe lastete schwer auf mir. Das unterdrückte Wispern meiner Vorfahren, von dem die Atmosphäre in der alten Synagoge erfüllt war.

Um dieser qualvollen täglichen Tätigkeit etwas entgegenzusetzen, tobte ich mich in den Nächten in der Untergrundszene der Raver aus, in einem in Dalston gelegenen früheren Kino, das jetzt den passenden Namen Labyrinth trug. Es bestand aus einem undurchsichtigen System niedriger verrauchter schwarzer Räume, die durch Laserlichter schaurig beleuchtet wurden und deren Wände mit primitiven Comicbildern in Leuchtfarben bemalt waren. Dieser Ort wurde für mich zu einer Zuflucht, zu einem Garanten meiner seelischen Gesundheit, einem Vorposten, der mein Untergeschoß in der Synagoge mit dem modernen Leben verband. Der Klub faszinierte mich. Zu einer anderen Zeit hätte ich ihn gräßlich gefunden. Aber das waren die neunziger Jahre. Die schurkisch aussehenden Typen, die sich auf den Tanzflächen drängten, verwandelten sich vorübergehend in lächelnde, verständnisinnige, sanfte Wesen, die zu den Rhythmen der Hardcore-Musik ihre schweißtreibende Arbeit verrichteten und ab und zu innehielten, um dich in die Arme zu schließen. Ich liebte das Lokal – es war damals der einzige Ort in meinem Universum, dem ich etwas abgewinnen konnte. Ich tanzte endlose Stunden wie verrückt, tanzte, bis der Druck der Turnschuhe, mit denen ich erbarmungslos auf den Betonboden stampfte, meine Zehennägel schwarz werden ließ.

Das war das Geschöpf, das in der verschlafenen Wüstenstadt Arad eintraf, entschlossen, seine Gesundheit wiederherzustellen und sich erneut als vollberufliche Künstlerin zu bewähren. Am Tag meiner Ankunft ging ich geradewegs in mein Atelier, das im Künstlerviertel der Stadt lag. Ich nahm einen kleinen Koffer mit, in dem sich einige Utensilien, Farben und zwei Briefumschläge befanden. In einem der Umschläge war eine Auswahl von Fotografien, die ich im Laufe der letzten paar Jahre in Rodinskys Zimmer gemacht hatte. Ich hängte sie an einer Wand des Ateliers auf und fand sie jeden Morgen gewellt auf dem staubigen Fußboden liegen; in der Wüstenhitze waren ihre schwachen Kleberahmen geschmolzen. Ich hatte das

WARSAW GHETTO UPRISING
LIBERATION

Gefühl, als wolle Rodinsky mir bedeuten, sie seien hier fehl am Platz – um verstanden zu werden, müßten sie zurück in sein Zimmer. Einige der anderen Studenten in Arad ließen sich von den Bildern faszinieren, und ich unterhielt mich oft mit ihnen über Rodinsky. Meine Hebräischlehrerin interessierte sich für ein Foto, das Rodinskys Notizbuch zeigte; was sie dort sah, ließ sie die Überzeugung gewinnen, daß Rodinsky ein großer kabbalistischer Gelehrter gewesen sein müsse. Und Amos Oz, der israelische Schriftsteller, dessen schöne, temperamentvolle Frau das Kunstprojekt leitete, kam mich häufig besuchen. Die interessanten Unterhaltungen mit ihm dürften es gewesen sein, die mich zuerst auf die Idee brachten, meine Nachforschungen über Rodinsky zusammenzutragen und ein Buch daraus zu machen. Damals allerdings beschäftigte mich vordringlich etwas anderes. Der zweite Umschlag enthielt ein einzelnes Foto. Es war in den zwanziger Jahren in Polen aufgenommen worden und bildete das einzige Zeugnis, das von der gesamten Familie Kirsch den Krieg überstanden hatte. Von den zwölf Familienmitgliedern auf dem Bild hatten nur vier überlebt. Eine von ihnen war meine Großmutter. Das Foto hatte immer über dem Kamin im Haus meiner Großeltern gehangen; heute hängt es bei meinen Eltern in der Diele. Meine beiden Onkel haben Abzüge davon; während meiner Reisen bin ich dem Bild bei Verwandten in New York, Polen und Israel wiederbegegnet.

In der erbarmungslosen Wüstenhitze saß ich in meinem Atelier, atmete die sauerstoffreiche Luft, während meine Lungen sich allmählich erholten, und starrte auf die Bilder vor mir. An der einen Wand hingen Rodinskys Artefakte, merkwürdig abgelöst von ihrem Dachkammergrab und waberten in der Mittagshitze. Ich überließ sie sich selbst. Die Fotografie aus Polen ließ mich nicht los; Tag und Nacht beschäftigte sie mich. Ich fing an, Skizzen von dem Bild anzufertigen, zeichnete jedes Familienmitglied wieder und wieder, bis ich jeden Zug ihrer Gesichter kannte. Ich projizierte das Bild an die Wand und zeichnete akribisch die Umrisse nach, bis sie lebensgroß vor mir aufragten. Mein winziges Atelier füllte sich bald mit Hunderten von Skizzen der Familie Kirsch. Ich hatte keine Ahnung, was ich damit anfangen sollte.

In der folgenden Woche machte ich mit den übrigen Künstlern einen Ausflug zu einer archäologischen Fundstätte im Grenzgebiet zwischen der Negev und Hebron. Wir gruben in

den Katakomben, und fast jeder von uns fand irgendwelche Bruchstücke antiker Tonwaren. Ich war erstaunt, daß wir das durften, aber unser Führer erklärte, archäologische Funde gebe es in Israel so reichlich, daß gar nicht genug Geld oder Arbeitskräfte da seien, um damit fertig zu werden. Keiner von uns hatte etwas von wirklichem Wert gefunden; wir wurden gebeten, unsere Fundstücke auf einen großen Haufen von Tonscherben zu werfen, der am Weg zur Cafeteria lag. Ich hatte die Chuzpe zu fragen, ob wir eines davon behalten könnten. »Nehmen Sie, so viele Sie wollen, das ist archäologischer Schutt. Wir haben so viele Tonscherben, und nur die wirklich seltenen oder großen Stücke lassen sich rekonstruieren.« Ich konnte mein Glück nicht fassen. Ich war auf den sagenhaftesten Rohstoff gestoßen, den ein Bildhauer überhaupt nur zu finden hoffen konnte. Einige der Stücke waren zweitausend Jahre alt. Ich bat alle in der Gruppe, ihre Rucksäcke für mich mit den Scherben zu füllen.

Zurück im Atelier, begann ich die Stücke zu reinigen und sie nach Schattierung und Färbung zu sortieren. Meine Idee war, sie für eine Rekonstruktion des Familienfotos zu verwenden, aus den antiken Scherben ein Mosaik in Lebensgröße zu schaffen. Ich stürzte mich in die Arbeit, erkannte aber bald, daß ich nicht genug Tonziegel hatte, um das Projekt zu Ende zu führen. Ich fragte Nili Oz, ob sie mir dabei helfen könne, Kontakt zu einer anderen Fundstelle aufzunehmen, und sie verabredete für mich einen Besuch bei der größten archäologischen Ausgrabungsstätte, die sich in Caesarea befindet.

In Caesarea empfing mich Yoram Saad, der Leiter der Stätte. Er warf meine Tasche hinten in seinen verdreckten Jeep und wollte wissen, wie er mir helfen könne. »Bitte, machen Sie es kurz. Ich habe nur eine halbe Stunde Zeit.« Typisch liebenswürdiger Israeli. In seinem Büro, das mitten im römischen Amphitheater lag, dem Kernstück der von Herodes ausgebauten antiken Stadt Caesarea, berichtete ich Yoram von meinem Projekt, und zu meiner Überraschung faszinierte ihn die Idee. Er erzählte mir, er sei selbst Künstler und komme aus einer großen orthodoxen Familie, nicht unähnlich der auf meinem Foto. Er bot mir so viele Tonscherben, wie ich wollte, und versprach, mir nach Kräften behilflich zu sein. Wir gingen hinaus zu den Ausgrabungen, an den Mauern des Amphitheaters vorbei zu einem riesigen Stapel weggeworfener Tonscherben. Yoram schilderte mir die Schwierigkeiten, die Stätte zu erhalten und mit was für Arbeiten er hier beschäftigt sei. Zwei Stunden waren vergangen, und wir standen immer noch auf dem Scherbenhaufen, in ein endloses Gespräch vertieft. Er begann, mir ein wenig über sein Leben zu erzählen. Er war das älteste von dreizehn Kindern extrem orthodoxer Eltern. Seine Mutter stammte aus dem Irak und sein Vater aus Marokko. Yoram wurde sehr traditionell aufgezogen und kam mit den Zwängen der orthodoxen Lebensweise nicht zurecht. Mit dreizehn lief er von zu Hause weg. Er wuchs in einem Kibbuz bei einer Tante auf und führte ein Leben ohne Religion. Viele Jahre lang hatte er keinen Kontakt zu seiner Familie; die Entfremdung nahm noch zu, als er zuerst Künstler und dann Archäologe wurde. Er gestand mir, daß ihm sein Abfall vom jüdischen Glauben schwer zu schaffen mache und daß er vergangene Woche den Entschluß gefaßt habe, wieder die Reinheitsgebote einzuhalten und den Sabbat zu heiligen.

Ich konnte Yorams Entschluß sehr gut verstehen. Während ich endlose Stunden damit verbracht hatte, die Fotografie meiner Familie in Polen nachzuzeichnen, war ich zu einem ähnlichen Entschluß gelangt. Ich wollte orthodox werden. Welchen Sinn hatte ihr Tod, wenn ich nicht den jüdischen Glauben fortsetzte, für den sie gestorben waren? Für mich war dieser Entschluß allerdings viel schwieriger umzusetzen als für Yoram. Er fand die freudige Unterstützung seiner gesamten Familie, die ihn bei seiner »Umkehr« bereitwillig wiederaufnahm. Ich erlebte die entgegengesetzte Reaktion. Meine Eltern sind alles andere als orthodox. Meine Mutter ist tatsächlich gar keine Jüdin, was bedeutet, daß auch ich aus orthodoxer Sicht keine bin. Um wirkliche Aufnahme in die Gemeinschaft zu finden, würde ich mich einem langen und schwierigen Bekehrungsprozeß unterziehen müssen.

Arad war der ideale Ort für mich, um mit meinen Bemühungen in Richtung auf den Übertritt zu beginnen. Ich hatte die Unterstützung des dortigen Rabbi und fing an, täglich bei ihm zu studieren. Meine Zeit war aufgeteilt zwischen der Synagoge, dem Atelier, den Hebräischstunden und dem Empfangszimmer des Rabbi, wo wir bis spät in die Nacht die Thora erörterten. Als ich Yoram kennenlernte, war ich damit bereits eine Reihe von Monaten befaßt. Ich kleidete mich bereits auf orthodoxe Art, indem ich mich vom Knöchel bis zum Hals verhüllte, hatte angefangen, die Sabbatgebote einzuhalten und kürzlich mit Hilfe des Rabbi meine Küche koscher gemacht. Bewaffnet mit einem riesigen Samowar, einigen Zangen und vier großen Steinen, war er in meiner winzigen Mietwohnung erschienen. Am Abend vorher hatte ich alle meine Küchengeräte und mein sämtliches Geschirr abgekocht und das Ganze auf zwei Stapel verteilt, von denen der eine für Fleisch, der andere für Milch bestimmt war. Unter Anleitung des Rabbi füllte ich den Samowar mit Wasser und fing an, ihn auf der Gasflamme zu erhitzen. Auf die verbleibende andere Gasflamme legte ich die vier Steine. Als das Wasser kochte und die Steine glühten, hob der Rabbi den riesigen dampfenden Samowar hoch und forderte mich auf, die Steine mit den Zangen zu packen und über die Flächen in der Küche zu ziehen. Während ich das tat, goß er das kochende Wasser darüber und produzierte auf diese Weise jede Menge Dampf und Krach. Die Geräte und das Geschirr wurden dann in das kochende Wasser gestellt, womit meine Küche offiziell koscher war.

Nach achtmonatigem Studium war ich bereit, in die *Jeschiwa*, die Talmudschule, zu gehen, um dort meine Bekehrung abzuschließen. Das fiel zeitlich mit der Vollendung des Mosaiks zusammen. In der erbarmungslosen Wüstenhitze war die Arbeit an dem Mosaik eine schwere und mühsame Aufgabe. Das fertige Kunstwerk wog über eine halbe Tonne und war fast zwei Meter hoch und zwei Meter breit. Dank vielfacher Hilfe konnte ich es in vier verschiedene israelische Galerien transportieren; eine Londoner Galeriedirektorin wurde darauf aufmerksam und lud mich ein, es in der Barbican-Kunstgalerie im Rahmen einer Ausstellung mit dem Titel »Rubine und Rebellen: Jüdische Künstlerinnen in der zeitgenössischen britischen Kunst« zu zeigen. Das war auch die Zeit, in der mich Iain Sinclair bat, zu der Ausstellung, die er für die Schlacht-

haus-Galerie vorbereitete, etwas über Rodinsky beizutragen. Ich beschloß, nach England zurückzukehren, um mich an diesen Ausstellungen zu beteiligen; ich wußte, daß mir in der *Jeschiwa* wenig Zeit bleiben würde, meine künstlerischen Ambitionen zu verfolgen.

In Isreal hatte mein neuer Lebensstil ganz und gar am Platze gewirkt. Als ich nach London zurückkehrte, bereitete er mir große Schwierigkeiten, besonders bei meinen Eltern und Freunden, die Mühe hatten, die Veränderungen in der Art, wie ich mich kleidete, was ich tat und wie ich mich verhielt, zu akzeptieren. Wie schon so oft in meinem Leben suchte ich Trost bei meiner Kunst und arbeitete Tag und Nacht im Atelier, um den Rodinsky-Beitrag für die Schlachthaus-Schau fertigzustellen. Ich drehte einen Film, machte Fotos und arbeitete eine Performance aus, alles zum Thema David Rodinsky. Nach meinem Aufenthalt in Israel hatte ich das Gefühl, daß meine Verbundenheit mit ihm noch stärker war als vorher. Zum erstenmal konnte ich mich wirklich in den Konflikt zwischen dem orthodoxen Leben, in dem er aufgewachsen war, und der Anziehungskraft, die von der Welt um ihn herum ausging, hineinversetzen. Ich dachte an Bella Lipmans Schilderungen von seinen Besuchen in indischen Restaurants, daran, wie ihn fremde Sprachen fasziniert hatten, und an die vielen leeren Bierflaschen, die sich in seinem Zimmer befunden hatten und zu denen die Abschriften von irischen Trinkliedern in seinen Notizbüchern paßten. Vielleicht hatten wir mehr Gemeinsamkeiten, als ich anfangs gedacht hatte.

Das alles ging mir durch den Kopf, während ich im Haus des Kabbalisten wartete und hoffte, daß der Besuch mir dabei half, zu entscheiden, was ich als nächstes tun sollte. Sollte ich in London bleiben und das Buch über Rodinsky schreiben, oder sollte ich zurück nach Israel gehen, um dort ein orthodoxes Leben zu führen? Endlich war ich an der Reihe, und als ich in das Büro des Rabbi trat, raste mein Puls, und meine Handflächen waren feucht. Der Raum war beängstigend klein und wurde zum größten Teil von einem ausladenden Schreibtisch eingenommen, hinter dem der Rabbi saß. Die Wände bedeckten Bücherregale und ein paar gerahmte Bilder mit merkwürdigen geometrischen Mustern, die mir nichts sagten. Der Rabbi bot einen eindrucksvollen Anblick; er trug ein Gewand aus glänzender purpurroter Seide, das einen majestätischen Hintergrund zu dem langen, schwarzen Bart bildete. Er starrte mich mit feierlichem Ernst an, während ich eintrat, und bedeutete mir mit einer kurzen Bewegung seiner Brauen, mich zu setzen. Während ich das tat, schob er wie von ungefähr die offene Handfläche zu mir hin und hüstelte verhalten, bis ich abgewandten Blickes eine Fünfzigschekelnote hineinlegte.

Der Rabbi lehnte sich in seinen Sessel zurück, seufzte tief und fragte nach dem Grund meines Kommens. Kannte er ihn nicht schon? Ich stellte ihm meine Frage, ohne ihm etwas von mir selbst zu erzählen oder davon, wer Rodinsky war: Sollte ich nach Israel zurückkommen, um weiterzustudieren, oder sollte ich in England bleiben und das Buch schreiben? Die einzige Information, die ich, als er mich fragte, anfügte, waren mein Geburtsdatum und Rodinskys Todestag. Der Rabbi schrieb diese Information auf und begann dann, auf einem großen Blatt Papier, das vor ihm lag, mit Bleistift eine merkwürdige Graphik zu entwerfen. Ich verrenkte mich in meinem

Sessel, um einen Blick darauf zu erhaschen, konnte aber nur eine wirr aussehende Anordnung von hebräischen Buchstaben erkennen. Nach etwa zehn Minuten hörte er auf zu zeichnen, sah mich an, holte tief Luft und schloß dann die Augen, während er die Hände wie im Gebet still zusammenpreßte. In dieser Stellung verharrte er lange Zeit. Schließlich öffnete er die Augen, ließ die Hände auf den Tisch fallen und blickte mir direkt ins Gesicht. Langsam, in gebrochenem Englisch und die Worte sorgfältig abwägend, begann er zu sprechen. »Sie müssen Zeit für sich allein in der Natur verbringen.« Lange Pause. »Sie sind in mancher Hinsicht zart, haben aber eine starke *Nefesch* und dürsten danach, den Dingen auf den Grund zu gehen. Sie suchen immer nach verschwundenen Dingen; meistens finden Sie sie nicht, manchmal gelingt es Ihnen. Sie stehen in Verbindung mit den *Olam ha Sod*, den Geheimnissen der Erde, Sie sind damit befaßt, die Schichten der Erde abzuschälen, um den Sinn zu finden. Dieser Mann, Rodinsky, seine *Neschamma*, seine Seele, ist mit Ihrer verbunden, Sie müssen Ihre Suche fortsetzen, diese Suche wird Sie auf den rechten Pfad führen.« Bei seinen letzten Worten lief es mir kalt über den Rücken. Vielleicht hatte er recht, und es war meine Bestimmung, meine Pflicht, Gottes Wille, daß ich herausfand, was mit David Rodinsky passiert war. Der Rabbi hörte auf zu sprechen, und wir saßen schweigend da. Nachdem ich im Bemühen, dem Gebot der Höflichkeit zu genügen, noch eine geziemende Zeit sitzen geblieben war, dankte ich ihm und stand auf, um zu gehen. Meine Beine drohten, unter mir nachzugeben; als ich unsicher zur Tür schwankte, rief er mich zurück. »Warten Sie. Ich werde Sie segnen, damit Sie bei Ihrer Reise Erfolg haben.« Er forderte mich auf, zu ihm zu treten, schloß erneut die Augen, murmelte mit unterdrückter Stimme einige Worte und hob die Hände in Richtung meines Gesichts. Langsam öffnete er seine Augen und lächelte zu mir herauf; als ich ihm abermals dankte, nickte er huldvoll. Ich verließ das Zimmer in gehobener Stimmung; ich hatte Klarheit über meine nächsten Schritte gewonnen. Ich würde nach London zurückkehren und das Buch fertig schreiben. Die anderen Probleme, mit denen ich mich herumschlug, würden sich, hoffte ich, dadurch klären.

Der Mann, den es nie gab

Rachel Lichtenstein

Bei meiner Rückkehr aus Israel fand ich mehrere aufgeregte Nachrichten von Saul Issroff vor. Es schien, als hätte der Segen des Rabbi schon zu wirken begonnen. Saul war von dem Leiter eines Altenheims im Londoner Norden angerufen worden, der angeblich eine Kusine von David Rodinsky ausfindig gemacht hatte. Saul gab mir seine Telefonnummer, und ich rief sofort an. Der Heimleiter wollte mir jedoch keine näheren Informationen über die geheimnisvolle Kusine geben. Er versprach, meine Daten an Mrs. X weiterzuleiten, und wenn sie Interesse habe, werde sie sich mit mir in Verbindung setzen. Geduldig wartete ich fünf Tage, dann hielt ich es nicht mehr aus. Ich rief wieder an. Der Mann teilte mir mit, er habe die Information weitergeleitet, und das sei alles, was er tun könne; er hoffe, sie werde sich bald bei mir melden. Auf Wiedersehen.

Eine weitere Woche verging. Am späten Donnerstagnachmittag rief mich eine Mrs. Carol Wayne an. Sie entschuldigte sich, nicht schon früher telefoniert zu haben, aber sie hätte viel zu tun gehabt mit der Anfertigung von Kostümen für eine Vorstellung. Carol erzählte mir, früher habe sie Ethel Rodinsky geheißen und sei in der Princelet Street aufgewachsen. Sie sei eine Kusine von David und kenne ihn von ihrer Kindheit an. Zunächst war sie sehr zurückhaltend, wurde aber zugänglicher, als ich ihr erzählte, daß meine Großeltern gleichfalls in der Princelet Street gewohnt und dort ein Geschäft besessen hätten. Sie erinnerte sich daran und lud mich für die kommende Woche zum Tee ein. Sie sagte, Ende der dreißiger Jahre sei sie von der Princelet Street nach Stamford Hill und von dort nach Hendon umgezogen, wo sie nun mit ihrem Mann lebe. Ihre Familie stammte aus Rußland. Sie hatte das Friseurgewerbe, mit dem die Familie 1845 in einem kleinen ukrainischen Dorf begonnen hatte, weiterbetrieben. Bis vor einem Jahr hatten sie und Alvin noch in diesem Beruf gearbeitet: »Vier Generationen jüdischer Friseure, wir machten *Scheitels*, Haarschnitt, Dauerwelle, Waschen und Legen, einfach alles. Lief sehr gut.« Seit sie den Friseurberuf aufgegeben hatten, veranstalteten sie kostenlose Pantomimenvorstellungen. Carol nähte sämtliche Kostüme, malte die Plakate, fungierte als Beleuchterin und nahm die Vorbestellungen an, während Alvin das Ein-Personen-Stück vorführte – meist in jüdischen Altenheimen. An einem ihrer regelmäßigen Aufführungsorte, Sobell House in Brent Cross, hatte Carol am Schwarzen Brett einen Zettel mit einer Mitteilung entdeckt. Der Heimleiter hatte die Suchanzeige, die Saul für mich auf die Website des Genealogischen Instituts gesetzt hatte, ausgedruckt und an die Anschlagtafel gepinnt, da er wußte, daß viele Besucher des Altenheims aus dem Londoner East End stammten.

Am folgenden Donnerstag traf ich nach einer langen Busfahrt vom Londoner Osten her am Zentralbahnhof Hendon ein. Von dort aus hätte ich eigentlich nur wenige Minuten Fußweg zum Haus der Waynes gehabt, aber ich verirrte mich. Die Häuser sahen alle gleich aus, und die Straßen schienen ins Unendliche zu laufen. Zu guter Letzt fand ich es; zwischen einem solchen Heim und Princelet Street lagen Welten. Ich ging den sauber geharkten Kiesweg hinauf, vorbei an dem schmucken Auto und den gepflegten Blumenbeeten, und läutete die sanft bimmelnde Türglocke. Es öffnete mir eine zierliche hübsche Frau mit rötlichem Haar und freundlichem Lächeln. Ich fühlte mich sofort wohl: Mir war, als beträte ich Tante Lilys Haus. Die Wände der Diele waren bedeckt mit Familienfotos: kleine Gesichter von lächelnden Enkelkindern, die auf Carols oder Alvins Schoß saßen, Bilder von älteren Freunden und Verwandten, die in Shorts und grellbunten Hemden vor dem Hintergrund eines Golfplatzes in Florida standen, oder düstere Gestalten aus Rußland in verblichenem Sepiabraun und großen goldfarbenen Rahmen. Carol bat mich in den vorderen Raum und setzte mich an einen Tisch mit Spitzendecke und Bergen von selbstgebackenen Kuchen und Keksen. Wir sprachen sofort von David. Links von ihrem Stuhl lag auf dem Boden eine große Plastiktüte.

Aus der Tüte zog Carol ein vergilbtes Blatt Papier, das in großer Schrift mit Kugelschreiber beschrieben war. »Das ist der Brief von David, den ich gefunden habe, Fotos habe ich nicht von ihm. Es gibt noch einen anderen Brief, eher gemein im Ton, kann ihn einfach nicht finden, da steht etwas über mich drin. Er war sehr sehr klug, ein gescheiter Kopf; so jedenfalls erinnere ich ihn von meiner Kindheit her. Hier, das klingt sehr traurig« – sie las aus dem Brief vor – »›Ich bin völlig allein … wenn Du meine Mütze nicht magst, trage ich sie nicht.‹ Ich weiß noch, daß er immer mit dieser dreckigen Mütze herumlief. Meine Mutter hat alles versucht, um ihn zu einem normalen Menschen zu machen. Er zog sich an wie ein Bettler. Er war sehr dünn, größer als ich, nicht riesig, aber sehr dünn, ich erinnere mich auch an seine Mutter und Schwester, die Mutter hieß Haicka und die Schwester Bertha, genannt Brendall. Sie lebten im Dreck, hu!, es war grauenhaft.«

Ich brauchte kaum Fragen zu stellen, Carol kramte ganz von selbst ihre Erinnerungen an David hervor. Ich fragte dann, ob sie sich an seinen Vater erinnere, da ich nichts über ihn hatte in Erfahrung bringen können. »Ich habe nie gewußt, was mit ihm passiert ist, wenn ich zurückdenke, ist er nie da; vielleicht wurde er in Rußland umgebracht, denn ich glaube, Davids Mutter kam mit meiner Großmutter zusammen. Sie stammten alle aus einem kleinen Dorf in der Nähe von Kiew, von dort kamen auch meine Eltern. Ich weiß nicht mehr, wie es genau hieß. Ich bin aber sicher, daß David hier geboren ist. Er sprach mit uns zwar Jiddisch, aber ich meine, er ist hier geboren. Er war nur wenige Jahre älter als ich, glaube ich. Soweit ich weiß, wohnte er immer da oben über der Synagoge, ich weiß nicht genau, wie alt er war. Ich selbst bin in der Princelet Street geboren und war etwa sieben oder acht, als wir in die Fashion Street zogen, und etwa zwei Jahre nach Kriegsbeginn zogen wir nach Clapton. Ich glaube, Davids Mutter war mit meiner Großmutter verwandt, wir nannten sie *Mimuke* Haicka, aber sie war keine richtige Tante. Mit Familiennamen hieß ich Rodinsky, deshalb vermute ich, sie war verwandt mit meiner Großmutter. Wir waren eine große Familie, sie hatten niemanden hier außer uns, wir haben uns um sie gekümmert. Sie waren nur zu dritt.«

Carol bestätigte mir, daß David nie verheiratet gewesen sei. »Ich glaube, er ging nie mit einem Mädchen aus. Er war nicht der Typ dafür, er war sehr zurückhaltend und unglaublich fromm. Und sehr gescheit.« Als ich nach seinem Äußeren fragte, überraschte mich ihre Antwort nicht. »Er zog sich keine ordentlichen Sachen an, er sah aus wie ein Bettler; er trug alte Kleidung und immer seine Mütze dazu, nie sah er sauber aus. Das Zimmer oben war vollgestopft mit Lumpen und Holzkästen. Ich weiß noch, wie ich als Kind einmal dort war. Alles voller Kram, und wir versuchten immer wieder, sie zum Aufräumen zu bewegen, aber sie wollten nicht. Sie waren zufrieden so und mochten es auch nicht, wenn man sie darauf ansprach. Alle drei lebten in dem einen Zimmer. Um die Synagoge kümmerten sie sich nicht, ich weiß nicht, wie sie es bekommen haben. Nein, ich bin sicher, sie hatten nichts mit der Synagoge zu tun, aber vielleicht haben sie das Zimmer gemietet. Schauen Sie, hier sind zwei Briefe, dieser von 1961, wo er schreibt, daß er völlig allein ist.«

»Rechne nicht damit, daß Du mein Zimmer so vorfindest, wie Du gern möchtest, wenn Du noch mal herkommst. Meine verstorbene Mutter war sehr *frum* und wollte, daß ich die ganzen elf Monate einhalte, und das tue ich auch. Alles, was ihr etwas bedeutet hat, will ich zum heiligen Andenken an sie aufbewahren, der Wert kümmert mich nicht, es steht nur für mein Zuhause und das, was ich empfinde. Etwas von dem *Schmate* wird wohl nach und nach weggeräumt, aber Du mußt verstehen, daß ich ein Mensch aus Fleisch und Blut bin und keine Rechenmaschine. Denk mal an meine verlorenen Jahre zwischen fünf und sechzehn, als ich von zu Hause weg war und nur in Not und Elend dahingelebt habe, bloß mit dem sehnsüchtigen Gedanken, die anderen Mitglieder meiner Familie wiederzusehen.«

Der Brief kam Carol ebenso sonderbar vor wie mir. Sie war nicht sicher, was er mit den verlorenen Jahre gemeint haben könnte, und vermutete, daß es vielleicht um eine in Rußland verbrachte Zeit ging. Dann las sie weiter aus dem Brief vor.

»Du wirst Dich erinnern, daß Du Dich damals einen Dreck um mich geschert hast. Und als meine Mutter Dich um Rat bat, sagtest Du: *Haicka nem dein gelt elvif elrose den veinder*. Das heißt: Haicka nimm Dein Geld und schmeiß es aus dem Fenster. Du hast uns nie wirklich geholfen, nur etwas Freundschaft bewiesen, glaub nicht, daß ich für das, was Du getan oder versucht hast, nicht dankbar wäre, aber denk daran, daß ich es genausowenig mag wie Du, wenn man mich herumkommandiert, und daß Deine guten Absichten viel besser ankämen, wenn Du Selbstgefälligkeit und wirklichen Wert auseinanderhalten könntest, besonders in einem Augenblick, wo ich etwas Unersetzliches verloren habe. Mit Geld kann man das, was ich verloren habe, nicht kaufen, und Selbstgefälligkeit ist keine Entschädigung. Wenn Du meine Gefühle nicht ernst nehmen kannst, dann laß mich in Ruhe. Es tut mir leid, daß ich so rede, ich dachte, Du wärest ein *Mensch*, und wenn Du so viel Anstand hast, daß Du mich respektieren kannst und mich nicht unter dem Deckmantel der *Rachmones* für Deine eigenen Interessen benutzt, dann will ich gar nicht Dein Mitgefühl, sondern nur wirkliche Hilfe und Achtung vor meinen Gefühlen, genau wie jeder andere auch. Herzliche Grüße an Dich und alle anderen von David.«

»Das ist traurig«, sagte Carol Wayne, »er war ein solcher Sonderling, so reagierte er auf die Hilfe meiner Mutter. Meine Mutter war eine richtige jiddische *Mume*, im alten Stil. Sie wollte ihm nur helfen. Er hing so sehr an seinem Zimmer, daß er nicht weggehen konnte. Ich weiß noch, sie schliefen, glaube ich, mit den Lumpen auf dem Fußboden. Ich erinnere mich an kein Bett, nur an die Holzkästen. Ich weiß noch, wie meine Mutter ihnen sagte, das Zimmer sei eine regelrechte Brandfalle. Von den Kästen aßen sie immer. Wenn dort, Gott behüte, ein Feuer ausgebrochen wäre, sie wären bei lebendigem Leibe verbrannt. Das Zimmer war mit allem möglichen vollgestopft, vor allem mit Büchern. Am meisten bleibt mir in Erinnerung, wie ich damals öfter mit meiner Mutter zu ihnen hochging, um ihnen zu helfen. Brachten wir Essen mit, nahmen sie es an, aber immer wenn wir sie dazu bringen wollten, ihr Leben besser zu organisieren, wollten sie nichts davon wissen. Ich weiß noch, daß seine Mutter in dem langen schweren Kleid herumlief, das man in Rußland getragen hätte, Schichten und Schichten von Stoff, denn es war kalt da oben. Zum Wärmen hatten sie nur eine Öllampe.«

Ich fragte Carol, ob einer von den Rodinskys gearbeitet hätte, aber sie glaubte, das sei nicht der Fall gewesen. »Die Mutter mit Sicherheit nicht. Mir kam sie immer uralt vor, das war sie vielleicht gar nicht, aber für mich sah sie so aus. Ob seine Schwester arbeitete, weiß ich nicht mehr, auch sie war eine sehr intelligente Person. Sie starb jung, ich glaube, sie war in einer psychiatrischen Anstalt, ich bin nicht ganz sicher. Sie hatten ein schrecklich schweres Leben; sie hätten es besser haben können, aber sie ließen niemanden etwas für sie tun. Sie wollten es nicht anders. Alle lebten sehr zurückgezogen. Soweit ich weiß, trafen sie niemanden außer uns ... Ich erinnere mich nicht einmal mehr an die Synagoge; ich weiß nur noch, wie wir all die Stufen hochkletterten, eine enge Treppe, ganz dunkel, ganz unheimlich, bis unters Dach, wo sie wohnten. ... Er hat uns sogar in diesem Haus hier besucht. Er war sehr verschlossen und schweigsam, jemand, der mir sehr leid tat. Nie erzählte er von seinen Studien oder was er gerade machte. Soweit ich weiß, kannte er nur uns; meine Tante, die ihn gekannt haben könnte, ist leider vor etwa sechs Wochen gestorben. Sie wohnte zusammen mit meiner Großmutter in der Old Montague Street, beide wußten von ihm. Ich glaube, er lief einfach los, um sich das Nötige zu besorgen, von irgendwoher muß er Geld bekommen haben. Gearbeitet hat er nicht, da bin ich ganz sicher. Die Bücher hat vielleicht seine Schwester zusammengeholt, sie war sehr klug und sprach viele Sprachen. Sie war erheblich älter als wir; als Kind fand ich sie schon sehr erwachsen. Beide haben nie geheiratet ...«

Carols sanfte Stimme verlor sich in ein fernes Summen – zum ersten Mal kam mir der Gedanke, daß vielleicht die Schwester das eigentliche Genie gewesen sein könnte. Womöglich hatte sie all die Bücher gesammelt, war sie die Sprachkundige. Zwar waren die Notizbücher, die sich in dem Zimmer fanden, von David geschrieben. Aber was bewies das schon? Denkbar, daß alle darin enthaltenen Informationen aus Lehrbüchern abgeschrieben waren. Ich dachte wieder an seine Sterbeurkunde. Ihr zufolge hatte David »Epilepsie mit paranoiden Zügen«. Ich hatte mit einem befreundeten Arzt darüber gesprochen, der es für eine Fehldiagnose von Autismus hielt. Das würde den Wiederholungsduktus seiner Notizbücher erklären, dieses Abschreiben von Diagrammen, Listen und Tabellen: alles klassische Merkmale des Autismus. Vielleicht war Bertha die eigentliche Sprachgelehrte gewesen. Vielleicht mußte sie ihre Begabung verstecken, das hohe Bildungsniveau – noch dazu auf einem so profanen Gebiet wie der Sprachkunde –, das orthodoxen Frauen verboten war. Auch Bella Lipman hatte mir erzählt, im Grunde sei die Schwester der kluge Kopf gewesen; David wirkte nach ihrer Schilderung »etwas zurückgeblieben«. Wie typisch aber wäre es, all die persönlichen Dinge in Rodinskys Zimmer in der selbstverständlichen Annahme zu betrachten, daß der Gelehrte ein Mann gewesen sein muß. Ich dachte an meine Zeit in Israel, an meinen heftigen Wunsch zu lernen und die Wunder jüdischer Gelehrsamkeit; an meine dann folgende Enttäuschung, als ich entdecken mußte, daß mir die Gedankenwelt der Thora und der Halacha für immer verschlossen bleiben wird.

Ich dachte an die Fotoserie, die ich in Israel gemacht hatte, um meine Enttäuschung zum Ausdruck zu bringen. Ich hatte mich traditionell gekleidet, den ganzen Körper verhüllt, mit Strumpfhosen, langem Rock und einer an Hals und Handge-

lenken zugeknöpften Bluse, dann war ich in der Morgendämmerung zum Strand geschlichen, wo ich meine Verkleidung durch Schwimmflossen, Schnorchel und Tauchermaske ergänzte. Langsam ging ich ins Wasser und bat einen Freund, das Erlebnis mit einer Unterwasserkamera aufzuzeichnen. Die Bilder waren zweideutig, in gewisser Weise wirkten sie festlich froh, wie ein Tanz der Selbstbehauptung. So jedenfalls nahm ich sie zunächst wahr, bis jemand mich darauf aufmerksam machte, daß sie aussahen, als ob eine Frau ertrinkt. »Kein Hin- und Herwiegen, sondern Ertrinken.« Würde ich atmen können, oder würde ich untergehen? Eine neue Welt entdecken oder einen dunklen, stickigen Ort, aus dem ich ständig emportauchen müßte, um Luft zu holen? Hatte sich Rodinskys

Schwester mit demselben Dilemma herumgeschlagen? Warum heiratete sie nicht? Warum verbrachte sie schließlich die letzten Jahren ihres Lebens in einer psychiatrischen Anstalt?

Meine Gedanken hatten mich weit weggetragen aus der freundlichen Umgebung von Carols Küche. Höflich holte sie mich zurück, indem sie mir einen weiteres Stück von ihrem köstlichen Kuchen anbot. Ich mußte mich wieder auf die Princelet Street konzentrieren; daher fragte ich Carol, wie es gewesen sei, dort aufzuwachsen. »Es war wundervoll, eine glückliche Zeit, wir hatten unsere Großeltern dort und lebten in zwei Zimmern ganz oben im Haus, meine Mutter bekam erst vier Jungen und dann mich. Die Haustür stand immer offen, man besuchte sich gegenseitig, meine Großeltern wohnten ein paar Häuser weiter, der ganze Kiez war jüdisch, das schuf eine besondere Atmosphäre. Ich erinnere mich noch an einen *Seder*-Abend bei meinen Großeltern, alle kamen, alle halfen, und ich weiß, daß ich am Tisch eingeschlafen bin. Es ging noch sehr religiös zu, am *Erew Pessach* zogen sie immer mit einem Handkarren umher und riefen ›*Chomez, Chomez*‹, sie verkauften *Chomez* auf der Straße, ganz anders als jetzt. Kinder konnten damals ohne jede Gefahr aus dem Haus gehen.«

Über ihre Kindheitserinnerungen zu reden, bewegte Carol sehr, deshalb machten wir eine kleine Pause, bevor wir wieder von David und seiner Familie sprachen. »Seine Schwester war bestimmt geselliger als er, und seine Mutter war ganz normal, nur mochte sie es nicht, wenn man ihr sagte, sie solle aufräumen. Sie kam ziemlich oft zu uns. Niemals aber kamen sie zu *Schabbes*, meine Mutter brachte ihnen Essen, aber sie trauten sich nicht, selbst zu kommen. Ich wünschte, ich könnte mich an mehr erinnern.« Ein Telefonanruf unterbrach uns, und Carols Ehemann Alvin kam herein. Wir unterhielten uns eine Weile, er machte frischen Tee. Als Carol zurückkam, fragte sie ihn: »Alvin, du hast David doch kennengelernt, nicht? Weißt du noch, der Mann, der in der Princelet Street wohnte.« »Ja, ein seltsamer Bursche, er kam einmal mit dem Bus hierher. Ich erinnere mich noch an den Brief, den er deiner Mutter schrieb. Sehr ungezogen, sehr beleidigend, es war, als ob ihm die Gedanken wegflutschten, als ob er in einen Sog geriete … mit einemmal brach der Haß durch. Er haderte sehr mit dem Leben, weil er Mutter und Schwester verloren hatte, eine verlorene Seele, überspannt und hochintelligent. Er war ein Einsiedler. Ich weiß noch, wie er wohnte. Nackte Dielen, alle kaputt. Sie hatten lauter Lumpen und in jedem Eckchen Bücher, Bücher, Bücher, und sie waren gescheite, liebe Menschen, seine Mutter war lieb, er war ... seltsam.«

Carol erzählte mir, sie habe David das letzte Mal im Jahr 1958 gesehen, bei einem seiner seltenen Besuche in Hendon. »Danach haben wir ihn völlig aus den Augen verloren, wir wissen also nicht mal, was weiter mit ihm geschah. Er war erst Ende dreißig oder Anfang vierzig, aber er sah immer älter aus.«

Alvin meinte: »Irgend jemand hat ihm was angetan oder er hat sich einfach in Nichts aufgelöst.« »Wie gesagt: Nach seinem Besuch haben wir nie wieder von ihm gehört, wir haben nach ihm gesucht, aber niemand schien zu wissen, wo er ist. Ein Rätsel.«

Ich begann, mich elend zu fühlen. Auf diesen Verlauf war ich nicht vorbereitet. Carol und Alvin hatten auch keine Ahnung, ob er tot war oder noch lebte. Die Auskunft, die sie mir über sein Alter gegeben hatten, schien zu den Daten auf seiner Sterbeurkunde zu passen. Ich mußte es ihnen erzählen. Das Herz rutschte mir in die Hose, als ich sagte: »Carol, Alvin, ich fürchte, ich habe schlechte Nachrichten für Sie. Ich habe wahrscheinlich seine Sterbeurkunde gefunden.« Beide sahen mich schweigend an. Achtundzwanzig Jahre nach seinem Tod war ich nun diejenige, die seinen einzigen überlebenden Verwandten diese Nachricht überbrachte.

Als ich ihnen die Urkunde zeigte, rief Carol aus: »Surrey! Warum war er denn in Surrey?«

Das war die schwierigste Auskunft, die ich geben mußte. Ich erklärte, daß ich in Epsom gewesen sei, in der Annahme, The Grove sei ein Privathaus, und dabei entdeckt hätte, daß es sich in Wirklichkeit um eine psychiatrische Klinik namens Longrove handelte. Ich erzählte ihnen von dem Brand, der fünf Jahre zuvor alle Patientenakten vernichtet hatte und es mir unmöglich machte, mehr herauszubekommen.

Carol saß ganz still und kämpfte mit den Tränen, und Alvin

hatte ihr sanft die Hand auf die Schulter gelegt. Carol entschuldigte sich und ging ins Bad, aus dem sie wenige Minuten später mit roten Augen herauskam. Sie sagte, sie sei eigentlich nicht so überrascht. »Seine Mutter hat ein Pogrom in Rußland miterlebt, und ich glaube auch sexuelle Übergriffe. Das hat sie alle schwer getroffen, sie sind merkwürdig aufgewachsen. Brendall war in einer psychiatrischen Anstalt, sie hatte einen Nervenzusammenbruch und mehrere epileptische Anfälle. Sie gehörten zu den Familien, die können machen, was sie wollen, sie sind immer die Verlierer.«

Alvin schlug vor, wir sollten eine Pause einlegen, und so plauderten wir zwanglos über ihre Enkelkinder, meine unlängst unternommene Israelreise, das Geschäft meines Vaters in Hatton Garden und die Leute, die wir dort kannten. Nach einer Weile kehrten wir zum Tisch zurück, wo Carol begann, die Plastiktüte neben ihrem Stuhl durchzusehen. Sie fand einen weiteren Brief von David. »Wir lebten schon hier, als er das schrieb, er muß mich gefragt haben, ob er herkommen und bei uns wohnen könne, 1961, aber wir hatten keinen Platz. Seine Mutter war schon gestorben, aber seine Schwester lebte noch. Rachel, haben Sie ein Foto von ihm?« »Nein«, sagte ich, »ich habe nirgendwo eins gefunden.« Ich hoffte inständig, Carol würde ein Bild von ihm aus ihrer Plastiktüte ziehen, aber auch sie hatte keins gefunden. Sie versprach, die Sachen ihrer Mutter noch einmal durchzusehen.

Carol fuhr fort, mir von David und seiner Familie zu erzählen. »Sie waren sehr fromm«, sagte sie, »David war unglaublich fromm. Er muß in die Schule unten in der Synagoge gegangen sein, ich kann mich nicht erinnern, daß er zu Machizke Haddas ging, er war wohl in der Synagoge oder vielleicht auch wie wir an der Schule in der Nelson Street. Ich wäre gern etwas frommer; wir leben koscher, aber Alvin muß am *Schabbes* arbeiten, wir können's nicht ändern. Meine Brüder waren alle während des Krieges in der Armee, eigentlich habe nur ich die Rodinskys besucht, denn ich ging oft mit meiner Mutter rauf zu seinem Zimmer.« Ich fragte Carol, was ihrer Meinung nach der Mutter passiert sei. Flüsternd sagte sie: »Als sie in Rußland war, ist sie vergewaltigt worden.« Alvin konnte die Stille, die folgte, nicht ertragen und unterbrach sie rasch, indem er mich bat, noch ein Sandwich oder ein Stückchen Kuchen zu nehmen. Das Thema sollte sichtlich ausgespart werden, und ich wollte nicht noch weiter in sie dringen, als ich es ohnehin schon getan hatte.

Ich fragte Carol nun, ob sie wisse, in welchem Jahr die Familie aus Rußland gekommen sei. »Sie müssen zur selben Zeit gekommen sein wie Alvins Mutter und die Familie meines Vaters, er war ein Rodinsky, das muß vor dem Ersten Weltkrieg gewesen sein. Meinen Vater wollten sie zuerst wieder nach Rußland zurückschicken. Sie kamen alle vor dem Ersten Weltkrieg her, und Haicka war damals psychisch sehr labil. Eine hübsche Frau, ganz in sich gekehrt, schweigsam, hochgewachsen. Man brauchte nur in die Hände zu klatschen, dann rannte sie weg, sie hatte etwas Nervöses, Eigenbrötlerisches.« Was mit dem Vater passiert war, wußte Carol nicht. »Er kam nicht mit, ganz sicher nicht, denn meine Großeltern haben Haicka sofort unter ihre Fittiche genommen. Ich vermute, er war tot oder blieb in Rußland, und sie ist rübergekommen.«

Sie stritten ein wenig darüber, wo David geboren war, und Carol wurde klar, daß angesichts des Geburtsjahrs 1925 sein Vater doch mit nach England gekommen sein muß.

»Nicht unbedingt«, sagte Alvin, »vielleicht hatte sie einen Freund – ohne daß ich ihr zu nahe treten will.«

Carol schüttelte den Kopf. »Wirklich, Alvin, das glaube ich nicht.«

Er sah mich an und zwinkerte. »Na ja, eine Schwangerschaft dauert aber nicht so lange.«

Carol hörte nicht auf ihn. »Vermutlich kam ihr Mann hierher und starb, bevor ich etwas bewußt wahrgenommen habe. Ich bin sicher, daß David hier geboren ist.«

Ich fragte Carol, wie David war, als er sie das letzte Mal besuchte.

»Er wirkte sehr einsam und unglücklich. Das Unglück übertrug sich richtig auf einen. Er war unglaublich schüchtern.« Ich erzählte Carol von dem Cafébesitzer, der sich daran erinnert hatte, wie David auf Löffeln musizierte und alle zum Lachen brachte.

Sie war überrascht. »Das kann ich mir gar nicht vorstellen. Aber er war überspannt, sehr überspannt.« Alvin schaltete sich noch einmal ein. »Dieser Mann, der sagt, er hätte auf Löffeln musiziert – vielleicht könnten Sie zur Polizei gehen, die haben doch immer diese Phantombildgeräte, war er so oder so, man kann sich da ein Bild von ihm zusammensetzen.« Ich fand das eine hübsche Idee.

Alvin beschrieb ihn noch einmal aus dem Gedächtnis. »Er hatte scharf geschnittene Gesichtszüge – langes Gesicht, schmale Nase, blasser Teint, nicht der geringste Bart. Keine Koteletten. Kein Schnurrbart. Sehr ärmlich gekleidet, und dann immer diese Mütze und ein alter Regenmantel, aber man sah es ihm an, daß er ein strenggläubiger Jude war.«

Ich fragte Carol, was die Rodinskys am Sabbat und an den jüdischen Festtagen machten. Sie sagte: »Haicka muß gekocht haben. Sie muß einen Petroleumkocher gehabt haben. Sie legten eine Metallplatte darüber. Nie kamen sie zu uns, sie wollten nicht. Ich glaube, von irgendwoher haben sie Geld bekommen, sie wohnten ganz nah beim Markt, und die Leute haben ihnen wohl Sachen gegeben, wenn sie wußten, daß sie so arm sind. Wahrscheinlich haben sie Nahrungsmittel von der *Schul* bekommen.«

Das Interview wurde erneut durch einen Anruf unterbrochen, und Carol ging hinaus und ließ mich mit Alvin allein. »Er war ein echter Sonderling, er fuhr nie weg, nicht mal nach Clapton, dort hätte er ja einen Besuch machen können, er hatte kein Auto und konnte sich nicht so viele Busfahrten leisten, deshalb blieb er in seinem Kiez, und wenn man ihn in Surrey gefunden hat, wie Sie sagen, muß er dorthin gebracht worden sein. Gott sei Dank lag das vor der Zeit der Sado-Reality-Videos, aber er hätte trotzdem wegen allem möglichen gekidnappt werden können. Sie sollten einen Film über diese Geschichte drehen: Der Mann, den es nie gab.«

Carol kam zurück und begann, die Fotos aus der Plastiktüte durchzusehen. »Das ist mein Vater und mein *Sejde* Rodinsky. Da ist Tante Genny, eine Verwandte von Haicka. Irgendwie war sie ihr sehr ähnlich; sehen Sie, wie sie angezogen ist, so erinnere ich mich auch an Haicka, mit ihrem dicken schweren Rock, ganz lang, sie trug keine *Scheitel*, konnte sie sich nicht leisten. Hier, das bin ich. Ethel Rodinsky, Fashion Street, 1934.«

»Eine richtige Schönheitskönigin«, sagte Alvin.

Sie fand noch viele andere Bilder. »Dieses stammt aus der Schule in der Buxton Street. Damals gab es dort nur jüdische Schüler ... Ich suche ein Bild von David, aber ich finde keins.«

Carol sagte, sie vermisse das East End. »Es war eine besondere Atmosphäre. Sobald man irgendwohin kam, lag schon ein Hering auf dem Tisch, eine Tasse Zitronentee stand auf einem weißen Tischtuch. Bei niemandem brauchte man sich anzumelden, man ging einfach hin, man machte einen Besuch, einfach so.«

Beim Durchsehen der Plastiktüte fand Carol noch einen Brief, den David an ihre Mutter geschrieben hatte.

»Betsy, wenn Du Dir wirklich Sorgen um mich machtest, würdest Du Dich nicht anbieten, mein Geld auszugeben; vom Geld wäre gar nicht die Rede, Du würdest mir jemanden schicken, der mir beim Saubermachen hilft. Wenn ich müde von der Arbeit nach Hause komme, dann bin ich, wie Du weißt, ganz allein, und Du würdest nicht an Geld denken. Ich bin doch groß genug, um für mich selbst zu sorgen, wie Du den Nachbarn unter mir gesagt hast; aber Dir kann man nicht trauen, ich habe Dir gutgläubig mein eigenes Postsparbuch gezeigt und das meiner verstorbenen Mutter, und Du mußtest denen unten und Gott weiß wem noch davon erzählen. Du bist snobistisch, eingebildet und hochnäsig, kümmer Dich lieber um Deine eigenen Angelegenheiten und laß mich in Ruhe. Tu nicht so, als ob Du Dir Sorgen um mich und meine Schwester machtest, wenn Du nur aus Eigennutz hilfst. Ich hasse Heuchler und Lügner, David.

P.S. Du bist nicht unsere Verwandte, der Großvater Deines verstorbenen Mannes und unserer waren nur Vettern vierten Grades, und daß Du auch Rodinsky heißt wie wir, ist reiner Zufall. Du hast den Nachbarn unter uns erzählt, daß Du nie so viel *Schmate* gesehen hast wie bei uns. Und was war in der Fashion Street, wo Ethel immer sagte: ›Ich mache sauber, wenn die Queen kommt.‹ Jetzt lebst Du in Hendon in einem Haus, das Du nicht gekauft hast, Du verbrauchst das Geld anderer Leute, nicht Deins. Du hältst Dich wohl für die Gräfin Pintansky. Da Du nichts begreifst, verschwende ich keine Tinte mehr an Dich.«

Carol gelang es zu lachen. »Ehrlich, meine Mutter wollte nur helfen. Also – Gräfin Pintansky, wir wollten ihm nur helfen, anständig zu leben. Jetzt entdecke ich aber, daß unter ihm auch noch Leute wohnten.« Ich erzählte ihr von Bella Lipman, aber Carol war zu klein gewesen, um sich an sie zu erinnern. Sie zeigte mir ein anderes Foto von sich und ihren Brüdern. Ich fragte, ob sie sich an ihn erinnern würden, aber sie bezweifelte es. Sie schlug vor, ich sollte es über »Telex, no intertex« versuchen. Ich verwies auf das Internet. »Ja klar, mein Neffe war im Netz und erzählte, jemand hätte sich dort nach Rodinsky erkundigt.« Das war ich. Ich erinnerte mich an seinen Namen und seine wichtige Information, die Familie Rodinsky stamme aus einem kleinen Schtetl namens Kuschowata in der ehemaligen Ukraine, unweit von Kiew. Carol meinte, das könnte stimmen, aber sicher war sie nicht. Sie fuhr fort, in den Papieren in der Plastiktüte herumzuwühlen. »Ich will herausbekommen, ob er zur Schule ging. Ich glaube nicht, aber er war hochintelligent. Sein Hebräisch war ausgezeichnet. Das weiß ich noch.«

Hier schaltete Alvin sich ein. »Mein Hebräischlehrer, der jagte die Jungens mit einem Rohrstock über die Schulbänke. Huh.« Er grinste mir wieder zu.

Carol seufzte. »Ich überlege, ob es nicht noch jemand in der Familie gibt. Tante Clara hätte etwas gewußt.« Alvin konnte nicht widerstehen und nutzte die erneute Chance zu einer komischen Einlage: »Entschuldige mal, Tante Clara«, rief er zum Himmel hinauf, »kannst du uns hören, nein, sie hört nicht.«

Carol bedauerte, daß sie nicht besser helfen konnte. »Ich fürchte, sie sind alle weg.« Dabei versuchte sie schon ihr möglichstes. »Jetzt sehe ich ihn vor mir, groß und dünn, langes tieftrauriges Gesicht, blasse Gesichtsfarbe und die Mütze ... Ich kann gar nicht glauben, daß er den Trottel spielte, wirklich erstaunlich ... dann muß er zwei Menschen auf einmal gewesen sein ... vielleicht schizophren? Die Person, die ich kannte, hätte nie so etwas getan, niemals, ich glaube, ich habe ihn nicht einmal lächeln sehen.« Für mich war das überraschend, und ich erzählte ihr von Bill Fishmans Gegenbild, demzufolge er durch die Straßen ging, die Taschen voller Kleingeld, das er an die Armen verteilte. Carol fand das fast unglaublich. »Woher hatte er das Geld?« Sie meinte, wenn sie tatsächlich Geld hatten, dann wollten sie wohl so leben wie Bauern auf dem Land. »Sie waren nicht die Norm«, sagte sie, »meine Mutter war auch sehr arm, aber alles war blank gescheuert, weiß, alles blitzte vor Sauberkeit, nur zwei Zimmer für uns sechs, aber sauber, die Toilette war unten im Hof. Wir wuschen uns mit kaltem Wasser an einem Ausguß auf dem Hausflur, den wir mit anderen Familien teilten. Als Klopapier benutzten wir Zeitungen, die schnitten wir in Stücke und hängten sie an einen Nagel. Ich erinnere mich nicht, jemals etwas wie dieses Zimmer gesehen zu haben, es beeindruckte mich sehr.« Ich fragte Carol, wie sie bei der letzten Begegnung mit ihm seinen Geisteszustand eingeschätzt habe. »Er war ganz bei Verstand, er wußte, wovon er redete. Wenn ich mich richtig erinnere, hat er nie darüber gesprochen, was er machte oder nicht machte. Weiter kann ich Ihnen leider nicht helfen.«

Nach dem Gespräch mit Carol und Alvin hatte ich noch immer keine Antwort auf die Frage, wer Rodinskys Vater gewesen sein könnte. Ich schrieb das Interview ab und merkte dabei, daß ich vergessen hatte, Carol nach Hyman Rodinsky zu fragen, dessen Namen ich in dem aus dem Koscheren Speiseklub geretteten Sterberegister gefunden hatte. Vorsichtig nahm ich das zerbröselnde Buch aus der säurefreien Schutzhülle, in die ich es eingepackt hatte, und schaute mir die Seite erneut an. Die Handschrift war sehr undeutlich: Es konnte sowohl *Rodinsky* als auch *Rodensky* heißen, ich war mir nicht sicher. Carol erzählte mir, es gebe einen Hyman in der Familie, »Onkel Hymie«, aber er sei bestimmt nicht Davids Vater.

Gleich am nächsten Tag ging ich zum St. Catherine's House, um mir Davids Geburtsurkunde anzusehen. Aus seiner Sterbeurkunde wußte ich, daß er 1925 geboren war. Der Besuch würde mir auch Gelegenheit geben, den im Sterberegister neu entdeckten Personen, Hyman und Esther Rodinsky, nachzuspüren und, wenn möglich, weitere Puzzleteile ausfindig zu machen.

Ich ging zum städtischen Archiv, wo ich Stanley antraf, einen befreundeten Künstler, der erst vor kurzem in den öffentlichen Dienst gewechselt war und nun zu meinem Glück GEBURTEN und TODESFÄLLE unter sich hatte. Stolz führte er mich herum. Dann kamen wir zum Gang mit den GEBURTEN von 1925. Stanley griff wie zufällig eine Schwarte aus dem Regal und zeigte mir, wie ich suchen müsse, wobei er die großen schweren Seiten des Buches umblätterte. Aus seiner Brusttasche zauberte er ein kleines Metallineal und eine Lupe. »Gehört zum Handwerk. Fang oben in der linken Ecke an und arbeite dich durch den Kleindruck nach unten, dabei nimm die Lupe und das Lineal zur besseren Konzentration.« Er begann die Namen vorzulesen: »Rodan, Roder, Rodes, Rodin, Rodins, Rodinsky, Ro—« Ich hielt seine Hand fest, bevor das Lineal den Namen verdeckte. Wir hatten ihn gefunden: David Rodinsky, geboren im Februar 1925, im Bezirk Whitechapel, London Hospital, Aktenzeichen 60X34.

Der entnervte Anwalt, der neben uns stand, wurde richtig grün im Gesicht und sagte: »Fast drei Wochen suche ich hier nun schon nach einer einzigen Geburtsurkunde.« Voll Spannung bestellte ich die Urkunde, denn nun wußte ich, daß ich in wenigen Tagen Name und Beruf von Rodinskys Vater haben würde, die ich bislang nicht hatte finden können. Die Suche hatte bestätigt, daß David in England geboren war. Nachdem ich mein Hauptziel so schnell erreicht hatte, erzählte ich Stanley von meinem Wunsch, auch Hyman und Esther Rodinsky zu finden. Er führte mich in den Raum mit den Microfiches, und ich begann zu suchen. Stunden später hatte ich immer noch keine Spur von einem weiteren Rodinsky entdeckt.

Als ich schließlich zum Ausgang ging, bemerkte ich eine vertraute Gestalt, über Bücher gebeugt, auf dem Kopf eine bestickte *Kippa*. Gedankenversunken strich der Mann mit der Hand langsam über seinen spitzen weißen Bart und wandte den Kopf in meine Richtung. »Sam?« Er fuhr herum, um zu sehen, wer ihn gerufen hatte, und fiel dabei fast vom Stuhl. »Was machst du denn hier?« Es war Samuel Melnick vom Komitee des Museums für Jüdische Tradition. In den Jahren, in denen ich als Künstlerin in der Synagoge arbeitete, hatten Sam und ich viele Stunden gemeinsam in Rodinskys Zimmer verbracht, wo wir die Sammlung zu archivieren suchten, Unterlagen übersetzten und über die Zukunft des Gebäudes sprachen. Sam hatte ein Buch über die Geschichte der Synagoge in der Princelet Street geschrieben, es hieß *A Giant among Giants*, und er hatte zehn Jahre dafür gebraucht. Sein Großvater war der letzte Rabbi dieser Synagoge gewesen und hatte seltsamerweise eine Leah Lichtenstein geheiratet, so daß Sam und ich immer im Scherz sagen, wir seien verwandt. Sam war unter den ersten, die Rodinskys Zimmer betraten, und half dem Museum of London, alles auszuräumen und aufzubewahren. Zu meinem Pech hatte er kaum Interesse an Rodinsky, für ihn war er einfach ein überspannter Irrer. Sam war immer ein akribischer Forscher und saß hier im Archiv, um für eine Familie in Australien ein paar vermißte Verwandte aufzuspüren. Ich erzählte ihm von meiner morgendlichen Arbeit sowie dem neuesten Geschehen im Speiseklub und in der Synagoge der Greatorex Street, und er war sehr empört.

Wenige Tage danach saß ich draußen vor meinem Stammpub, dem Pride of Spitalfields in der Heneage Street, als Gerry, ein Künstler aus meinem Bekanntenkreis, vorbeikam. Er erzählte mir, er habe von der Galerie im Spitalfields Market den Auftrag bekommen, etwas für eine Kunstveranstaltung in der Greatorex Street zu machen. Er war hingegangen und hatte einen Raum vorgefunden, »vollgestopft mit unglaublichen jüdischen Kleidungsstücken und Büchern – alles mögliche, einfach in eine Ecke geworfen«. Nach seinen Worten hatte er keine Vorstellung, was das sein mochte, war aber interessiert daran, alles, was sich eignete, für seine Arbeit zu benutzen, und er fragte, ob ich mitkommen und einiges für ihn identifizieren könnte.

It's the tobacco that counts
PLAYER'S
FINEST VIRGINIA TOBACCOS
楼
PLAYER'S NAVY CUT
龍
PLAYER'S
"MEDIUM"
PLAYER'S
It's the tobacco that counts

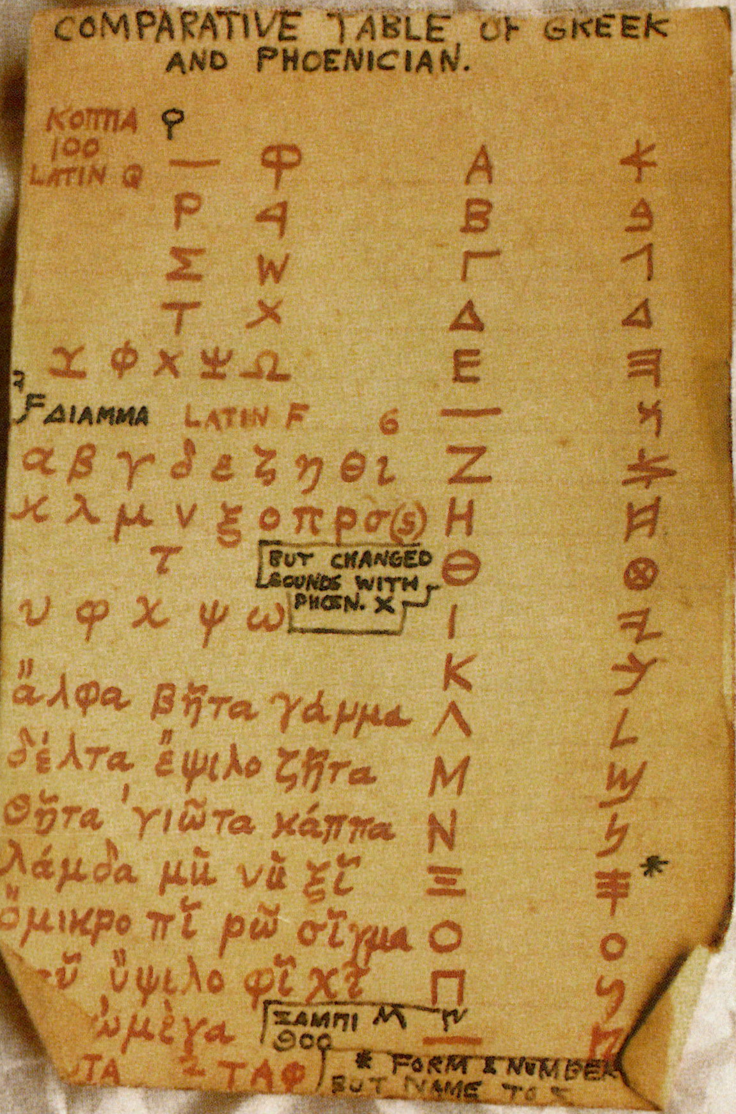
COMPARATIVE TABLE OF GREEK AND PHOENICIAN.

ΚΟΠΠΑ ϙ
100
LATIN Q

Ρ Σ Τ
Υ Φ Χ Ψ Ω

Ϝ ΔΙΑΜΜΑ LATIN F 6

α β γ δ ε ζ η θ ι
κ λ μ ν ξ ο π ρ σ (ς)
τ
υ φ χ ψ ω

BUT CHANGED SOUNDS WITH PHOEN. X

ἄλφα βῆτα γάμμα
δέλτα ἔψιλο ζῆτα
θῆτα ἰῶτα κάππα
λάμδα μῦ νῦ ξῖ
ὄμικρο πῖ ρῶ σῖγμα
ταῦ ὖψιλο φῖ χῖ
ὠμέγα

ΣΑΜΠΙ 900

ΤΑΦ

Α Β Γ Δ Ε Ζ Η Θ Ι Κ Λ Μ Ν Ξ Ο Π

* FORM & NUMBER BUT NAME TO Σ

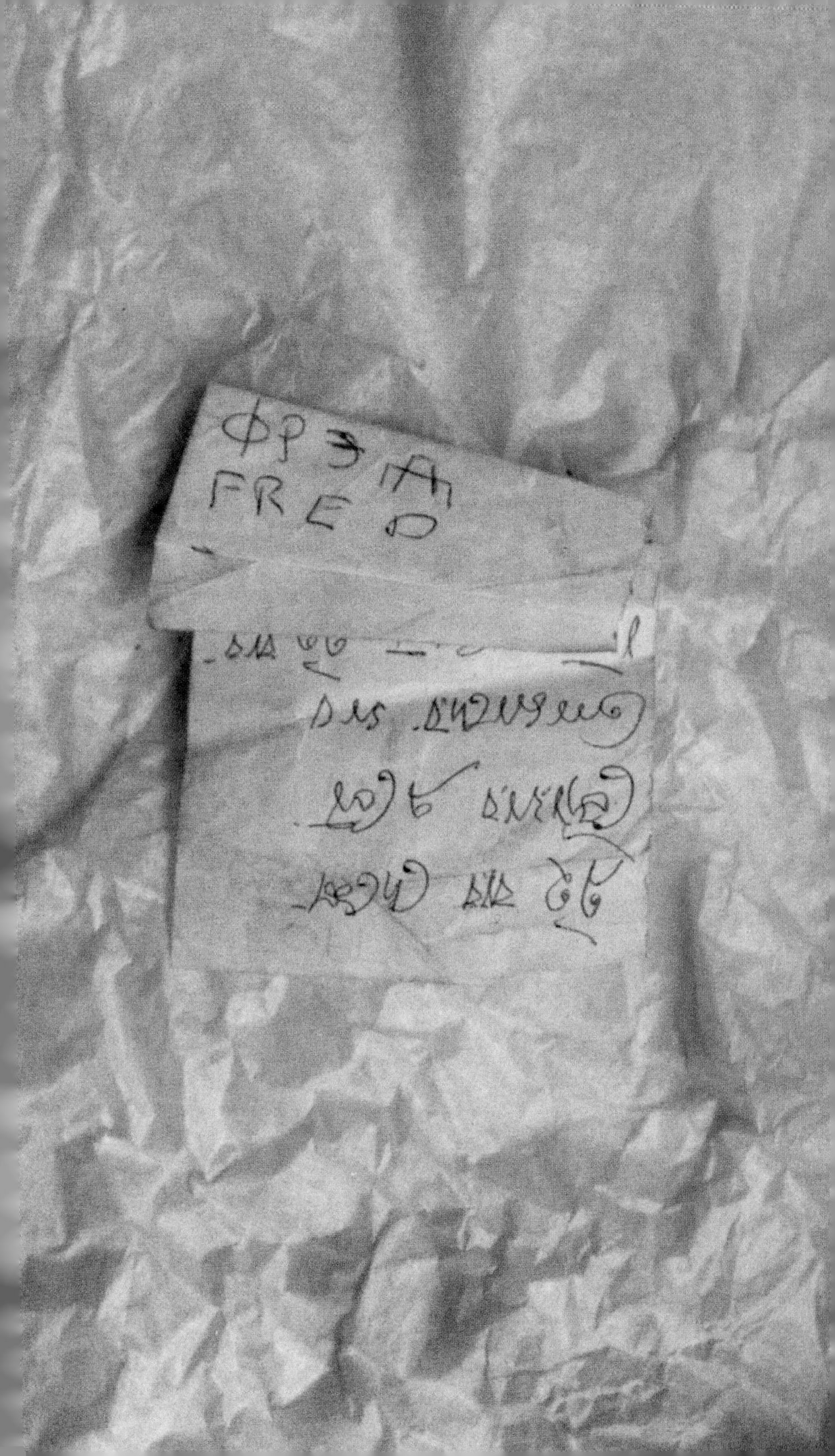
FRED

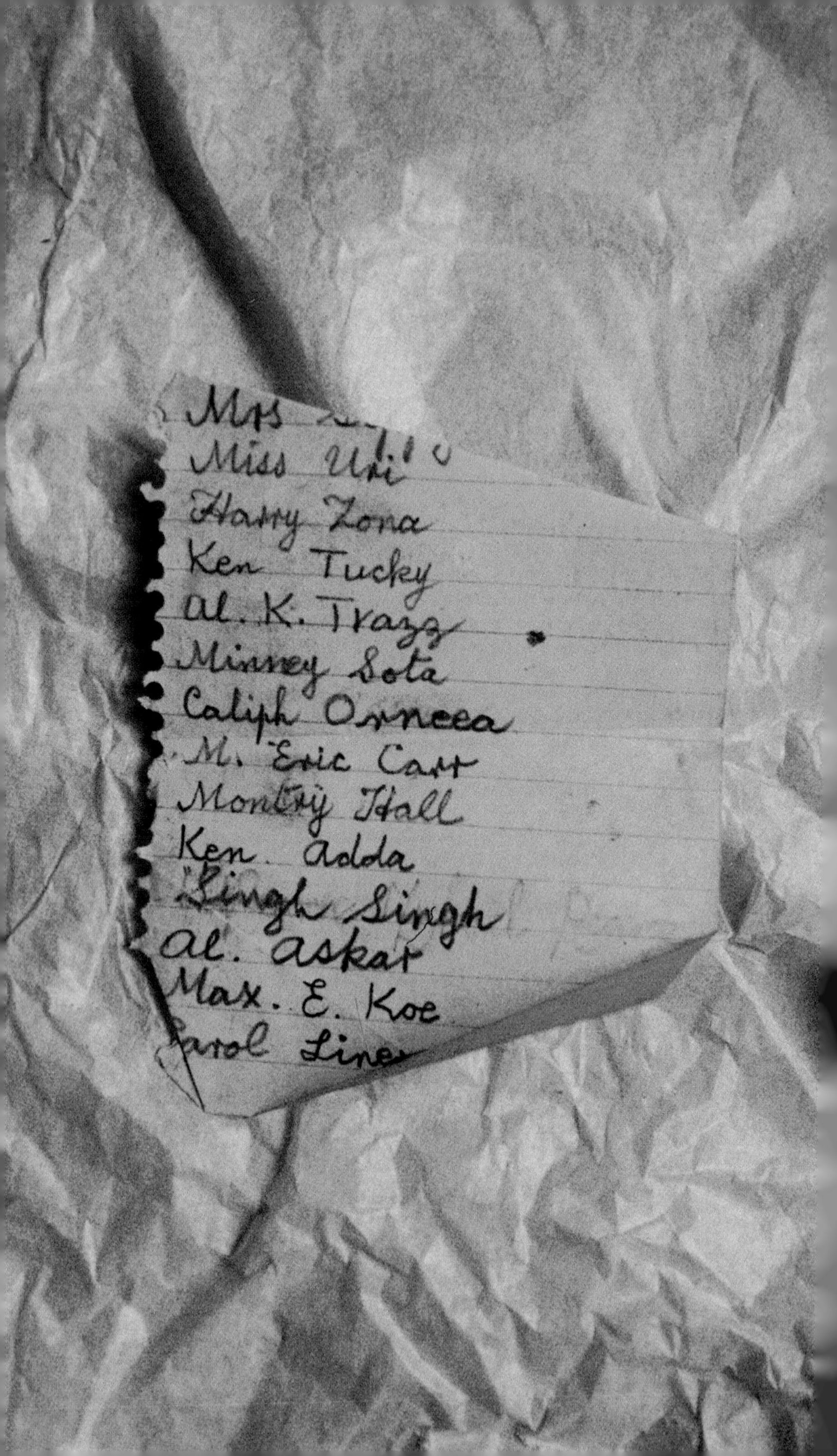
Mrs
Miss Uri
Harry Zona
Ken Tucky
Al. K. Trazz
Minney Sota
Caliph Orneea
M. Eric Carr
Montey Hall
Ken. Adda
Singh Singh
Al. Askar
Max. E. Koe
arol Line

GHALA MADONNA
XEDINA

Marlborough's
JAPANESE
SELF-TAUGHT
This system teaches you the essentials of a language (for travel and enjoyment) without the drudgery of prolonged study
5/- NET
Edited by
W. J. S. SHAND
Late Director, School of Japanese Language and
Companion Volume: Japanese Grammar Self-
London: E. MARLBOROUGH & CO.

ICELAND
VENEZUELA
THAILAND

5
5
ЕТ 036831
ГОСУДАРСТВЕННЫЙ
КРЕДИТНЫЙ БИЛЕТЪ
КРЕДИТНЫЕ БИЛЕТЫ НА ЗОЛОТУЮ МОНЕТУ
БЕЗЪ ОГРАНИЧЕНІЯ СУММЫ
(1 РУБЛЬ = 1/15 ИМПЕРІАЛА, СОДЕРЖИТЪ
17.424 ДОЛЕЙ ЧИСТАГО ЗОЛОТА).
Управляющій
Кассиръ
ЕТ 036831
5

Am nächsten Tag gingen wir zusammen hin. Es tat gut, die Synagoge bei Tageslicht zu sehen: Durch das Glasdach drangen sanfte Strahlen, die das Gebäude in helles Licht tauchten und die Erinnerungen an meinen letzten Besuch wegspülten. Gerry führte mich direkt zum Schrank neben dem Thoraschrein, aus dem wir die vom Staub schweren Sachen herausholten und auf dem Boden der Synagoge ausbreiteten. Wir fanden einen riesigen Thoraschreinvorhang aus blauem Samt, goldbestickt und trotz der vielen Spinnweben gut erhalten. Darunter entdeckten wir einen vor sich hin modernden Stapel wunderbar gearbeiteter Thoramäntel aus goldener und weißer Seide, zwei schwere schwarze Kantorgewänder, *Tefillin*, Kisten mit Gebetbüchern, Beutel mit *Tallits* und *Zizits* und verschiedene andere kostbare Stücke aus der Synagoge.

Verständlicherweise machte Gerry der Gedanke, diese Artefakte in einem Kunstwerk zu verwenden, etwas nervös. Er bat mich um meine Meinung, und ich beschloß, Sam Melnick anzurufen, denn er würde genau wissen, um welche Dinge es sich hier handelte und wo man alles am besten unterbringen könnte. Ich setzte mich auf die Stufen vor dem Thoraschrein in der leeren Synagoge, schubste dazu mit dem Fuß ein paar Zigarettenstummel beiseite und rief Sam von meinem Handy aus an. Er erklärte sich bereit, am folgenden Nachmittag herzukommen. Gerry und ich gingen zurück in seine Wohnung und berieten den restlichen Nachmittag darüber, was wir mit den Gegenständen machen sollten. Wir beschlossen, das nächste Kunst-Event mit einer unerbetenen Installation zu überfallen.

Der nächste Morgen verging in einem wahren Sammelfieber. Gerry fuhr mit dem Fahrrad ins West End, um die bestellten säurefreien Schutzhüllen und Archivkisten zu holen, und ich fuhr zum Drucker, um die Museumsschilder für die Kisten zu bekommen. Wir hatten uns für zwei Uhr an der Treppe zum Koscheren Speiseklub verabredet, und als Sam kam, gingen wir zu dritt zu der verlassenen Synagoge zurück. Den restlichen Nachmittag verbrachten wir damit, die Artefakte zu identifizieren, sie in säurefreies Tuch einzuwickeln, in Archivkisten unterzubringen und diese zu beschriften. Am Abend tauchten dann noch einmal die Künstler in dem Gebäude auf. In der Hauptsynagoge erschien um etwa sieben Uhr eine Masse von Leuten und begann, Lautsprecheranlagen sowie eine Bar aufzubauen – für die geplante Party. Aber sie stießen auf ein Problem, denn Gerry und ich hatten die Kisten mit den Artefakten überall auf dem Fußboden aufgebaut, wir waren dabei, Lichtbilder von Sam an die Wand zu werfen, während ich die Sachen entsprechend einem Tonband, auf dem Sam sie beschrieb, in den Kisten verstaute. Dem DJ erklärte ich, er könne sich da jetzt nicht häuslich niederlassen, damit würde er in meine Kunst hineinplatzen. Wir stritten, doch ich trug den Sieg davon. An diesem Abend war die Synagoge wieder einmal still.

Am folgenden Tag brachten Gerry und ich alle Gegenstände zur Princelet Street, um sie dort sicher aufzubewahren. Dann entsann ich mich, daß Evelyn Friedlander mir von einem Projekt erzählt hatte, das sie zusammen mit einem Mann namens David Jacobs verfolgte: in London einen »Unterschlupf«, eine sichere Bleibe für Judaica zu finden. Ich schickte ihr eine Nachricht, in der ich versprach, mich nach meiner Rückkehr aus Polen bei ihr zu melden. Ich wollte am folgenden Tag nach Krakau fahren und zwei Monate fortbleiben.

Am Morgen meiner Abreise kam die Geburtsurkunde. Darin stand, daß David Rodinsky am 13. Januar 1925 in der Hanbury Street 73 geboren wurde. »Vater: Barnett Rodinsky, Schneider.« Barnett Rodinsky hatte die Urkunde unterschrieben. Er war also tatsächlich mit seiner Frau aus Rußland gekommen. Mehr konnte ich nicht über ihn herausfinden, nahm mir aber vor, während meiner Zeit in Polen auch Kuschowata, das Heimatdorf von Haicka und Barnett Rodinsky, zu besuchen.

»In Bewegung unsichtbar« Golems, Dibbuks und wurzellose Existenzen

Iain Sinclair

Ich habe gehört, daß es in der chinesischen Astrologie Sterne gibt, die so lange unsichtbar sind, wie sie in Bewegung bleiben, und die man nur sieht, wenn sie stillstehen. Könnte dein Golem dieselbe Eigenschaft besitzen?

Thomas Pynchon, *Mason & Dixon*

In langsam wachsenden Kreisen drangen die Gerüchte über Rodinsky aus der Princelet Street nach draußen. Die von Danny Gralton aufgenommene Fotoserie diktierte den Szenenaufbau. Machte Princelet Street Nr. 19 überhaupt erst zur Szenerie. Langsames, durch eine Großbildkamera aufbereitetes Licht drängte Rodinskys Dachkammer sachte aus dem prosaischen Gang der Zeit hinaus, rückte sie in die Ferne und fixierte sie im ewigen Jetzt. Schimmernde Partikelchen ließen die Deckenplanken mit ihrem verzogenen Holz ahnen; eine verstaubte Flasche Gesundheitswein, mit Bedacht arrangierte Wolldecken und Lumpen, eine Reproduktion des *Angelus* wie ein Kirchenfenster. In den Vordergrund plazierte Gralton Zeitungen, die die Rolle von Untertiteln übernahmen: »ISRAELS WIEDERGEBURT.« Traurige Bruchstücke der Gelehrsamkeit häuften sich auf dem Tisch. Das dokumentarische Talent des Fotografen lag im Streit mit einem expressionistischen Impuls zu Lenkung, Arrangement, Präsentation. Ausgelöst wurde diese ganz natürliche Reaktion durch das Zimmer selbst: ein dämmriges, jahrelang unberührtes Interieur, das bei richtiger Zurschaustellung der Objekte ein furchtbares Geheimnis erzählen konnte.

Bei längerer Betrachtung von Graltons Abzügen – aufgefordert wird man dazu durch eine üppige Detailhaltigkeit – findet man sich eingeschlossen in einen dunklen Raum. Die Lichtquelle, das mit Jalousien verschlossene Fenster, sieht man nicht. Lange warten wir auf den Beginn des Dramas. Dann, nach und nach, geht uns auf: Der Raum *ist* das Drama. Rodinsky wird niemals auftreten. Es gibt nichts, was er sagen könnte. Er ist ein Abwesender. Einer, der in seine eigene Geschichte nicht hineingehört. Das heillose Durcheinander von Artefakten – minderwertige Antiquitäten, die niemand sammeln kann – tritt an die Stelle seines Bewußtseins. Vertreten ist er durch alles, was sein Verschwinden überdauert hat. Das Zimmer ist die Landkarte eines Denkens, von dem jeder, der die Stiegen hinaufzuklettern vermag, sich eine Kostprobe holen darf. Rodinskys Leben wurde der Konstruktion eines Mythos geopfert, Sterblichkeit sichert Unsterblichkeit.

Graltons Fotos tauchten überall dort auf, wo Spitalfields sich an seiner Selbstdefinition versuchte. Auf der Titelseite der *London Review of Books*, in dem von der Spitalfields-Stiftung für Historische Gebäude herausgegebenen Band *Saving of Spitalfields* und anderen mehr. All diese meinungsbildenden Bücher arbeiteten mit den von Gralton produzierten echten Fälschungen, um den einen Gedanken festzuklopfen: Das Besondere an Spitalfields ist, daß es die Zeit in eine Flasche gesperrt hat. Die schmuddeligen Straßen bewahren Reste des georgianischen London; Kloakendreck, der von den Opfern Jack the Rippers stammt; Armutsstatistiken, für Romanleser aufbreitet. Hier wurde die Phantasie der Schauerromantik durch Sozialreformer gezähmt.

Der Blick auf die Szenerie in der Princelet Street und die bequeme Abwesenheit Rodinskys beflügelten die Phantasie von Filmemachern und Essayisten. Spitalfields darf nicht dort landen, wo das übrige London bereits ist, es darf nicht den kruden Kapitalzwängen überlassen werden – denen es freilich selbst erst entsprungen ist. Bürgerinitiativen setzten sich mit Feuereifer dafür ein, daß bei der bevorstehenden Neubesiedlung die Rechte der Hausbesetzer gewahrt bleiben. Architekturhistoriker wie Dan Cruickshank und neogeorgianische Aktivisten wollten den Stadtteil (oder auch nur ein besonders schönes Musterstück) im Zustand der Hugenottenzeit festhalten. Spitalfields sollte nichts zu tun haben mit seiner Umgebung (weder mit den Nachtklubbesuchern, Flittchen und überkandidelten Schwulen von Shoreditch noch mit den hartgesottenen Warenverkäufern der City, noch mit der Lederprostitution, dem Transvestitenstrich, den Pseudokünstlern und horrorgeilen Touristenschwärmen der Brick Lane). Die zum Kulturerbe erhobenen Straßen um den zum Teil zerstörten Spital Square sollten ihre Nähe zu Broadgate mit seinen eiskalten Wohntürmen und seinen nachgemachten Neue-Welt-Gehwegen verleugnen und Verwandtes vielmehr in der vertikalen Zeit und im unbegrenzten Raum suchen.

Eine sehr viel subtilere Werbung machte Raphael Samuel, der lange Zeit in der Elder Street wohnte. Mit seinem reichen Wissen über den Kiez und seinen engen familiären Bindungen (jüdische Verleger und Buchhändler in der Wentworth Street) war Samuel sich deutlich bewußt, daß ihn etwas ganz anderes an den Bezirk fesselte als die zugezogenen Neogeorgianer. Auf seiner Seite hatte er die moralische Überlegenheit der Unterprivilegierten, der Benachteiligten, der Mittellosen, die sich irgendwie durchschlagen. (Auch wenn dies bei einem intellektuellen, vielpublizierten Essayisten und Oxforder Universitätsdozenten ein Stellverteterstatus war.) Er hatte viele Stunden seines Lebens darauf verwendet, die Geschichten derer niederzuschreiben, die hier gelebt hatten. Seine Biographie eines Ganoven aus der Brick Lane, erschienen unter dem Titel *East End Underworld: Chapters in the Life of Arthur Harding*, ist – was Tonbandmitschnitt und einfühlsame Herausgeberarbeit angeht – ein wahres Wunderwerk; und ganz nebenbei beschreibt sie die Verbrechertaxonomie der Lane sowie die Überlebensstrategien, die man braucht, um in spätviktorianischer Zeit weg- und zu passender Zeit wiederaufzutauchen. Mit seinem hart erarbeiteten Wissen hat Samuel sich das Recht verdient, Spitalfields von seiner persönlichen Warte zu schildern. Für einige Bücher über den Londoner Osten hat er regelrecht geschwärmt: Israel Zangwills *Kinder des Ghetto*, Jack Londons *The People of the Abyss*, Arthur Morrisons *Child of the Jago*. Wie Emanuel Litvinoff beschrieb er den Bezirk um die Brick Lane als Ghetto; für ihn verband er sich mit Ortschaften in Polen und Rußland, nie mit Islington, Hackney oder Southwark. »Spitalfields« war eine mittelständisch aufgemotzte Floskel und diente der Aufwertung von Nicholas Hawksmoors Christ Church (eben deshalb steckt im Erscheinungsdatum von Peter Ackroyds Roman *Hawksmoor (Der Fall des Baumeisters)* so viel Voraussicht, wurde er doch genau in dem Moment publiziert, als Gralton in Rodinskys Allerheiligstes eindringen durfte.)

Die Neogeorgianer scherten sich nicht weiter um Ackroyds düsteres Pasticcio, seinen Gedanken des satanischen Opfers; die verborgene pädophile Agenda mit ihren grausamen phallischen Türmen, ermordeten Kindern und knabenhaften Racheengeln. Aber das Buch war allgegenwärtig. Ich weiß noch, wie ich einmal einen Autor und Regisseur besuchte, der sich ein Hugenotten-Haus in der Fournier Street wiederhergerichtet hatte. Dieser Mann, Rodney Archer, hatte wenige Zeit zuvor ein Theaterstück in der, wie er sagte, »Alten Synagoge, Princelet Street« inszeniert. Es hieß *The Harlot's Curse* und umspielte in einer ritualistischen Veranstaltung, in Reimen, Gesang und Bewegung, die wehenden Rockschöße von Jack the Ripper. »Das ganze Stück durchzieht, wie ein Flußband, William Blakes Gedicht *London*«, hieß es im *Observer*. Der eine Mythos als Namenszug unter einem anderen. Eine Geistervorstellung in einem Geisterhaus. Brave Zuschauer zogen schlurfenden Schrittes in ein Gebäude, dessen geräuschvolles Schweigen sie überwältigte.

»Die Kirchturmuhr schlägt die Stunde. Ein Mann wetzt das Messer – bei jedem Glockenschlag ein Schaben.« So Archers Regieanweisungen zum Stück. Von seinem Wohnzimmer im ersten Stock kann man genau ins Pfarrhaus am Ostende der Christ Church blicken und Hawksmoors Original-Treppenhaus sehen; man kann auch über das Kirchenschiff hinweg auf den scharfkantigen und beherrschenden Kirchturm schauen. Archers Raum, noch unfertig, ist geschmückt mit dem neoromantischem Prospekt, den Ian Harper für das Theaterstück entworfen hat und der aus der Princelet Street mit hierhergewandert ist. Der Kamin, erzählt uns Archer, gehörte früher Oscar Wilde. So wenigstens behauptet das Gerücht. Eine heimliche Trophäe, die aus dem Untergang des Dichters gerettet und von Generation zu Generation, durch die Hände der wenigen Gleichgesinnten weitergegeben wurde. Auf dem Kamin liegt ein Stapel Bücher in gelbem Schutzumschlag. Alle mit demselben Titel: *Hawksmoor*. Jeder Besucher, der in die Fournier Street kommt, bringt Ackroyds Bestseller als Geschenk, so daß man taktlos an Eulen und Athen denkt.

Raphael Samuel, der sein Haus in der Elder Street halbherzig renoviert, indem er die Hartfaserplatte vom Kamin entfernt, hofft, dabei Publikationen ganz anderer Art ausgraben zu können. »*The Black Dwarf* vielleicht oder irgendein Fossil aus den Tagen der ›radikalen Weber‹.« Aber so ein Glück hatte er nicht; das Beste, was er zutage förderte, war »eine Mitgliedsmarke der Londoner Gelehrten Gesellschaft ... die er in den Fußbodendielen fand«. »Vereint für eine Parlamentsreform 1795.« Mit Entzücken entdeckte Samuel, daß sein Haus »einmal von einem englischen Jakobiner bewohnt« war. Wir graben die Geschichte aus, die wir brauchen, verbiegen die Vergangenheit, um uns in der Gegenwart anzusiedeln. Selbst Samuel, der Radikale, der die Arbeiterklasse ins Gedächtnis zurückgeholt hat, sucht den Stadtteil mit Gewalt seiner Interpretation anzunähern. Spitalfields muß das Schtetl der letzten Tage sein. Bei der Arbeit an seinem Haus spürte er, »wie die holzverkleideten Wände einen Kokon um uns spinnen, während das Holz im Kamin lodert«. »Es scheint«, schreibt er, »als seien wir aus Zeit und Raum herausgehoben.« In ihrer Hingabe an den Ort, die Stätte, verschmelzen beide – der politisch linksstehende Jude Samuel und der ehemalige Literaturredakteur des *Spectator*, Peter Ackroyd – zu ein und derselben Person. Ackroyds Hawksmoor »malte seinen Namen in den Staub auf dem Fensterbrett, dann wischte er ihn wieder aus. ... Wenn er in der Mitte des Zimmers saß, konnte er aus dem Augenwinkel manchmal Gestalten erkennen; sie bewegten sich, waren dabei aber so undeutlich wie Schatten auf einem Gewässer, und sobald er den Kopf in ihre Richtung drehte, waren sie wieder verschwunden. ... Und als Hawksmoors Stimme durchs Zimmer hallte, fielen vom Kaminsims ein paar Münzen herab.«

Auf einem eigenen Foto von Elder Street präsentiert sich Samuel ziemlich überzeugend als gehobenere Variante von David Rodinsky: Jude, Gelehrter, ein Mann, der Geheimnisse aufdeckt und der seinen Ort, seinen Platz gefunden hat. Samuels Foto von seinem Haus Nr. 19 ist fast das exakte Abbild eines anderen Gebäudes mit derselben Hausnummer: Dan Cruickshanks Foto der Synagoge in der Princelet Street. Aber beide Häuser gingen unterschiedliche Wege. Elder Street war, zum ersten Mal seit den sechziger Jahren, in »Familienbesitz«. Die Synagoge war nach wie vor in einem Zwischenzustand, kein Ort der Geschäftigkeit und des Gottesdienstes mehr, aber auch noch kein Museum. Die Passivität der Princelet Street wirkte wie ein Affront. Das Gebäude brauchte neue Geschichten.

Nach seinem allzu frühen Tod ließ Samuel viele halbfertige oder halb in Angriff genommene Projekte zurück; unter dem Titel *Theatres of Memory* gab seine Lebensgefährtin Alison Light eine Reihe posthumer Schriften heraus. Im Vorwort zum zweiten Band, *Island Stories*, schildert Light das sonderbare Ordnersystem des Gelehrten aus der Elder Street. Sie hätte ebensogut über Rodinsky schreiben können. »Raphaels Ordner sind vollgestopft mit wiederverwendetem Papier aller Größen, Strukturen und Farben: buntgemischte Anmerkungen auf der Rückseite von Papierfetzen (von College-Notizzetteln bis zu Entwürfen, die Freunde zu ihren Artikeln machten, alle interessant, ja unterhaltsam zu lesen); kopierte und von Schnippeldiensten gelieferte Zeitungsausschnitte, zerrissene Papierservietten aus Restaurants, in denen er ein Gespräch hastig aufgeschrieben hatte, um es später zu sezieren. ... Berge von Ringbüchern in jedem freien Eckchen ... labile, nicht enden wollende Stapel von Karteikarten ... die unsanft in alte Blechdosen gestopft sind, schwankend auf staubigen Fensterbrettern stehen oder unter Stühlen hervorlugen. Da theoretisch alles wiederbenutzt werden konnte, durfte nichts weggeworfen werden.«

Fundierte Forschungsarbeit im Verein mit grenzenloser Leidenschaft – das ist eine weitere Parallele zu Rodinsky. Der Papierladen von Spitalfields. Das unvollendete Meisterwerk, das darauf wartet, fertig geschrieben zu werden. Eine fast unwirkliche Masse von Fragmenten, verführerisch dargeboten in der Hoffnung, ein künftiger Nachfolger werde das Große Werk vollenden. Samuel – Füller und Notizbuch schauen aus der Tasche seiner Jeansjacke hervor, geschäftige Finger rollen eine Zigarette, eine wilde Haartolle fällt über die faltige Stirn – sitzt fest und sicher zwischen Unmengen von Büchern und Dokumenten, doch der Stuhl in Rodinskys Dachkammer ist für immer leer. Dort saß einmal ein solcher Mann, und hier sind seine Worte, sein Testament.

Im Jahr 1991 kam eine junge Frau in die Synagoge der Princelet Street, in der Hoffnung, dort die Geschichte ihrer Familie erforschen zu können. Ihr Großvater hatte in dieser Straße sein erstes Geschäft, bevor er weiter nach Osten in die Umgebung des London Hospital zog. Rachel Lichtenstein mußte, um ihr Leben ins Gleichgewicht zu bringen, sich mit Quellen und handfesten Beweisen der eigenen Vergangenheit versichern. Sie war gleichermaßen Denkmalspflegerin und Künstlerin. Ihre Motive waren forensischer, archivarischer Natur. Sie hoffte, die Synagoge werde sich als Schatzkammer erweisen, in der verstaubte Akten, alte Kultgegenstände, Schriftrollen und Fotografien liegen. Als sie von der Geschäftigkeit der Straßen, von den Lederprostituierten und den Häusern mit ihren geschlossenen Fensterläden hereinkam, traf sie unvorbereitet auf das, was sie vorfand. Es war ein Schlüsselmoment. Ein Schritt, der alle gelernten Vorstellungen von Familie und Zuhause veränderte.

Spinnweben. Das weiß sie noch. Sie spannten sich in jeder Ecke des Raums und hingen von den Messingleuchtern. Instant-Altertum. Die Ruine, als Ruine verkleidet. Die Synagoge mit dem ganzen rituellen Gepäck: eine Vision vom Ende der Zeiten. So *müßte* ein Gebäude aussehen, wenn nach jahrelangem Dornröschenschlaf wieder Tageslicht hereindringt.

Rachel war in die Dreharbeiten zu einem Film hineingeplatzt: *The Golem of Princelet Street*. Der Regisseur, Brett Turnbull, war Schüler der Landesfilmschule. Die Produktion wurde betreut vom East-End-Allesfresser Professor Bill Fishman.

Einer der Beleuchter, der gerade nichts zu tun hatte, ging mit ihr im Gebäude herum und befriedigte ihren Hunger nach mythischer Geschichte, als er erzählte, der Film gehe zurück auf die Legende von einem Mann, der *genau in dieser Dachkammer, in der sie jetzt stünden*, gewohnt habe – und spurlos verschwunden sei. David Rodinsky.

Die Synagoge in ihrer schauerromantischen Aufmachung, der verschwundene jüdische Kabbalist: mehr konnte Rachel sich nicht wünschen. Ein Gegengift gegen Southend, die Vororte. Hier waren die sagenumwobenen Gespenster aus den Büchern von Meyrink und Leo Perutz. Der Film, eine Antwort auf die von Danny Graltons Aufnahmen erzeugte Stimmung und auf die von Schwarzweiß-Dokumentarstreifen unbekannter Herkunft verbreiteten Gerüchte, versuchte noch einmal die Sage vom Vergeltung übenden Golem zu beschwören. Aber dies hier war ein zum Kulturerbe erhobener Golem, ein Sozialstaats-Golem, ein Golem mit Rentenanspruch – eine zahnlose Emanation. Turnbulls kurzer Film mischte Rührseligkeit à la Wolf Mankowitz mit einer Prise Mystizismus und einem Häppchen Realität. Begegnung zwischen einem *Kid for Two Farthings* und *Dr. Caligari* – mit Hilfe der *Fahrraddiebe*. Rodinsky, der einsame Gelehrte, der Hausmeister, der im Begriff steht, auf die Straße geworfen zu werden, im Bund mit einem Lumpensammlerjungen aus Bangladesh – und gemeinsam bilden sie dann einen Golem. Der Film endet mit Rodinskys Abtransport aus der Synagoge im Krankenwagen. Mit ostentativem Schwung steigt der Aufnahmekran hoch über eine müde daliegende Princelet Street und bringt sich (und den Zuschauer) in gehörige Distanz zu dieser kleinen, alltäglichen Ghetto-Geschichte.

In der Umwidmung David Rodinskys vom Golemmacher zum Golem äußerte sich die Bewegung des Films von schnurriger Dokumentation zu apokalyptischem Chiliasmus. Wenn das Ghetto bedroht ist, erscheint Rabbi Jehuda Löw ben Bezalel auf dem Plan und zeigt seinen Homunkulus oder formt einen riesigen Diener aus Flußschlamm, einen Beschützer der Armen und Unterdrückten. In Turnbulls Film wird der Golem gebraucht, um die Bulldozer abzuwehren, aber es ist ein hoffnungsloses Unterfangen. Der Schauspieler David Graham verleiht Rodinsky das Pathos einer Bühnenfigur des Jiddischen Theaters. Mit ehrfürchtig nostalgischer Geste kritzelt er seine kabbalistischen Tafeln hin, wissend, daß diese Zeiten vorbei sind. Ein Golem kann heute nichts mehr anderes sein als ein Haufen Staub, ein paar rätselhafte Lumpen in einem vergessenen Zimmer.

In der besten Literatur, in Erzählungen wie Gustav Meyrinks schwindelerregender und befremdender Geschichte *Der Golem*, ist das künstliche Geschöpf nur noch Erinnerung; es gehört einer sagenhaften, aber mit Sehnsucht betrachteten Vergangenheit an. Der Golem ist das Verbannte, eine atavistische Karikatur. Ein Traumgefährte. Die häßliche Gestalt von etwas, das weg ist und nicht erinnert werden kann. Etwas dunkel Abwesendes, dessen sonderbares Schwerefeld die Gespenster der Angst, Paranoia und Impotenz einfängt.

Gustav Meyrink übersetzte Dickens ins Deutsche. Kafka und Meyrink, die zur selben Zeit in Prag lebten, zehrten von der phantastischen, labyrinthischen Großstadt der Dickensschen Romane: Leichen im Fluß, Geographie der Staubhaufen, Knochenhandel, häusliches Leben im Kerzenlicht, gespielt vor einem Nebelvorhang. *Der Prozeß* ist eine gestutzte Übersetzung von *Große Erwartungen*; weggeschnitten sind die hektischen Nebenhandlungen, die Überfülle an Adjektiven. Das Gesetz und seine Geister. Selbstentzündungen in Häusern, die mit Lumpen und Papieren vollgestopft sind. Die hierarchische Struktur der Dickensschen Geschichten braucht einen Spuk in der Mansarde, ein halbverrücktes Geschöpf aus einer anderen Zeit; ein verwundetes Lebewesen, das arglose Kinder zum Beschützen animieren kann.

Meyrink, der Scharlatan, Okkultist, Kaffeehausunterhalter aus Prag, fand Figuren, die aus den Dickensschen Romanen in die engen Gassen der eigenen mythenbildenden Stadt ausgewandert waren. Er wollte sie wieder in Besitz nehmen, dem Roman zurückerstatten. Angelo Maria Ripellino erzählt in seiner phantastisch sich überschlagenden Hommage *Magisches Prag*, Max Brod, der Testamentsvollstrecker Kafkas, berichte in seinen Memoiren, »daß es in Meyrinks Freundeskreis einen

Mann gab, der tote Fliegen sammelte, und einen Trödler, der seltene Bücher nur mit dem Einverständnis eines gezähmten Raben verkaufte«.

Meyrinks Golem ist das, was unerlöst, ausrangiert, vergessen auf dem Dachboden über einer mit Brettern vernagelten Synagoge überlebt. Überschreitet der Automat die Grenzen der Judenstadt, ist er verloren. Sein plumpes Toben verrät ihn. Wie Frankensteins Monster (sein neuer Adam) wird der Golem nach der Befreiung aus seinem irdischen Gefängnis an die äußersten Grenzen der bekannten Welt vertrieben, in eine Eiswüste, wo Sprache im Schmerzgeheul erstarrt. Er muß lernen, Geduld zu haben, zu warten. Im Halbdunkel, verborgen unter dem Dach zu warten, wo er unter den Bettdecken des letzten Hausmeisters fast erstickt. Im Dunkeln ist der Golem unsterblich. Durch ihn erhält der Ort seine Einzigartigkeit. »... irgend etwas, was nicht sterben kann, (treibt) in diesem Stadtviertel sein Wesen«, heißt es bei Meyrink. Wird das Versteck des Golems entdeckt, werden seine Mythen ans Licht der Öffentlichkeit gezerrt, dann verliert das Ghetto seine Unantastbarkeit. All jene Sagen von Vergeltung und Ohnmacht kassieren die Stadterneuerer als ihre Trophäen.

In seinem 1920 in Berlin erschienenen Buch *Der Prager Golem Von seiner ›Geburt‹ bis zu seinem ›Tod‹* schreibt Chajim Bloch über den Tod des Golem: »Er wurde sodann mit alten Gebetmänteln und Resten von hebräischen Büchern, die nach jüdischer Gepflogenheit auf dem Synagogendachboden aufbewahrt werden, zugedeckt.« Umkehr des profanen Usus: der Keller wird zum Dachboden, Kultgegenstände und ausrangierte Büchereien schweben über den Köpfen. Der Überlieferung zufolge sollte der Golem unterm Dach der Altneusynagoge in Prag zu finden sein. Ein Lebewesen aus Lehm, aus dem Schlamm der Moldau, das wieder zu Staub zerfällt. Der Einwanderer in Whitechapel trägt die Spuren der Zeit, da er auf dem Fluß war, des Augenblicks, als er ohne einen Pfennig und ohne Besitz oder Eigentum bei den Irongate Steps am Londoner Tower ankam. (Eine der Geschichten aus dem alten London erzählt von Juden, die von Edward I. ausgewiesen und von Schiffern auf einer Sandbank unter der London Bridge ausgesetzt wurden. Sollen sie dort auf günstigere Gezeiten warten! Noch heute kann man, wenn es nach manchen Kriminalromanschreibern geht, auf bestimmten Flußstrecken ihre Schreie hören.)

Aus Lehm entsteht sie, diese Geschichte. Unter dem Einfluß von Paracelsus, zum Wahnsinn getrieben durch seine lange Beschäftigung mit Erzählungen, die sich seinem Zugriff entzogen, weil jeder Subtext neue Subtexte hervorbrachte, begann Meyrink das Kanalsystem von Prag nach dem Stein der Weisen abzusuchen. Oder vielmehr, so raunte man. Nächtliche Expeditionen, bei denen er durch Kot watet und gelblicher Brei an seinen Stiefeln klebt, auf der Suche nach einem Mittel der Transformation. Der Punkt, an dem seine Suche nach dem Golem eins wird mit seinem Versuch, die Metapher der Alchimie zu verstehen. Aber diese Gerüchte waren selbst eine Metapher für die Art und Weise, wie die literarische Zunft Meyrinks dubiose Romane wahrnahm: als Herumstochern im Dreck, als nutzloses Aufrühren von Unrat. Eine abenteuerliche Suche, die keinen anderen Zweck hat, als den Wahnsinn des Suchenden zu demonstrieren. Meyrink, der in unterirdischen Gängen unter dem Ghetto herumwühlt, um von dort das Eigentliche, das *Magisterium* des Alchimisten, heraufzuholen, auf Grund dessen – so Ripellino – »die Erschaffung des Golem und die Suche nach dem Stein der Weisen auf der gleichen Linie (liegen)«, konvergieren. Der aus roher Materie geformte Golem sollte auf dem Wege der Alchimie zu Gold werden; zu einem besonderen Licht, welches die Judenstadt generationenlang heimsuchen würde.

Was hat das alles mit David Rodinsky zu tun? Rodinsky, der Gelehrte, der Hausmeister, war kein Hausmeister. Die Neogeorgianer waren scharf darauf, ihn als Golem in die Dachkammer zu setzen, als konkreten Menschen, der mit seiner Anwesenheit das Sammeln seiner Bücher und Möbel absegnen sollte. Carol Wayne (die ehemalige Ethel Rodinsky) sagt im Gespräch mit Rachel Lichtenstein: »Er sah aus wie ein Landstreicher, ein Bettler.« Und weiter: »Wenn man ihm zu helfen suchte, wurde er immer ganz grantig.« War er also eine uneingestandene Spielart von Mac Davies, des jähzornigen Obdachlosen bei Pinter? Rodinsky hat das ganz anders gesehen. »Wenn ich nicht der anerkannte Mieter bin, wer dann?« schrieb er in einem Brief vom 18. August 1961. Mieter, Wächter. Hüter der Stätte. Rodinsky verschwendete keine Zeit auf sein Äußeres. Er besorgte sich abgetragene Kleidung aus den Läden der Wohlfahrtsverbände. Sein Kopf war immer bedeckt, mit einer flachen Mütze, wie sie die Arbeiter am Obstmarkt trugen. Schwere, blankgescheuerte Jacketts mit sehr langen Ärmeln hingen noch im Schrank, als Danny Gralton mit seiner fotografischen Registratur der Dachwohnung begann. Aber niemand konnte schildern, wie Rodinsky aussah. Sämtliche Nachforschungen, sämtliche Besuche bei älteren Verwandten, die Rachel unternahm, förderten nicht ein einziges Foto von dem Mann zutage. Er blieb ungreifbar. In *Der Golem* erzählt Meyrink von einem Menschen, der »seltsam aussah«, von einem Besucher, der sich, obwohl »sein Aussehen sehr auffallend« war, nicht beschreiben ließ. »Die Geschichte mit dem Golem läßt sich schwer fassen. So wie Pernath vorhin sagte, er wisse genau, wie jener Unbekannte ausgesehen habe, und doch könne er ihn nicht schildern. Ungefähr alle dreiunddreißig Jahre wiederholt sich ein Ereignis in unsern Gassen, das gar nichts besonders Aufregendes an sich trägt und dennoch ein Entsetzen verbreitet, für das weder eine Erklärung noch eine Rechtfertigung ausreicht.«

Der Golem – und die Gleichsetzung zwischen Rodinsky und dieser Figur – ist also ein Problem der ewigen Wiederkehr, der zyklischen Zeit. Die Metapher wird aktiviert, sobald sie gebraucht wird. Solange der Golem in Bewegung ist, sieht man ihn nicht, erst wenn er zum Stillstand kommt, wird er angreifbar. Bei Meyrink heißt es, daß er »gleichmäßigen und eigentümlich stolpernden Ganges, so, als wolle er jeden Augenblick vornüber fallen, durch die Judenstadt schreitet und plötzlich – unsichtbar wird«. Die plötzliche Unsichtbarkeit ist eine Folge des Erkanntwerdens. Man braucht nur von ihm zu sprechen, und schon ist er nicht da. Aber jede neue Erzählung der Geschichte muß bei diesem Verschwinden beginnen. Das Verschwinden markiert den Moment, wo der Golem aus seiner unberechenbaren Umlaufbewegung herausfällt und sich an einem Ort festsetzt. »Gewöhnlich«, schreibt Meyrink, »biegt er in eine Gasse und ist dann verschwunden. Ein andermal heißt es, er habe auf seinem Wege einen Kreis beschrieben und sei zu dem Punkte zurückgekehrt, von dem er ausgegangen: einem uralten Hause in der Nähe der Synagoge.«

Es ist zu verführerisch. Der Golem hat die Essayisten, die geschäftigen Spürnasen angelockt. Sie müssen partout erfahren, was das Haus enthält. Sie müssen es beschreiben, den Inhalt auflisten, alles fotografieren – und sei's nur, um zu beweisen, daß das Wesen in der Dachwohnung nicht mehr existiert. Dem Mythos muß die ganze Potenz entzogen werden. Meyrinks Pöbel durchsuchte das Haus in der Altschulgasse »von oben bis unten«. Erst als man Wäsche aus jedem Fenster hängte, um zu zeigen, daß das betreffende Zimmer sauber sei, entdeckte man, »daß in diesem Hause ein Zimmer mit Gitterfenster vorhanden ist, zu dem es keinen Zugang gibt«. Ein »Zimmer ohne Türe«. Und das, müssen wir begreifen, ist etwas ganz anderes als ein Zimmer, dem die Türen fehlen. Das ist eine stolze Behauptung, ein lautstark vorgebrachtes Nein: *Das Zimmer hatte keine Tür*. Ein Raum, in dem man beerdigt werden kann. Ein aufrecht stehender Sarg.

Aber das ist nur die eine Seite dieses »Zimmers ohne Türe«. Der Alptraum à la Edgar Allan Poe hat eine zweite Bedeutung – die Armenhütte. Ein Zimmer mit Eingängen und Ausgängen, den notwendigen Öffnungen, aber ohne den Luxus von Türfüllungen. Türen repräsentieren sozialen Status; wer sie besitzt, bekommt ein gewisses Maß an Privatheit zugestanden. Er kann sich vor Dienern, Bittstellern oder Gläubigern zurückziehen. Die Tür ist eine Grenze, mit Rahmen versehen und ostentativ hingestellt. Die Armen, die Obdachlosen kennen sie nur von außen. Dort wo sie hindürfen, gibt es keine Türen (es sei denn diese dienen dazu, sie wegzusperren wie im Gefängnis oder im Irrenhaus).

In H. Leiwicks Theaterstück *Der Golem* (1920), das er für das im postrevolutionären Rußland entstandene hebräische Theater Habimah schrieb, wohnt der herumtapsende Riese, Joseph Golem, im Fünften Turm. Die anderen Türme sind die vier Himmelsrichtungen; dieser eine Turm ist (wie das Fünfte

Viertel, die Judenstadt) nirgendwo. Er ist eine Zone, aus der es kein Entkommen gibt: das Ghetto des Ghettos. Hier schlafen die Bettler, die Kranken, die Wahnsinnigen, die Mißgeburten und die Gauner. Die Regieanweisungen im Fünften Turm (Szene IV. Bettler) könnten eine Beschreibung von Rodinskys Zimmer sein, so wie es vor seiner Teilrestaurierung durch die Spitalfields-Stiftung aussah. »Ein großes Zimmer, wüstes Durcheinander ... In einer Wand ein Durchbruch. Die anderen sind geschwärzt, von Spinnweben bedeckt, vom Regen durchnäßt. Keine Türen, wackelige Schwellen, zerbrochene Fenster.« *Keine Türen, ohne Türe*: Vorbedingung für die Existenz des Golems. Für Rodinsky. Einen Mann, dessen Leben allen offensteht. Einen Mann, der versucht hat, die Schranken zwischen den Welten, den Seinszuständen niederzureißen. Einen Mann, dem es gelang, sich in Nichts aufzulösen, während er andere zur lebenslangen Suche nach seiner Biographie motivieren konnte.

Sich auf Rodinskys Spuren zu begeben ist so zwanghaft und gefährlich wie die forensischen Ausgrabungen in der Krypta der Christ Church in Spitalfields. Als könnte das Vermessen und Fotografieren der mumifizierten Leichenreste sie alle wieder ins Leben rufen, die Luft mit dem Staub verlorengegangener Zeit anreichern. Das archäologische Unternehmen, die Ausschachtung der Gewölbe unter der von Hawksmoor erbauten Kirche und die Untersuchung der Gebeine und Kultgegenstände – »geborgen« wurden etwa tausend Skelette –, fand zwischen 1984 und 1989 statt, zur selben Zeit, als sich das Museum of London für Rodinsky interessierte. Die Fotos von Sargverzierungen und Leichentüchern übernehmen hier die Rolle, die der Inhalt des Kleiderschranks in der Princelet Street spielt. Die künstlichen Gebisse könnten aus dem frühen 19. Jahrhundert stammen, aber ebensogut, im Zuge der Nachkriegsfürsorge, von Nye Bevans Staatlichem Gesundheitsdienst ausgegeben worden sein. Die Straßen von Spitalfields tauchen (wo nur irgend möglich, samt dem Kirchturm der Christ Church) in Berichten über die Ausgrabungen in der Krypta ebenso auf wie in Büchern zur Stadtgeschichte, jenen hämisch verrätselten Detailenzyklopädien. Fournier Street, Spital

Square, Princelet Street: ohne Menschen, ohne Autos, gewissenhaft auf das Format schwarzweiß-fotografischer Erinnerungsbilder gebracht.

Mit welch fieberhafter Hektik sind die Andenkendiebe über Rodinskys Stadtpläne, seine mit Markierungen versehenen Seiten des *London A–Z* hergefallen. Ob diese Karten wohl Aufschluß über die von einem unsichtbaren Mann unternommenen Wanderungen gäben? Ob er sich, wenn man seine Wege nachginge, ins Leben zurückholen ließe? Was bedeuteten seine seltsamen Zeichen? Hatten diese Routen etwas Prophetisches? Würden sich aus ihnen die Buchstaben einer kabbalistischen Geheimschrift ergeben? Oder handelte es sich um nichts als die kleinen Ausflüge, zu denen er von außen genötigt wurde? Und warum schrieb er unter »Spitalfields (›Itchy Park‹)«: »Nr. 1«?

Die Stadtpläne sperrten sich gegen das Erkennen, aber die Kleidungsstücke konnten aus dem Schrank ans Licht geholt und fotografiert werden. Die Eintönigkeit, die gedeckten Farben. Farben, die nicht farbig waren: totes Wasser unter bleiernem Himmel. Schlick für einen Golem. Düstere Synthetikstoffe, vollgesogen mit Staub. Selbst Rodinskys Jacken wurden der Stimmung der Golemgeschichte angepaßt. Der Golem von Chajim Bloch (und von Leiwick) kleidet sich, entsprechend seiner Herkunft, in Erdfarben. Themse oder Moldau an einem trüben Nachmittag, flüssiges Khakibraun. Scheiße in einem Bierglas. Der Golem trug die Gewänder eines Synagogendieners oder *Schammes*. Als inoffizieller Hausmeister wird Rodinsky dem Stamm der Golems zugeschlagen. Aber er hat seinen Rabbi, sein Volk überdauert. In seiner Person wird eine andere Lebensform, ein anderer Glaube, ein anspruchsvolleres Moralsystem zum Mythos erhoben.

Unser Herumspekulieren wird rücksichtslos: Ein Mann, dessen wirkliches Leben man kaum kennt, wird als Symbol für das neue Phantasiebild eines bestimmten Londoner Stadtteils benutzt. Gegen Ende der achtziger Jahre erhielt ich nach der Publikation eines thesenhaften Essays über Rodinsky (»The Man Who Becomes a Room«) einen Brief von jemandem, der ihn gekannt hatte. Ein Mr. Ian Shames aus Stoke Newington.

Shames – mit seinem Namen ein lebendiger *Schammes* – erinnerte sich an die letzten Tage der Synagoge. Und an Rodinsky wie an zwei Personen: den Dummen und den Gelehrten. Der Übergang zwischen beiden, zwischen der autistischen Artikulationshemmung und der ungezwungenen Leichtigkeit, mit der er sich auf Wissensfeldern bewegte, zu denen er keinen sichtbaren Zugang hatte, ließ sich kaum begreifen. War der zurückgezogene Gelehrte bis zum Großen Werk, zum Schock der Erleuchtung vorgedrungen? War das die Ursache seines plötzlichen Durchbruchs, seiner Begabung für Sprachen? Gustav Meyrink beschreibt in seinem Roman von Dr. John Dee *Der Engel vom westlichen Fenster* diesen Zustand der Erweckung, der gelungenen Erkenntnis, sehr präzise:

> »Und kündet nicht jedesmal ein überirdisches Licht, ja: ein Licht den feurigen Boten an? Werden nicht geheimste Dinge offenbar? Redet nicht Kelley in Entrückungen in Zungen, nicht anders als die Apostel beim Feste der heiligen Pfingsten? Ich weiß doch seit langem und nicht ohne sorgfältige, ja listige Prüfung, daß Edward Kelley kaum des Lateins mächtig ist, geschweige denn des Griechischen, des Hebräischen und gar des Aramäischen, in denen er redet, wenn der Geist über ihn kommt. Und alle diese Reden haben Bezug auf die edeln Geheimnisse der Perfektion, und oft will es scheinen, als kämen durch den bewußtlosen Mund des Kelley zu Wort: die großen Helden der Vorzeit: Platon, der König Salomon, Aristoteles selbst und Sokrates und Pythagoras!«

Shames gedachte meinen Überschwang zu bremsen. »Ich kannte ihn, als er klein war«, schrieb er, »ein bleiches Kerlchen, das immer unterernährt aussah. ... Er wohnte zusammen mit seiner Mutter zur Miete in zwei Räumen über der Synagoge der Princelet Street, kein Gelehrter, den Unterhalt bekamen er und seine Mutter von jüdischen Wohlfahrtsverbänden.« Keine Rede von Golems, Kabbalisten, Reisen zwischen den Dimensionen, Unsichtbarkeit. Rodinsky war ein bedauernswerter Mann, der dem Leben nicht gewachsen war. »In seinem kurzen Leben bewahrte er sich sein Interesse, aber leider erreichte er nichts, und das lag an seinem niedrigen IQ. Menschen wie er kennen das nicht, Ehrgeiz oder die Anstrengung, im Leben etwas zu erreichen. David unsichtbar? Ganz bestimmt NICHT!«

Unsichtbar? Unsichtbar ist Rodinsky nur insofern, als er verschluckt wird von dem Zimmer, in dem er der letzte Mieter war. Der Golem hat mehr mit diesem Zimmer als mit dem Menschen Rodinsky gemein. Die Statur des Lehmriesen, sein großes, aber verwirrend unbestimmtes Gesicht, läßt allen freie Hand, die ihre eigenen Ängste auf ihn projizieren möchten. Dasselbe gilt für das verlassene Zimmer in der Synagoge der Princelet Street: Es ist ein Schauplatz, es schreit nach einer Geschichte.

Es gibt einen Zyklus von Golem-Erzählungen, in denen das künstliche Geschöpf als urtümlicher Detektiv agiert, die Kriminalfälle des Stadtteils löst, Unrecht und falsche Anklagen gegen die Juden des Ghettos rächt. In diesen Erzählungen sind Rabbi Löw und Joseph Golem frühe Vorbilder von Sherlock Holmes und Doktor Watson. Löw ist Neurastheniker und stöhnt unter der Last des Wissens; ein Rabbi mit absonderlichen religiösen Praktiken, dessen Weisheit von Außenstehenden als Umgang mit okkulten Kräften gedeutet werden kann. (Bestärkt wird diese Deutung durch das Prag Rudolfs II.: Dorthin kam auch das Paar Dr. Dee und Edward Kelley, dessen Zauberkünste auf der Kommunikation mit dem Geisterreich beruhten.) Löw brütet in seinem Studierzimmer, während Joseph Golem um den Schauplatz des Verbrechens herumstreicht. Praktischerweise hat der Rabbi seinen stummen Diener mit einem Amulett ausgestattet, das unsichtbar macht. Nach den Worten von Chajim Bloch sahen manche in ihm den Geist des Rabbi Löw. Der Diener, der *Schammes*, steht für die Autorität seines Herrn. Der Golem hat größeres Potential: Löw hat ihm Leben eingehaucht. Er ist Löws Projektion, seine Fiktion.

Diese Volksmärchen haben eine ganze Gattung begründet. Der Golem gehörte zu den ersten in einer langen Reihe von Ethno-Detektiven, Vorläufer jener mittlerweile Mode gewordenen Ermittler, wie sie Walter Mosley, James Sallis und Tony

Hillerman (oder, was der Sache noch näher kommt, Jerome Charyn mit seinem Isaac Sidel und Manfred Coen) geschaffen haben. Sein Wirkungsbereich war das Ghetto. Er schützte sein Volk und verteidigte es gegen rassistische Verschwörungen. So löste er etwa den Fall mit dem Schweinetransport; dabei machte ein heimtückischer Schuldner den Versuch, die Leiche eines Christenkindes in das Haus eines jüdischen Geldverleihers zu schmuggeln, indem er den winzigen Körper in ein geschlachtetes Tier einnähte. Der Golem, der das Geständnis aus dem entsetzten Schurken herausprügelt, begründet die hartgesottene Tradition, nach der man erst einmal Rache nehmen soll. Mach den Burschen fertig, und dann stell deine Fragen. Tote, die man durch Zauberkunst zum Bauchreden bringt, haben keinen Grund zu lügen. Sie legen das lauterste Zeugnis vom Todesdrama ab.

Zu den klassischen Detektivgeschichten gehört der Mord im verschlossenen Raum, eine Gattungsvariante, die auf Edgar Allan Poes *Doppelmord in der Rue Morgue* zurückgeht. (Ein anderes frühes Beispiel dieses Genres, *The Big Bow Mystery*, stammt von Israel Zangwill, einem Meister des Spitalfields-Volksromans, Autor von *Kinder des Ghetto* und *Der König der Schnorrer*.) Schwärmer würden Rodinskys Mansarde gern in diese Liste aufnehmen. Sein Verschwinden enthält alles Nötige: die halbverzehrte Mahlzeit, das offene Tagebuch, die okkulte Zauberei. Es gibt keine verläßlichen Zeugen. Die junge Detektivin hat in den Fall weit mehr investiert, als sie sich eingestehen mag. Sie ist eine Heimkehrerin, sie kommt zurück in den Bezirk, der bedroht ist durch die Stadterneuerung. Sie ist überzeugt, daß die Lösung dieses Rätsels den Schlüssel zu allen Geheimnissen der Großstadt in die Hand gibt. Sie kommt aus gutsituierter Familie, beschließt aber in störrischer Verdrehung der Verhältnisse, daß sie in den Armenvierteln leben und arbeiten muß. Alte Menschen erzählen ihr. Sie wird bedroht von jugendlichen Rowdys, von Pattexschnüfflern mit Messern. Sie macht erstaunliche Entdeckungen, findet aber keine endgültige Lösung. Sie gibt auf, erkundet andere Länder, erlebt die Verlockung der religiösen Orthodoxie. Sie bekommt Heiratsangebote. Aber die ganze Zeit hindurch verfolgt sie das Gesicht eines Mannes, den sie nie gesehen hat. Eines Mannes, von dem es kein Foto gibt; dessen Geschichte die Geschichte eines versiegelten Zimmers ist. Das Zimmer ist seine verfälschte Autobiographie. Es enthält alle Indizien, alles, was er berührt und geordnet hat. Einsam, gepeinigt, besessen, verbringt sie viele Stunden in dem Zimmer, der dämmrigen Dachkammer. Hellsehen. Sie wartet auf eine Stimme. Sie will, daß Rodinsky seine Geschichte diktiert. Sie erzählt mir, daß sie, wenn sie die Wahrheitssuche wie eine Detektivgeschichte behandelt, ihre Ermittlungen in Spitalfields als Analogon zu den Talmudstudien betreiben kann. In Israel brachten die Lehrer ihr bei, drei Sätze in zahlreichen Interpretationen zu lesen. Wochen, Monate in der Wüste, damit beschäftigt, immer dieselben Wörter auseinanderzunehmen. Buchstaben als Zahlen. Wörter, in Stücke gebrochen und neu gebildet. Die Suche nach Wahrheit, Erleuchtung, und die Meditationen über Rodinsky waren ein und dasselbe. Der Gelehrte hatte sich aufgelöst in den Text.

Rachel Lichtenstein wird zu einer Emanation aus Meyrinks Roman: die Neigung, »der Erinnerung an verflossene Ereignisse nachzuhängen – dann der seltsame, von Zeit zu Zeit immer wiederkehrende Traum, ich sei in ein Haus mit einer Flucht mir unzugänglicher Gemächer gesperrt.« »Ich war wahnsinnig gewesen«, sagt Meyrinks Protagonist in einem Augenblick furchtbarer Selbsterkenntnis, »und man hatte ... das ›Zimmer‹ verschlossen, das die Verbindung zu jenen Gemächern meines Gehirns bildete, und mich zum Heimatlosen inmitten des mich umgebenden Lebens gemacht.« Der Wahnsinn, die Fieberglut der Vision, geht hinaus auf die Straße; die Geographie des Bezirks wird verzerrt. Alle, die das Zimmer, eine Gedächtniszelle, besichtigen, lassen sich anstecken. Sie werden zu Essayisten, Märchenerzählern, literarischen Detektiven. Jeder besitzt ein Teilstück der Geschichte. Sie suchen sich Leidensgenossen, in der Hoffnung, eine komplette Erzählung zusammenzubekommen. Das Zimmer ist eine Pseudoerinnerung, eine Projektion. Es hielt eine einzige Enthüllung bereit: daß ein Mensch verschwunden ist. Rodinsky war überflüssig. Er hatte jemand anderen bewogen, seine Geschichte abzuschließen. Meyrink zufolge kehrt die Legende vom Golem immer dann wieder, wenn sie gebraucht wird. »Er wohnt hoch über der Erde in einem Zimmer ohne Türe, nur mit einem Fenster, von dem aus eine Verständigung mit den Menschen unmöglich ist. Wer ihn zu bannen und zu — verfeinern versteht, der wird gut Freund mit sich selbst.«

Wenn alle tot sind,
Muß einer bleiben.
Sei du der eine.

H. Leiwick,
Der Golem

Anfang 1998 wurde am Bridewell Theatre eine von Peter Wolf geschriebene Neufassung des *Golem* aufgeführt. Die Veranstaltung reizte mich in mehrfacher Hinsicht. Vielleicht brächte es etwas, sich ein Stück anzusehen, in dem zunehmend vertrauter werdende Archetypen auftreten: Rabbi Löw, seine Schüler, seine Tochter und sein Gegenspieler, der unerbittliche Bruder Taddäus. Diese Figuren waren wie Buchstaben aus einem geheimen Alphabet (in meiner pseudo-kabbalistischen Lesart): Es käme dann nur darauf an, den Tanz zu beobachten, zu sehen, wie die Körperformen sich auf der Bühne verteilen, den Schatten ein Eigenleben zuzugestehen. Das Theater war früher ein Freizeitort für die Stoffdrucker gewesen, dann wurde es zum Schauplatz für Aufführungen und Darbietungen. Ich war nicht das erste Mal hier; ich hatte an einer wochenlangen Veranstaltungsreihe mit dem Titel *Subversion in the Street of Shame* teilgenommen, die aus Lesungen, Interviews und Ausstellungen bestand. Es gab eine öffentliche Diskussion zwischen Emanuel Litvinoff und Patrick Wright. Der Bildhauer und Dichter Brian Catling kroch unter die Bühne und stieß von dort unartikulierte klagende Zyklopenlaute aus (an dieser Stelle war ein Schwimmbecken gewesen). Das Besondere am Bridewell war seine enge Verwandtschaft mit der Synagoge in der Princelet Street. Atmosphäre, Stimmung. »Vibes«, wie die alten Hippies zu sagen pflegten, Ausstrahlung. Orte, wo jeder, der von der Straße hereinkam, in eine veränderte Temperatur eintauchte. Orte mit unausgesprochener Geschichte und einem verwirrenden Gespür für Latenz: daß etwas in der Gegenwart inszeniert werden muß, um eine unbewältigte Vergangenheit zu befrieden. Diese Bühnen der Erinnerung nahmen einem den Atem.

Beim Anschauen von Wolfs Theaterstück war es, als wäre ich noch einmal in der Synagoge. Ich ließ den Blick durch den Raum schweifen, von der Anordnung der Stühle, die die Schauspieler von drei Seiten umgaben, über die Balkons, die den Hauptraum überwachten, zu den Säulen – und ich spürte das hallende Gewölbe unter den Bühnenbrettern, das frühere Schwimmbecken. Die Aufführung schien zuerst nichts Außergewöhnliches zu haben, ein winziges Schauspielerteam, das sich mühte, ein kleines, aber redseliges Publikum zu fesseln. Das Stück war unter anderem gesponsert von der Jüdischen Sozialfürsorge, dem »größten Wohlfahrtsverband der britischen Juden«. Eine Organisation, die sich rühmt, sie biete »ein breites Spektrum an sozialen Dienstleistungen für Alte, Menschen mit geistiger oder körperlicher Behinderung, ihre Familien und Betreuer, Arbeitslose und Holocaust-Überlebende«. Das Publikum bestand zu schätzungsweise 80 oder 90 Prozent aus Juden; zu ihnen gesellte sich eine kleinere Zahl Kranker in ambulanter Behandlung und Amerikaner, die nicht glauben konnten, daß es nirgendwo in der Fleet Street ein Lokal gab, wo man am Samstagabend ein Steak bekam. Aber dies war eine tote Ecke. Man mußte schon suchen, bis man einen Pub fand (den Cheshire Cheese) oder gar ein Restaurant. Niemand, der durch die verlassene Straße gegangen wäre, hätte geahnt, daß sich da am Ende dieser versteckten Gasse auf der Rückseite der St. Bride's Church etwas ereignete. Unter den zahlenden Gästen ging es vor Beginn des Stückes lebhaft zu, man debattierte, diskutierte, konsultierte die Anmerkungen im Programmheft. Was folgte, war eine Art Antiklimax, weitaus weniger theatralisch als die Versammlung selbst, denn die ehrfürchtigen Sucher, die hergekommen waren, hatten sich weit mehr erhofft, als die Schauspieler bieten konnten.

Wolfs Problem, so schien mir wenigstens, bestand darin, einen Ausgleich zwischen mystischen Elementen und dem Wunsch zu schaffen, diesem Volksmärchen eine sozialistisch-realistische Reinigungskur angedeihen zu lassen. Wolf schreibt, wie er sehr wohl weiß, sein Stück jenseits des Holocaust – der doch nichts anderes ist als die Schwarze Spinne im Herzen des europäischen Bewußtseins.

> »Als ich für unsere letzte Produktion, *In Extremis*, Holocaust-Überlebende interviewte, sprach ich mit einem Mann, der mir erzählte, wie er den Golem im Konzentrationslager gesehen hat. ... Nachts lag er in seiner Baracke, da erschien in der Tür eine schemenhafte Gestalt, in der er den Golem aus alten Kindergeschichten wiedererkannte. Diese Gestalt war kein Beschützer à la Superman, sondern ein furchterregendes Monster, das ihn jederzeit angreifen konnte.«

Wolfs Golem »steht für Angst«. Und genau das macht das Sitzen in diesem synagogenartigen, von Galerien eingerahmten Raum zu einem schwierigen Erlebnis. Ein größtenteils jüdisches Publikum betrachtet eine profane Aufführung mit starken rituellen Elementen. In einer Synagoge, die keine ist, sehen wir, wie ein Schauspielerteam Rabbi Löws Haus und Kultstätte wiedererstehen läßt. Erst als Löw mit einem Griff in die krude Trickkiste des viktorianischen Schmierentheaters seinen Mantel umherwirbelt, um den Golem zu erschaffen oder zum Verschwinden zu bringen (durch die Falltür hinunter ins Schwimmbecken), wird die Parodie lebendig.

In diesem Zustand des Dahintreibens, der mich befällt, als ich da im Halbdunkel sitze und zusehe, wie eine sonderbare Darbietung sich enträtselt, unterbreche ich das Wachträumen durch Momente der Aufmerksamkeit, sobald die Schauspieler oder ihre Gesten eine Erinnerung wachrufen. In Wolfs Golem-Stück wird Rabbi Löws Studierzimmer angedeutet durch Riesenstapel von eher langweilig wirkenden Büchern: Der Zusammenhang mit Rodinsky ist unübersehbar, aber ich kann nicht viel damit anfangen. Diese Bücher sind herbeigeschafft von einem Bühnenarbeiter, der einfach nehmen sollte, was er fand.

Der spannende (und unerwartete) Augenblick kam, für mich jedenfalls, als die Tochter des Rabbi, Jessica (gespielt von Catherine Cusack), auf diese schwankenden Stapel zustürzt und die Bücher auf der ganzen Bühne verteilt. (Hier bemerkte ich ein bösartiges Glitzern in den Augen meiner Frau.) Jessica entpuppt sich als die klügste unter den Schülern des Rabbi, aber als Frau verwehrt man ihr den Zugang zu Büchern und zum Tanzen. Die Männer tanzen hin und wieder ekstatisch umher wie im *Anatewka*-Musical. Aber sie ist dazu verdonnert, in der Tür zu stehen und ihrem Vater Sachen zu holen und zu tragen. Der gerechte Zorn, der Geist dieses Stückes, wird von Jessica vertreten und nicht vom Golem. Simon Dubnov schreibt in seiner *History of the Jews* (1967–73): »Das gesamte Bildungssystem machte die Männer zu Nichtsnutzen. Frauen waren die Ernährerinnen, während ihre Ehemänner zum Tagträumen ins Lehrhaus oder die chassidische Synagoge gingen.« Im rabbinischen System erhalten die Mädchen keine Schulbildung. Die Jessica des Wolfschen Bühnenstücks führt in ihrem legitimen Verlangen nach Wissen und ekstatischem Tanz einen anachronistischen Feminismus vor. Ihr Aufbegehren ist von anderer Art als das ihrer Namensschwester, Shylocks Tochter, die sich durch Heirat befreit. (»Ach nein, gehässig ist es nicht von mir, / Daß ich des Vaters Kind zu sein mich schäme.«) Shakespeares Jessica ist die Trophäe, die ein Nichtjude als Ehefrau davonschleppt; auf älteren Stichen wird sie als üppig und geheimnisvoll dargestellt, als begehrenswerte verbotene Frucht.

Der Golem, aus dem Verkehr genommen, verschrottet, wird auf dem Dachboden eingeschlossen: Aus dem auf seine Stirn geschriebenen Wort *Emeth* (Wahrheit) wird *Meth* (Tod). Die Tür ist abgeschlossen, und niemand darf mehr hinaufsteigen. Der Lufthauch aus einer anderen Welt, der Geist des Wagnisses, ist ganz in die junge Frau eingegangen. Ebenso wie Miriam (die Tochter des heiligen Mannes in Meyrinks *Golem*) soll Jessica, so meinen die anderen, besessen sein. Miriam sagt: »als sie merkten, wie ernst es mir war ..., hätten sie mich am liebsten für verrückt gehalten, aber dagegen stand ihnen wieder im Wege, daß ich ziemlich gelenkig bin im Denken, Hebräisch und Aramäisch gelernt habe, die Targumim und Midraschim lesen kann ...« Mit anderen Worten, das Urbild zu Rodinsky ist Miriam. Eine Autodidaktin, eine Gelehrte, die die geltenden Schranken der Gelehrsamkeit übersteigt. Im verbissenen Lernen – diesem Hin- und Herschweifen zwischen orthodoxer Lehre, Familienpflichten, Mystizismus, Zahlenkunde, Koinzidenzen, Vision, Hysterie – binden sich die Daughters of Invention, die Wild Girls, an ewig wiederkehrende Golems, an Gespenster à la David Rodinsky. Durch ihr Tun opfern sie sich auf – unter den herablassenden Blicken begriffsstutziger und ängstlicher Väter, alter Männer. So klagt Miriam, daß sie »schließlich ein Wort (fanden), das überhaupt nichts mehr ausdrückte: Sie nannten mich ›überspannt‹.«

Für diese unterjochten Geschöpfe mit ihren impertinenten Fragen ist der Golem ein Freier: ein primitiver Mann, impotent und bedrängend, verstohlen, plump, stumm vor Verlangen. Ein Wesen ohne Sprache. Ein unbeholfener, dummer Stolperer, der die Harmonie der Familie zerschlägt. Ein Gewalttäter, kastriert durch rührseliges Begehren und erfüllt von Sehnsucht nach den Handschellen der Häuslichkeit.

Es ist eine unerbetene Beziehung, eine Persiflage jenes Vater-Tochter-Dilemmas, dem sie unbedingt entkommen wollen. Die Tochter eines reichen Mannes ist sein größter Schatz. Eine der Golemlegenden von Chajim Bloch handelt von einem wohlhabenden Händler, »der sich in ernstem Schaffen und unbeugsamer Rechtschaffenheit seinem Geschäfte ... widmete«. Dieser Mann hat eine einzige Tochter, Rahel (»reizend«, »tugendhaft« etc.), die sich, Gipfel des Entsetzens, mit einem Christen verlobt, nachdem sie unter den Einfluß des fanatischen Taddäus geraten ist.

»Die milde Abendluft, die auf ihren Schwingen den berauschenden Duft der blühenden Linden zu ihr herübertrug, verwirrte sie vollends und verlieh ihr den Mut zu einem tollen Unternehmen: Sie schritt über die Brücke. In der Dominikanergasse stand das Kloster des Taddäus. Dorthin zog sie die wilde Sehnsucht ihrer Seele.«

Mit dem, was sie tut, verliert sie den Vater – und ohne Vater kann das Stück nicht beginnen. In fieberhafter Ungeduld wartet Prinz Hamlet auf seinen Geist. Rachel Lichtenstein ernennt ihren »Vater« selbst, in Gestalt Rodinskys. Mit ihren Nachforschungen zwingt sie ihn zu sprechen. Sie nimmt diesen Dibbuk, den selbstgewählten Vorfahren in sich auf. Eine Form absichtlicher Besessenheit. Sie will eine unerledigte Sache zu Ende bringen. Wie Lea, die Heldin von S. An-Skis Bühnenstück *Der Dibbuk*, lebt Rachel das »ungelebte Leben« und will wissen, was mit Worten geschieht, die nie gesprochen worden sind. »Wie kann die nicht zu Ende gebrannte Kerze des Lebens für immer gelöscht werden? Wie ist das möglich?« Leas reicher Vater richtet ein üppiges Festmahl für Bettler und Landstreicher aus, weil er weiß, daß einer von ihnen ein verkleideter heiliger Mann, der auf die Erde zurückgekehrte Prophet Elia, sein könnte. Irgendein zerlumpter Vagabund oder grimmiger Hausmeister, der in einem verlassenen Gebäude hockt, entpuppt sich vielleicht – wer weiß? – als einer der Sechsunddreißig Gerechten, der Illuminati, der Hüter der Lehre. Im Ghetto wird Gelehrsamkeit hoch geachtet, wie exzentrisch sie auch sein mag; geachtet sind alle, die eine weltliche Stellung gegen geistige Wahrheitssuche eintauschen. Wahnsinn als eine zweideutige Form des Segens. Jeder speicheltriefende Schwadroneur könnte ein Endzeitbote sein, einer der Menschen, in denen ein unerfüllter, unvollendeter Vorfahr haust. Der Lebende hat, wie W. B. Yeats in *A Vision* schreibt, die Pflicht, »der Phantasie des Toten beizustehen«.

Eine solche Heimsuchung ist der Dibbuk, eine harmlosere Variante des Inkubus: ein Wesen, das sich seinen Wirtskörper genau aussucht. Besessen zu sein vom Dibbuk ist häufig eine Art Segen; aber der Empfänger kann sich der Aufgabe, zu der er berufen ist, nicht entziehen. In seinem Leben hat irgend etwas gefehlt; solange diese Verbindung nicht erkannt ist, gibt es eine Leerstelle. An-Skis Bote erklärt: »Die Seelen der Toten kehren wirklich auf die Welt zurück, aber nicht als körperlose Geister. Manche Seelen müssen mehrere Inkarnationen durchmachen, ehe sie geläutert sind. ... Und manche Seelen gehen in den Körper eines Neugeborenen ein und läutern sich durch das, was sie tun.«

Inspiriert durch ihren Besuch bei einem Kabbalisten in Jerusalem (den sie gleichwohl mit gesundem Gespür als absurde Situation erlebt), erlag Rachel Lichtenstein der Anziehungskraft solcher Vorstellungen. Sie sah sich gewissermaßen gesegnet vom Geist David Rodinskys. Aber auch heimgesucht – und dieses Gefühl wurde um so stärker, je mehr sie sich in ihre Nachforschungen vertiefte – von Rodinskys Schwester. Vielleicht war, wie einige, die die Familie gekannt hatten, noch zu wissen meinten, in Wirklichkeit sie die Gelehrte, der begehrliche Verstand gewesen? Hatte nicht die Schwester die Bibliothek aufgebaut? Die Schwester, die in einer orthodoxen Familie frustriert und unerfüllt leben mußte? Die Schwester, deren Foto Rachel aufgetrieben und in eine seltsame Postkarte umgewandelt hatte: ein Gesicht – quer auf etwas abgezogen, das wie ein Personalausweis aussieht – vor einem zerknitterten weißen Blatt, mit weit aufgerissenen Augen, doppelsinnig. Die Person weicht dem Blick der Kamera aus. Lichtenstein hat dieses Werk *Rodinskys Porträt* genannt. Auch ich war in die Falle gegangen und nahm zunächst an, es sei nun doch noch ein Bild von David. Aber nein, es ist die andere Rodinsky. Die Schwester, die ihr Leben in einer psychiatrischen Anstalt beschloß. Die Schwester, deren Schicksal David Rodinsky zu einem hektischen Briefschreiber werden, ihn Pläne von den Vororten zeichnen ließ, vom Umland, in dem die Irrenhäuser liegen. Von jener Randzone, in der die großstädtischen Alpträume geerdet werden; in der, wild verstreut, Golfplätze und Hundepensionen liegen und wo auch Rodinskys eigenes Leben zu Ende gehen sollte. Für die Geister des Ghettos wurde die M25 zum *Heref!, Halt!*, zur rätselhaften Grenze, die ihre Träume einsperrte; zu einem sie rundum einschließenden Zaun, den sie nie würden durchbrechen dürfen.

Also, einmal sagte er mir, er kenne Zaubersprüche, mit denen man einen Golem erschaffen, die Toten zum Leben erwecken, sich unsichtbar machen und böse Geister beschwören kann, sogar Satan selbst. (Spuckt aus.) Ich habe es selbst aus seinem Munde gehört.

S. An-Ski, *Der Dibbuk*

Die Geschichte treibt dahin, mal dunkel, dann wieder für einen Augenblick von tanzendem Sonnenlicht erhellt, aber immer gleitet sie zurück zu dem Zimmer, zu Danny Graltons Fotos. Wie Arcimboldo hat Gralton Rodinsky in eine Fülle von Dingen verwandelt: häusliche, mystische, verfallene Dinge. Und was für welche! Rachel Lichtensteins Archiv enthält genug Material für ein Dutzend Shoreditch-Biennalen. Aber Gralton sieht das Zimmer als Bühne. Er umgibt seine Kompositionen mit einem Rahmen: Am rechten Rand hängen die Falten eines alten Vorhangs, während am linken von irgendwoher Tageslicht eindringt. Die zwei Gestalten der Millet-Reproduktion wiederholen sich auf einer auf dem Tisch liegenden Postkarte. Ein harter Stuhl wartet auf einen Schauspieler, den man nicht sieht. Mehrere aufgeschlagene Manuskripte wollen seine Beachtung finden. Die verschlossene Flasche mit Dunkelbier ist ein deplaziertes Requisit aus einer Underground-Inszenierung von Samuel Becketts Stück *Das letzte Band*.

Alle Dinge gehören den Apokryphen der letzten Tage, einem Haus toter Seelen an. Rodinskys Zimmer ist ein umgekehrter Strudel, eine Rückwärtsspirale der Zeit. Die Chassidim wußten, wie David Hartnett in *Black Milk* schreibt, »daß es in den letzten Tagen viele Finsternisse, viele Geheimnisse geben muß«. Manche Dinge sind kennzeichnend für diese Tage, für die Szenerie der Endzeit: für eine Disziplin des Chaos. Wenn weise Männer solche Dinge – Bücher, Kerzen oder den Kleiderschrank des Magiers mit seinen verborgenen Tiefen – befragen, können sie erkennen, daß wir das Ende des Zyklus erreicht haben. Aber Rodinskys Zimmer macht es uns nicht so einfach. Hier erzeugen die Dinge von sich aus eine halb im Fieberwahn gewonnene Erkenntnis der Apokalypse. Offenbarung aus dem Staub und der Vergänglichkeit. Das Zimmer bringt »nicht manifestes Dasein« hervor; sein bizarres Objekt-Arrangement ist gedacht als Abfolge biographischer Merkzeichen für die Unachtsamen. Wer ein Buch berührt, im Tagebuch herumschnüffelt, hängt bereits am Haken.

In der ganzen fünfzehnjährigen Zeit des Vergessens hat das Zimmer darauf gewartet, seinen Autor zu ernennen, einen künftigen Kafka, Borges oder Meyrink. Gewartet hat es auf Rachel Lichtenstein. Sie hatte keine Wahl. Sie erzählt, daß sie immer mehr Zeit allein in der Dachkammer verbrachte, wo sie ein wenig schrieb, ihren Tagträumen nachhing und zusah, wie die Möbel sich im schwächer werdenden Tageslicht verzerrten und verschoben. Der Hauptraum der Synagoge war immer zu kalt, aber unter dem Dach herrschte muffige Wärme, verbreitet von einer einzigen Kerze.

Die Gestalt, die man nicht sehen kann, der Golem des Zimmers, bleibt in ständiger Bewegung. Eine alte Frau, in die Falle einer Sozialwohnung geraten, kennt noch ein Stück der Geschichte. Ein Kabbalist in Jerusalem verweist darauf, daß wichtige Kapitel noch geschrieben werden müssen. Die zur Erzählerin ernannte Rachel Lichtenstein, die pflichtbewußt all den Gerüchten nachgegangen ist, Telefonanrufe getätigt, die Besuche bezahlt, die Beweisstücke registriert hat, steht wieder am Ausgangspunkt: der in Teilen verstellten Geschichte ihrer eigenen Familie. Wer ist sie selbst? Woher kommt sie? Was ist ihre Aufgabe?

Als die passionierte Suche, erzwungenermaßen, abgebrochen wird, ist der Bewegungsbogen – Rodinsky immer im Gleichschritt mit Lichtenstein – gestört. Solange Rodinskys Spur verfolgt wurde, konnte es keine endgültige Auflösung geben;

Dokumente und Halbwahrheiten kamen ans Licht, wann immer sie benötigt wurden. Als Lichtenstein nun nach Polen reist und zu ihren ursprünglichen Recherchen zurückkehrt, steht das Schicksal der Geschichte auf dem Spiel. Bricht die Bewegung ab oder läuft sie nicht mehr synchron, dann hemmt sie die Zeit. Die Gabe der Unsichtbarkeit wird nicht länger gewährt. Der Zauberbann, mit dem das Zimmer belegt wurde, ist gebrochen, und die Geschichte läuft Gefahr zu zerbröckeln.

Die Mystiker sprechen vom »nicht manifesten Dasein«. Dieses Dasein ist heute gefährdet, bedroht durch Denkmalsschützer, Geldbesitzer. Die Orte, an denen die fünf von Jack the Ripper Ermordeten lagen, sollen ein Pentagramm gebildet haben, das dem Gewalttäter Unsichtbarkeit verlieh. Unsichtbarkeit ist das oberste Ziel des Magiers: in der Zukunft gegenwärtig zu sein, aber ungesehen. Unangreifbar in einer Pseudo-Unsterblichkeit. Rachel Lichtenstein war solcher Ideen überdrüssig. Rodinsky besaß nur die Unsichtbarkeit des Unbeachteten, die Einträge auf seinem Stadtplan markierten alltägliche, auf die Familie bezogene Recherchen und keine – vergangenen oder zukünftigen – Opferstätten. Um sich von diesem übermächtigen Ansturm von Fakten, von den kleinen Problemen eines kurzen und sorgenvollen Lebens freizumachen, mußte Rachel selbst auf Reisen gehen. Als sie das Zimmer in der Princelet Street hinter sich ließ, hatte sie den besten Weg gefunden, um den Wesenskern jener quälenden Geschichte zu begreifen, die sie, und nur sie allein, zu Ende bringen mußte.

Wer spricht von nun an Kaddisch?

Rachel Lichtenstein

> So also, wie sie [die Welt] war, so wie sie lag und stand, unfertig und unvollendet, an einem zufälligen Punkt der Zeit und des Raumes, ohne Rechnungsabschluß, ohne ein Ziel erreicht zu haben, in der Mitte des Satzes sozusagen, ohne Punkt und Ausrufezeichen, ohne göttliches Gericht ...
>
> Bruno Schulz, *Der Komet*

Als das Flugzeug zur Landung ansetzte, wachte ich auf, unter uns bildeten grüne Felder und Wälder einen fröhlichen bunten Flickenteppich. Plötzlich krampfte sich mein Magen zusammen, und ich hatte Mühe, mich nicht zu erbrechen. Was mir die Übelkeit verursachte, war nicht der Luftdruckabfall, sondern die Bilder, die mit einemmal mein Bewußtsein überfluteten. Fotos, die man in Warschau, Jerusalem, London, New York aus Pappschachteln hervorgekramt hatte. Bilder, die sich in den Schädel einbrennen und nicht wieder auszulöschen sind. Auf denen nackte Frauen Kinder umklammern und mitten im Wald am Rand von Schluchten stehen.

Meine düstere Stimmung verflog rasch, als ich das Flugzeug verließ und die Sonnenwärme auf dem Gesicht spürte, eine große Erleichterung nach wochenlangem Nieselregen und finsterem Himmel in London. Beim Betreten des schmutzigbraunen Flughafengebäudes lächelte ich innerlich; ja, ich war wirklich angekommen. Mein erster Besuch lag sechs Jahre zurück, er fiel ins letzte Jahr des kommunistischen Regimes. Damals war alles braun – und grau. Ich ging schnell durch die Paßkontrolle und nahm ein Taxi für die kurze Strecke bis zum Studentenwohnheim, einem bedrohlich wirkenden Betonbau in einem häßlichen Vorort der Stadt. Ich meldete mich an und fuhr mit dem kleinen, metallausgekleideten Lift zu meinem Zimmer im vierten Stock. Zwei große Männer stiegen zusammen mit mir ein, und ich fühlte mich schutzlos. Ich hatte gehört, Polen habe sich verändert, und mit dem Kapitalismus habe die Kriminalität zugenommen. Der Geschäftsmann, mit dem ich im Taxi gefahren war, hatte mir geraten, den Laptop zu verstecken: Ein solcher Gegenstand sei in Polen noch immer so viel wert wie ein Jahreslohn. Der Lift hielt mit einem Rums an, einer der Männer stieg aus und hielt die Tür für mich auf, während er mir mit einer kleinen Verbeugung den Weg wies. Ich merkte, wie ich ein wenig errötete, und schaffte es, ein leises Dankeschön zu murmeln. Mein Zimmer sah erstaunlich vertraut aus, ganz wie das in Israel: Holzliege für eine Person, Stuhl, Tisch, kahle weiße Wände, der einzige Schmuck ein breites dunkles Holzband, das ein wenig oberhalb der Liege an den Wänden langlief. Ich setzte mich aufs Bett und wartete auf die Ankunft der restlichen Gruppe, im Bewußtsein, daß dies vielleicht für sechs Wochen die letzten Stunden sein würden, die ich allein für mich hatte. Ganz erledigt von der Hitze, schlief ich ein. Mitten in der Nacht wachte ich plötzlich auf, das Wetter war völlig umgeschlagen, und die Luft war eiskalt und feucht. Ich zog mir alles an, was ich an warmen Sachen mitgebracht hatte, und trat hinaus auf den Balkon, wo ich mich nah am Fenster hielt, damit der strömende Regen mich nicht erreichen konnte. Plötzlich durchbrach ein ohrenbetäubender Donnerschlag das Rauschen des Regens, und ein furchtbarer Blitz erhellte für kurze Zeit die trostlose Krakauer Skyline.

Ich blieb bis zum ersten Morgengrauen auf dem Balkon und staunte über die Kulisse, die da aus dem grauen Dämmer vor mir auftauchte. Die Reklametafeln und vielen unterschiedlichen Westautos hatten bei meinem letzten Besuch völlig gefehlt. Außerdem hatte ich es nie zuvor in Polen regnen sehen. In glühender Sommerhitze war ich quer durch das Land gereist, mit den alten Dampfzügen, die damals in Polen und Rußland noch benutzt wurden. Die Eisenbahn war billig und voll, und nur wenige Privilegierte besaßen ein Auto. Ich reiste am liebsten am frühen Morgen, aber nur ein einziges Mal gelang es mir, einen Sitzplatz zu ergattern. Meistens stand ich im Gang, hatte den Rucksack fest hinter die Beine geklemmt und versuchte, dem starken Zigarettenqualm zu entkommen, den die wodkatrinkenden polnischen Bauern um sich verbreiteten. Damals erregte ich noch ziemliches Aufsehen als alleinreisendes junges Mädchen aus dem Westen, als das man mich an Nike-Turnschuhen und buntem T-Shirt nur allzu leicht erkannte. Wenige sprachen Englisch, und mein Polnisch bestand aus den allernötigsten Höflichkeitsformeln. Sie wollten wissen, warum ich ausgerechnet nach Polen gekommen sei, fanden es komisch, wo ich doch im Gegensatz zu ihnen mit meinem englischen Paß nach Belieben überallhin reisen könne? Arglos und sehr zum Entsetzen meiner Tante Guta erzählte ich zumeist offen vom Zweck meiner Reise: meine Verwandten wiederzusehen und Stätten der jüdischen Geschichte zu besichtigen. Manchmal fragten meine neuen polnischen Freunde, neugierig geworden, weiter; einmal fing eine Studentin an zu weinen und bat darum, mich durch das jüdische Viertel von Łódź begleiten zu dürfen. Es kam auch vor, daß die Unterhaltung abrupt abbrach und die Leute mich einfach stehenließen. Einmal wurde ich angespuckt. Ich machte mir nichts daraus, ich war neunzehn, voller Idealismus und zum ersten Mal im Leben völlig allein unterwegs. Damals konnte man Geld auf dem Schwarzmarkt tauschen und zehnmal so viel bekommen wie im gesetzlich zugelassenen Umtausch. Ich konnte mir alles leisten, was ich wollte, allerdings gab es so gut wie nichts zu kaufen: die Geschäfte waren leer, und überall sah man lange Schlangen, in denen die Leute nach Brot, Zucker und Benzin anstanden. Niemand zu Hause wußte, wo ich gerade steckte. Das polnische Fernsprechsystem war primitiv, und ins Ausland konnte man gar nicht telefonieren. Arme Mutter.

Mit dem Zug fuhr ich kreuz und quer durchs Land, oft mehrmals durch dasselbe Gebiet, und genoß die vielen Stunden, in denen ich schweigend aus dem Fenster blickte und Szenen des ländlichen Polen, wie sie auch meine Vorfahren gesehen haben könnten, in mich aufnahm. Endlose gelbe Sonnenblumenfelder, Heuschober in Pyramidenform, Bauern, die auf staubigen Straßen mit heubeladenen Karren gemächlich vorbeizogen. An meinem Zielort angelangt, begab ich mich stracks zum jüdischen Viertel der jeweiligen Stadt und landete meistens auf dem Friedhof. Ich machte Hunderte von Fotos: laubumrankte Grabsteine, leere Synagogen, Polen, die an einem Marktstand in Gdansk Gewürzdosen verkaufen, Tante Gutas Enkelin beim Spielen im Obstgarten, antisemitische Schmierereien an der Mauer ihres Hauses. Es waren stark persönlich geprägte Reisen, und die Bilder und abstrakten Informationsbrocken, die ich von dort mitbrachte, wurden bei meiner Rückkehr in künstlerische Arbeit umgesetzt. Nun war ich nach Jahren erneut in Polen und wollte mit Dutzenden anderer Leute an einer akademischen Tagung teilnehmen, die von Kennern der polnisch-jüdischen Geschichte geleitet wurde. Ob ich mit dieser ungewohnten Sachlichkeit fertig werden würde?

Aus dem Nachbarzimmer der unverkennbare New Yorker Akzent: »Lee-li, *wake up*, time to go, geerl.« Ich duschte schnell und wagte mich dann nach unten in den riesigen Frühstücksraum, wo hauptsächlich polnische Studenten saßen, die für den Sommer Englisch lernten. Meine Gruppe konnte ich ohne weitere Nachhilfe finden, der Geräuschpegel an den beiden Tischen in der Mitte des Saales war unmißverständlich. Zwei Dutzend amerikanisch-jüdischer Universitätsleute sind in einem Raum voll polnischer Studenten nicht schwer auszumachen. Angespannt setzte ich mich an den Rand der Gruppe. Sobald ich den Mund öffnete, schlug mir eine Kanonade von Fragen entgegen. Warum ich da sei, wollte man wissen. Eine genaue Antwort konnte ich nicht geben. Ich war ja aus vielerlei Gründen noch einmal gekommen: Ich wollte meine Verwandten besuchen, Polen in den neunziger Jahren erleben, die einzigartigen historischen Stätten besichtigen, zu der die Tagung uns Zutritt verschaffte, meine Suche nach Rodinsky fortsetzen. Ich wollte dem Hinweis nachgehen, den Carol Waynes Neffe mir in einer E-Mail gegeben hatte: daß die Familie Rodinsky aus einem kleinen, nicht weit hinter der polnischen Grenze gelegenen Schtetl namens Kuschowata in der Ukraine stammte. Als ich ihn um weitere Informationen zu Kuschowata bat, sandte er folgende Nachricht:

»Über Kuschowata weiß ich so wenig wie über Anatewka – und vielleicht ist der Ort genauso fiktiv. Erzählt davon hat mir meine Großmutter, die irgendwie mit Ihrem David Rodinsky verwandt gewesen sein muß. Die einzige Möglichkeit festzustellen, ob es ein Städtchen mit einem gleichklingenden Namen gegeben hat, wäre der Blick auf eine vorrevolutionäre Landkarte von Rußland oder selbst hinfahren!«

Genau das wollte ich tun, in der Hoffnung, daß die Dozenten sowie das Archiv des Zentrums für Judaica mir bei diesem Projekt behilflich sein könnten.

Der Versuch unserer schüchternen polnischen Reiseführerin, sich im Getöse der Gruppe Gehör zu verschaffen, scheiterte zunächst kläglich. Endlich nahm jemand von ihrem »HALLO LEUTE, WIR WOLLEN GEHEN« Notiz, und wir begaben uns langsam nach draußen. Dort erwartete uns ein Anblick, der sich vom Vortag erheblich unterschied. Die staubigen, heißen Bürgersteige waren nun mit Blättern und Steinen übersät, die in der Nacht von den Bergen der Umgebung herabgeschwemmt worden waren. Der gelbe, ausgedörrte Rasen hatte sich vollgesogen und in einen See verwandelt, über den man nicht gehen konnte, ohne daß man knöcheltief im Wasser versank. Als wir im Bus saßen, waren wir alle triefnaß.

Es regnete so heftig, daß man von Krakau nicht das geringste sah, aber in zehn Minuten waren wir an der Jagellonischen Universität angelangt. Im Hof des Gebäudes sah ich Felek, der dort vor dem Regen Schutz suchte und in ein Gespräch mit zwei anderen Professoren vertieft war. Ich lief sofort zu ihm hinüber, und wir umarmten uns herzlich. Seine sanfte beruhigende Stimme, an der all die Spuren seiner polnischen Vergangenheit hafteten, sorgte dafür, daß ich mich im Nu wohl fühlte, und verscheuchte alle Zweifel, die ich seit dem Morgen über meine Teilnahme an der Tagung gehegt haben mochte. Felek erinnerte mich an meinen Großvater, dessen volle gutturale Stimme ihre polnische Herkunft auch nie verleugnet hatte. Aber anders als Felek sprach mein Großvater nie ein Wort Polnisch und setzte nach seiner Ausreise im Jahr 1930 nie wie-

der einen Fuß auf polnischen Boden; für Polen hatte er nichts mehr übrig. Felek dagegen ist eine Ausnahme unter den polnischen Juden seiner Generation.

Jan Blonski, der die Einleitung zu Felek Scharfs Buch *Poland What Have I To Do With Thee?* geschrieben hat, schildert ihn folgendermaßen:

»Ehemaliger Schüler des Jüdischen Gymnasiums, in seiner Jugend begeisterter Zionist, der auf dem Weg von Polen nach Palästina in London Zwischenstation machte, sich verliebte, heiratete und seitdem das Andenken an Krakau und seine Juden hütet. Er ist ein letzter Zeuge und kann aus erster Hand berichten, wie die Stadt und die jüdische Gemeinde ausgesehen haben.«

Bis heute hat Felek sich eine tiefe Liebe zu Polen und zur polnischen Sprache bewahrt.

»Ich frage mich, was wohl von mir übrigbliebe, wenn ich durch einen teuflischen Machtspruch von allem getrennt würde, was polnisch an mir ist. Von der Sprache, die –

obgleich etwas eingerostet und vernachlässigt – zum Inventar gehört, ohne das mein Inneres leer wäre; von den Gedichten und Versen, mit denen ich mich in den Schlaf wiege; von der Erinnerung an die Landschaft, ihre unverwechselbaren Ansichten und Gerüche. (Janusz Korczak stellte bei seinem Aufenthalt in Palästina fest, daß Eukalyptus anders zu ihm spricht als die Kiefer.) Verlöre man die Verbindung zu dieser Sprache und Landschaft ... man käme sich ausgeraubt, verarmt, unvollständig vor.«

Den drei Ländern, in die ich immer wieder zurückkehre, ist auch Felek eng verbunden. »England«, sagte er einmal zu mir, »betrachte ich als Ehefrau, Israel als Geliebte und Polen als Stiefmutter.«

Als ich Felek das erste Mal traf, fühlten wir uns sofort zueinander hingezogen; seine Liebe zur polnisch-romantischen Dichtung und jüdischen Geschichte beeindruckte mich ebenso wie sein Wissen auf beiden Gebieten. Ich staunte über seine höflichen Umgangsformen, sein sicheres Gespür für Kleidung und sein brillantes Denken. Ihn wiederum faszinierten meine Geschichte und vor allem das Mosaik meiner Verwandten aus Łódź, das ich während meines Israel-Aufenthalts angefertigt hatte. Kennengelernt haben wir uns am Spiro Institute in London, wo wir beide bei einer eintägigen Tagung über polnisch-jüdische Geschichte einen Vortrag hielten. Ich glaube, es war Liebe auf den ersten Blick, aber zu meinem Pech ist Felek achtzig Jahre alt und verheiratet. Nach meinem Vortrag kam er an meinen Platz, küßte mir zuvorkommend die Hand und stellte sich mit den Worten vor: »Sie müssen mit mir nach Krakau kommen.« Ich merkte sofort, welch große Ehre mir da zuteil wurde. Als ich Trudi, der Veranstalterin der Tagung, davon erzählte, sagte sie: »Wenn Felek Sie bittet, mit ihm nach Krakau zu kommen, dann lassen Sie alles stehen und liegen und fahren Sie hin.« Deshalb war ich also diesen Sommer in Krakau. Wir tauschten die neuesten Nachrichten aus und gingen dann Arm in Arm in das prachtvolle, fünfhundert Jahre alte Gebäude der Jagellonischen Universität. Prominente jüdische Historiker eröffneten die Tagung mit langen akademischen

Ansprachen, denen ich überhaupt nicht folgen konnte. Zuletzt sprach auch Felek und brachte mit seiner Rede Lachen und Leben in den schläfrigen Raum. Er las aus seiner kurz zuvor erschienenen Essaysammlung *What Shall We Tell Miriam?*, in der er empfindsame und humorvolle Erinnerungen an sein früheres Leben in Krakau und seine neueren Beziehungen zu Polen und den Polen zusammengetragen hat. Einer dieser Essays enthält die kleine Geschichte, die Felek mir Monate zuvor in London vorgelesen hatte, als ich ihm von meiner Suche nach Rodinsky erzählte:

> »Ein Mann geht nach Krakau und berichtet bei der Rückkehr seinem Freund: ›Die Juden von Krakau sind merkwürdige Leute. Ich traf einen Juden, der seine Nächte mit Träumen und seine Tage damit verbringt, die Revolution vorzubereiten. Ich traf einen Juden, der seine ganze Zeit dem Talmudstudium widmet. Ich traf einen Juden, der hinter jeder Schürze herjagt, und ich traf einen Juden, der von Frauen nichts wissen will. Ich traf einen Juden, der ständig überlegt, wie er schnell reich werden kann.‹
> Der Freund sagt: ›Warum erstaunt dich das so? Krakau ist eine große Stadt, und es gibt dort viele Juden, Leute aller Art.‹
> ›Nein‹, sagt der Mann, ›es war immer derselbe Jude.‹«

Ich saß in der Bibliothek des ehemaligen *Bet Midrasch* in Kazimierz, dem früheren Judenviertel von Krakau, und schaute auf das gerahmte Bild vor meinen Augen, kleine *Cheder*-Jungen, die über ihren Büchern einschlafen, aufgenommen zu einer anderen Zeit, aber an dem Ort, an dem ich nun saß. Hinter mir sprachen drei amerikanische Studenten sehr schnell modernes Hebräisch. In den Regalen der Bibliothek standen nicht mehr Bände über Talmud und Mischna, sondern Bücher über den Holocaust. Es war ein modernes Gebäude; entworfen von einem berühmten polnischen Architekten und renoviert mit US-Geldern, ist es jetzt der Sitz des Judaica-Instituts. Hier begannen wir unsere Studien. Bei der ersten Sitzung stellte sich zunächst jeder vor und erklärte, warum er an der Tagung teilnahm. Normalerweise finde ich solche Situationen aufdringlich und gekünstelt, aber hier verhielt es sich anders. Die Teilnehmer kamen aus Polen, den Vereinigten Staaten und Litauen; eine buntgemischte Gruppe von Leuten, die an der Universität arbeiteten: Jugendliche, Wissenschaftler, Schriftsteller und Professoren, alle vereint durch das Interesse am Studium der polnisch-jüdischen Geschichte.

Ein rundlicher junger Mann mit vergnügtem Gesicht und dem amerikanischen Standard-Sommerdreß (Shorts, T-Shirt mit Aufdruck und bunte Baseballmütze) stand als erster auf: »Hi. Ich heiße Jacob. Ich komme aus Kalifornien und bin im letzten Studienjahr an der Brandeis University. Meine Großeltern stammen aus Polen, und ich versuche, ihr Heimatdorf ausfindig zu machen.« Der ernst dreinblickende Student neben ihm war einer der beiden Polen in der Gruppe: »Ich heiße Gwido, ich bin Pole, lebe aber jetzt in den USA. Meine Mutter ist Katholikin, mein Vater Jude. Sie rettete ihm das Leben, indem sie ihn während des Krieges versteckte, und bald danach heirateten sie. Von meiner jüdischen Herkunft habe ich erst mit fünfundzwanzig erfahren. In den Staaten lebe ich seit fünf Jahren und bin vor zwei Jahren zum Judentum übergetreten. Ich arbeite an einer Doktorarbeit über die Beziehungen zwischen Polen und Juden ...« Eine Geschichte war faszinierender als die andere. Da war Lisa aus San Francisco, die nach Krakau kam, um ihre Dissertation über Briefmarken und den Holocaust abzuschließen und möglichst viele Judaica aufzutreiben, in Antiquitätenläden, auf Flohmärkten, wo immer sie welche finden konnte. »Meine Familie hat sich darauf verlegt, solche Dinge aus Osteuropa zu kaufen, mit dem Ziel, sie als Hochzeitsgeschenke weiterzugeben. Sie sollten in jüdischen Haushalten stehen.« Der zweite polnische Student war Tomek aus Warschau: »Ich bin Katholik, interessiere mich aber immer mehr für jüdisches Leben. Das fing an, als ich zwölf war und den jüdischen Friedhof in Posen besichtigte und zum ersten Mal Fragen stellte. Im letzten Sommer war ich in Israel, und zur Zeit studiere ich Hebräisch.« Tobie, ein junger Mann aus Los Angeles und Opfer der neuesten Mode, murmelte: »Was bist du, ein Judologe?« Wir lachten, aber es ist doch etwas Neues, Polen, die den Verlust spüren, die auf ihren Straßen die

Fußspuren der früheren Juden sehen, in ihrer Musik das Flüstern hören.

Zum Schluß kam ein junger Student aus Boston an die Reihe. »Ich heiße Ran. Ich bin hier wegen meiner Großeltern. Beide Großelternpaare sind Holocaust-Überlebende, und beide leben noch. Mein Großvater hat mir eine Lagekarte mitgegeben, auf der eingezeichnet ist, wo er auf dem Hof hinter seinem Haus in Łódź während der Besatzungszeit Familieneigentum vergraben hat. Ich bin hier, um den Schatz zu heben.« Man hatte ihm gesagt, der Schatz bestehe in einem großen Holzkasten, in dem sich Familienfotos, Leuchter und Bücher – kostbare handgeschriebene Thoraübersetzungen von Rans Großvater – befänden. In der folgenden Woche reiste er zusammen mit Tomek, der ihm als Führer diente, nach Łódź. Sie kamen mit zwei Büchern zurück, die von den derzeitigen Bewohnern des großväterlichen Hauses gefunden worden waren. Ran zeigte sie mir. Das eine war in gutem Zustand, das Buch eines Rabbi über die Halacha, geschrieben auf Jiddisch. Seiten aus anderen Büchern waren eingefügt, auch handschriftliche Anmerkungen, auf Hebräisch und Polnisch, die sehr an eine von Rodinskys Textkonstruktionen erinnerten. Vielleicht war dieser Aufbau gar nicht so zufällig, wie er zunächst schien, sondern gehörte in eine lange osteuropäische rabbinische Tradition. Die Bücher waren zwischen zwei Holzplatten aufbewahrt und hatten in einer Mauer gesteckt. Ran nahm das zweite Buch behutsam aus der Versandtasche und wickelte es aus dem Zeitungspapier-Einband. Zum Vorschein kamen zerbröselnde Seiten mit jiddischen Texten, von Spinnweben verklebt und so zerbrechlich, daß es schien, als brauchte man nur zu atmen, und schon flögen die Buchstaben davon und die Seiten zerfielen zu Staub.

In der Woche darauf mietete Ran mit Tomeks Hilfe ein Auto, heuerte zwei polnische Sachverständige samt ihren hochentwickelten Sondierungsgeräten an und fuhr zu dem Hof zurück. Die polnische Familie, der das Haus mittlerweile gehörte, zeigte sich sehr hilfsbereit, und als man drei mögliche Stellen ausfindig gemacht hatte, fingen alle Gruppen an zu graben. Stunden später stießen sie auf etwas Hartes. Es erwies sich als ein tiefes, mit Backsteinen ausgekleidetes Loch, das in die Fundamente des ursprünglichen Gebäudes eingelassen war. Tomek angelte ein paar Schuhe und eine Shampooflasche aus den fünfziger Jahren hervor – es war schon jemand dagewesen. Gerade als sie aufgeben wollten, piepte der Detektor wieder, und alle buddelten wie wild weiter. Sie fanden eine Terrakottakachel. Als sie sie herausholten und den Schmutz abbürsteten, kam ein Davidstern zum Vorschein, zu dessen Seiten Initialen eingeritzt waren, die zu Rans Familiennamen paßten. Ran war zufrieden: Für ihn gingen damit zweijährige Nachforschungen zu Ende, und er fand, daß er die Familienlegende jetzt ruhen lassen konnte. Die Polen, die ihn begleiteten, waren enttäuscht und hätten gern weitergemacht. Die dort wohnende Bauernfamilie lud alle zu Tee und Wurst ins Haus. Von seinem Platz aus konnte Ran das leere Zimmer sehen, in dem seine Großmutter gewohnt hatte. Er träumte davon, im Sommerurlaub zurückzukommen und in diesem Raum zu leben, mit der Familie unten zu essen und auf dem jüdischen Friedhof zu arbeiten, auf dem seine Ur- und Ururgroßeltern liegen.

Alle waren auf der Jagd nach ihrem je eigenen Golem. Ich fühlte mich sofort wohl in dieser Gruppe. Zum ersten Mal sah ich, daß ich mit meiner besessenen Suche nicht allein war, sondern Teil eines für meine Generation typischen weltweiten Phänomens. Mit meiner Geschichte schloß ich mich den anderen einfach an; niemand hier fand meine Forschungsarbeit skurril oder zwanghaft, und Rodinsky wurde für alle, die in diesem Geisterland nach Überlebensgeschichten suchten, zum Gesprächsgegenstand. Aber ich war nicht nur wegen Rodinsky gekommen, sondern auch um meine Verwandten in Łódź zu besuchen. Ich war die einzige Ausländerin in der Gruppe, die noch lebende Familienmitglieder in Polen hatte. Meine Großtante Gustawa Lubnika ist heute zweiundachtzig Jahre alt. Sie war in Auschwitz und überlebte, weil man medizinische Versuche mit ihr machte. Im Oberschenkel hat sie noch immer ein Loch, in das man eine Faust stecken könnte. Ihren ersten Mann und ihr Kind verlor sie im Lager und ging nach dem Krieg nach Łódź zurück, in der Hoffnung, andere Familienmitglieder wiederzufinden. Ohne Erfolg; statt dessen traf sie ihren zweiten Mann, der in derselben Absicht dorthin gekommen war. Die beiden vermählten sich und bekamen ein Kind, das einen der noch gläubigen Juden in Łódź heiratete und mit ihm eine heute fünfzehnjährige Tochter hat. Als sie zwölf war, hielten die Eltern es für angebracht, ihr mitzuteilen, daß sie jüdischer Abstammung sei.

Im Laufe der Woche lernten wir nach und nach die Vortragenden kennen. Organisiert wurde das Studienprogramm von Professor Polonsky, Leiter des Fachbereichs Historic and Judaic Studies an der Brandeis University (Kalifornien) und Herausgeber der Zeitschrift *Polin*. Ich hatte ihn etliche Jahre zuvor kennengelernt, als ich noch Studentin war. Professor Polonsky arbeitete – zusammen mit der Jüdischen Studentenvereinigung und der Oral-History-Abteilung des Britischen Museums – an einem Projekt namens »Testimony« (Zeugenbericht). Dessen Ziel bestand darin, die Aussagen von in England wohnenden Holocaust-Überlebenden auf Videoband festzuhalten und das Material im Archiv des Museums zu sammeln. Während meines Studiums in Sheffield arbeitete ich an diesem Projekt als Kamerafrau für den Bereich Nordeng-

land mit. Wir führten und dokumentierten eine Reihe langer Interviews, oftmals mit Überlebenden, die nie zuvor über ihre Erlebnisse gesprochen hatten. Ich erinnere mich noch an ein besonders quälendes Gespräch, bei dem der Interviewte nach drei Stunden Erzählen heftig zu schluchzen begann. Aber er redete weiter, er war nicht imstande oder willens aufzuhören, und wir mußten es aufnehmen, und ich mußte die Kamera ruhig halten und mir Mühe geben, um nicht zu wackeln.

Polonsky ist Spezialist für polnisch- und russisch-jüdische Geschichte. Ich finde es physisch unmöglich, bei seinen Vorlesungen die ungeheuren Datenmengen zu bewältigen, die aus ihm herausschießen. Vielleicht würde er, wenn er nicht vortragen könnte, wegen all der in seinem Innern gespeicherten Informationen sich selbst entzünden. Er ist bekannt unter dem Namen »menschliche Enzyklopädie«.

Durch Polonskys Vorlesungen gewann ich Einblick in das Leben, das die Rodinskys in Rußland gelebt haben mögen, bevor sie nach London kamen. Kuschowata (das Schtetl, aus dem sie stammen sollen) lag in einer Region, die man den Ansiedlungsrayon nennt, einem Gebiet am Rande des Zarenreiches – die nächste größere Stadt war Kiew. Vor dem Zweiten Weltkrieg lebte hier die weltweit größte Zahl von Juden. Sie waren viel weniger integriert als die Juden im übrigen Europa, in dem sich ein gewisser Assimilations- und Emanzipationsgrad durchzusetzen begann. In Kuschowata und den umliegenden Schtetls blieb das Leben zutiefst geprägt vom rabbinischen Judentum und vom Chassidismus. Von Polonsky erfuhren wir, daß in diesem Gebiet eine besondere Form des Chassidismus verbreitet war, in dem asketischer Lebensstil hochgehalten und der Glaube vertreten wurde, daß man den im Diesseits verweigerten Genuß im Jenseits gewährt bekommt. Ich dachte an Bella Lipman und ihren Bericht über David Rodinskys Postsparbuch und das Geld, das seine Mutter für ihn gespart hatte. Rodinsky besaß durchaus Geld, entschied sich aber für ein Leben in Armut, ganz in der Tradition seiner Vorfahren.

Polonsky las romantische Schilderungen des Chassidismus vor, die wie ein Spiegelbild von Rodinskys Idealen wirkten; er definierte den Chassidismus als »eine Leiter, über die der Mensch zu gesteigertem Bewußtsein gelangt. Sie hat viele Sprossen, und man muß zuerst in dunkle Tiefen hinabsteigen, bevor man sich in lichte Höhen erheben kann.« Rodinskys Vorfahren könnten über Generationen hinweg bäuerlich gelebt haben, umgeben von Juden, die ihre eigene Sprache hatten, ihre eigene Kleidung und Ernährung, ihre Gottesdienstrituale und Institutionen. Der Lebensnerv dieses Lebens im Schtetl war immer das geschriebene Wort: im täglichen Verkehr das Jiddische, in der Heiligen Schrift das Hebräische, in den heiligsten Gebeten als älteste Sprache das Aramäische und im Verkehr mit Nichtjuden das Russische. Selbst der einfachste Bauer könnte zweisprachig aufgewachsen sein, der Großteil der Einwohner von Kuschowata vermutlich sogar mehrsprachig. Das Interesse der Rodinskys an Sprachen war daher nichts Ungewöhnliches.

Ich erfuhr auch etwas über die sich rapide verschlechternde Situation der Juden im Ansiedlungsrayon seit den achtziger Jahren des 19. Jahrhunderts. Haicka Rodinsky, Davids Mutter, wurde in einer Zeit heftiger politischer Unruhen geboren, einer Epoche, in der – unter immer schwierigeren ökonomischen Bedingungen und angesichts zunehmender Restriktionen, die zuerst die Gewerbefreiheit und dann die verbliebene Freizügigkeit einschränkten – die Lebensverhältnisse für Juden unsicher wurden. Sie muß in einem permanenten Klima der Angst und Bedrohung gelebt haben. Im Jahr 1881, als man die Ermordung Zar Alexanders den Juden anlastete, begann die erste von drei großen Pogromwellen, in denen mehr als eine Viertelmillion Juden ermordet wurden. Im russischen Bürgerkrieg kämpften anarchistische Bauern gegen die Bolschewiki und hielten die bolschewistische Revolution für ein jüdisches Komplott. Carol Wayne zufolge wurde Rodinskys Mutter bei einem dieser Pogrome vergewaltigt. Haicka Rodinskys neurotisches Verhalten erschien vor diesem Hintergrund als ganz und gar folgerichtig, genau wie alle tiefsitzenden Ängste der Rodinskys vor bürokratischen Institutionen. Sie kamen aus einer Tradition und einer Gegend, wo es legitim war, spontane Angst vor der Obrigkeit zu empfinden; aus Freunden wurden über Nacht Feinde, und jeder mißtraute dem anderen.

Wir erfuhren auch etwas über den Alltag im Schtetl, und der schien, abgesehen von der Arbeitszeit, aus Lernen bestanden zu haben – natürlich nur für Männer. Ich stellte mir vor, daß Rodinsky, wäre er dort geboren worden, seine Tage mit Diskussionen über den Talmud, mit dem Studium des hebräischen Alphabets und mit Streitgesprächen über Probleme der Halacha verbracht hätte. Genau das waren denn auch die Tätigkeiten, denen er die meiste Zeit seines Lebens nachging, aber zunehmend isoliert von der Glaubensgemeinschaft. In Kuschowata wäre das anders gewesen, Isolation war nicht jüdische Lebensart. Wäre er in Kuschowata geboren, hätte er in der *Jeschiwa* studiert.

Der Hauptmythos über das Lernen in der *Jeschiwa* besteht in der Vorstellung, es finde schweigend statt. Wer sie betritt, wird vom lauten Geräusch Tausender gleichzeitiger Argumentationen begrüßt. Jeder Schüler arbeitet mit einem *Hawrusa*, und jeder Lernende in der *Jeschiwa* muß in angestrengter Arbeit mit seinem *Hawrusa* Gegenstandpunkte finden und laut darüber debattieren. Wo aber gab es in der Princelet Street jemanden, mit dem Rodinsky hätte arbeiten können? Unwillkürlich dachte ich an sein Konversationslexikon Englisch-Hebräisch und an die nunmehr unübersehbare Tragik der dort niedergeschriebenen imaginären Gespräche und Debatten. Je mehr wir erfuhren, desto deutlicher erkannte ich, wie isoliert er gewesen war. Er hielt an allen Betätigungen seines Volkes fest; weil aber die anderen nicht mehr da waren, schied auch er allmählich dahin. David blieb zurück in der Dachkammer und lernte verbissen wie ein guter *Jeschiwa*-Schüler – aber allein.

Nur mit Mühe konnte ich Polonskys Vorlesungen mit ihrer Unmenge von Statistiken und Fakten, die für meine Zwecke viel zu detailliert waren, folgen. Den größeren Teil der Zeit versank ich in Tagträumen, schaute aus dem Fenster der *Bet Midrasch*, wie es wohl vor einem halben Jahrhundert die *Jeschiwa*-Jungen getan haben mochten, wenn sie sich danach sehnten, der leiernden Stimme ihres *Melamed* zu entkommen und die Sonnenwärme auf dem Gesicht, die Luft auf den blassen Wangen zu spüren. Selbst wenn ich hätte entkommen können, wäre mir draußen nichts dergleichen beschert gewesen. Das Wetter hatte sich bei Dauerregen eingependelt, und aus dem ganzen Land kamen Berichte über die schlimmsten Überflutungen, die Polen je erlebt hatte. Ich befürchtete schon, unsere Reise durch Galizien würde gestrichen; dabei hoffte ich so sehr darauf, über die Grenze in die Ukraine zu fahren und Kuschowata zu besuchen.

Vom Anblick des regenverhangenen Marktplatzes kehrte ich mit den Gedanken zu Polonskys rasantem Fachjargon zurück. Die anderen machten sich wie wild Notizen und sprangen bei jeder sich bietenden Gelegenheit auf, um komplizierte Fragen zu stellen. In meiner Kladde sammelten sich Skizzen vom Marktplatz und von Mitstudenten; dann plötzlich war ich wieder ganz dabei und schrieb in rasendem Tempo mit, wenn Polonsky etwas sagte, das ich mit der Rodinsky-Suche in Verbindung bringen konnte. Dann war ich es, die stille Engländerin, die ihm Fragen stellte und ihn nach Seminarschluß mit der Bitte um die Übersetzung eines Gedichts oder eines Zitats nervte. Er brachte mir ein paar unvergleichliche jiddische Schriftsteller und Dichter nahe. Polonsky ist nicht nur gelehrter Historiker, sondern im tiefsten Innern auch Romantiker. Wenn er die plastischen Übersetzungen der jiddischen Dichter und Schriftsteller vorlas, wurde seine Stimme rauh. Diese Künstler, deren Leben auf so tragische Weise verkürzt wurde, verstand er als Propheten in ihrer Zeit, die die Greuel, die ihnen bevorstanden, gewissermaßen vorausgeahnt hätten. Der Dichter, der mich am meisten interessierte, war Bialik. Polonsky nannte ihn ein »Waisenkind im Exil, ein Symbol des jüdischen Volkes in seiner Zeit, einen einsamen Poeten, der tief durchdrungen war von Überlieferung, Lernen, Mystik und Legende«. Dieses Bild beschwor meine ersten Gedanken über David Rodinsky herauf. Der Vergleich drängte sich noch stärker auf, als Polonsky uns von Bialiks inneren Qualen, von seiner Liebe zum orthodoxen Judentum und von seinem Leben erzählte, in dem er menschliche Zuneigung so sehr entbehrte. Besonders angerührt war ich von einem Abschnitt aus seinem Gedicht *Wenn der Engel fragt …*

Und es zittert auf meiner Wange so schuldlos
Und rein eine Träne. Da bebte der Goldstrahl
Und entglitt die Seele und fiel in die Träne …
Und sag'! Versiegte die Träne? –

O nein: sie fiel auf ein Blatt der Gemara,
Meines Großahns zerknitterte Pergamente,
Darin ruhten zwei Haare des weißen Bartes,
Und Zizithfäden vom Tallithmantel;
Vom Wachs der Lichter gar viele Male.
Und umringt von der toten Buchstaben Schatten
In dieser Gemara die Seele zittert …
– Und erstickte die zitternde Seele? –

O nein, sie bebte und sang, mein Engel!
In den toten Zeichen jubelten Lieder,
Und Abgeschiedene wachten zum Leben,
In der Lade der alten Bücher des Ahnen.
Und es waren Lieder von klaren Wölkchen,
Vom goldenen Strahl und der blitzenden Träne,
Von Zizithfäden und Kerzenmalen:
Doch ein süßes Lied war fremd diesem Munde –
Das von Jugend und Liebe – und es seufzte die Seele
Gefangen, untröstlich, zu Tode betrübt … – – –
Und wieder gedacht ich der alten Gemara –
Und sieh, meine Seele enteilte …

Und immer noch fliegt sie und irrt in der Welt
Und wandert und eilt und findet nicht Trost.
Und in keuschen Nächten am Anfang des Mondes,
Wenn alles betet um Mondes Fülle,
Dann flattert sie sacht um das Tor der Liebe
Und klopft mit leisem Weinen ans Tor
Und betet um Liebe …

Der Aufenthalt in Krakau verschaffte mir die nötige Distanz, um die Informationen, die ich bislang über die Rodinskys gesammelt hatte, neu zu bewerten. Aus Davids und Brendalls

Verhalten schloß ich, daß all das Schreckliche, was ihre Mutter während der Pogrome erlebt hatte, sich sehr auf sie auswirkte. Obgleich David in der relativ freien Umgebung Englands geboren war, schien er nie ganz begriffen zu haben, was das eigentlich hieß, denn die Familie hatte sich nicht an die neue Situation anpassen können. Viele Juden beschrieben die Emigration aus Rußland als Flucht aus einem Gefängnis in die Freiheit. Aber Haicka, Davids Mutter, hat das offenbar nie so empfunden. Nach den Worten von Alvin und Carol Wayne war sie bei ihrer Ankunft in England psychisch extrem gestört. »Man brauchte sie nur mit einer Feder zu berühren, und schon sprang sie hoch.« Carol erzählte, sie habe stets die traditionellen, langen schweren Röcke ihrer Heimat getragen, mehrere übereinander. Ihre gesamte Garderobe hatte sie am Körper, aus Angst, sie müßte vielleicht in aller Eile fort. Die Kinder taten es ihr nach und sahen daher in den milden Wintern und heißen Sommern des Londoner Ostens recht absonderlich aus. »Immer trug er diesen langen dunklen Mantel und die dreckige alte Mütze«, sagte Carol Wayne. Ganz offensichtlich bewahrte Haicka ihre Kinder vor Zusammenstößen mit der Obrigkeit und der Außenwelt, indem sie sie in der sicheren Dachkammer einschloß. Jeder Versuch der Kontaktaufnahme, zumal wenn es um staatliche Institutionen ging, wurde ignoriert und gefürchtet. Ich ahnte, daß die Rodinskys, ohne es zu wissen, en miniature genau das wiederherstellten, was sie hinter sich gelassen hatten, ihr eigenes selbstauferlegtes Gefängnis. Und von ihrem Dachfenster aus mag die Princelet Street vielleicht an eine Straße in Kuschowata erinnert haben – wieder ein Staat im Staat, ein Ghetto ohne Mauern, aus dem die jiddischen Laute zu ihnen nach oben drangen.

Mein Bild von Rodinsky rückte näher ans Zentrum, an den Brennpunkt heran. Ich wußte, daß er nie verheiratet war und nach dem Tod von Mutter und Schwester neun Jahre lang in bitterster Armut allein lebte. Die meiste Zeit hatte er, so meine Vermutung, in diesem Zimmer verbracht, über seinen linguistischen Experimenten und diversen religiösen Studien. Seine Sammlung von Reiseberichten und Gegenwartsliteratur zeigt, daß ihn auch nach weltlichen Kenntnissen verlangte, aber wie die zahlreichen religiösen Bücher und Gegenstände in seiner Kammer belegen, war er wohl tief verwurzelt in der Welt des rabbinischen Judentums.

Rodinskys Hauptbeschäftigung war offenbar das Schreiben. So wie seine Zeitgenossen in ganz Osteuropa in verborgenen Zimmern, verriegelten Dachkammern und unterirdischen Bunkern geschrieben hatten. Während meiner Arbeit in Krakau erfuhr ich, daß man im Warschauer Ghetto Archive in Milchkannen gestopft, diese dann mit Blei versiegelt und vergraben hatte, in der vergeblichen Hoffnung, sie würden als Beweis für die Existenz des Autors überleben. Mir fiel ein, welche tapferen Worte in die Bücher eingestempelt waren, die ich aus der Synagoge in der Greatorex Street gerettet hatte: ZUR SPÄTEREN VERWENDUNG. In den Ghettos wurden in jeden nur auffindbaren Band Tagebücher hineingeschrieben, in allen möglichen Sprachen: Französisch, Jiddisch, Russisch ... und in späterer, aber analoger Zeit saß dann David Rodinsky ganz allein in einer Dachkammer des Londoner Ostens und schrieb auf den Seiten von Schulmädchen-Almanachen, auf alten Zeitungen, Zigarettenschachteln, in Griechisch, Hebräisch, Chinesisch, Russisch. Zur Zeit des Ghettoaufstands war er achtzehn Jahre alt, das war kaum mehr als das Durchschnittsalter der Ghettokämpfer. Aber er vergrub seine Bücher nicht, er brauchte es nicht; er machte bloß die Tür zu und hinterließ ein Grab ohne Leiche, vielleicht in der Hoffnung, später würde jemand es finden und das von ihm Erzählte entschlüsseln. In meinem Kopf verschob sich sein Bild ständig: vom Gelehrten zum Verrückten zum Helden.

Ich träumte von ihm, er stecke in einem schwarzen Loch, das sich von der Mitte seines Zimmers aus spiralförmig bewegt – ein enger dunkler Tunnel, der ihm jede Bewegung nach oben oder unten unmöglich macht. Er lebte wie ein wandernder *Dibbuk*, der auf eine Seele wartet, in der er sich einnisten und von seinem Elend befreien kann. Ich glaube, mit seiner besessenen Sprachforschung machte er tatsächlich den Versuch, sich über seine Situation zu erheben, in der Hoffnung, dieses neue Wissen würde ihm vielleicht den Schlüssel zu einem anderen Leben in die Hand geben. Aber allem Anschein nach konnte er die

Fesseln seiner Vergangenheit nicht abschütteln. Die ständige Anwesenheit seiner Mutter und die Bindung an die Religion müssen wie ein schweres Gewicht auf ihm gelastet haben. Selbst nach ihrem Tod war er nicht frei. Bella Lipman erinnerte sich, wie er einmal versucht hatte, aus seiner Vergangenheit auszubrechen, indem er öfter ausging und indische Gerichte aß. Aber stets kehrte er der Mutter wegen in sein Zimmer zurück; wie sein Brief an Carol Waynes Mutter zeigt, hatte er eine Pflicht zu erfüllen. Mit einemmal wurde die Bedeutung des Zimmers klar. Es war seine Welt (was von ihr übrigblieb), sein Bildnis, sein *Fleisch und Blut*. Die Gedanken überschlugen sich in meinem Kopf – hier in Polen bekam allmählich alles seinen Sinn. In Whitechapel konnte man Rodinsky nicht richtig verstehen. Vielleicht war das der eigentliche Grund, weshalb ich den Drang hatte, noch einmal nach Polen zurückzukommen. Vielleicht war das der Grund, weshalb Rodinsky die letzten Tage oder Wochen seines Lebens in einer psychiatrischen Klinik verbrachte. War er vielleicht zwangseingewiesen und nach Longrove gebracht worden, weil er so lebte, wie er es tat? Weil das Chaos in seinem Zimmer und sein wildes Gekritzel von den englischen Gesundheitsbehörden so total mißverstanden wurden? Was wußten sie von der Einhaltung der elf Trauermonate, zu der orthodoxe Juden verpflichtet sind? Was wußten sie von der chassidischen Tradition, von der Liebe zu den Armen, vom Streben nach kabbalistischer Magie? Als mir diese Dinge klarwurden, überkam mich tiefe Traurigkeit. Ich begriff, daß er bei seiner Fahrt von Whitechapel nach Epsom (ob sie erzwungen oder freiwillig war, wußte ich nicht) definitiv einsah, wie fremd er dieser Welt war, und sich zurückzog; der Tod folgte schnell.

Eine Flut von Gedanken drang auf mich ein: Ich war Tausende von Kilometern von dem Zimmer entfernt und doch nie zuvor so besessen davon. Ich vertraute mich Lili Cole an, einer nichtjüdischen New Yorker Kongreßteilnehmerin, die sich zunächst zu mir hingezogen fühlte, weil sie für alles schwärmte, was englisch war. Anders als die meisten Amerikaner, die England lieben, weil es so altertümlich ist, liebte Lili das Land wegen der zurückhaltenden und zivilisierten Menschen, zu denen sie die meisten Briten hochstilisierte. Sie hatte einen sechsmonatigen Forschungsurlaub in Cambridge hinter sich und erklärte: »Zum ersten Mal in meinem Leben habe ich mich zu Hause gefühlt.« Ich erzählte ihr von meinen Nachforschungen in Sachen Rodinsky, und sie war aufs höchste interessiert und überglücklich, als ich sie einlud, sich in meinem Zimmer die Fotos anzuschauen, die ich von seinen Habseligkeiten gemacht hatte. Lili hat eine Doktorarbeit über russische Literatur geschrieben und spricht fließend mehrere Sprachen. Die Fotos faszinierten sie, und besonders begeisterte sie sich für ein Tagebuchblatt mit chinesischen Schriftzeichen, in denen sie den endlos wiederholten Satz »Mein Name ist David Rodinsky« erkannte.

Wir müssen uns bis spät in die Nacht über Rodinsky unterhalten haben, und während meiner ganzen Krakauer Zeit war Lili immer in meiner Nähe und darauf bedacht, mehr zu erfahren. Unser Abschied war traurig, aber erst als ich nach London zurückkam, wurde mir klar, welche Wirkung die Rodinsky-Geschichte tatsächlich auf Lili gehabt hatte. Auf meiner Türschwelle erwartete mich ein schmaler rosafarbener Briefumschlag aus New York und darin das folgende von ihr geschriebene Gedicht mit dem Titel »In lieber Erinnerung an Rachel Lichtenstein«.

Du als Kind, mit all den Träumen von heiligen Männern
Gelehrten, Schriftkundigen, *Zaddikim*

Du nahmst ein Mädchen zu dir
ein Mädchen aus Fotos, aufgereiht
in einer Auschwitz-Baracke,
nahmst sie als Schwester
und meintest dann, sie wäre du
du als Kind mit Kopftuch, runden Augen
und unbewegt blickend
von der Mauer des Todes

Du findest einen Mann
achtundzwanzig Jahre tot

erkundest seine geöffnete Dachkammer
liest seine staubigen Notizen

»Mein Name ist David«
auf englisch, aramäisch, chinesisch,
schreibst von ihm ein Buch

Du gräbst seine Geheimnisse aus
das Dorf in der Ukraine
wo seine Mutter vergewaltigt wurde
seine unsichtbare, schweigsame Schwester
erinnert von Nachbarn
sie teilte seine Dachkammer
hinterließ aber keine Spuren
seinen Tod in einem Irrenhaus bei London
zehn Tage vor deiner Geburt

Du versuchst ihn zu exhumieren
Knochen für Knochen
wie der heilige Mann in Israel
dir befohlen hat
geboren bist du zur Enthüllung
der Geheimnisse der Erde
als er dich heim nach England schickte

Wieder in der Dachkammer
fotografierst du jeden Text
das Grammophon, die handgeschriebenen Wörterbücher
später entdeckst du ein doppelt belichtetes Bild
ihr Gesicht
über einem Stapel seiner Notizbücher

Du findest es nicht, das Irrenhaus
nur einen Haufen Steine und Asche
bis auf die Grundmauern abgebrannt
nur eine Sterbeurkunde
in einem Londoner Stadtarchiv
aber kein Porträt, keinen Freund, keinen Überlebenden

Du gräbst und er verblaßt
du rufst und er antwortet
aus weiter Ferne
in einer Sprache aus Asche, Ruinen, Staub
Worte, Worte, Worte, die er schrieb
und schrieb und schrieb

In Jerusalem sagte der Rebbe zu dir:
eine Seele kann zehn Tage lang wandern
ehe sie ein Zuhause findet
im Körper eines Neugeborenen

Die Tage sind lang, feucht und mühsam; sie fließen ineinander. Wir treffen uns mit ehemaligen Aktivisten der zionistischen und kommunistischen Untergrundorganisationen, mit führenden Köpfen der aufständischen polnischen Juden, sie bringen furchtbare Geschichten mit, die ich lieber nicht wüßte. Wir verlassen das Zentrum, gehen durch den Regen und fahren die kurze Strecke zum Heim mit der Straßenbahn. Manchmal bleiben wir noch ein wenig in Kazimierz. Die meisten Häuser dort sind sehr heruntergekommen, können aber nicht renoviert oder an Polen verkauft werden, weil sie noch immer im Besitz von Juden sind. Die Gebäude hocken da und warten, leere Hüllen, in denen Geister umgehen. Auf dem Hauptplatz gibt es ein paar neue koschere Restaurants und einen Holzkiosk, wo man israelische Fähnchen und geschnitzte Figürchen kaufen kann, die chassidische Juden darstellen. »Jiddischkeit« ist zur Zeit in Polen Mode. Wir laufen durch die verlassenen Straßen, klopfen an Türen, den Stadtführer in der Hand, ziehen Erkundigungen ein, und unsere Schritte klingen hohl auf den Pflastersteinen nach.

Eines Tages, als ich mit Jacob aus Boston die Gegend erkundete, stießen wir auf eine offene Tür an der verlassenen Tempel-Synagoge. Wir traten in das modrig riechende Innere, welches ein durch die schmutzigen, aber prachtvollen bunten Glasfenster eindringendes Licht schwach erhellte. Der Raum war erfüllt von demselben betäubenden Geruch wie die Synagoge in der Princelet Street, aber er mußte früher einmal erheblich prächtiger gewesen sein. Gerade wollten wir das untere Stockwerk in Augenschein nehmen, als ein kleiner, weißhaariger Mann mit milchig-trüben Augen aus den verschlafenen Schatten im hintersten Winkel trat und zu uns herüberschlurfte.

Er grinste blöde, deutete auf uns und fragte: »Juden?« Wir nickten schweigend. Er sprach kein Englisch, aber klar war, daß er uns im Gebäude herumführen und dafür Geld haben wollte. Wie eine Klette hängte er sich an uns, und seine staubige Lederschürze verriet, daß er Arbeiter und nicht der Synagogendiener war (die Synagoge wurde gerade wieder aufgebaut). Ich ärgerte mich immer mehr über diesen Mann, der uns den Weg zur Treppe verstellte und fordernd die Hand aufhielt. Wir ignorierten ihn, drängten uns an ihm vorbei und stapften die Holztreppe hinauf, Staubwolken hinter uns aufwirbelnd. Der Blick vom Balkon war atemberaubend. Der Pole schlurfte uns nach, atmete heftig, zerrte an meinem Arm, zeigte auf irgend etwas und hielt wieder seine Hand auf. Angewidert verließen wir das Gebäude.

Mit solchen Erkundungsgängen hatte ich eigentlich meine Erfahrung; immerhin war ich Jahre zuvor monatelang kreuz und quer durchs Land gefahren und hatte versucht, die früheren Synagogen zu lokalisieren. Wenn ich damals auf solche unverschämten Polen stieß, die auf dem Markt das Dreifache für jüdische Kultgegenstände verlangten oder sich ein Trinkgeld zu verdienen suchten, indem sie mich in einem Gebäude herumführten, das auch das großväterliche Haus hätte gewesen sein können, traute ich mich nie, einfach wütend wegzugehen. Ich wußte, daß verärgerte Reaktionen gefährlich gewesen wären, aber die Zeiten ändern sich, und mit Jacob zusammen wurde ich beherzter. Viele Nachmittage verbrachten wir so, und nach und nach legten wir in Gedanken einen Stadtplan des alten jüdischen Viertels von Krakau an. An anderen Tagen, wenn es zu stark regnete, um herumzulaufen, ging ich in die Bibliothek mit ihren alten Landkarten und Gedichtbänden und jüdischen Sagen. Besonders faszinierten mich alle Geschichten, die ich über den Prager Golem finden konnte.

Diese phantastische Erzählung entstand um die Mitte des

16. Jahrhunderts, in einer für die europäischen Juden finsteren Zeit der Massaker und Pogrome. Ich denke, es gibt kein zufälliges Volksmärchen. Diese Geschichten sind nicht bloß einfallsreiche Erfindungen, sondern Spiegelbilder der komplexen historischen und kulturellen Erfahrungen eines Volkes. Als ich zum ersten Mal in die Synagoge in Whitechapel kam, drehten Studenten dort gerade den schon erwähnten Film, der in losem Zusammenhang mit dem Leben David Rodinskys stand und den Titel *The Golem of Princelet Street* trug. Auch wenn ich damals fand, daß dieser Film nur ein schwächlicher Versuch war, halte ich doch den Vergleich zwischen Rodinsky und einem Golem für sehr treffend. Mir scheint, David Rodinskys Geschichte kommt einem Bedürfnis der heutigen Menschen entgegen, die einen modernen Mythos von Entdecken und Überleben brauchen. Manchmal frage ich mich, ob es Rodinsky überhaupt gab. Ist er entstanden aus unserem Wunsch, an den Ewigen Juden zu glauben, an einen Juden, der sich bei jedem Definitionsversuch von neuem verflüchtigt? Ich brauche diesen Glauben an Rodinsky, an einen Juden, dessen Eigentum unangetastet ist, einen jüdischen Gelehrten, der die uralte Tradition des Lernens fortgesetzt hat, ein kabbalistisches Genie, das sich in eine höhere Welt gezaubert, einen Juden, der das Unmögliche fertiggebracht und sein eigenes Schicksal überlistet hat. Grabend und suchend hole ich ihn schließlich in meine Welt. Wie oft habe ich verblichene Fotos von meinen ermordeten Verwandten betrachtet und genau das gewollt. Rodinsky wird zum Golem der Gegenwart; wie der Prager Golem wird er geschaffen als Beschützer und als Zerstörer. Und wie dieser zerfällt er schließlich auf dem vergessenen Dachboden einer Synagoge zu Staub.

Vor vielen Jahren ging Baal Schem Tow regelmäßig zu einer heiligen Stätte im Wald, entzündete dort ein Feuer und sprach ein bestimmtes Gebet. Nach seinem Tod vergaß sein Schüler, wo sich die Stätte genau befand, entzündete aber das Feuer und sprach das Gebet. Die nächste Generation kannte weder die Stätte noch das Gebet, aber noch immer entzündeten sie das Feuer.

(Diese Geschichte erzählte mir Antony Polonsky)

Nie werde ich den Morgen vergessen, an dem wir nach Galizien aufbrachen. Ich erwachte früh, aufgestört durch ein Rufen unter meinem Fenster, und eilte auf den Balkon. Vier Stockwerke unter mir lag im Regen eine Leiche, ein Mann Anfang vierzig mit geschwollenem gelbem Gesicht, das zur Hälfte von einer grauen Plastikfolie bedeckt war. Seine Brille war zerbrochen und lag neben seiner linken Hand. Beim Blick auf sein Gesicht wurde mir klar, daß ich ihn am Vortag gesehen hatte, als er aus den ockerfarbenen Schatten des Heimkorridors auftauchte. Ich erinnerte mich deutlich an die kurze Szene, denn ich hatte mich darüber gewundert, daß er hier war. Soweit ich wußte, war der vierte Stock ganz mit unserer Gruppe junger Leute belegt. Ich hatte beobachtet, wie er den Kopf senkte, meinem Blick auswich und eilig einen Schlüssel in das Türschloß zum Nachbarzimmer steckte. Jetzt sah ich in dasselbe Gesicht und wünschte inständig, jemand würde ihm die Augen zudrücken.

Im Speiseraum schwirrten die Stimmen nervöser Studenten durcheinander, die alle nach Informationen über »die Leiche« gierten. Gleich hinter der Balkonbrüstung hatte man einen Hocker gefunden und eine kurze Abschiedsnotiz. Der Mann war kein Pole, und die Polizei versuchte, ihn zu identifizieren. Als wir vom Frühstück zurückkamen, war der Tote weg; nur ein leichter Abdruck blieb im Gras. Die Brille hatte man beiseite geräumt, an ihrer Stelle lagen Arzthandschuhe.

Wir beluden den Bus und begannen unsere fünftägige Horrortour durch Ostgalizien. Wie Touristen hasteten wir durch die vom Regen aufgeweichte Landschaft und hielten nur an, um den verlassenen Stätten, an denen einst unsere Vorfahren lebten, unsere Huldigung darzubringen. Der erste Haltepunkt war Rymanow, wo wir eine Synagoge aus dem 17. Jahrhundert besichtigen wollten. Polonsky las uns vor, wie der Ort im Reiseführer beschrieben wurde:

> »Wenn es eine zerstörte Synagoge gibt, die als Holocaust-Denkmal gelten könnte, dann diese trostlose Ruine in diesem undefinierbaren Dorf in der südöstlichen Ecke Polens. Sie hockt auf einem Hügel am Rande der Ortschaft, eine höchst eindrucksvolle Ziegel- und Steinmasse, die aussieht, als habe sie sich heftig gegen ihre Zerstörung gewehrt und dann verloren.«

Nach dem Zweiten Weltkrieg war die Synagoge viele Jahre lang als Kornspeicher benutzt worden. Später ließ der Bürgermeister des Örtchens das Zinnblech vom Dach entfernen, um damit die Kirche auszubessern. Wir betraten das Gebäude durch einen schmalen Torbogen, der recht und schlecht von zwei großen Eisenträgern gestützt wurde. Als wir eintraten, stoben zwei Ziegen durch das Laubwerk und verschwanden, laut meckernd vor Angst, in einer dunklen Nische. Nun konnten wir alles auskundschaften, bahnten uns munter unseren Weg durch das dichte Gestrüpp wie Dschungelwanderer, wurden aber bald still, als wir die Kugeleinschläge bemerkten, von denen die zerfallenden Säulen und Fresken durchlöchert waren.

Der ältere Mann aus dem Dorf, der uns in die Ruine begleitete, erzählte seine Geschichte. Sein Großvater war der letzte Rabbi der Synagoge gewesen und wurde hier mit seiner Familie von den Nazis erschossen. Er selbst ist der einzige Überlebende, und wie Rodinsky hat er die Rolle des *Schammes* übernommen. Jahrelang kämpfte er um die Reparatur des Daches, aber vergeblich. Er schweißte eine große Metalltür zusammen

und baute sie am Eingang ein, er versuchte auch die Fenster zuzumauern, aber Ziegen und Vögel kommen noch immer herein, Bäume brechen durch den Fußboden und spalten die Grundmauern. Alles, was er tun kann, ist, das Gebäude für seltene Besuche von Gruppen wie der unseren zu öffnen, auch für Chassidim, die aus New York und Israel kommen und hier beten wollen. Er sagt, das sei vermutlich das letzte Jahr, in dem Besucher noch in das Gebäude hineinkönnen. Wir sprechen gedämpft, um den zerbrechlichen Bau nicht zu gefährden. Der Mann fasziniert mich; gern würde ich noch bleiben und seine Geschichte richtig aufnehmen, aber es gibt viel zu viele Geschichten zu erzählen. Er ist der erste von mehreren alten Männern, denen wir in den nächsten Tagen begegnen, ein Mitglied jener »Gemeinschaft der Hausmeister«, die als einziges von der riesigen jüdischen Bevölkerung Polens, Weißrußlands und der Ukraine übriggeblieben ist. Sie haben sich entschieden, hier weiterzuleben und über die verfallenden Restbestände ihrer Geschichte zu wachen.

Im nächsten Ort stehen wir im Regen, und unser Führer erzählt, daß hier, wo jetzt nur noch ein heruntergekommenes Betongebäude steht, früher einmal Synagoge und *Bet Midrasch* aufragten. Wenn wir uns im Uhrzeigersinn drehen, fällt unser Blick auf einen Park; unter den Blumenbeeten und Kieswegen liegt ein jüdischer Friedhof. Ich sehe junge Paare Arm in Arm vorbeispazieren und frage mich, ob sie wissen, worauf sie da gehen. Unser Führer berichtet, daß Hunde immer wieder Knochen ausgraben. Wir treten behutsam auf – das Schaudern angesichts dessen, was unter meinen Füßen liegt, verläßt mich in Polen nie.

Wir sind durchnäßt, nervös und unsicher, wie wir auf diesen Ort reagieren sollen. Zwei Betrunkene kommen näher, schielen mißtrauisch zu uns herüber und rufen etwas, die Verfolgungsängste melden sich, wir wollen alle nur weg hier. Wir schleppen uns zum Bus zurück und sind bald am nächsten Ort des Schreckens. Wir stehen an einer Stelle, an der Hunderte von Juden erschossen wurden; die übrigen wurden nach Auschwitz deportiert. Wir gehen zum Friedhof. Es regnet in Strömen, das Gras auf dem Friedhof ist hoch, die Grabsteine sind zerbrochen und halb verschüttet, und wir wissen nicht, wo wir hintreten. Wir hören, daß hier Juden erschossen wurden, nachdem man sie gezwungen hatte, die Grabsteine ihrer Familien zu zerschlagen und die Straßen damit zu pflastern. Wir drängen uns zusammen und sprechen *Kaddisch*, das Gebet für die Toten. Und zum ersten Mal seit meiner Ankunft in Polen fühle ich, wie mir heiße Tränen die Wangen hinunterlaufen, ohne daß ich etwas dagegen tun kann.

Der nächste Tag beginnt etwas freundlicher: Es regnet nicht, und unsere Reise führt uns zum Grab des berühmten Rabbi Eli Melech. Er soll übernatürliche Fähigkeiten besessen haben und gehörte einer chassidischen Sekte an, die in Galizien und der Ukraine, wo die Rodinskys lebten, sehr verbreitet war. Gabby, ehemaliger Rechtsanwalt und jetzt Geschichtslehrer, der alles andere als schüchtern ist, geht nach vorn zum Fahrer, nimmt das Busmikrofon und singt ein wunderschönes melancholisches jiddisches Lied über den Rabbi. Einige amerikanische Studenten stimmen begeistert ein, während ich durch das Busfenster hindurch die Holzhäuser, ihre kleinen, von Hühnern wimmelnden Höfe und die Bäuerinnen bei der Feldarbeit betrachte.

Eli Melechs Grab ist übersät mit Tausenden zusammengefalteter Papierschnipsel, auf denen in vielen Sprachen dringende Bitten stehen. Wir stecken die unseren in die Ritzen zwischen uralte Steine und brennende Kerzen und schreiben unsere Namen zu den vielen anderen auf den Wänden. Ich entdecke zwölf verschiedene Sprachen – Rodinsky hätte seine Freude daran gehabt. Die Gruppe ist heiterer Stimmung, als wir über den Friedhof gehen, die Sonne scheint, und die Luft ist erfüllt von den Geräuschen der Bauernhöfe im Tal. Wir laufen zwischen den Gräbern umher und übersetzen uns die hebräischen Namen auf den Steinen, bis wir erfahren, daß alles anders ist, als es scheint. Alle Grabsteine sind für Straßenpflaster verwendet, dann nach dem Krieg zurückgebracht und willkürlich auf dem Friedhof verteilt worden. Der Stein vor mir soll die letzte Ruhestätte von Sara bezeichnen; mit großer Wahrscheinlichkeit stimmt das gar nicht. Überall falsche Geschichten.

Es fängt wieder an zu regnen, und wir fahren weiter zur nächsten Ortschaft, um eine Bushaltestelle zu betrachten, die früher ein jüdischer Friedhof war. Auf dem Weg zur folgenden Station entsteht hinten im Bus Unruhe: Ein paar Studenten sprechen erregt mit unserem Reiseleiter. Offenbar fahren wir an der Grenze zur Ukraine entlang, sind also nicht weit entfernt vom Geburtsort von Rodinskys Mutter, Kuschowata. Mehrere Studenten haben Verwandte, die von dort stammen. Ich eile hinüber zu der Gruppe, die mit dem Mann spricht: sollte es eine Möglichkeit geben hinzufahren, dann fahre ich. Der Reiseleiter berichtet, viele Leute seien über die Grenze gekommen, weil sie die Grenzbeamten mit hundertfünfzig Dollar bestochen hätten. Ich bin ganz aus dem Häuschen; die Reise zu Rodinskys Dorf würde noch etwa drei Tage Bahnfahrt erfordern, aber sie wäre meine eigentliche Pilgerfahrt. Ein paar von uns nerven den Führer mit Fragen. Aus durchnäßten Rucksäcken werden Landkarten herausgeangelt; wir studieren sie, folgen den schwachen Linien und lokalisieren schließlich die heute verschwundenen Dörfer. Rodinskys kleines Schtetl läßt sich nur auf einer Rußlandkarte aus der Zeit vor dem Ersten Weltkrieg finden. Aber ich weiß nun, wo es liegt: nur eine Fingerlänge entfernt von dem Ort, an dem wir uns zur Zeit befinden. Polonsky kommt zu uns und rät von dem Versuch einer Reise ab: die Wahrscheinlichkeit, daß man über die Grenze kommt, liegt bei fifty-fifty. Wir bräuchten viel Geld und würden Hotels vorbestellen sowie einen Dolmetscher und ein Auto mieten müssen. Ich fühle den brennenden Wunsch, näher an den Ursprungsort meiner Suche heranzukommen, und unser Reiseleiter verspricht, beim nächsten Halt zu telefonieren.

Während er seine Anrufe macht, warten wir auf dem Vorplatz einer Tankstelle. Uns gegenüber die Ruine einer Synagoge, die jetzt als Kornspeicher benutzt wird. Unser Führer kehrt mit enttäuschenden Nachrichten zurück: Der Grenzübertritt ist erschwert worden. Im April konnte man gelegentlich mit der Bestechung von Grenzbeamten durchkommen; mittlerweile geht es nur noch mit offizieller Einladung und Visum, das bei der ukrainischen Botschaft in London beantragt werden muß. Noch immer bin ich entschlossen, es zu versuchen; da höre ich schließlich, daß wir selbst mit Einladung nicht weiterkämen, weil die Grenze wegen der Überflutungen geschlossen ist.

Ich bin enttäuscht und frustriert. Ich drücke mir die Nase an der Scheibe platt und halte Ausschau nach den Adlern, Bären, Bisons und Wölfen, die in dieser Region der Karpaten leben sollen. Aber die will ich gar nicht sehen. Auf der anderen Seite der Berge liegt die ukrainische Grenze, die ich so sehnlich zu überschreiten wünsche. Die ganze Gegend war einmal fast nur von Juden bewohnt; aber Welten liegen zwischen ihr und den geschäftigen Großstadtghettos im östlichen London und in New York, wo die aus dieser Gegend geflohenen Juden nun leben.

Unsere nächste Station ist Lesko, ein Städtchen hoch in den Bergen und der erste Ort in Polen, an dem Juden nicht in der Minderheit waren. Heute gibt es hier keine Juden mehr. Eine einzige Synagoge steht noch, sie dient als Kunstgalerie. Die meisten der hiesigen Juden wurden umgebracht von den Einsatzgruppen, den Mordkommandos, die hinter den Linien der in Rußland einfallenden deutschen Armee operierten. Wir schlittern einen schlammigen Pfad entlang und besichtigen die Überreste eines sephardischen Friedhofs aus dem 17. Jahrhundert, der, tief im dunklen Wald an einem steilen Hang gelegen, ganz phantastisch wirkt. Alles ist naß und grün und tropft; wir kämpfen uns den Hügel hoch, rutschen im aufgewühlten Matsch aus, stolpern über alte, umgekippte Grabsteine. Moos und Flechten überwuchern die Gräber, wir säubern sie und lesen die Inschriften. Wir fühlen uns wie Entdecker, als wären dies urzeitliche Ruinen in einem tropischen Regenwald, eine lebendige Ruhestätte voller Vogelgezwitscher und verwitterter Schönheit. Wir betrachten die Gräber und sprechen *Kaddisch*.

Die nächste Ortschaft, die wir besuchen, wurde im frühen 20. Jahrhundert zu einem Zentrum des Chassidismus. Menachem Mendel, ein Schüler von Eli Melech und selbst ein berühmter *Zaddik*, wohnte hier und hatte eine große Anhängerschaft. Er lebte streng asketisch und war berühmt wegen seiner prophetischen Gaben und seiner Heilfähigkeiten. Je

mehr ich über diese besondere Tradition erfahre, um so mehr Sinn bekommt für mich das bescheidene Leben der Rodinskys. In London wirkte Rodinsky überspannt und verarmt; hier hätte er als fromm und heilig gegolten. Seine Familie hatte den Wechsel in die neue Welt nicht geschafft. Ihre Dachkammer wurde zum Mikrokosmos der mystischen Welt, die sie hinter sich gelassen hatten, aber in der Whitechapel-Umgebung stießen ihre Empfindungen auf tiefes Unverständnis.

Wir gehen zum Bus zurück. Polonsky ist wieder am Mikrofon und macht auf eine Bäckerei und eine Feuerwache aufmerksam, die beide früher einmal Synagogen gewesen sind. Der Rest des Tages vergeht kaum anders als die übrigen, mit feierlichen Besuchen von Friedhöfen, Synagogen und Grabstätten. Wir stehen im nassen Gras, hebräische Buchstaben und jüdische Gebeine unter unseren Füßen, und deklamieren die Trauerworte des *Kaddisch*. Wir werden zu unsichtbaren Zeitreisenden, Welten liegen zwischen dem, was wir da tun, und dem Leben der Polen, die wir durch die regenverschmierten Scheiben des Busses sehen.

Unsere Reise hat etwas Drängendes, Dringliches, einen manischen Zug. Es fallen nicht nur die Denkmäler auseinander; diese Jahre werden auch die letzten sein, in denen man noch all die erstaunlichen »Hausmeister« antreffen kann, die beschlossen haben, zu bleiben und über die alten Stätten zu wachen. In einem der Orte klopfen wir an die Tür eines winzigen Friseurladens. Ein älterer Mann kommt heraus und öffnet uns die einzige noch bestehende Holzsynagoge in Polen. Heute wird sie für städtische Kunstkurse genutzt. Im Innern empfängt uns ein intensiver Geruch, eine einzigartige Mischung aus feuchtem Holz und Staub, die mich an meinen ersten Besuch in der Princelet Street erinnert. Mich faszinieren diese Männer, die die Gebäude beschützen. Kaum anders als David Rodinsky scheinen sie nicht imstande, die Fesseln ihrer Vergangenheit zu sprengen, und opfern ihr Leben dem Leben, das einmal war.

Viele der Friedhöfe, die wir besuchten, waren außerordentlich schön: auf Kuppen und in Wäldern gelegen, die alten Grabsteine in verschiedene Richtungen geneigt, so daß sie aussahen wie betende Juden in der Abenddämmerung. Doch dieses romantische Bild bekam Risse, sobald wir erfuhren, daß wir auf einem Massengrab standen.

Immer wenn wir zu einem Besichtigungsort kamen, liefen viele der Amerikaner vor die Denkmäler, tauschten Fotoapparate aus und hielten auf Zelluloid fest, daß sie »dagewesen waren«. Verquerer Tourismus, Horrorschnappschüsse. Andere legten sorgsam gesammelte Steine auf Gräber und murmelten leise Gebete. Irgendwie war unsere Anwesenheit auf dieser blutgetränkten Erde notwendig, denn daß wir da waren, hieß, daß die Gebeine der Menschen unter unseren Füßen nicht völlig vergessen waren. Wir wußten von ihnen, wir kamen hierher, standen hier, beteten und erfuhren von den alten Männern, die zusammen mit uns auf die Hügel zogen, um uns verblassende Erinnerungen mitzuteilen, etwas über ihr Leben und Sterben.

Als wir nach Tarnów kommen, wird Gabby ganz aufgeregt. In dieser Stadt ist sein Großvater aufgewachsen. Wir gehen zum städtischen Museum, um einen Vortrag über die Juden von Tarnów zu hören, und Gabby macht wie ein Wahnsinniger Notizen und stellt tausend Fragen. Ich weiß, wie ihm zumute ist: Er ist nahe an der Quelle, ihm dröhnt der Kopf vor lauter psychischer Energie. In Tarnów gibt es keine Synagoge mehr; alle wurden von den Nazis gesprengt, erfolgreich ausradiert; die meisten Juden wurden im Wald in einem riesigen, nicht markierten und namenlosen Massengrab erschossen. Einige wenige kamen nach dem Zweiten Weltkrieg zurück; der letzte Jude von Tarnów war zwei Jahre zuvor gestorben. Wir sehen ihn auf einem Video; er sitzt in seinem leeren selbsterrichteten Betraum, singt traurig ein jiddisches Lied aus seiner Kindheit und küßt dann die Thora, die er in den Armen hält. Diese Geste hat eine überwältigende Wirkung: Uns laufen die Tränen über die Wangen, wir sind kaum noch aufnahmefähig. In dieser Nacht träume ich, alle Zähne fielen mir aus, sie zerbröckeln im Mund, sobald ich mit der Zunge gegen sie drücke. Mein Gaumen ist eine blutende rote Masse, die schmerzt, sobald nur Luft an sie kommt. Ich kann nichts mehr verkraften.

Wir gehen durch das alte jüdische Ghetto, erkennbar an den unveränderten Textil- und Billigkleidungsfabriken, die sehr an Fashion Street und Princelet Street in Whitechapel erinnern. Hier erlebe ich, wie surreal es ist, auf einem Stadtrundgang zu sein, wie ich sie selbst im Londoner Osten veranstalte – mit all den Hinweisen auf baufällige Gebäude, wo sich einst eine riesige Synagoge über der Gemeinde erhob, auf einen verlassenen Parkplatz, wo einst im *Mikwe* das heilige Wasser für die Waschung bereitstand, auf das Gebetshaus, die *Cheder*, die koscheren Schlachter, alles nicht mehr da. Unser Führer erzählt, daß im Juni 1942 die Straße, auf der wir jetzt stehen, sich in einen Strom jüdischen Blutes verwandelte. Die Bewohner der Stadt haben beschlossen, das Pflaster beizubehalten – zur bitteren Erinnerung. Wir gehen weiter; er zeigt auf die Stelle, wo die große Synagoge bis auf die Grundmauern niedergebrannt wurde. Sie stand drei Tage in Flammen, und noch Wochen später flackerten kleine Feuer zwischen den glühenden Trümmern auf. Wie bei all unseren Gängen kommen wir schließlich zum Friedhof. Hier wurden dreitausend Juden erschossen. Zu ihrem Gedenken wurde auf Betreiben von drei älteren Männern, die sich um den Friedhof kümmern, ein Mahnmal errichtet. Dieses Mahnmal ist aus der einzigen geretteten Säule der alten

Synagoge gemacht. Wir stapfen durchs nasse Gras, das Unkraut reicht uns bis zu den Achseln, unsere Gliedmaßen bedecken sich mit Brennesselstichen, und wir besuchen das Grab des letzten Juden von Tarnów. Ich lege einen Stein auf sein Grab. Er ruht neben seiner Frau, wie er es gewünscht hat, aber wer ist noch da, um für ihn *Kaddisch* zu sprechen? Er war der letzte, jetzt sind wir dafür verantwortlich.

Ich fühle mich ausgelaugt und deprimiert von unserer Reise. Der einzige, der positiv gestimmt ist, ist Gabby. Er ist schrecklich aufgeregt, seine Augen glänzen. Am Abend fährt er nach Wojnicz zu einem Archivar, der es übernommen hat, die Akten der Juden von Tarnów und Umgebung zu sammeln. Er findet die Geburtsurkunde seines Großvaters. Am nächsten Morgen erzählt er mir beim Frühstück davon. Stolz zeigt er mir die Urkunde. »Schau, ich habe sogar den Namen des Assistenten, den der *Mohel* zu seiner Beschneidung mitgebracht hat.« Diesen sicheren Beweis hat Gabby wirklich verdient – seine Suche dauert schon zehn Jahre. Im vergangenen Jahr hatte er in Theresienstadt nach Spuren seiner Urgroßmutter geforscht. Er fand ihren Namen in den Akten, ein kurzer deutscher Satz bestätigte, daß sie nach Treblinka deportiert worden war. Zum Glück kann er auch andere Geschichten erzählen. Sein Vater und sein Großvater haben Auschwitz überlebt, vermutlich deshalb, weil sie es schafften, in den drei Jahren der Gefangenschaft zusammenzubleiben. Sie kamen mit einem Transport von tausend Menschen. Nur sechzehn von ihnen haben überlebt. Genau wie ich war auch Gabby schon allein in Polen auf der Suche gewesen, um das Haus seines Großvaters zu finden. Man hatte ihn zu einem Haus geführt, er war darum herumgelaufen und hatte es von außen fotografiert, nur um zwei Jahre später zu entdecken, daß es das falsche war. Auf dieser Reise findet Gabby das richtige Haus. Wir machen dort halt, als wir durch das Dorf gehen. Stolz stehen Gabby und seine Frau davor. Wir freuen uns alle für sie, und jeder macht ein Foto von den beiden.

Dann kommen wir nach Nowy Sącz, einem geschäftigen Touristenstädtchen. Wir betreten einen kleinen Hof. Zu unserer Rechten eine kleine moderne Synagoge. Herr Muller, ein win-

ziger Mann, öffnet die Tür. Noch bevor er ein Wort gesagt hat, bin ich tief berührt: Er sieht genauso aus wie mein verstorbener Großvater. Er möchte nicht polnisch mit uns sprechen, daher ist unser Dolmetscher hier überflüssig. Die beiden einzigen, die Jiddisch sprechen, sind Polonsky und Gabby. Polonsky weiß, wie wichtig diese Reise für Gabby ist, und überläßt ihm die Ehre, das Jiddische für uns zu übersetzen. Herr Muller war der letzte überlebende Jude im Ort und während der antisemitischen Kampagne von 1968 gezwungen, das Land zu verlassen. Heute wohnt er in der Schweiz, aber seit 1983 kommt er jeden Sommer her. Von einer achtköpfigen Familie, die von den Nazis ins Warschauer Ghetto umgesiedelt wurde, lebt nur noch er. »Es war Gehenna, die Hölle auf Erden.« Diese kleine Synagoge baute er über mehrere Jahre hinweg mit der Hilfe örtlicher Bauhandwerker. Sie steht dort, wo früher die große Synagoge der Stadt war. Hier betet er jeden Tag, und manchmal kommen Gruppen wie unsere und beten mit ihm.

»Warum kommen Sie hierher zurück, Herr Muller?« fragen wir ihn.

»Ich hab's im Blut. Solange Gott mir das Reisen noch erlaubt, werde ich herkommen. Das ist mein Leben, damit lebe ich.« Er schildert Nowy Sącz als eine der ehemals heiligen und extrem orthodoxen Städte Polens. Er fühlt sich ihr immer noch verbunden und hat gute Beziehungen zu nichtjüdischen Einwohnern, die ihn nicht stören. Als wir ihn nach seinem Alter fragen (er sieht hochbetagt aus), sagt er: »Zweieinhalb Zwiebeln« und zwinkert uns zu. Mit raschen Schritten begleitet er uns zum Friedhof. Beim Vorwärtseilen zeigt er auf eine Stelle. »Hier habe ich gesehen, wie eine Familie erschossen wurde.« Er sieht uns an, mit einem eindringlichen Blick und rotgeränderten, durchdringenden blauen Augen. »Ich war dabei.«

Wir betreten die ehemalige Synagoge, jetzt ein leeres Gehäuse, und er bleibt an der Stelle stehen, wo er früher mit seinem Vater und seinen Brüdern saß. Er zeigt uns ein von ihm selbst zusammengestelltes Fotoalbum über das jüdische Leben in Nowy Sącz. Es ist eine Kopie; das Original hat er *Yad Vashem* gestiftet. Es enthält Bilder in verblichenem Sepiabraun, von ihm selbst und seinen Freunden, wie sie vor dem Makkabi-

Sportverein posieren, von seinen Eltern, Brüdern und Schwestern, die neben ihrem einstöckigen Holzhaus sitzen (in genau so einem könnte mein Großvater geboren sein), von hübschen lachenden Mädchen, deren Namen Herr Muller vergessen hat. Straßenszenen von Nowy Sącz im frühen 20. Jahrhundert, überall sieht man die langen Mäntel und wehenden Schläfenlocken der Chassidim. »Alles weg«, sagte er, »nur noch ich.« Zusammen gehen wir an den Mauern des ehemaligen Ghettos entlang, dann deutet er aufs andere Flußufer und erzählt eine Horrorgeschichte nach der anderen. »Wenn ich hierherkomme, bricht mir das Herz.« Er gestikuliert in der Luft herum und sieht uns mit den traurigen Augen an, wie die Juden sie haben. »Noch immer kann ich nicht glauben, daß es geschehen konnte.« Wir gehen schon fast im Laufschritt. Ständig zeigt er irgendwohin – »Hier war das Haus des Rabbi, dort das *Mikwe* ... alles verschwunden« –, ich fürchte mich schon vor der Geschichte, die seinen Fingerzeig begleitet, ich kann nichts mehr verkraften. Er bleibt stehen, und wir sammeln uns um ihn: Er wird sehr unruhig, wenn einer aus der Gruppe weggeht, wir müssen zuhören, er muß uns alles erzählen, die Zeit läuft ab. Wir sind auf dem Friedhof angelangt, aber es gibt nicht viel zu sehen: Die Grabsteine sehen aus wie amputierte Stümpfe, blutende Wunden, in Stücke geschlagen und liegengelassen. Als er auf die Stelle zeigt, wo ein Massengrab ist, hören wir lautes Klirren von Metall, dann hartes Bellen, ein riesiger Schäferhund versucht sich im Nachbargarten von seiner Kette loszureißen. Herr Muller eilt weiter, wieder sind wir am Rande unserer Aufnahmefähigkeit, aber er will uns noch mehr zeigen, wir müssen hinter ihm her. Nachdem wir *Kaddisch* gesprochen haben, gehen wir zum Bus zurück, durchnäßt bis auf die Knochen, Herr Muller verabschiedet sich und eilt mit seinem winzigen, zu Boden gesenkten Kopf zu seiner Synagoge. Bald ist er nicht mehr zu sehen.

Der Bus kämpft sich einen steilen Hang hoch, um zu einem kleinen Bergdorf zu kommen. Wir gehen durch einen wunderschön gepflegten Kirschgarten; ein Mann mit freundlichem Gesicht namens Ignancy Bielecki taucht hinter den Bäumen auf, seine Arme sind bis zu den Ellbogen rot gesprenkelt von

Kirschsaft. Er verschwindet in einer kleinen Gartenlaube am Zaun und kommt zurück mit schwarzen *Jarmulkas* für die Männer. Dann führt er uns durch den Kirschgarten zum jüdischen Friedhof auf der anderen Seite. Es ist der erste Friedhof, auf dem das Gras frisch gemäht ist und die Grabsteine aufrecht stehen und in gutem Zustand sind. Er kennt die Geschichte jedes einzelnen Grabes und erzählt sie uns in allen Einzelheiten. Der Ort wirkt wie ein geheimer Garten. Er bringt uns zum Mahnmal für die hier gestorbenen Juden – eine beeindruckende Skulptur, errichtet aus den noch geretteten zerbrochenen Grabsteinen des Friedhofs. Als ich ihn frage, wer es gebaut habe, sagt er: »Das Friedhof-Komitee.« Dieses Komitee besteht, wie sich herausstellt, aus einem ortsansässigen Steinmetz und ihm selbst. Er ist groß, aber gebeugt, hat zwei silberne Schneidezähne und ein liebes lächelndes Gesicht. Er mag etwa siebzig Jahre alt sein. Ich spüre, daß ich ihm bedingungslos vertrauen könnte. Seine Frau folgt uns schüchtern mit einem großen Korb voll Kirschen, die sie jedem anbietet. Ignancy Bielecki ist polnischer Katholik. Er erzählt uns seine Geschichte. »Ich bin hier aufgewachsen. Nie habe ich anderswo gelebt. Mein Bruder kam in der Schlacht um England um, zwei andere fielen als Soldaten im Osten, die übrige Familie wurde wegen ihrer kommunistischen Betätigung nach Auschwitz deportiert. Keiner kam zurück, ich bin der einzige Überlebende. Dieser Ort bedeutet für mich etwas ganz Besonderes. Wo heute der Kirschgarten steht, war früher das Land, auf dem die Kühe meiner Mutter weideten. Als Kind kam ich immer her und paßte auf sie auf und verbrachte viele Stunden auf dem Friedhof. Als meine Brüder und meine Mutter verhaftet wurden, schlüpfte ich durch das Fenster auf der Rückseite des Hauses und lief sofort hierher. Ich versteckte mich unter der Erde, unter einem uralten Grabstein und ernährte mich von der Milch der umherziehenden Kühe, die immer noch herkamen. So habe ich den Krieg überlebt. Dieser Ort hat mir das Leben geschenkt, und heute widme ich ihm mein Leben.« Wir sind sprachlos, aber er führt uns zu einem kleinen Holztisch vor seiner Gartenlaube, räumt die Körbe mit Kirschen weg, verschwindet in der Laube und kommt mit einem großen ledergebundenen Buch zurück. Seine zitternden Hände schlagen behutsam die Seiten auseinander, und er liest. Wir hören, wie viele Besucher aus wie vielen Ländern herkamen, um den Friedhof zu sehen. Er ist sehr stolz auf das Buch und bittet jeden von uns, seinen Namen hineinzuschreiben. Wir machen es mit Freuden, und jeder schüttelt ihm die Hand. Ich gehe mit Tränen in den Augen. Dieser Mann und seine Geschichte haben mich mehr gerührt als alles, was wir bisher gesehen oder gehört haben.

Unser nächster Besuch gilt Dabrowa Tarnowska, einem Dorf hoch in den Bergen. Wir quetschen uns alle in den Vorderraum eines Privathauses. Vor uns sitzt ein Mann und redet zusammenhanglos auf Polnisch. Polonsky versucht zu dolmetschen, aber der Mann läßt ihm keine Zeit, er spricht einfach weiter. Wir bekommen abstrakte Informationsbrocken: »Suche übers Rote Kreuz, kam nicht durch ... schrieb jede Woche ... in der Sowjetunion vermißt ... Briefe zurückgeschickt ... Mutter besaß Stapel davon ... es wäre besser, das alles wäre nicht wahr.« Der Mann steht auf und zeigt uns eine breite, häßliche Narbe, die über den ganzen Schädel reicht. »Die Geschichte dieser Aktionen können Sie an den Narben auf meinem Körper verfolgen.« Er läßt undefinierbare zerknitterte Fotos herumgehen; ich glaube, er erzählt, daß er Rechtsanwalt und Ägyptologe war. Dann steht er auf, jetzt schreit er und fordert uns auf, Druck auf die Behörden auszuüben, damit die Synagoge des Dorfes gerettet wird; er sagt, sie sei die schönste Synagoge in dieser Region Polens gewesen. Dieses Jahr kann man nicht mehr hineingehen, zu gefährlich. »Dies ist unser letzter Notruf, damit sie erhalten bleibt.« Er ist der letzte Jude im Ort. Nach seiner Schilderung herrschte hier vor dem Krieg ein buntes jüdisches Leben mit Tanzklubs, Sportvereinen, vielen Synagogen, sogar einem Kasino. Er reicht ein Fotoalbum herum, in dem wir das Innere der Synagoge sehen, in das wir nicht hineinkommen werden. Die Wandmalereien sind eine Augenweide. Dann führt er uns zum Haus des letzten orthodoxen Juden des Ortes, der im Vorjahr gestorben ist. Wir treten in einen engen Flur und gehen über eine dunkle Treppe zu einer kleinen Dachkammer hinauf.

Ich brauche einige Augenblicke, um meine Augen an das schwache Licht zu gewöhnen und wahrzunehmen, wo wir stehen. Ich halte den Atem an, drehe mich langsam um und versuche, mir das Bild fest einzuprägen. Mein Herz setzt einen Schlag aus. Ich atme tief ein: die berauschende Mischung aus Kerzenwachs und alten Texten. Vor mir steht ein kleiner Holztisch, bedeckt mit dunkelgrünem Tuch. Darauf mehrere selbstgemachte Kerzenhalter und ein siebenarmiger Leuchter aus alten Auspuffrohren. Daneben eine schwarze Mütze und zahlreiche Bücher in vielen Sprachen. In einer Ecke des Raums, neben einem Kachelofen, steht eine Holzbank, die kniehoch mit Bücherstapeln beladen ist. In der anderen Ecke hängt ein grob bestickter Samtvorhang, der das Licht in seine staubigen Falten saugt. Gegenüber ein kleines Bett, wie jede freie Fläche im Raum bedeckt mit Büchern. Vielleicht war Rodinsky wirklich der Ewige Jude, und zu allen Zeiten gab es solche verlassenen Zimmer, mit dem grünen Tischtuch, den sich auftürmenden Bücherstapeln, den Instrumenten des Alchimisten.

Ich bin ganz versunken in meine Phantasien, mache hastig Fotos von jedem Winkel, weil ich fürchte, daß wir schon bald hinauskomplimentiert werden. Ich würde gern bleiben: Nichts ist katalogisiert, es gibt viel zu tun. Nach und nach wird meine Konzentration aufgebrochen, als ich höre, wie unser Führer die Geschichte dieses Zimmers erzählt. Ich trete näher heran, klammere mich an jedes seiner Worte. Der Mann, der in diesem Zimmer lebte, hieß Roth. Er war nie verheiratet gewesen und wohnte hier zusammen mit seiner Schwester. Den Krieg überlebte er durch die Flucht in die Sowjetunion, danach kehrte er in seinen Geburtsort zurück und verließ ihn nie wieder. Er liebte die jüdische Religion und Kultur; er war gelehrt, sprach viele Sprachen und war der letzte praktizierende Jude der Stadt. Einen *Minjan*, eine Betgemeinde, hatte er nie; er beschloß, allein zu bleiben und am traditionellen Studieren und Lernen festzuhalten. Er blieb, um den Friedhof zu hüten, und ging jeden Tag hinaus, um Unkraut zu jäten. Immer wieder drängte er die Behörden, einen Zaun um den Friedhof ziehen zu lassen, was nach jahrelangen Bemühungen dann auch geschah.

Als er starb, beschlossen seine Mitbürger, ihm zu Ehren sein Zimmer genauso zu bewahren, wie er es hinterlassen hatte. Sein letzter Wunsch war, neben seiner Schwester beigesetzt zu werden. Er wurde ihm erfüllt. Unser Führer liest uns einen Passus aus dem Nachruf vor: »Er war der letzte strenggläubige Jude in Dabrowa Tarnowska; er war einfach und bescheiden. Sein Leben lang lebte er im Schtetl. Aus vielen Ländern kamen viele Menschen, um ihn zu besuchen. Noch vor wenigen Jahren gab es Hunderte und Tausende Juden wie ihn. Er war der letzte Schtetl-Jude in Polen und zweifellos einer der *Lamed-Wawnikim.*« Später fragte ich Polonsky, was ein *Lamed-Wawnik* sei. Er antwortete: »Das ist ein vorchassidischer Mythos; er besagt, daß auf der Welt immer sechsunddreißig Gerechte leben. Ihre guten Taten verhindern, daß die Welt zugrunde geht. Ihre Macht beruht darauf, daß niemand weiß, wer sie sind und wo sie leben. Ihre Arbeit verrichten sie im verborgenen und erhalten keinen Lohn dafür. Stirbt einer von ihnen, wird ein anderer geboren.«

In meinem Kopf dreht sich alles. Diese Geschichte mag ich am liebsten. In beiden, Roth und Rodinsky, sehe ich *Lamed-Wawnikim*, deren Tun nebeneinanderher lief, in zeitlicher Parallele. Sie waren Teil einer uralten Tradition, bescheidene Männer, die sich in Zimmern einrichteten, die letzten Überlebenden, die die Verpflichtung fühlten zu bleiben, die in aller Stille ihre eigenen magischen Praktiken verfolgten und die Welt zusammenhielten.

Roth war im Städtchen bekannt und geachtet, und als er starb, sammelte man Geld für seinen Grabstein. Beerdigt wurde er am Donnerstag, 14. Dezember 1995, um etwa fünf Uhr. Nach jüdischem Brauch muß vom Moment des Todes an jemand bei dem Toten wachen und die Leiche für das Begräbnis herrichten. Von seiner Familie oder früheren Gemeinde war aber keiner mehr da. Zum Glück hatte ihn eine entfernte Kusine aus den Vereinigten Staaten vor seinem Tod besucht. Sie blieb und übernahm die Aufgabe und bekam auch aus Krakau die erforderliche Zahl von Betern, den *Minjan*, geschickt. Es schneite aus dunklen Wolken, als sie – ihre schwarzen *Jarmulkas* auf dem Kopf – Samuel Roth zu seinem Grab beglei-

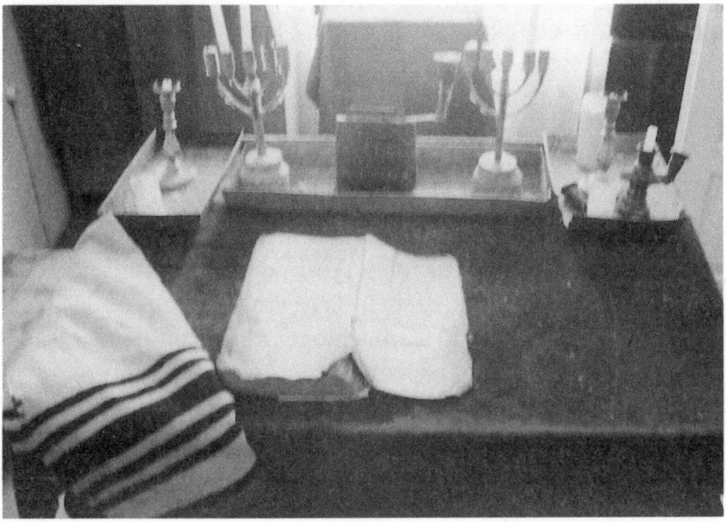

teten. Seinem letzten Willen entsprechend begruben sie seine religiösen Bücher mit ihm. Bestattet wurde er in einem einfachen schwarzen Sarg ohne Nägel.

Wir machen den kurzen Spaziergang zu seiner letzten Ruhestätte. Unsere Reiseführerin erzählt uns, Roth habe hier jedes Grab und die mit ihm verbundene Geschichte gekannt. Als wir im Mittelpunkt eines großen, aus Eichen gebildeten Kreises stehen, gibt sie weiter, was der Mann ihr mitgeteilt hat. »An dieser Stelle sah er, wie orthodoxe Juden von Nazis hergeschleppt wurden. Sie brachten eine Flasche Wodka mit, tranken, tanzten und riefen *Lechajim*, als sie erschossen wurden.« Wir stapfen durchs hohe Gras zum hinteren Teil des Friedhofs, wo Roth beerdigt ist. Sein Grabstein ist aus schwarzem Marmor, auf dem Blattgoldbuchstaben angebracht sind. Die Bewohner des Ortes halten ihn sauber und frei von Unkraut. Wir sprechen *Kaddisch* für ihn, und dann schweigen alle. Plötzlich, unter Tränen, sagt Polonsky: »Das hebräische Wort für Friedhof ist *Bet olam*, das heißt ewiges Haus. Es stimmt, für die Juden sind Friedhöfe in Polen die lebendigsten Stätten.« Als wir zum Bus zurückgehen, weinen alle.

In einem Zustand der Betäubung fahren wir weiter zum Zentrum der nationalsozialistischen Tötungsmaschinerie. Zum ersten Mal während der Reise ist es ganz still im Bus; wir haben alle Angst. Drei Tage bleiben wir in Oświęcim in einem Hotel mit dem passenden Namen Hotel Glob: ein alptraumhafter kommunistischer Bau mit Betonkrebs außen und kunststoffbezogenen braunen Möbeln innen. Unsere Schlafräume gehen zum Bahngelände hinaus. Eines der Gleise führt zum nahe gelegenen Lager, und die ganze Nacht donnern Züge vorbei. Ich teile das Zimmer mit Rachel Nuremberg, einer winzigen und zierlichen jungen Frau aus New York, die eine Ausbildung zur Rabbinerin macht. Wir drehen das Fernsehen auf volle Lautstärke, um den Zuglärm zu übertönen, und trinken Whiskey, um uns gegen die Schlafstörungen zu immunisieren.

Bei der Ankunft im Auschwitzmuseum sehe ich, daß nach meinem letzten Besuch 1990 ein neues Archiv eröffnet worden ist. Man kann jetzt Formulare ausfüllen, um nach Familienangehörigen zu suchen. Ich kritzele die vertrauten Namen von

Verwandten hin, deren Spur nicht aufzufinden ist, Namen, die ich schon in Datenbanken in New York, Israel und London eingespeist habe. Hinzu setze ich die Namen der Rodinskys, in der vergeblichen Hoffnung, weitere Informationen zu erhalten. Wir sind in einem Raum voller Koffer, ich kann nicht einfach über sie wegsehen. Auf den Koffern stehen Namen: Ich drücke mir die Nase an der Glasscheibe platt und suche nach einem Namen, den ich kennen könnte. Im Glas sehe ich mein schwaches Spiegelbild, zusammen mit Bergen von Schuhen.

Schweigend sitzen wir am Frühstückstisch. Mir ist zumute, als hätte ich ein Glas Blei hinuntergeschüttet. Heute werden wir von zwei Überlebenden durch Birkenau geführt. Sie sitzen am Tisch gegenüber, und unruhig beäugen wir sie. Dann erklingt Lachen, wie seltsam. Ran, der junge Amerikaner, der in Łódź den im Hof vergrabenen Familienschatz gefunden hat, lacht mit Professor Polonsky; er geht hinüber zu den beiden Überlebenden und sagt sehr schnell etwas zu ihnen. Sie werfen die Arme in die Luft und ziehen Ran begeistert an die Brust. »Natürlich kannten wir ihn, den Schlachter mit der großen Nase, wir haben zusammen Fußball gespielt!« Sie meinen Rans Großvater. Sie stammen alle aus demselben Städtchen, Shulim Karsnietski, also gibt es jetzt drei bekannte Überlebende. Ran ist ganz aus dem Häuschen und ruft sofort in Boston an, um seiner Familie davon zu berichten.

Der Tag wird lang. Wir beginnen mit der Besichtigung des SS-Wachturms von Auschwitz-Birkenau. Unter uns sehe ich die Bahngleise und endlos viele Kamine dort, wo einmal die Baracken standen. Einer der Männer aus dem Frühstücksraum steht vor uns. Er hat eine abgebrochene Autoantenne in der Hand und zeigt auf die Quadrate einer Karte, um uns zu zeigen, wie er entkommen ist. Der andere Überlebende, der uns begleitet, hat weniger romantische Geschichten zu erzählen. Er war im Warschauer Ghetto, floh vom ersten Transport und konnte sich verstecken, bis er von einem Freund verraten und nach Auschwitz gebracht wurde. Seine ersten Erinnerungen: »Nach der Ankunft wurde ich mehrfach geschlagen, dann tätowiert; ich erhielt Holzpantinen und wurde sofort zur Arbeit geschickt. Ich mußte die Toten verbrennen, nachdem sie vergast worden waren ... Im Gestank und Rauch unserer toten Verwandten rangen wir nach Luft und weinten.« Die übrigen Einzelheiten dieser Aussage sind zu schrecklich, um sie hier wiederzugeben. Der kleine Jacob kann es kaum noch ertragen. »Wir können Sie damit leben?« fragt er.

»Man gewöhnt sich an alles.«

Schweren Schrittes gehen wir durch dieses Tal der Gebeine bis zum düsteren Marmordenkmal für die in Auschwitz Ermordeten. Wir haben einen kleinen Gottesdienst vorbereitet, und mehrere stehen auf und lesen Abschnitte aus der Thora, Gedichte von Primo Levi, hebräische Psalmen. Wir konzentrieren uns auf die Worte der Sprechenden. Gabby, sonst so verstandesgeleitet und beherrscht, kann seine Trauer nicht länger verbergen und fängt an zu schluchzen. Bald laufen uns allen die Tränen herunter. Jeder hat für diesen Augenblick das *Kaddisch*-Gebet gelernt. Diejenigen, die es nicht auswendig können, haben es sich aufgeschrieben. Wer das feierliche Gebet nicht auf Hebräisch lesen kann, hat eine Umschrift. Wir beginnen unisono: »Jitgaddal w'jitkaddasch J'he Sch'me rabba ...« Allen fällt es schwer, zu Ende zu sprechen, aber wir machen es; mehr können wir ja nicht tun. Und mehr konnten wir nicht tun, um uns und den Seelen, die wir besucht haben, ein wenig Trost zu spenden. In diesem Moment begriff ich zum ersten Mal, warum ich mich auf die Suche nach Rodinsky eingelassen hatte. Der Rabbi in Jerusalem hatte mich fast darauf gebracht, und nun schien es mir so sonnenklar, daß ich gar nicht glauben konnte, daß ich bislang nicht daran gedacht hatte. Ich hatte zwar den Ort ausfindig gemacht, wo Rodinsky gestorben war, wußte aber nicht, wo er beerdigt lag. Ich hatte die Spur aller noch bekannten Verwandten verfolgt und entdeckt, daß niemand an seinem Grab gewesen ist und *Kaddisch* für ihn gesprochen hat. Das mußte ich noch tun. Das war der eigentliche Zweck meiner Suche.

Mit unserem Auschwitzbesuch ging das sechswöchige Krakauer Studienprogramm zu Ende. Am folgenden Tag, nach vielem tränenreichen Abschiednehmen, verließ ich die Gruppe und trat meine offizielle Reise mit dem Polnischen Kulturinstitut an. Auf wunderbare Weise hatte ich in London mit Hilfe von Felek Scharf ein Stipendium dafür bekommen. Nachdem ich die Fahrt nach Krakau organisiert hatte, schlug Felek vor, ich sollte mich doch einmal mit der Leiterin des Polnischen Kulturinstituts in London treffen. »Ich glaube, ihr werdet euch mögen.« Er rief dort an, und am nächsten Tag meldete sich die Leiterin, Dr. Hannah Mousch, und lud mich in ihr Büro am Portland Place ein. Ich war unsicher, was eigentlich der Grund für dieses Treffen sein sollte; dennoch fand ich mich am Montag darauf pünktlich um zehn Uhr ein. Man ließ mich lange an der Rezeption warten, aber schließlich wurde ich über eine prachtvolle Marmortreppe zu Dr. Mouschs Büro im zweiten Stock hinaufgeleitet. Ihre Assistentin führte mich in einen riesigen holzgetäfelten Raum voller Plüschmöbel und Kronleuchter. Zwei Frauen saßen mitten im Raum an einem großen Eichentisch. Die jüngere, elegant gekleidet und vermutlich Anfang vierzig, stand auf, als ich näher kam, und stellte sich als Dr. Mousch vor. Die ältere blieb sitzen und schaute kaum auf, als ich eintrat. Die Frauen tranken Kognak und rauchten Zigaretten. Es war noch Vormittag. Die Atmosphäre war aufs höchste gespannt – irgend etwas stimmte ganz offensichtlich nicht –, und die jüngere Frau bedeutete mir mit Gesten, ich möchte mich zu ihnen setzen, und ließ eine gemurmelte Entschuldigung über »das Ganze hier« fallen, wobei sie auf die halbleere Kognakflasche zeigte.

Ich setzte mich schwungvoll hin, unsicher, in was ich da hineingeraten war, und Dr. Mousch bat mich, sie etwas aufzuheitern und von mir und dem Zweck meiner Polenreise zu erzählen. Ich nahm meine Mappe heraus und begann, meine Arbeit der letzten zehn Jahre zu schildern. Wie ich über die künstlerische Arbeit den Spuren meiner polnisch-jüdischen Herkunft gefolgt war und wie ich in Israel ein Mosaik hergestellt hatte, für das ich mir einen Dauerstandort in Polen zum Andenken an meine Familie erhoffte. Beim Sprechen merkte ich, daß der älteren Frau Tränen die Wangen herunterliefen, dann umklammerte sie meinen Arm und sagte, was ich da täte, sei unglaublich wichtig. Sie stand abrupt auf und verließ den Raum. Dr. Mousch erklärte mir nun, um was es ging. Mrs. Goldstein hatte als Jüdin Auschwitz überlebt. Im Krieg hatte sie ihre ganze Familie verloren und war nur mit der Hilfe einer polnischen Katholikin, die sie Mutter nannte, gerettet worden.

In den letzten fünfzig Jahren hatte sie versucht, über das Rote Kreuz und andere Organisationen diese Frau ausfindig zu machen. Seit drei Jahren half Dr. Mousch ihr bei dieser Suche, und am heutigen Morgen hatten sie aus Warschau verläßliche Nachrichten über den Verbleib der Frau erhalten. Sie war 1967 in Polen gestorben, und für Mrs. Goldstein war das ein schwerer Schock. Sie kam zurück, erzählte mir die Geschichte noch einmal mit ihren eigenen Worten und ergänzte sie durch eine lebendige Schilderung dessen, was sie im Krieg erlebt hatte. Zu dritt saßen wir am Tisch, tranken Kognak, rauchten, weinten, lachten und unterhielten uns vier Stunden lang. Gegen Ende dieser unglaublichen Begegnung ging Dr. Mousch aus dem Raum und kam mit einem auf Polnisch beschriebenen Formular zurück. Es war ein Empfehlungsformular für eine offizielle Reise nach Polen, wo ich alle Orte, alle Institutionen nach Belieben würde besuchen können. Gemeinsam füllten wir das

Blatt aus, und ehe ich's mich versah, hatte ich eine organisierte und bezahlte Reise zu Museen und Galerien meiner Wahl in Polen.

Ich wußte nicht recht, was ich von dieser Reise zu erwarten hatte, erhielt aber vor meinem Abflug aus London vom Polnischen Kulturinstitut eine beeindruckende Routenbeschreibung. Erschöpft von meinen Erlebnissen an den jüdischen Erinnerungsstätten kam ich in Warschau an und begann den nächsten Tag mit einem Besuch bei der Leiterin des Museums für Zeitgenössische Kunst. Es fing gar nicht gut an. Als der hochrangigen Dame klarwurde, daß ich nicht Leiterin der National Gallery oder einer ähnlichen Institution war, schien sie aufs höchste verärgert. »Warum kommen Sie denn dann her?« Das war eine schwierige Frage. Was sollte ich ihr sagen? Daß ich hier war auf der Suche nach einem aus dem Londoner Osten verschwundenen jüdischen Gelehrten und durch eine seltsame Verkettung von Umständen für den Besuch ein Stipendium erhalten hatte? Ich suchte nach einer Antwort. Ich hatte etliche Kataloge der Ausstellung mitgebracht, an der ich kurze Zeit zuvor beteiligt war, und im Auftrag der Veranstalter wollte ich versuchen, in Polen einen geeigneten Ausstellungsort dafür zu finden. Ich zog den Katalog aus meiner Tasche; er sah sehr offiziell aus. »Ich bin hier als Vertreterin für diese Ausstellung: ›Rubine und Rebellen. Jüdische Künstlerinnen in der zeitgenössischen britischen Kunst.‹« Ich hätte ihr auch glühende Kohlen in die Hand drücken können – sie schleuderte den Katalog förmlich zu Boden. »Das interessiert mich überhaupt nicht, so eine Ausstellung, die in läppischer Weise versucht, ethnische Gruppen zu ghettoisieren. Ich habe gar kein Interesse daran, jüdische Künstlerinnen vorzuführen als ...«

Ich war sprachlos. Diese angeblich aufgeschlossene Leiterin der modernsten Kunstgalerie der heutigen polnischen Hauptstadt hatte offenkundig ein Problem mit dem Gedanken einer jüdischen Kunstausstellung. Ich wollte aber nicht gleich aufgeben. Ich zeigte ihr Bilder in den Katalogen und beschrieb die Künstlerinnen, ihr Werk und ihr Verhältnis zu ihrer jüdischen Herkunft. Ich war zu neugierig, um schockiert zu sein. Ich hatte in den letzten Wochen so viel vom polnischen Antisemitismus gehört, aber nicht erwartet, ich könnte ihn am eigenen Leibe erfahren. Mit einemmal verlor die Frau ihr ganzes provozierendes Gehabe, saß schweigend da und blickte auf den Boden. Als sie schließlich den Kopf hob, standen ihre Augen voller Tränen. »Ich erzähle Ihnen jetzt etwas, das ich noch niemandem erzählt habe, nicht einmal meinem Mann ... Meine Mutter ist vor zwei Monaten gestorben, und auf dem Totenbett sagte sie mir, sie sei Jüdin. Bis dahin wußte ich nichts davon. Ich bin jetzt achtundvierzig. Ich weiß nicht, was ich tun soll.« Die Frau kämpfte sichtlich mit ihren eigenen Vorurteilen, und schließlich gestand sie, sie wolle gern mehr über das Judentum wissen. Zum Glück konnte ich ihr helfen. Weil ich in Krakau so viele Menschen kennengelernt hatte, gab ich ihr eine lange Liste von Kontaktadressen. Unser Abschied war sehr bewegt. Ich freute mich, daß ich mich ein wenig revanchieren konnte, denn auf meiner Reise bereitete man mir überall einen königlichen Empfang, und ich fühlte mich wie eine Hochstaplerin. Eine ganze Woche lang besuchte ich die Direktoren verschiedener Institutionen und Kunstgalerien. Aber wirklich am Herzen lag mir die Begegnung mit Frau Bergman, der Leiterin des Jüdischen Instituts Warschau, die ich kaum erwarten konnte. Ich hoffte, das Institut könnte vielleicht Informationen über Kuschowata, das ukrainische Schtetl, aus dem die Rodinskys stammten, zur Verfügung stellen.

Frau Bergman erwies sich als freundlich und hilfsbereit, und als ich ihr von meinem Vorhaben erzählte, stellte sie mich dem Oberarchivar vor, der zwischen den langen Reihen von Materialkästen verschwand, um etwas über Kuschowata zu finden. Nach fünfzehn Minuten kehrte er zurück, ohne Erfolg, aber es gab eine Fülle anderer interessanter Unterlagen, in denen man stöbern konnte, und so setzte ich mich in eine Ecke und begann, große Ordner über das Ghetto von Łódź durchzublättern, wo Tante Guta drei Jahre gelebt hatte, bevor sie nach Auschwitz deportiert wurde. Der Archivar hatte mir eine Sammlung von Originalfotos gebracht: trostlose und vertraute Bilder, Ghettojuden in langen Mänteln, Hunderte anonymer Gesichter, auf die die Beschreibung von Rodinsky immer paßte.

In der Bibliothek waren nur noch der Archivar und ich. Wir arbeiteten schweigend. Dann kam Frau Bergman mit zwei Besuchern in den Raum, denen sie alles zeigte. An ihrem Akzent merkte ich, daß es Engländer waren; seit mehr als zwei Monaten hatte ich kein Englisch mehr gehört. Ich fuhr fort, die vor mir liegenden Ordner durchzusehen, aber unwillkürlich horchte ich auch auf ihre Unterhaltung. Das Paar kam mit der üblichen Bitte, in den Akten des Instituts nach einem vermißten Familienangehörigen suchen zu dürfen. Es stellte sich heraus, daß sie die Informationen, die der Archivar ihnen geben konnte, bereits besaßen, und deshalb unterhielten sie sich weiter mit Frau Bergman. Mit einemmal spitzte ich die Ohren, der Engländer sprach über seine Arbeit in Großbritannien: »Ich bemühe mich mit anderen, in London eine sichere Bleibe für Judaica zu finden, und arbeite an der Dokumentation von Synagogen und Friedhöfen ...« Da konnte ich nicht länger an mich halten und erzählte ihm von der ungenutzten Synagoge in Whitechapel und der Notwendigkeit, die dortigen Kultgegenstände aufzubewahren und zu dokumentieren. Es zeigte sich, daß der Mann über die Synagoge neben dem alten Koscheren Speiseklub genau Bescheid wußte. Sein Freund Sam Melnick hatte ihm davon erzählt, und er arbeitete bereits mit Evelyn Friedlander daran, die Artefakte sicher unterzubringen.

Ich bat ihn, mir von seiner Arbeit über jüdische Friedhöfe zu erzählen. Er sagte, sein Spezialgebiet sei die Geschichte jüdischer Friedhöfe und Grabsteine in London, und er helfe Familienangehörigen bei der Suche nach den Gräbern vermißter Verwandter. Da hatte ich den ganzen Weg nach Warschau gemacht, nur um den einen Londoner zu finden, der mir bei der Suche nach Rodinskys Grab helfen könnte. Am liebsten wäre ich aufgesprungen und hätte ihn umarmt. Ich erzählte ihm von meinen Nachforschungen. Als ich Rodinsky und Princelet Street erwähnte, sprang er fast vom Stuhl, und seine Augen füllten sich mit Tränen. »Das ist *Baschert*, ich stehe in enger Verbindung mit diesem Gebäude, in der ersten Zeit habe ich mich sehr engagiert. Ich war als einer der ersten in Rodinskys Zimmer.«

Ich wußte seinen Namen, ohne daß er ihn zu sagen brauchte. »Dann sind Sie David Jacobs; monatelang habe ich versucht, Sie aufzutreiben.« David und seine Frau waren sprachlos. Ich erklärte ihnen, daß Rosemary Weinstein vom Museum of London mir vor sechs Monaten Davids Namen gegeben hatte, aber sie besaß keine aktuelle Telefonnummer von ihm. Auch Bill Fishman erwähnte seinen Namen, ebenso wie Evelyn Friedlander.

Das Gespräch, das nun folgte, war erregt und hektisch, denn wir erzählten uns voneinander und entdeckten nach und nach alle Verbindungen und Kontakte, die wir gemeinsam hatten. Genau wie ich waren David und seine Frau sehr berührt von unserer seltsamen Begegnung, und beim Essen in einem nahe gelegenen Café unterhielten wir uns noch stundenlang weiter. Sie erzählten, sie seien auf einer zehntägigen, von ihrer Synagoge veranstalteten Reise durch Polen. Jeder Augenblick war strikt geplant, nur an diesem Nachmittag hatten sie beschlossen, sich von der Gruppe zu trennen und die Zeit für ihre persönliche Suche im Institut zu nutzen. Nach Davids Überzeugung war es Gottes Wille, daß er mir jetzt bei der Suche nach Rodinskys Grab helfen sollte. Sein erster Gedanke war, er könnte womöglich auf dem Waltham-Abbey-Friedhof liegen. Wir vereinbarten ein Treffen nach meiner Rückkehr.

Besucher

Iain Sinclair

… daß der Bischof in selbiger Nacht kein Auge zugetan, sondern anfangs in ruheloser Verwirrung des Gemüts in seinem Kabinett stundenlang auf- und niedergegangen, danach aber in ganz seltsame Delirien verfallen sei, in denen er anscheinend das unbeschreiblichste Entsetzen erlitten habe. Er habe da gleichsam einen unsichtbaren Besucher mit zuweilen fast verzagender, unverständlicher Rede angesprochen und einen stundenlangen Kampf mit allerlei eingebildeten Dämonen geführt, endlich auf einmal laut geschrieen: »ich bekenne, daß ich Deiner nicht mächtig bin, und ich bekenne, daß mich Feuer verzehrt – Feuer – Feuer!«

Gustav Meyrink, *Der Engel vom westlichen Fenster*

Es war eine seltsame Zeit, eine Zeit zwischen Zeiten. Ich gehörte nicht mehr dorthin, weder als Hilfsarbeiter noch als ein auf dem Sonntagsmarkt umherschleichender Buchverkäufer. Ich war kein Schriftsteller. Ich war gar nichts. Whitechapel lag unter einem Schutzbezug. Ich hatte mir zwei Monate freigenommen, um an einem Roman zu arbeiten. Diese manierierte Erzählung – halb Übung in Pseudo-Erinnern, halb pathetischer Wortschwall eines Mediums – schien die Zukunft stillgestellt zu haben. Nichts bewegte sich oder atmete. Ständig sah ich Kapitel, die sich aus dem Strom der Einbildungskraft gelöst hatten, draußen auf der Straße. Leute, denen ich nie begegnet war, tadelten mich, weil ich sie aus der Geschichte ausgeschlossen hatte. Einmal stellte ich mir vor – im Buch war es eine halbe Zeile –, für einen Augenblick, an einem frühen Herbstabend, beim Spaziergang in der Brick Lane Richtung Hackney, erbebe die sanfte Krümmung der Raumzeit; für den Augenblick eines Schrittes auf den Bordstein, wäre ich in den Achtzigern. 1888. Nicht zurückversetzt, sondern *jetzt* dort. Und ich könnte, aus einer Luke hoch oben in der Mauer der

Brauerei blickend, diese Person beschatten, die ich einmal werden würde.

Der Ort blieb unverändert, aber die Zeit war freigegeben, im Fluß. Rodinskys Zimmer stellte eine notwendige Metapher dar, ein Symbol des Übergangs. Das Zimmer schien mir der einzige Weg, um in die Geschichte, die erzählt werden sollte, *hinein*zugelangen. Unvergleichlich der Ausblick von der kleinen, nunmehr mit Gerümpel angefüllten Küche nach Norden in Richtung Hanbury Street. Die abgeschlossenen Gärten, diese großen Flächen von Whitechapel, die niemand sieht; wilder Wein sowie Rank- und Kletterpflanzen, die über die zwischen den Häusern samt ihren stummen georgianischen Überlebenden entstandenen Webereischuppen und Hütten und Heimarbeitsplätzen hinwegwuchern. Rodinskys Zimmer war das Modul, mit dem eine wichtige Erzählung vom Leben der Immigranten, von ihrem Elend und ihrer Gelehrsamkeit, wiedererschlossen werden konnte. Ich fand mich nicht geeignet, der Geschichte eines Menschen nachzujagen; das übernahm für mich jemand, der noch verrückter war als ich, eine Person, die mit dem bürokratischen Verwirrspiel umgehen konnte, die Akten durcharbeitete und tagelang am heißlaufenden Telefon in Sackgassen landete, die wie eine Spionin umherreiste und sich die Sympathie entfernter Verwandter erwarb. Eine Person, die durch Geburtsrecht hierhergehörte; die die Geschichte des Zimmers als Analogon zur eigenen noch unentdeckten Kulturtradition interpretieren konnte.

Meine Obsession galt dem Zimmer, dem Szenenaufbau. Das Kalenderbild von Millets *Angélus* wie ein zweites, surrealistisches Fenster, ein Fenster auf der Innenseite der Innenseite. Ein Fenster, das in Kartonform auf eine Landschaft bäuerlicher Frömmigkeit hinausging. Was für eine Bedeutung dieses Bild für David Rodinsky nur haben mochte? Salvador Dalí hat in *Le Mythe tragique de l'Angélus de Millet* das düstere Gemälde mit Erfolg nach provozierenden Fetischen und Talismanen abgesucht: die Heugabel, die zum Gemächt wird. Aber Rodinskys Millet, der sich in großem und in kleinerem Format vorfand, war nur eines von vielen erstaunlich disparaten Dingen. Die Notizbücher und Papiere des heimlichen Gelehrten, die alten 78er Schallplatten, die Zigarettenschachteln und Flaschen, die derben Tweedjacken, die so haarig waren, daß sie noch zu wachsen schienen. Kaum vorstellbar, daß das alles ein und demselben Menschen gehören sollte. Diesen Mann mußte man, mußte ich jedenfalls, auf Treu und Glauben nehmen. Er war so fern wie eine Figur aus Leo Perutz' Erzählungsband *Nachts unter der steinernen Brücke* oder aus Gustav Meyrinks *Golem*. Das Zimmer unterm Dach des vergessenen Gebäudes weckte eine unverzeihliche Raublust in mir. Miefige Romantik war nur die letzte Schandtat in der langen Reihe ausbeuterischer Übergriffe. Ich wollte Außenstehende herholen, Schriftsteller und Maler, deren Werk ich bewunderte, oder einfach Personen, die sich für die verborgenen Dachböden und Keller der Stadt interessierten. Aus reflektiertem Licht wollte ich ein Bild zusammensetzen. Wenn ich beobachtete, wie das Zimmer auf andere Menschen wirkt, könnte ich vielleicht herausfinden, was es für mich selbst bedeutet.

Zu den ersten gehörte der Dichter und Performancekünstler Brian Catling, mit dem ich in der Brauerei zusammengearbeitet hatte. Damals bewohnte er eine kleine Wohnung am Südende der Fieldgate Street, im Schatten des Tower House, jener riesigen Elendsunterkunft aus rotem Backstein mit ihren zwei Türmen, deren Foto die Erstausgabe von Jack Londons *People of the Abyss* von 1903 ziert. Die wenigen noch übriggebliebenen, abgehärteten Alkoholiker und Ausgestoßenen – geplagt von Krankheiten, die zu ansteckend oder unbekannt und mittelalterlich waren, um sie im London Hospital unterzubringen – wohnten illegal in den alptraumhaften Korridoren, den kabinenartigen Schlafräumen, in denen sich früher einmal die Seeleute der Handelsmarine wohl fühlen sollten. Gedächtniszellen, die mehr als sechshundert Seelen Platz boten. Matratzen für die einfache Mannschaft, Pappkoffer, abgegriffene Taschenbücher mit dem durchgekreuzten Stempel der Seemanns-Bücherei in der Cable Street. Diese Sozialfälle, diese geduldeten Stadtstreicher warteten darauf, daß jemand sie ausfindig machte. Sie waren ein Anachronismus. Zwanzig oder dreißig Rodinskys, an Land gegangen oder von den Gezeiten der Stadtentwicklung aus ihren Kojen verjagt.

Der polnische Wirt des Queen's Head Pub, ein mächtiger Mann mit geheimnisvoller Vergangenheit und Dienstpistole unter der Theke, spielte den wohlmeinenden Gönner. Er zog ihnen die gelben Eckzähne und bewahrte sie wie mißgestaltete Kieselsteine in einem Einmachglas auf; die zitternden Klienten mit ihrem Mund voller Blut belohnte er mit einem Knockout-Gläschen polnischen Wodkas. Gelegentlich wurde eine Keksdose hervorgeholt, in der verblaßte Zeitungsausschnitte, mehr Staub als Tinte, von den Nächten erzählten, die Josef Stalin und Maxim Litwinow im Tower House verbracht hatten.

Zwischen dem expressionistischen Bau dieser Elendsunterkunft, die mittlerweile mit Brettern vernagelt war, und der Dachkammer über der Synagoge der Princelet Street bestand – so schien mir wenigstens, als ich mich mit Catling im Queen's Head traf – ein Zusammenhang. Beide Schauplätze müßten unter besonderen Erschwernissen betreten werden. Mit Kerzen oder Fackeln, im Spätherbst oder zu Winterbeginn, wenn der warme Atem zur Außenhaut gefriert. So daß man den Eindruck hätte, ein späterer Besucher würde die törichten Gespräche, die noch in der Luft hingen, wieder auftauen können. Ich versuchte, diesen vermuteten Zusammenhang zwischen Rodinskys Mansarde und den verlassenen Schlafräumen des Tower House in einer Erzählung mit dem Titel »The Solemn Mystery of the Disappearing Room« zu verwerten.

Was fehlte, war das Element Feuer. Der Schrei, den der in der Finsternis des Londoner Tower eingekerkerte, geisterbesessene Visionär aus Gustav Meyrinks *Engel vom westlichen Fenster* ausstößt. Das Feuer der göttlichen Inspiration, die ihrem Gegenpol – Entsetzen, Moder, Schweigen – abgerungen ist, wird übersetzt in die Flammen des Märtyrertums. Von Rodinskys Zimmer aus konnte man über die Princelet Street nach Westen blicken, bis zum Standort des ersten Jiddischen Theaters im Haus Nr. 3, wo am 18. Januar 1887 »blinder Feueralarm« (wie Bill Fishman es nennt) eine Panik auslöste, bei der siebzehn Menschen starben, weil sie beim Versuch zu entkommen auf der Treppe totgedrückt wurden. Die etablierten Juden waren darauf bedacht, sich von den Folgen einer solchen, ihrer Ansicht nach pöbelhaften, primitiven Hysterie zu distanzieren: vom Ghettopack, das nicht gelernt hatte, sich wie Engländer zu benehmen.

Im Feuer, so fand ich, steckt »das Wesen der Stimmen«. Schon die Wortgestalt, das Zischen der austretenden Luft, löst eine ganze Kette bedingter Reflexe, eine Urangst aus. Feuer ist der Schock der Erleuchtung, das unsichtbare Element, das in den staubtrockenen, aufgehäuften Papieren in Rodinskys Zimmer fehlt. Catling und ich sagten wenig, sprachen nur im Flüsterton miteinander. Auf das Zimmer projizierten wir das ganze spinnwebenüberzogene Gerümpel von Jahren, so fasziniert waren wir von den labyrinthischen Geheimnissen der Stadt Prag, den Romanen von Arthur Machen, Algernon Blackwood, H. P. Lovecraft und William Hope Hodgson. Geometrie, der man nicht trauen kann; Wände, die sich bewegen. Betten, die nachts zusammenschrumpfen. Traumkammern, die bei Tage nie entdeckt werden können. Beim Herumstochern im unsortierten Schrott eines verlorengegangenen Lebens fiel es nur allzu leicht, die Phantome der Schauerromantik, die Welt der billigen Horrorgeschichten und Reißer, Sweeney Todd und Spring-Heel'd Jack heraufzubeschwören. Jack – nichts als die Schundausgabe eines Feuerdämons. Er springt über Häuser und hinterläßt einen Schwefelgeruch. Er ist ein Rächer.

In seinem Essay *The Quest for Bloods* schwärmt der Antiquar und Okkultist A. E. Waite von solchen geheimen Zimmern in baufälligen Häusern; Häusern, die nur dazu da sind, damit irgendein unschuldiger Mensch sie beschreibt. Wackelige, oberlastige Ruinen aus dem frühen 19. Jahrhundert, die den Fleet-Deich überwachen. Nebensträßchen und Randbezirke jenseits der Kalksteingrenze der City. »Die Angst vor alten Häusern, die stinkende Kais entlangtorkeln, und vor dem, was auf ihren Dachböden geschieht ... vor den lebenden Toten und den unheimlichen oder gottlosen Begräbnissen.« Die Großstadt braucht ihre Phantasie-Armen. Versteckte Kammern, in denen Lumpen- und Knochensammler, Sammler von Büchern, die sie nicht lesen können, sich selbst entzünden. Der Dickenssche Mr. Krook in *Bleak House* ist aus dem gelben Fortsetzungsroman von der Straße zufällig in ein ordentliches Werk der Literatur eingewandert.

Heraus aus dem Zimmer – weg von dem suggestiven Schrott, der nur dazu diente, die Geschichte von David Rodinsky grundlos zu mystifizieren – führte ein enger Durchgang zu einem schmalen Dachvorsprung oberhalb der Straße. Unsere Schultern streiften an den Wänden entlang. Der Durchgang war zugestellt mit Flaschen und Zeitungspapierbündeln. Hier fand ich die einzigen Ausschnitte, die sich auf den Holocaust bezogen. Als wir aus diesem geheimen, halbversteckten Gang hinaustraten, standen wir wieder im Licht. In der Sonne, die über einer eisbedeckten Bishopsgate hinter dem weißen Hauptschiff der Christ Church unterging. Diesen Hochsitz hatte Rodinsky, da war ich sicher, nie betreten. Er gehörte nach drinnen. Mit seiner Last von Büchern und Erinnerungen, Kleidungsstücken, Tiegeln und Möbeln, die sich zukünftigen Gelehrten und Wichtigtuern zur Denkmalspflege darboten.

In den späten Achtzigern wurde Rodinsky gegen seinen Willen in die Besetzungsliste der *Samisdat*-Literatur aufgenommen. Er war eine »Persönlichkeit«, halb erdacht, halb durch Quellen belegt; jemand, dessen Identität von der Phantasie der Underground-Künstler, die in die Randzonen von Spitalfields einzudringen begannen, kolonisiert zu werden drohte. Dies war das erste Stadium in jenem Prozeß, der aus dem Zimmer ein Museum machte. Sobald die Kulisse restauriert und mit einem seriösen Umfeld ausgestattet sein würde, würde man den Mann still und heimlich ins Abseits drängen.

Rodinskys Zimmer fehlte der Laut, der Ton. In den damaligen Interimsjahren war er eine Camera obscura. Ein Lichtstrahl, der durch ein Astloch in den Fensterläden drang, hinterließ im Staub des Tisches die Umrisse eines Auges. Wenn wir täppisch in der Szenerie umherstapften, Bücher in die Hand nahmen, an Schubladen herumfingerten, knarrten die Dielen unter unserem Gewicht wie Schiffsplanken. Ansonsten nichts. Vielschichtigkeit der Dinge, die alles verschluckt, was an Luft da ist. Schwere Möbel und dicke Stoffe als Schallschutzwände, die die ferne Straße zum Schweigen bringen, den Gang der Zeit totschlagen.

Catling zog in die Heneage Street östlich der Brick Lane um. Dieses Viertel soll in den Jahren vor und nach dem Ersten Weltkrieg am Rand eines jüdischen Rotlichtbezirks gelegen haben. Catlings Wohnung, ein langer schmaler Raum, war früher Teil einer Synagoge gewesen. Hier hatte Mr. Shames, der Schwiegersohn von Myer Reback aus der Princelet Street, Rodinsky zum letzten Mal gesehen. Das »bleiche Kerlchen, das immer unterernährt aussah«, hatte eine wundersame Verwandlung durchgemacht. Nun war er ein Sprachkundiger und unterhielt sich auf Arabisch mit Mr. Shames, der die Sprache während seines Militärdienstes aufgeschnappt hatte.

Rodinsky, Autodidakt und heimlicher Gelehrter, verschwindet aus der mündlichen Überlieferung und bietet sich als Inspirationsquelle einer neuen Gruppe von Ankömmlingen an: verarmten Bohemiens, die darauf brennen, mit den Geistern ihrer Vorgänger Verbindung aufzunehmen. Von der Legende des Mannes zehren mehrere Studentenfilme und Politkunstvideos. Er treibt sich in Gedichten und unbekannten Romanen herum. Jeder psychische Diebstahl verstellt den Blick auf die Probleme und Einsamkeiten eines Lebens im Schatten. Jede Aufführung, jede verschlüsselte Verwendung im Film oder Roman, streifte der Mansarde in der Princelet Street eine Bedeutungsschicht ab. Jeder Besucher hinterließ an der Geschichte eine Umstellung, eine Revision. Je mehr Rodinskys Geheimnis diskutiert und debattiert wurde, desto undeutlicher wurden die Umrisse der konkreten menschlichen Person.

Nach den Jahren, in denen man sich bei jedem Betreten des Zimmers wie ein Vergewaltiger fühlte, erlebte die Princelet Street eine Zeit der Öffnung. Dominic Dyson, vom gemeinnützigen Spitalfields-Zentrum für das Studium von Minderheiten als neuer Koordinator eingesetzt, entdeckte den Tatendrang, den die von der Atmosphäre des Gebäudes faszinierten Studenten, Künstler und Anwohner einbringen konnten. Nun wurden Stücke aufgeführt, Filme gedreht, Parties veranstaltet; im Kellergeschoß, den ehemaligen Küchen, tauchten Installationen auf. Fast alles wurde zum öffentlichen Raum. Aber diese Öffnung hatte ihren Preis, rücksichtslose Filmteams hinterließen Schäden an der Substanz des Gebäudes. Gelegenheitsbesucher schleppten Artefakte ab. Rodinsky war ein schauerromantisches Erlebnis – oder gar nichts. Der Gelehrte wurde eingespannt für seine dauerhafte Nichtexistenz.

Ich kam nun in regelmäßigen Abständen her, das Zimmer war zu einem Reservoir aufgeschobener Zeit geworden, die überwacht und gehütet werden mußte. Irgendwann in naher Zukunft, so meine Überzeugung, würde sie verschwunden sein, verstaubtes Gift, durch ehrfürchtige Denkmalspflege unschädlich gemacht. An einem kalten Wintermorgen veranstaltete ich eine kurze Lesung in der Synagoge, im Rahmen eines Films, den Paul Tickell für die *Late Show* von BBC 2 drehte. Die *Bima* war noch an ihrem alten Platz. Der Lehrbereich auf der linken Seite war so etwas wie ein Büro geworden, wo sich herrenlose Schätze in Gestalt von Kästen und Papieren häuften. Dominic war oft dort, er hämmerte auf einer alten Schreibmaschine herum und stöberte in den Ordnern.

Ein weiterer Film (den Bob Bentley in der Christ Church von Spitalfields drehte) führte dann zu jener Begegnung, durch die diese Interimszeit, für mich wenigstens, recht eigentlich definiert wurde. Bentley plante eine Szene, in der der Saxophonist und Komponist John Harle in Hawksmoors Kirche, die mittlerweile – nach dem Erscheinen von Ackroyds Roman – zu einer Kathedrale wildester Spekulationen geworden war, sein *Terror and Magnificence* blasen sollte. In den Anmerkungen zu seiner CD schreibt Harle: »Das Dunkel unter dem Bauwerk und die Struktur der Steine gaben den Anstoß zur Vorstellung von einem Text.« Diese Sprache knüpft an Ackroyd an, verweist auf die besondere Rolle, die Ort und Stätte im Denken spielten. Die der Kirche eigenen Proportionen galten als Partitur, die aufgeschlüsselt und zum Klingen gebracht werden mußte.

Als analoges Rätsel sollte auch Rodinskys Zimmer besichtigt werden, als Gegenstück zur posthumanistischen Formensprache von Hawksmoor. Harle zielte auf einen manichäistischen Dualismus: »Licht und Dunkel. Gutes und Böses. Heiliges und Profanes. Das doppelte Denken des mittelalterlichen Bewußtseins.« Seine Vision von Spitalfields ließ einen nicht los, aber es fehlten ihr die Menschen. Trotz der vom Klavier und vom alten Grammophon gegebenen Stichworte war Rodinskys Geschichte zu kompliziert, um sich ausbeuten zu lassen. Es gab keinen Text, der die Richtung angab, keine Stimme.

Aber als Bentley und ich dieses Mal in die Princelet Street kamen, trafen wir jemanden an, der den Raum schon in Besitz genommen hatte. Rachel Lichtenstein, arbeitermäßig in Lederjacke und Jeans, hatte den kulturellen Ballast der alten Männer – die Verweise, die Analogien, die stammelnden Versuche, eine kohärente Erzählung aufzuzeichnen – einfach beiseite geschoben. Sie hatte sich auf ihre eigene Suche begeben, und bald schon war sonnenklar, daß die Reise eher autobiographisch als biographisch war. Das machte die Freude daran aus: den Enthusiasmus, die Weigerung, Probleme zu sehen oder sich durch engstirnige Mystifikationen ablenken zu lassen. Ich merkte sofort, daß wir Tagesausflügler, wir Energieräuber, nunmehr überflüssig waren. Das Zimmer hätte ebensogut mit dem Symbol des Heiligen Geistes versiegelt, seine Tür mit Blut beschmiert sein können. Rodinsky hatte jemand gefunden, der Zeugnis für ihn ablegte. Es würde kein Nachlassen, keine Ausflucht geben, bis die Geschichte erzählt war. Seine Dynamik bezog das Erzählen aus der Gefahr, die dem weiteren Bestand der Synagoge drohte und nicht bloß von der bevorstehenden Stadtentwicklung selbst, der Umwandlung von Spitalfields zum Trabanten der City, sondern auch von den Pilotfischen der Entwicklung ausging: den Denkmalspflegern, Kommentatoren und all denen, die legitimationsträchtiger Gefühlsduselei frönten; den Fabulanten, die zwanghaft versuchten, einer Einzelgeschichte Allgemeingültigkeit zu verleihen. Rodinskys Zimmer brauchte einen Menschen, der mit so viel Charme Türen eintreten konnte, daß sich die Türhüter bei ihm auch noch bedanken. Dieser Mensch war Rachel Lichtenstein.

Dominic Dyson ging fort. Seine Nachfolge als Spiritus rector trat Andrew Byrne von der Spitalfields-Stiftung für Historische Gebäude an; nun konnte er, wann es ihm in den Kram paßte, auf die Klingel am Straßeneingang reagieren. Rachel behielt den Schlüssel, den Dyson ihr gegeben hatte. Ihre Recherchen gingen weiter, ohne daß Byrne sich einmengte. Im Gegenteil, Rachel fand in ihm einen sympathisierenden, wenn auch etwas undurchsichtigen Gönner. Wenn sie sich auf der Treppe trafen, war er immer zum Gespräch bereit. Wenn ich von nun an jemandem Rodinskys Zimmer zeigen wollte, tat ich es über Rachel. Das Gebäude selbst war in Vergessenheit geraten: Wir trafen keine Filmteams mehr an, die sich wie mit dem Staubsauger auf die Jagd nach Atmosphäre machten, keine einfältigen Ausstellungen, keine tumultartigen Hochzeitsfeiern. Die Tür war verschlossen. Braune Farbe lag über müdem Holz und verbarg die phantastische Geschichte der Synagoge unter sich.

Der Stillstand hatte professionelle Gründe. Princelet Street Nr. 19 sollte zu einem Stahlstich, einem taktvoll komponierten Schwarzweißfoto werden. All diese Traditionsmafiosi waren eingefleischte Liebhaber – und Kenner – von Gebäuden als Anlageobjekten. Manche waren schon seit zwanzig oder dreißig Jahren im Stadtviertel; noch vor Rachels Geburt hatten sie sich dort niedergelassen. Sie hatten ihre eigenen Schlachten geschlagen, hatten Häuser besetzt, um die Unantastbarkeit von Gesimsen und Konsolen zu verteidigen. Dan Cruickshank beklagt den Verlust eines Türrahmens – »ein echtes Monsterstück, das früher einmal ein Mitte des 18. Jahrhunderts erbautes Haus in der Greatorex Street aufgepeppt hat« –, während Rachel Lichtenstein tobt, weil die jüdische Imbißstube aufgelöst und die übriggebliebenen Kultgegenstände der Synagoge entweiht werden.

Diskretion – genau das wünschte sich die Spitalfields-Stiftung. Heimlich arbeiten. Ein fiktives (allerdings gut dokumentiertes) Erbe gegen den (ihrer Ansicht nach) geistlosen Vandalismus sozialistischer Stadtplaner und großstädtischer Immobilienhaie verteidigen. Das Gebäude zog sich zurück. Es stieg aus der Straße aus, distanzierte sich von den neuen Kräften, die ihm von Osten und Westen her zu Leibe rückten, vom geschäftigen Treiben der Lederwarenläden, von den Invasionen all derer, die es auf eine ausgebaute Dachwohnung abgesehen hatten. Kopf runter, schien die Devise. Wenn Andrew

Byrne etwas wußte, und offenbar wußte er etwas, so sagte er keinen Mucks. Wenn Rachel sich bereit fand, den gelegentlichen Besucher über die Steintreppen mit in Rodinskys Zimmer zu nehmen, trieb Byrne sich immer in ihrer Nähe herum. Mit seinem wilden Aristokratenhaar und seinem zurückgenommenen Lächeln war er wie ein Zitat aus *Das wüste Land*. EILE BITTE ES IST ZEIT. Mach weiter, mach zu Ende, mach dich auf und davon.

Ein seltsamer Ort also, an den ich Jah Wobble brachte. Der Musiker, ein außerordentlich produktiver Komponist, Performancekünstler und Regisseur und unermüdlicher London-Spaziergänger, ließ sich nicht als schüchterner Architekturfan mit einem Faible für echt georgianische Wandverkleidungen maskieren. Wobble war stämmig, geschäftig und redete am laufenden Band. Seine grauen Augen brannten. Er war ein großer Kauz mit Baskenmütze. Ein flinker Verstand auf dem Sprung. Mit bewegter Vergangenheit, interessanten Bekanntschaften und unabhängigem Geist. Die Mansarde schrumpfte um ihn zusammen, als er vor Rachel ausbreitete, was er selbst anzubieten hat: seine Familie, irische Katholiken, die aus so vielen verschiedenen Gegenden in so großer Zahl und solchem Tempo kommen, daß sie nirgendwo lang genug bleiben, um als Einwanderer einsortiert zu werden. Er plauderte über seine Zeit als U-Bahnschaffner, über sepiabraune Nachmittage, an denen er Zweitliga-Hooligans im Minitaxi über den Fluß brachte, über seine Reisen und Glaubenssätze.

Wir hatten ganz vage von einer Zusammenarbeit gesprochen. Und Wobble liebäugelte, ebenso wie John Harle und etliche andere, mit der Geschichte von David Rodinsky. Straßenmusik, jüdische Lieder, Liturgie, nordafrikanische Sängerinnen. Der Kabbalist, der sich in Nichts auflöst. Wobble meinte, das wäre etwas für eine Performance. Steven Berkoff als Stimme. Alles Nötige sei vorhanden. Wobble lehnte sich gegen das wurmstichige Klavier. Einen furchtbaren Augenblick lang sah ich es vor mir: Lionel Bart, einen »Fiedler auf dem Dach« und einen Chor von Schornsteinfegern, Rabbis, Hafenarbeitern, Kindermädchen und Einhörnern, der von Dick Van Dyke über das Kopfsteinpflaster geführt wird. Aber Wobble ist kein

Dummkopf. Er besitzt eine unbändige Energie und sucht wie Rachel nach Belegen, nach Bildern und Tönen, die seine Identität bezeugen.

Das Rodinsky-Bild trieb dahin. Wobble sah ich monatelang nicht, dann traf ich ihn an einem Herbstnachmittag beim Spaziergang mit seiner Frau; am Regent's Canal schob er einen hübschen Kinderwagen vor sich her. Wobbles letzte CD, *Umbra Sumus*, war begleitet von einer kleinen Fotosammlung von Marc Atkins, darunter das Coverbild, das die Sonnenuhr an der Synagoge Ecke Fournier Street und Brick Lane zeigt. Dieses Gebäude wurde regelmäßig als Inbegriff kultureller Adaptionsleistung zitiert: die Hugenottenkapelle, die von Methodisten übernommen wurde, dann zur Großen Synagoge von Spitalfields und in jüngster Zeit schließlich zur Moschee geworden war. Wobble hatte ganz offenkundig die Metapher gefunden, die er brauchte – ohne Hektik, fast beiläufig, eine zufällig passende Antwort auf den Genius loci, die Raum schuf für Rodinskys Geschichte, ohne ihre Integrität anzutasten. Ich fragte Wobble, was ihm von diesem ersten Besuch in Erinnerung geblieben sei.

»Ich weiß noch, wie ich die Treppe hinaufging. Es war sehr dunkel dort, ein ziemlich gespenstiges Gefühl. Und dann ist man plötzlich in dem Zimmer. Mitten in der Leere jenseits von Raum und Zeit. Ist das Zimmer groß? Ist es klein? Man weiß es nicht genau. Man sieht genau, wo Grenzen des Raumes sind, und dennoch setzt er sich ins Unendliche fort. Zugleich bedeutet er spurloses Verschwinden. Ein verlassenes Zimmer ist ein Rätsel. Obgleich in den ganzen Jahren eine Menge Leute dort gewesen sind, macht es noch immer den Eindruck des Unerklärten. Etwas ist da geschehen.

Ich glaube, als Künstler macht man immer Detektivarbeit. Man will etwas über einen Menschen wissen. Man will festhalten, wer die Person, die dort so lange lebte, eigentlich war. Und da ich selbst zur Zeit ein Faible fürs Mystische habe, denke ich: Jahrelang ist der Typ ein Dummerjahn gewesen und ein bißchen zurückgeblieben, und dann plötzlich kann er Arabisch und Hebräisch sprechen und kennt sich auch in Philosophie aus. Und das war spannend. Diese alten Juden im East End, diese echten Schatzbildner mit ihrem furchtbaren Leben, ihrem Leben in Elend und Qualen. In der Bücherei an der Bancroft Road waren sie immer schon, diese alten Juden mit ihren klobigen Straßenschuhen und Klamotten aus den zwanziger Jahren, und sie horteten Bustickets. Ich weiß noch, wie mich die kleinen Fahrscheine faszinierten.«

»Sehen Sie Rodinsky als religiösen Gelehrten oder als Suchenden, den seine Reise über die Grenzen der Orthodoxie hinausgeführt hat?« fragte ich.

»Bei Rodinsky kommt mir, wenn ich ehrlich bin, der Gedanke: ›Ist dies das Zimmer, in dem der Mann dem Großen Sein begegnet ist, der ewigen, im Fluß der Dinge unveränderlichen Wahrheit?‹ Und dann denke ich: ›Ja, es könnte möglich sein.‹ Es herrscht so eine Stille hier. Ein bißchen wie in der Höhle des Eremiten vermutlich. Man spürt die Entsagung. Das war einer, der hat seinem Trieb Ade gesagt. Und sich der Wahrheit verschrieben, der Großen Wahrheit. Fast konnte man's riechen, hier hat sich ein alchimistischer Prozeß abgespielt, und dieser Mann ist in eine andere Sphäre übergewechselt. Eins der Anzeichen dafür: Wenn jemand sehr schnell lernt, das riecht man förmlich. Was man eigentlich nur in zehn Lebenszeiten zusammenkriegt, hat einer in wenigen Wochen geschafft. Ein geistiger Katalysator taucht auf, und mit einemmal wird der Mensch zurückbefördert durch die vielen Tausende von Jahren, in einem einzigen Augenblick.

Aus den Dingen in dem Zimmer mache ich eine Geschichte, weil ich ein neurotisches Bedürfnis habe, mich mit anderen zu identifizieren. Das ist ganz menschlich, eine kleine alltägliche Reaktion. Ich projiziere meine Bedürfnisse und Wertvorstellungen auf diese Situation. Man wartet darauf, daß der alte Kauz – oder sein Geist – selbst aus der Wand heraustritt und sagt: ›Nein, so war es überhaupt nicht. Es war alles eine Täuschung. Ich bin nur ein Zauberer, ein Spaßmacher.‹ Aber diese Doppelheit ist faszinierend. Als stünde Rodinsky für einen magischen Teil der Psyche. Er ist ein Betrüger.

In diesem Zimmer steht man an dem Punkt, wo Licht und Dunkel, Wahnsinn und Vernunft sich begegnen. So eine Atmosphäre wie an dem Tag mit Rachel, als Sie mich mitgenommen haben: Das war ein Knotenpunkt im Strom der Zeit. Nichts geschieht, was nicht geschehen soll. Rachel soll die Person sein, die weitermacht und die Sache abschließt. Ein Grab findet. Und dann käme alles in Ordnung, richtiger Grabstein und irgendeine Zeremonie. So wäre das Zimmer richtig versiegelt.«

Seltsamerweise schienen Rachels intensive Nachforschungen den in der Mansarde über der Synagoge herrschenden Überdruck abzubauen. Der öffentliche Raum der Synagoge, die lange, in den alten Garten hineingebaute Halle, war unverändert. Er blieb kalt, würdevoll, reserviert. Immer noch konnte er für Augenblicke ein Gefühl heiliger Ehrfurcht wecken, das Blut langsamer fließen lassen. Besucher, die in diesem einzigartigen Licht still auf einer Bank saßen, bekamen den Eindruck, sie seien zu etwas Neuem, einem unerwarteten Mehr an Glauben oder Mitfühlen in der Lage. Nicht rühren. Nichts sagen. Stumm bleiben. Dieses Phantasiebild eines besseren Lebens wird vorübergehen. Mit der Magie des Ortes verschwinden. Da ist nichts mehr auszubeuten. Atmosphäre. Wenn man sie nur auf Flaschen ziehen könnte.

Als ich Kathy Acker und später Michael Moorcock mitbrachte, geschah es aus strategischen Gründen. Das Buch war da. Rachel war da, und sie hatte Rodinskys Charakterzüge rekonstruiert. Einen zweiten Rodinsky. Ein zweites Leben nach dem Muster des ersten. Rachel hatte ihre eigenen Prüfungen und Zweifel durchlebt, das Buch schrieb sich selbst. Eine Dynamik, die nicht aufzuhalten war; der freudige, furchterregende Drang zur Arbeit, damit man Schritt hält mit dem Vorhandenen, der offenbarten Geschichte. Die Autorin als Kopistin. Ein Wunder, wenn das passiert: allmähliche Entleerung der Schreibenden, die mit den Eingebungen ihrer Inspiration, den Stimmen von anderswo, zu leben sucht.

Die Beschaffung der polnischen Belege war ein Hauptproblem gewesen, aber sie war abgeschlossen. Durch die Begegnung mit David Jacobs kam die Geschichte wieder zu David Rodinsky zurück, zum Schlußkapitel. Rachel verlor ihren Glauben nie, sie vertraute darauf, daß es zu einem Abschluß kommen werde. Sie sah es vor sich: wie sie alle, die den Mann gekannt und an ihrer Erzählung der Geschichte mitgewirkt hatten, an sein Grab holen würde.

Als sie einmal morgens mit mir telefonierte, um mich über die neuesten rasanten Entwicklungen auf dem laufenden zu halten, wurde mir klar, wo man das Grab finden würde. Rachels Bedürfnis nach einem passenden Ende machte es unausweichlich. Die Bücher, für die ich schwärme, sind von einem bestimmten Ort aus rückwärts geschrieben. Ich sah das Gräberfeld vor mir, hörte die vertrauten Geräusche jenseits der Hecken und der Hochspannungsmasten am Rande des Feldes. Es war der Schluß eines Buches, von dem Kathy Acker und ich einmal gesprochen hatten, ohne je damit zu beginnen. Wir kamen nicht weit, weil ich nicht wußte, wie es sich machen lassen, welche Form es haben könnte. Es war so etwas wie eine Detektivgeschichte, die damit beginnt, daß eine Amerikanerin einen Londoner durch den Kreuzgang der Westminster Abbey und in den Klostergarten führt, der nur an diesem Tag geöffnet ist. Die naheliegende Erklärung lautet, daß es sich bei der Frau um ein Gespenst handelt und der Mann angeworben wurde, um ihre Geschichte zu erzählen, die sie beim Gehen rekapituliert, bis zu dem Punkt, wo seine Existenz, seine Mitwirkung bei der Erzählung, in Gefahr ist.

Zu unserer Verabredung in Spitalfields kam Acker zu spät. Sie hatte Probleme, das Weinlokal zu finden, weil sie mit ihrem Fahrrad um die Kontrollstellen der Stadt herumfuhr. Ich hatte eine vage Idee gehabt: Ein paar Schriftsteller, denen Rodinskys Zimmer genug bedeutete, würden sich vielleicht zu einem kurzen Text überreden lassen. Mein eigener Anteil an dem Princelet-Street-Buch würde in einem Chor von Echos und Nachklängen verschwinden. Aber natürlich würde ich sie doch nicht bitten zu schreiben, es gibt nichts Grausameres als eine Terminarbeit oder einen weiteren ungewissen und unterbezahlten Auftrag.

Andrew Byrne lag interessiert auf der Lauer. Kathy in ihren vom Schneider gemachten Ledersachen, den glänzenden Schutzhelm in der Hand, ging durch die Synagoge, während ich mir alle Mühe gab, die Rodinsky-Geschichte auf den Punkt zu bringen. Aber Kathy hatte selbst Geschichten auf Lager. Wir hielten uns oben nicht lange auf. Wir waren nicht willkommen. Eine aggressive Tapete mit schmalen grünen und goldenen Streifen löste sich von der Wand. Der Tisch war blank geputzt und leer. Je mehr sich, so mein Eindruck, Rachels Recherchen ihrem Ende näherten, je mehr sie über den Mann und seine Familie, über diejenigen, die das Zimmer so lange bewohnt hatten, herausfand, desto karger wurde das Zimmer, desto mehr schwand seine Kraft. Kathy meinte, sie werde es sich überlegen. Sie hatte andere Probleme: eine Kellerwohnung in Islington, die sie nicht mochte, Schwierigkeiten, einen englischen Verleger zu finden, wieder einmal den Drang, nach Kalifornien zurückzugehen. Neue Arbeit, Rückkehr zum alten Leben.

Auch Moorcock war ein Heimatloser; der große Londoner, der so viele Erinnerungen weitergab, war mitsamt seinen Büchern und Möbeln umgezogen in eine texanische Kleinstadt dreißig Meilen entfernt von Austin. Hamstead Garden Suburb war ein defekter Thermostat. Bei der Hitze, die in diesem Sommer dort herrschte, fürchtete er um seinen Verstand. Fiele die Klimaanlage aus, so würde er vor seinem Computer zu einer Pfütze zerschmelzen. Er trug dunkelblaue Leggins und jagte den Freundinnen seiner Frau einen Todesschreck ein, wenn er durch die Küche ging. Der Garten sah auf Fotos gut aus, grün und üppig lag er hinter einem hübschen weißen Haus mit einer Terrasse, die nach Schaukelstuhl, erfrischendem Pfefferminzgetränk und abendlicher Pfeife aussah. Wer jedoch den Fuß auf diesen David-Lynch-Rasen setzte, wurde bei lebendigem Leibe von roten Riesenameisen gefressen und an jedem ungeschützten Zentimeter Haut von Kamikaze-Mücken zerstochen. Moorcock lebte über das Internet, das Telefon. Englische Zeitungen per Luftpost und aus der Mode gekommene Magazine (vielleicht ist er der letzte Mensch, der eine Nummer des *Punch* gelesen hat). An schlimmen Tagen, wenn die Inspiration ausblieb, schrieb er wirre, aber nur fiktive Leserbriefe an den *Guardian*, während er sich Kassetten mit Radio-4-Programmen anhörte, die ihn zu Tode gelangweilt hätten, wenn er sie zu Hause hätte laufen lassen. Zu Hause. Notting Hill. Holborn. Fleet Street. Die Nachkriegsjahre mit den zerbombten Häusern, als er seine ersten Jobs bei den noch genutzten Lagerhäusern, Werften und Schleusen, im Kleingewerbe von Wapping bekam.

Moorcocks Londonbild war durch und durch phantastisch: unentstellte Erinnerungen an Ereignisse, die aus dem Leben in die Literatur hinüberglitten, verlorengegangene Epik, die sich zu Comics umschneidern ließ. Geplant hatte er die Enzyklopädie einer Stadt, die nur in seiner Phantasie existierte: Türme aus Lissabon wollte er auf das Kanalufer am Kensal-Rise-Friedhof verpflanzen, hinter öden modernen Fassaden wieder Krähenhorste einrichten und abgebrannte polnische Synagogen als Leihbüchereien in Limehouse neu erstehen lassen.

Ein alternatives, paralleles London: Wie ein Zeitreisender war Moorcock in Tweed- und Gabardineschichten gekleidet, silberner Fliegenfängerbart und -schnauz, struppiges Haar und als Krönung des Ganzen eine riesige Mütze. Etwa wie die keltische Maske, die sich John Wayne in *Der Sieger* über die Augen zieht, nachdem er sich mit Victor McLaglen gekeilt hat. Jedesmal wenn wir bei unseren Gängen stehenblieben, nahm der schwitzende Alleinunterhalter dieses Ding ab und ließ es in einer unergründlichen Tasche verschwinden. Ließe er die Mütze auf das Pflaster fallen, wäre sie bald voller Münzen. Der Mann war unübersehbar. In einem Restaurant ließ er sich nicht ohne einen Wirbelsturm kleiner Probleme nieder; seinen Weg bahnte er sich mit einem teuren Spazierstock, an dessen Spitze der Verschluß einer Ralph-Lauren-Parfümflasche saß. Bei seiner Rückkehr an diesen Ort, den er in Gedanken nie verlassen hatte, entdeckte Moorcock, daß er gegen alles mögliche allergisch war: Rauch, Margarine, grüne Paprika, die man in ein eigentlich mildes Currygericht hineingeschmuggelt hatte. Er mußte Tabletten nehmen, durch die seine Stimmung ins Drehen geriet, wie es die Wettersysteme tun, die von den Florida Keys hereinkommen. Wenn er zu monologisieren anfing, füllten seine Augen sich mit Tränen, bis die Erzählung in eine Unterhaltungskomödie umschlug. Für alles zielgerichtete Tun war er angewiesen auf die Pausen zwischen Steroid-induzierter Tobsucht und Dämmerzuständen mit Schmerzen und körperlichem Unwohlsein. War er im Wellental, so zog er über alte Gefährten her, die vom Kurs abgekommen waren; befand er sich wieder auf dem Berg, entdeckte er Qualitäten an Schriftstellern, die weniger vergessen als vielmehr gar nicht erst zu etwas geworden waren.

Was machte er hier eigentlich? In was hatte ich ihn da hineingelotst? Als wir durch Spitalfields liefen, tröpfelte es. Und durch Moorcocks Schutzschichten sickerte, triefte, drippelte es. Er konnte gar nicht sagen, woher das ganze Wasser kam: Schweiß oder Regen oder schmelzende Steine. Er meinte, seine Beine seien nicht mehr da, sie würden einschnappen wie gut geölte Schrotflinten, noch ehe er über Bishopsgate weg wäre. Aber er schwamm die Artillery Lane hinunter, die Brushfield Street hinauf, in den Buchladen Magpie hinein und wieder heraus, ohne anzuhalten. Ich glaube, Princelet Street, die Synagoge und Rodinskys Zimmer wurden Teil eines allumfassenden Traums von Regen und leichtem Unwohlsein und verstohlener Bewegung.

Wir klingelten, wurden eingelassen, die Treppe hinaufgewiesen und wieder hinausgeführt. Wir gingen weiter zur Jago-Galerie am Arnold Circus, sprachen von Arthur Morrison. Zur Princelet Street fiel Moorcock nichts Spezielles ein. »Da geht etwas um«, sagte er, »aber nichts Schlimmes.« Unser Besuch gelte einer Geschichte. Wenn Gebäude überleben sollen, meinte er, brauchen sie »eine gute saubere Erzählung«. Die Synagoge erinnere ihn an seine eigene jüdische Abstammung. »Ich bin ein Südlondoner. Zigeuner, Jude, Angelsachse. Gut gemischt. Meine jüdische Geschichte geht bis auf Disraeli zurück. Das heißt, daß in der Familie ein Mischling ist. Ich bin oft zur Downing Street Nr. 10 gegangen, da blieb mein Onkel dann auf den Stufen stehen und zeigte auf Disraelis Bild. Schön, wenn man behaupten kann, man stamme von einem Schriftsteller ab. Ich schreibe gerade ein Buch über den Holocaust, weil ich glaube, daß ich ihn im Grunde verursacht habe. Diese ganze Vorstellung von Schuld, Überlebensschuld.«

Jetzt fühlte er sich wohl. Er hatte Schmerzen, aber den Wolkenbruch und den langen Weg, die Gassen, Pubs, bruchstückhaften Geschichten, Stenoskizzen konnte er mühelos verkraften. Durch die Columbia Road, Queensbridge Road, über den Kanal. Einen Satz hatte er fertig, den Aufbau einer Passage aber noch nicht bewältigt. Ich weiß nicht, ob die Geschichte Rodinskys ihn berührt hat. Er hatte selbst etwas in das Zimmer mitgebracht. Und ich fühlte mich eher, als nähme ich Charles Dickens am Arm und zeigte ihm den Schauplatz für einen zukünftigen Roman. Mochte Moorcock damit machen, was er wollte. Das war seine Sache. Für mich aber war es der Schlußstrich. Ich gab die Idee auf, Geschichten über Rodinsky zu sammeln. Auf dem Markt waren Anthologien eine wahre Seuche.

Je mehr Rachel sich auf Rodinskys Spuren von der Princelet Street entfernte, um so sinnvoller wurden seine seltsamen Wegekarten auf dem zerbröselnden Exemplar des *London A–Z*. Am meisten zog es ihn nach Norden und Osten, und ich hatte immer vermutet, in dieser Richtung liege die psychiatrische Anstalt, in der seine Schwester eingesperrt war. Das mag mein eigenes Wunschdenken gewesen sein, ein Vorwand, um den nullten Längengrad vom Endzeit-Greenwich zur Waltham Abbey entlangzufahren, wo mein neues Projekt, der Rundgang an der M25, beginnen sollte.

Was immer Rachel sonst noch geleistet hatte (die perfekte Suche, die gewaltige Recherche, die mit einem Fragezeichen endete): nach meinem Eindruck war, als sie sich dem Abschluß näherte, die Synagoge bereits von neuem Geist erfüllt. Die Zeit der Stille, der Geheimhaltung, der sparsam zugeteilten Sonderrechte, eines Gebäudes, das nur mit sich selbst spricht, ging zu Ende. Mir war klar – und bekräftigt wurde der Eindruck durch ein Gespräch mit Alan Dein, einem Mann, der auf dem Gebiet der Oral History arbeitete, Stadtrundgänge führte und mir zufällig in der Synagoge begegnete –, daß diese Geschichte vom Einsiedler unterm Dach nur eine von vielen Erzählungen war, die alle denselben Inhalt hatten. Die älteren Juden, von denen einige zum Speiseklub von Stepney gingen, die meisten aber kostenloses Essen zugeteilt bekamen, waren unsichtbar. Aus Angst vor dem Leben auf der Straße, das sie nicht mehr verstanden, blieben sie in ihren Wohnungen, aus den Augen, aus dem Sinn.

Ich meldete mich zu einem Stadtrundgang mit Andrew Byrne an. »Georgianisches Straßenleben« nannte er diesen Spaziergang-Vortrag, den er im Juni 1998 im Rahmen des Spitalfields

Festival hielt. Man brauchte kein Hellseher zu sein, um vorauszuahnen, daß unser kurzer Bummel, auf beständiger Flucht vor den Regenschauern, schließlich in der Princelet Street enden würde. Ich hoffte, beim Zuhören von Byrne einen Einblick in die Zukunft der Synagoge zu erhalten. Die Spitalfields-Stiftung für Historische Gebäude war die Besitzerin, aber was *machte* sie eigentlich? Bestand ihr einziges Ziel darin, die Zeit einzufrieren, kostbare Bruchstücke einer anderen Zeit in Frischhaltefolie zu verpacken?

Ich wußte, daß Byrne ein echtes Gespür für das georgianische Spitalfields besaß, eine Leidenschaft, die auf ihre Weise so zwanghaft war wie Rachels Obsession. Man bekam leicht den Eindruck, er lebe in einem verbarrikadierten Winkel der alten Synagoge. Es gab ein wunderbares Foto – »Andrew Byrne ... hart arbeitend, 1998« –, das den Denkmalspfleger an seinem Schreibtisch zeigt, umgeben von Bücherstapeln à la Rodinsky, wie er sich gerade über eine Schreibmaschine beugt. Beim Meditieren über nichts. Versunken ins Dahinströmen möglicher Geschichten. Byrne, so träumte ich, als der neueste Eremit der Princelet Street. Seine wilde Bessenheit machte ihn zum selbsternannten Hausmeister. Der Kreis schloß sich. Das Gebäude kehrte zu seinen hugenottischen Ursprüngen zurück. Der jetzige Einwanderer war ein Mitglied der etablierten Gesellschaftsschicht, ein Mensch, dessen Interesse ohne liturgischen Ballast auskam, ohne metaphysische Spekulation. Form und Gestaltung, das architektonische Detail, war alles, was zählte. Byrne hielt wie der verschwundene Kabbalist an einer besiegten Poesie fest, an einem Märchen, das vom geistlosen Drang nach Stadterneuerung, Spekulantentum und, was das Schlimmste war, Erklärung beiseite gefegt würde. Alles wissen heißt alles verlieren. Eine zu Ende gebrachte Geschichte ist eine preisgegebene Geschichte.

So schlurfte das kleine Zweierreihen-Reptil unter seinen Regenschirmen von der Artillery Lane zur Christ Church, zum Pfarrhaus und zur Princelet Street. Alle waren sehr englisch, rücksichtsvoll, still und brav; kleine saubere Kinder mit glänzenden Schuhen wurden von zerstreuten Eltern darüber belehrt, wie aufregend und bedeutsam das alles sei. Byrne rasselte seine Sprüche mit leichtem Unbehagen herunter und ließ sich auch nicht durch diejenigen ablenken, die etwas über all jene Stücke von Spitalfields wissen wollten, die ganz ungeniert nicht-georgianisch waren: die Elendsquartiere und Obdachlosenheime, die von Gipsmadonnen ebenso strotzten wie von Überwachungssystemen aus dem letzten Jahr.

Einige Teilnehmer des Rundgangs hatten erhebliches Kapital in Häusern der Elder Street oder Fournier Street angelegt, und nun wollten sie das Foto, die Bescheinigung mit der Aufschrift »100 Prozent koscherer georgianischer Stil«. (Ja, ich weiß, es waren auch andere Leute mit harmloseren Interessen dabei – aber die ersteren meldeten sich am häufigsten zu Wort und stellten die Fragen.)

Dann waren wir am Ende angelangt, suchten Schutz vor dem Regen in der Synagoge, standen in Gruppen oder gingen umher, um die Liste der Schenkungen zu studieren, während Byrne seine Version der Geschichte der Princelet Street zum besten gab. Die Rodinskys wurden nicht erwähnt. Es war die Geschichte des Gebäudes, eines Gebäudes, das keinen Zusammenhang mit seinen Nachbarn hatte. Wir erfuhren nichts davon, daß im nächsten Haus Familien gelebt und geschlafen haben, bis zu sechzehn Personen in einem Raum; daß die Rodinskys im Vergleich dazu faktisch Plutokraten waren, weil sie sich zu dritt (häufig auch nur zu zweit, wenn Bessie in der Anstalt war) zwei Räume teilten, die zwar eine niedrige Decke hatten, aber durchaus bewohnbar waren. Zurückgezogen hatten sie sich aus eigenem Entschluß, sie lebten ihr verstecktes Leben, wie so viele andere, all die übriggebliebenen orthodoxen Juden, es noch heute tun.

Wir hörten, daß Princelet Street Nr. 19 »die älteste als Gotteshaus erbaute Aschkenasi-Synagoge in London« ist. Wir hörten viel über den Erbauer des Hauses Samuel Worrall; über das Schicksal der hugenottischen Familie, die zuerst hier gewohnt hat. »Hundertsechzig Jahre nach der Erbauung im Jahr 1718/19 wurde im Garten dahinter die Synagoge errichtet.... Sie ist erstaunlich gut erhalten. Vor etwa hundert Jahren renovierte man sie noch einmal, und dann zog die Gemeinde weg, und die Synagoge wurde geschlossen.

Byrne zeigte auf die Haufen von ungeordneten Möbelstücken am Südende der Synagoge, die Überreste von Dreharbeiten oder Parties; zur Apathie abgestumpfter Stoizismus angesichts der anscheinend hoffnungslosen Massen an Gerümpel.

»Die Synagoge«, sagte er abschließend, »ist gewissermaßen ein Gemeindezentrum. Die *Schul* war in den drei Vorderräumen untergebracht ... man ging immer nur zu *seiner* Synagoge ... beim Tod eines Familienmitglieds stiftete man etwas. Wir möchten das Gebäude als Einwanderungsmuseum wieder herrichten. Aber das ist eine lange Geschichte, die ich hier beiseite lasse.«

Es gab Fragen. Besucher studierten die hervorragenden Fotos vom Spital Square, die man von großen Negativen abgezogen hatte: faszinierend, elegant, aus der Zeit herausgehoben. Bilder, die ihre Würde aus dem Verlustschmerz bezogen. Geistlose Zerstörung als das Bindeglied zwischen diesen leeren Eingangshallen mit ihren pompösen Treppenaufgängen und der Genealogie zerstörter europäischer Städte, zerbombter Kathedralen, zu Schutt zerfallener öffentlicher Gebäude, rauchender Reihenhäuser. Arbeiter, Schornsteinfeger oder Kutscher mit seltsamen flachen Hüten stehen starr, in ästhetisch ansprechenden Dreieckskonstellationen auf der Straße, um der langen Belichtung zu genügen.

Dies war eine seltene Gelegenheit zu erfahren, was mit der Synagoge passieren sollte. Plante man, ihren Dornröschenschlaf zu stören? Ich stellte zwei, wie mir schien, harmlose Fragen: »Was für einen Status hat das Gebäude im Augenblick? Was soll damit geschehen?«

Byrne verfärbte sich. Ich dachte, er würde die Beherrschung verlieren. Er polterte los: »Sie *wissen* es doch.«

»Nein. Ich weiß nichts. Nur was ich über Rachel höre.«

Ich war auf einen Punkt gestoßen, wo es weh tat. Ich merkte, daß ich furchtbar ungeschickt vorgeprescht war. Mir tat Andrew leid, der offenbar meinte, er sei in einen schlau gelegten Hinterhalt geraten.

»Wir suchen nach Möglichkeiten, sie aus der Vergessenheit herauszuholen. Mehr sage ich nicht.«

Einige Wochen nach diesem Wortwechsel erfuhr ich alles von Rachel. Byrne streikte. Außer sich vor Wut trat er gegen die

Wände. Aber die Situation war nicht so extrem, wie Rachel meinte. Byrne würde in Zukunft nicht mehr alleiniger Insasse der Synagoge sein, sondern sie sich mit einem Energiebündel in Gestalt von Susie Symes teilen. Symes, eine phantastisch leistungsfähige Bürokratin, die aus dem Finanzministerium kam und über viele Beziehungen verfügte, übernahm ihre Arbeit im Auftrag des Spitalfields-Zentrums. Bald darauf wurden wir zu einer Grillparty geladen. Wer hatte das Gebäude besichtigt? Wer hatte die Genehmigung erteilt? Welche Abmachungen wurden getroffen? Filmaufnahmen, selbst in bescheidener Form, sollten in Zukunft gänzlich untersagt sein. Das Kuratorium wollte nichts davon wissen.

Gerettet wurde dieses etwas belastete Treffen von Michael Moorcock. Symes erfuhr, daß Moorcock sich in der Stadt aufhielt. Ob ich zur Princelet Street kommen und ein Gespräch mit ihm führen wollte, das man aufzeichnen würde? Wunderbar, natürlich.

Zu ihrem zwölfjährigen Bestehen veranstaltete die Spitalfields-Stiftung für Historische Gebäude eine Ausstellung. Symes, im überall auffallenden rosa Jackett, und Byrne, fröhlicher und mitteilsamer, als ich ihn je erlebt hatte, waren beide nicht zu übersehen; sie agierten auf unverkennbar getrennten Bahnen. Überall an den Wänden der Synagoge hingen Fotografien. Susie Symes war unglaublich fleißig gewesen, hatte mit eigenem körperlichem Einsatz gearbeitet; sie hatte den Keller aufgeräumt, Reparaturbedürftiges ausfindig gemacht und Säcke voll Abfall weggeschmissen, den ganzen Dreck, den Handwerker, Besetzer und Medienpack hinterlassen hatten.

Die Ausstellung war ein klassisches Beispiel für die unauffällige Arbeitsweise der Spitalfields-Stiftung. Sie sollte zwei Wochen laufen und nur einige Stunden am Nachmittag geöffnet sein. An der Tür zur Straße hing ein winziger, sauberer Hinweiszettel. Bitte klingeln. Kein öffentlicher Zutritt. Eine diskrete Veranstaltung, unter taktvoller Aufsicht. Es gab sie, wenn man wußte, daß es sie gab. Etliche Bekehrte stellten sich für eine Festpredigt zur Verfügung. Die letzten Riten der Jahre des Vergessens. Nach Susie Symes würde nichts mehr sein wie zuvor. Kein Herumschleichen im Dunkeln mehr. Keine Einzelgeschichte, die sich vordrängt. »Ihr Romanciers«, schalt sie Moorcock und mich, »seht nur den großen Roman.« Sie hatte recht. Das Haus Nr. 19 mußte von nun an sein Dasein in einer Straße legitimieren, die rasch von ihren Baugerüsten und Netzplanen befreit wurde und sich als rötlichorange und schokoladenbraune Ansammlung von Dachwohnungen und Anlagechancen entpuppte. Wenn die Synagoge nichts Schönes zu erzählen hätte, würde sie als antiquarische Broschüre, als Zwischenstopp auf dem Trampelpfad der Traditionspfleger enden.

Es war ein Schock, als ich eines Abends, nachdem ich von Andrew Byrnes Vertreibung gehört hatte, nach Hause kam und ihn im Lokalsender sah. Ich konnte ihn mir nie anderswo vorstellen als in Spitalfields, aber hier stand er, ein gescheiter, treffsicherer Kopf, in einem Waldstück gleich nördlich der M25 im Theobald's Park. Er sprach über den Plan, Christopher Wrens Temple Bar, das letzte der Londoner Stadttore, abreißen und am Themse-Ufer im Rahmen des Umbaus von St. Paul's wiedererstehen zu lassen. Es würde Millionen Pfund kosten, um diesen sinnlosen Prachtbau an einen Ort zu schaffen, an dem er nie gestanden hatte. Privater Plunder, neu aufpoliert zum öffentlichen Spektakel. Die Unterstützung durch die staatliche Lottogesellschaft würde ebenso hoch sein wie die Summe, die Susie Symes als Anschubfinanzierung für ihr Zentrum für das Studium von Minderheiten (nicht als Subjekt, sondern als Objekt des Studiums gemeint!) zu erwarten hatte. Jahrelang hatte Temple Bar im Dornröschenschlaf gelegen, war hinter seinen Schutzzäunen in aller Stille verfallen, auf einem Stück Land, das früher zu einem jacobinischen Palast gehörte. Eine Brücke über die M25 führt zu einer schmalen Landstraße, die häufig von ausgebrannten Autos gesäumt ist; geduldete Ländlichkeit, Privathäuser unter dem Schutz von Überwachungskameras, Pferde und das von Buschwerk eingehegte Gräberfeld des Jüdischen Westfriedhofs. Genau hier hatte ich mich monatelang immer wieder eingefunden, hier wollte ich meinen Rundgang um den Londoner Autobahnring beginnen. Wollte die Traditionsclique etwa aus der City in die Asphaltwüste umziehen? Als ich Byrne dort sah, einen Propheten mit wildem Haarschopf, begriff ich, daß alles möglich ist.

David im Brennpunkt

Rachel Lichtenstein

Für weniger als vierundzwanzig Stunden kehrte ich von Warschau nach London zurück, gerade Zeit genug, um eine Reisetasche zu packen und ein Flugzeug zum Ben-Gurion-Flughafen zu nehmen. Ich reiste nach Jerusalem zu Jennifers Hochzeit; sie war die Tochter eines Rabbiners aus New York, mit der ich in Arad gemeinsam ein Appartement bewohnt hatte. Jennifer heiratete nun Estaban, einen temperamentvollen Argentinier, den sie bei ihrem Aufenthalt in Israel kennengelernt hatte. Die Hochzeit war eine unglaublich geräuschvolle Veranstaltung. Als Braut und Bräutigam hereinkamen, sprangen die Argentinier auf die Tische, klatschten, ließen sie hochleben und schwangen ihre buntbemalten Maracas, dann hoben sie das Brautpaar auf Stühlen hoch in die Luft und wirbelten sie zu den Klängen von Klezmer-Musik in rasendem Tempo umher. Die Israelis, in leuchtend gemusterten Kleidern, tanzten fröhlich im Kreis um das Paar herum und taten sich dann an den Speisen gütlich, unter denen die Tische fast zusammenbrachen. Die New Yorker paßten wunderbar in die Szenerie hinein und ergänzten sie vor der Kulisse der ummauerten Jerusalemer Innenstadt mit lautem Geschnatter und jüdischen Liedern. Am Tag nach der Hochzeit fuhr ich nach Tel Aviv, holte dort Adam ab, den Mann, den ich bald heiraten wollte, und zusammen reisten wir in die Wüste und verbrachten eine idyllische Woche im Kibbuz En-Gedi am Toten Meer. Diese Reise hatte ich ganz bewußt geplant, denn ich wußte, daß die Hochzeit, der strahlende Sonnenschein, die friedliche Wüstenlandschaft und Adams beruhigende Gegenwart mir helfen würden, die düsteren Erinnerungen an Polen für eine Weile abzustreifen.

Eigentlich hatte ich vor, mich gleich nach meiner Rückkehr nach London mit David Jacobs in Verbindung zu setzen, aber ich tat es nicht. Ich empfand ein Bedürfnis nach Zurückgezogenheit und eine unerklärliche Müdigkeit. Im Laufe der Tage fühlte ich mich immer schlechter: Alles, was ich wollte, war schlafen und weinen. Ich ging zu meinem Arzt und erfuhr, daß ich schwanger sei. Adam und ich freuten uns unbändig.

Als ich Adam zum ersten Mal sah, hielt ich ihn für einen Juden. Er hat tiefschwarzes Haar, seine Augen sind dunkelbraun, gesäumt von dichten Wimpern, seine Haut ist porzellanweiß. Er hat ein typisch aschkenasisches Äußeres. Bei unserer ersten Begegnung hatte ich ihm von meinen Erfahrungen in Israel erzählt, und plötzlich fing er in perfektem Hebräisch zu singen an; dann erzählte er mir, sein Vater sei pakistanischer Muslim und seine Mutter irische Katholikin. Mit seinen drei Brüdern und einer Schwester war er in einem jüdischen Stadtviertel von Leeds namens Alwoodley groß geworden. Auf Grund der vielen Freunde und Bekannten, die seine Familie unter den Juden hatte, mit denen sie zusammenlebten, gehörten Adam und seine Geschwister (meines Wissens) als erste Muslims in der Geschichte den Habonim, einem zionistisch-jüdischen Jugendverband an. Seine beiden älteren Brüder hatten etliche Zeit in israelischen Kibbuzim verbracht, und Adam und sein Zwillingsbruder gingen oft zur Synagoge. Irgendwie passen Adam und ich perfekt zusammen.

Kennengelernt hatte ich Adam kurze Zeit nach der Ausstellung im alten Schlachthaus und nach meinem Besuch bei dem Kabbalisten in Jerusalem. Wenige Wochen, bevor ich beschloß, nicht zum orthodoxen Glauben überzutreten. Diese Entscheidung ist mir sehr schwergefallen. Ich fühlte die Verpflichtung, ein weiteres Glied in jener Kette zu sein, die vor meiner Geburt schon viertausend Jahre Bestand hatte. Mir schien, als wären die vielen Angehörigen meiner Familie vergeblich umgekommen, wenn ich den Glauben, für den sie gestorben waren, nicht am Leben erhielt.

Während meiner Studien, die den Übertritt vorbereiten sollten, ist meine Bewunderung und Hochachtung für die orthodoxe Religion und Lebensweise nur gewachsen. Aber als ich aus Israel nach London zurückkam, zurück zu meinen »weltlichen« Freunden und Lebensformen, wurde mir klar, daß der Sprung in ein orthodoxes Leben für mich keinen realistischen Weg darstellte. Ich wollte keine Heuchlerin sein. Die Konversion würde ich nur dann vollziehen, wenn ich bereit wäre, für den Rest meines Lebens als strenggläubige Jüdin zu leben ... und nach und nach dämmerte mir, daß ich das nicht konnte. Vielleicht wäre es möglich gewesen, wenn ich mich weiter in Israel aufgehalten hätte, aber in London war ich viel zu tief im weltlichen Leben verwurzelt, das ich immer gelebt hatte. Es hätte mir weh getan, meine Eltern vor den Kopf zu stoßen, weil ich nicht mehr bei ihnen essen konnte, oder meine Freunde zu schockieren, weil ich nicht mehr mit ihnen schwimmen ging. So viele selbstverständlich erscheinende Aktivitäten wären unmöglich geworden. Ich fand mich allein mit meinem Glauben und meinen religiösen Riten, unverstanden von den Menschen um mich herum. Ich begriff, wie schwer es für David Rodinsky gewesen sein muß, an jenen religiösen Bräuchen und intensiven Studien festzuhalten, die seine nicht-orthodoxen Ärzte und Sozialarbeiter für verrückt hielten. Ebensosehr aber konnte ich seine Faszination für die profane Umgebung nachfühlen, seine Lust, andere Kulturen kennenzulernen, andere Sprachen zu sprechen, andere Speisen zu kosten. Ebendiese Versuchung war für mich letzten Endes zu stark, und so entschied ich mich für einen anderen Weg, kehrte nach London, in die Stadt der tausend Kulturen, zurück und habe diese Welt schließlich als die eigene angenommen. Sowenig David Rodinsky die Fesseln seiner Erziehung sprengen konnte, sowenig gelang es mir, die Schranken der meinen zu durchbrechen.

Die Schwangerschaft bot mir Gelegenheit, die bisherigen Entdeckungen, die ich bei meiner Suche nach Rodinsky gemacht hatte, aufzuschreiben. Körperlich war das nicht leicht für mich, weil ich zuviel Wasser im Gewebe hatte und meine Hände so geschwollen waren, daß ich nur weiterschreiben konnte, wenn ich die Finger in Eiskübel steckte. Außerdem litt ich unter unvorstellbarer Übelkeit und konnte kaum den Kopf drehen, ohne mich zu erbrechen. Erst zwei Monate nach meiner Rückkehr aus Polen war ich endlich imstande, mich mit David und Hannah Jacobs zu treffen. Sie luden mich zum Sabbatmahl in ihr Haus in Nord-Finchley ein.

Ihr bescheiden wirkendes Vororthaus war eine wahre Schatzkammer; randvoll mit Artefakten, die aus ungenutzten Synagogen gerettet, auf East-End-Märkten gekauft oder aus Baucontainern vor Abrißhäusern herausgesucht waren, platzte es fast aus den Nähten. Gesammelt hatten sie das alles, um es in den geplanten Londoner »Unterschlupf« zu bringen. David führte mich im Haus herum und zeigte mir die Lieblingsstücke aus seiner Privatsammlung, darunter eine Holztafel, die in der Synagoge der Great Garden Street gehangen haben soll; von Hand waren dort in Goldschrift die früheren Gemeindemitglieder eingetragen. In einem schweren Walnußholzrahmen steckten Familienfotos von vier Generationen, daneben ein Bild von David, der mit seiner Tochter Leah, als sie noch ein Baby war, an einem kostbaren Grabstein auf einem sephardischen Friedhof in Whitechapel steht. Die Wände des Hauses sind über und über mit Regalen bedeckt und diese voll jüdischer Bücher.

Nach dem *Kiddusch* setzten wir uns zum Essen. Ich konnte kaum verhindern, daß meine Augen zu den Urkunden an den Wänden des Eßzimmers, den Objekten auf dem Kaminsims, den Tausenden von Büchern wanderten, die uns umgaben. Dennoch war ich sehr darauf bedacht zu erfahren, was für weitergehende Gedanken sich David Jacobs über den Standort von Rodinskys Grab gemacht hatte.

Auch für die Jacobs war es offenbar aufregend, mich wiederzusehen, und sie erzählten mir, bei Einladungen zum Essen gäben sie mittlerweile am liebsten die Geschichte von unserem Zusammentreffen in der leeren Keller-Bibliothek des Warschauer Jüdischen Instituts zum besten. Ich erzählte ihnen von meiner Schwangerschaft, von Adam und meiner jüngsten Rei-

se nach Israel. Wenn man bedenkt, daß ich die beiden erst einmal gesehen hatte, so fühlte ich mich bei ihnen ausgesprochen ungezwungen.

David ist nicht nur Spezialist für jüdische Friedhöfe, sondern arbeitet auch als Organisator und Koordinator für die britischen Reformsynagogen. In den achtziger Jahren hatte er sich sehr in Sachen Princelet Street engagiert (allerdings erzählte er, er habe nicht als erster Rodinskys Zimmer betreten; erster sei vermutlich Douglas Blane von der Spitalfields-Stiftung für Historische Gebäude gewesen). Irgendwo meinte er noch einen Ordner mit alten Zeitungsausschnitten zu haben, also rannte er nach oben und kam bald mit einer Mappe zurück, die ich durchblättern konnte. Vieles davon war mir neu, Sachen, die ich weder in der Bishopsgate-Bücherei noch anderswo gesehen hatte.

Unter anderem fand ich einen Leserbrief aus dem *Jewish Chronicle* vom 24. Juni 1988 unter der Überschrift »Gelöstes Rätsel«:

> Als Kind wurde David Rodinsky Ende der dreißiger Jahre zu meinen Eltern in Pflege gegeben, sie waren Gasteltern für die jüdische Vormundschaftsbehörde.
>
> Viele Jahre später, um 1967, traf ich ihn noch einmal im

Zusammenhang mit meiner Arbeit für das jüdische Sozialamt, damals wohnte er in der Synagoge.
In den letzten Jahren wurde sein Zimmer »entdeckt«; seine Bücher und persönlichen Sachen lagen dort unberührt, als sei er nur eben ausgegangen. Rabbi Hugo Gryn bat mich, ein wenig Licht in Rodinskys Leben zu bringen, und ich suchte nach der Akte des Sozialamts, die, wie ich wußte, bis zum Jahr 1930 zurückreichte, aber man hatte sie leider vernichtet.
Übrigens verschwand er nicht einfach; er starb an einem Schlaganfall, als er Mitte vierzig war.

Michael Jimack
Büro für Recherche und Information
Bund Jüdischer Familienhilfe

Hier löste sich tatsächlich ein Rätsel – oder wenigstens ein Teil des Rätsels. Natürlich wußte ich mittlerweile, daß David Rodinsky im Alter von vierundvierzig Jahren gestorben war. Aber ich wußte nicht, daß er als Kind in eine Pflegefamilie geschickt worden war. Das paßte perfekt: In einem bestimmten Stadium war seine Mutter nicht mehr in der Lage, emotional oder finanziell für ihn Sorge zu tragen, und so kam er zu Pflegeeltern. Ich glaube nicht, daß es eine glückliche Zeit für ihn war. Mir fiel der Brief ein, den er Carol Waynes Mutter geschrieben hatte; darin ging es auch um seine »verlorenen Jahre zwischen fünf und sechzehn, als ich von zu Hause weg war«. Carol ahnte damals ebensowenig wie ich, was das bedeuten könnte, aber jetzt schien alles ganz klar. Elf Jahre von seiner Mutter getrennt, den größten Teil seiner Kindheit. Doch selbst diese lange Zeit außer Haus hatte das enge Band, das ihn an sie und an das Zimmer fesselte, offenbar nicht zerrissen. Soweit ich sehe, kehrte er so bald wie möglich dorthin zurück, und ich glaube nicht, daß er es je freiwillig verlassen hat.

Sein endgültiges Verschwinden aus dem Zimmer war neben dem Standort des Grabes das zweite Puzzlestück, das ich in die Informationen einzupassen suchte, die ich bereits von ihm hatte. Wie kam David Rodinsky aus seiner Dachkammer in der Princelet Street in eine psychiatrische Anstalt in Epsom? Vor meinem Besuch bei den Jacobs hatte ich noch einmal einige Tage mit der Durchsicht von Rodinskys Sachen verbracht, in der vergeblichen Hoffnung, einen neuen Hinweis zu finden. Es war viele Monate her, seit ich die Kisten über der Synagoge durchsucht hatte, und mittlerweile hatte ich erheblich mehr herausbekommen. Ich wußte, wo und wann er gestorben ist. Ich wußte sein Alter, ein wenig über seine Mutter und Schwester, ich hatte einige Verwandte und andere Leute getroffen, die ihn kannten. Ich hatte etwas über seine Vorfahren gelesen und ihre Gräber besucht. Ich war durch die Straßen gestreift, die er in einem *London A–Z* von 1960 durch nachträglich gezogene Striche und Zusätze am Rand hervorgehoben hatte.

Ich machte mich an die mühsame und schwierige Aufgabe, die Artefakte aus ihrer säurefreien Schutzhülle auszuwickeln. Das fiel mir deshalb so schwer, weil Rodinsky immer »wirklicher« für mich wurde, je mehr ich über ihn wußte, und ich mich immer unwohler fühlte, wenn ich seine persönlichen Habseligkeiten durchsuchte. Er war unverkennbar ein durch und durch privater Mensch. Iain Sinclair hatte gesagt, das Zimmer sei »eine Falle«. Mag sein, aber ich war überzeugt, daß Rodinsky mich auserwählt hatte, um seine Geschichte zu erzählen, und ich wollte dafür sorgen, daß sie so präzise wie möglich erzählt wird.

Es war eine seltsame Zeit: Verzweifelt suchte ich nach Informationen über einen Mann, der noch vor meiner Geburt gestorben war, während ich in mir die ersten zarten Regungen des neuen Lebens spürte. Es war eine Übergangszeit – und Zeit, Rodinsky in geziemender Form zur Ruhe zu betten und sich auf das Kommende zu konzentrieren. Ich entdeckte Notizbücher, die ich noch nicht gesehen hatte, als ob sie erst jetzt für mich bereitlägen. Was in ihnen stand, beseitigte alle vorherigen Zweifel an seinen intellektuellen Fähigkeiten. David Rodinsky zeigte sein wahres Gesicht.

Seine Notizbücher sind so eng und in so vielen Sprachen beschrieben, daß mir scheint, nur ein höchst kompetenter Sprachkenner wird sie entziffern können. Beim Durchblättern

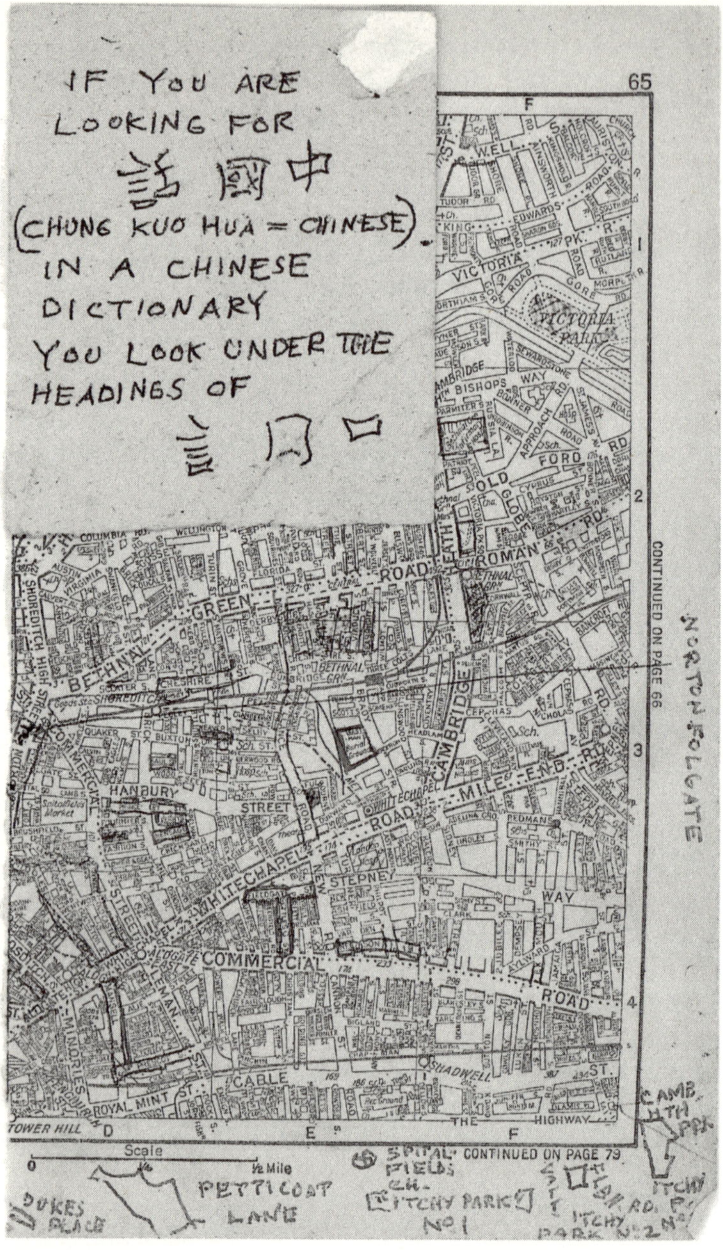
IF YOU ARE
LOOKING FOR
中國話
(CHUNG KUO HUA = CHINESE)
IN A CHINESE
DICTIONARY
YOU LOOK UNDER THE
HEADINGS OF
言 口 口
65
CONTINUED ON PAGE 66
NORTON FOLGATE
CONTINUED ON PAGE 79
Scale
½ Mile
DUKES PLACE
PETTICOAT LANE
SPITAL FIELDS CH.
ITCHY PARK No 1
ITCHY PARK No 2
CAMB. H.TH. PK.
TOWER HILL
WHITECHAPEL ROAD
COMMERCIAL ROAD
MILE END RD.
BETHNAL GREEN ROAD
VICTORIA PARK

eines dieser Hefte stieß ich auf einen zusammenhängenden und faszinierenden Passus (ich glaube, Rodinsky versuchte ein eigenes Buch zu schreiben) in englischer Sprache:

»Nur soviel läßt sich sagen: Das Assyrische ist zwar eine ganz und gar tote Sprache, aber sie zu studieren ist für alle, die anhand der Bibel semitische Sprachen studieren wollen, ebenso faszinierend wie interessant. Beim Assyrischen gewinnt man nicht nur Einblick in die generelle Struktur der semitischen Grammatik, es bildet auch das Bindeglied zwischen semitischen Sprachen – Arabisch, Aramäisch (Syrisch), Äthiopisch und Hebräisch (natürlich auch Assyrisch und Akadisch) – und tibetisch-chinesischen Sprachen – Anamesisch, Birmanisch, Chinesisch, Malaiisch, Siamesisch und Tibetisch – sowie dem nichtklassifizierten Japanisch, das sich in keine bestimmte Sprachgruppe einordnen läßt; und all dies macht das Studium des Assyrischen ganz besonders faszinierend. Aber jeder, der es lernt, auch jemand, der schon eine andere semitische Sprache kennt, muß bedenken, daß diese Sprache sich nicht beherrschen läßt wie die übrigen – versucht man es von den anderen semitischen Sprachen her, so führt das nur zu kompletter Verwirrung –, denn schon ihre besondere Grammatik erfordert mehr Geduld und angestrengteres Lernen als jede der verwandten Sprachen, und ihre Schrift erfordert mehr Geduld als die chinesische Schrift! Nie kann man sich ihrer allzu sicher sein. Mit Geduld freilich schafft man es, und dann wird sich die Arbeit als interessant und faszinierend erweisen.«

Die Lektüre dieses Absatzes und vieler anderer Passagen aus seinen Notizbüchern erfüllte mich mit ehrfürchtigem Respekt. Leider konnte ich sein Quellenmaterial nicht entziffern.

Ebenso wie das letzte Notizbuch entdeckte ich auch plötzlich einen Brief. Er erwies sich als wichtiges Indiz für die Beantwortung der Frage, wie er aus dem Zimmer verschwunden und dann nach Epsom geraten war. Das Schreiben steckte hinter seiner grünen Lederbrieftasche, wo ich mit Sicherheit schon tausendmal nachgeschaut hatte; es kam vom Sozialdienst des

St. Clement's Hospital, Bow Road, London E3, und trug das Datum 8. April 1968. Oberhalb des Briefkopfes stand in großen roten handgeschriebenen Buchstaben: TEUFLISCHES KONZENTRATIONSLAGER, A. MORTE. Als ich das dünne Papier behutsam auseinanderfaltete, stob beißender Staub auf meine Haut und verursachte einen heftigen Juckreiz. Gerichtet war der Brief an »Mr. D. Rodinsky«, aber nicht an die Adresse in der Princelet Street. Er ging ans jüdische Obdachlosenheim in der Mansell Street Nr. 63, London E1, und lautete folgendermaßen:

»Sehr geehrter Mr. Rodinsky,
vielen Dank für Ihren Brief vom 5. April.
Wegen Ihrer Miete im Haus Princelet Street 19 brauchen Sie sich keine Sorgen zu machen; sie wird zusammen mit den Kosten für Ihren Aufenthalt in der Mansell Street vom Ministerium für Soziales übernommen. Sollten Sie Schwierigkeiten beim Empfang dieses Geldes haben, wenden Sie sich bitte an das Ministerium, damit es sich mit uns in Verbindung setzen kann.
Die Schlüssel zu Ihrer Wohnung sind in der Klinik verblieben, um den Gesundheitsbehörden für Reinigungs- und Malerarbeiten den Zutritt zu ermöglichen. Sie werden sie sobald wie möglich zurückerhalten.«

Ich stellte mir vor, was geschehen war. Irgendwann im Jahr 1968 wurde David, krank und am Ende seiner Kräfte, in die Klinik von Bow gebracht. Dort hielt man ihn für unfähig, sich selbst zu versorgen, und überstellte ihn ins jüdische Obdachlosenheim. In dieser Zeit erhielt er den Brief. Ich konnte seine Wut fast physisch spüren. Sie hatten ihm das einzige genommen, was er auf der Welt besaß: sein Zuhause, in dem, wie er selbst in einem Brief an Carol Waynes Mutter schrieb, alles war, »was mir lieb und teuer ist«. Die Kränkung: »Die Schlüssel werden Sie sobald wie möglich zurückerhalten.« Ich ahnte seinen unbändigen Zorn darüber, daß »sie« beschließen könnten, sein Zimmer müsse gesäubert und neu gestrichen werden. Er mag sich vielleicht gesagt haben, es sei besser, gleich ganz zu verschwinden; vielleicht war er auch unfähig zurückzukehren, aus Wut und Angst vor dem, was sie alles angerichtet haben könnten.

David Jacobs zeigte mir einen weiteren interessanten Ausschnitt, den ich nicht kannte. Auch dies war ein Leserbrief aus dem *Jewish Chronicle*, vom 18. November 1993, unter der Überschrift »Glückliche Erinnerungen an die *Schul* in der Princelet Street«:

> »Mein Großvater, Myer Reback, war fünfzig Jahre lang *Schammes* in der Princelet Street.
> Mit Frau und Familie lebte er in einer Wohnung über der Synagoge.
> Meine Eltern, Onkel und Tanten heirateten alle in der Synagoge, meine Vettern und ich feierten dort unsere Bar-Mizwa. Während der Bombardierung des East End im Jahr 1941 fielen drei Brandbomben auf die Hauptsynagoge, und eine meiner Tanten erstickte das Feuer mit Sand, so daß das Gebäude nicht bis auf die Grundmauern abbrannte.
> Fast bis zum letzten Lebenstag ging mein Großvater bei jedem Wetter um sechs Uhr morgens los, um genug Leute für den Morgengottesdienst zusammenzutrommeln.
> Ich bin sicher, daß viele Menschen sich an den *Schammes* Reback aus der Princelet Street erinnern. Er war ein Stück jüdischer Geschichte im East End.
>
> Monte Dann
> Herts«

Ich schrieb an Monte Dann, aber wenige Wochen später kam der Brief zurück. Sein Schreiben hatte mich erneut stutzig gemacht. Ich hatte angenommen, David Rodinsky sei der *Schammes* der Princelet Street gewesen. Mr. Katz hatte mir, da war ich ganz sicher, genau das gesagt. Ich wußte, daß ich nun unbedingt einen Verwandten von Myer Reback ausfindig machen mußte.

Mit David Jacobs sprach ich noch über den möglichen Standort von Rodinskys Grab. David riet mir, zunächst beim städtischen Archiv in Epsom anzufragen, vielleicht wüßte man dort, wo die Insassen der Longrove-Klinik bestattet worden seien. David liebäugelte nach wie vor mit dem Gedanken, Rodinsky könnte auf dem Waltham-Abbey-Friedhof liegen.

Doch dieser Frage ging ich nun mehrere Monate lang nicht nach. Mit einem Friedhofsbesuch während der Schwangerschaft verbinden sich allerhand abergläubische Vorstellungen. Ich beschloß, bis nach der Geburt meines Babys zu warten.

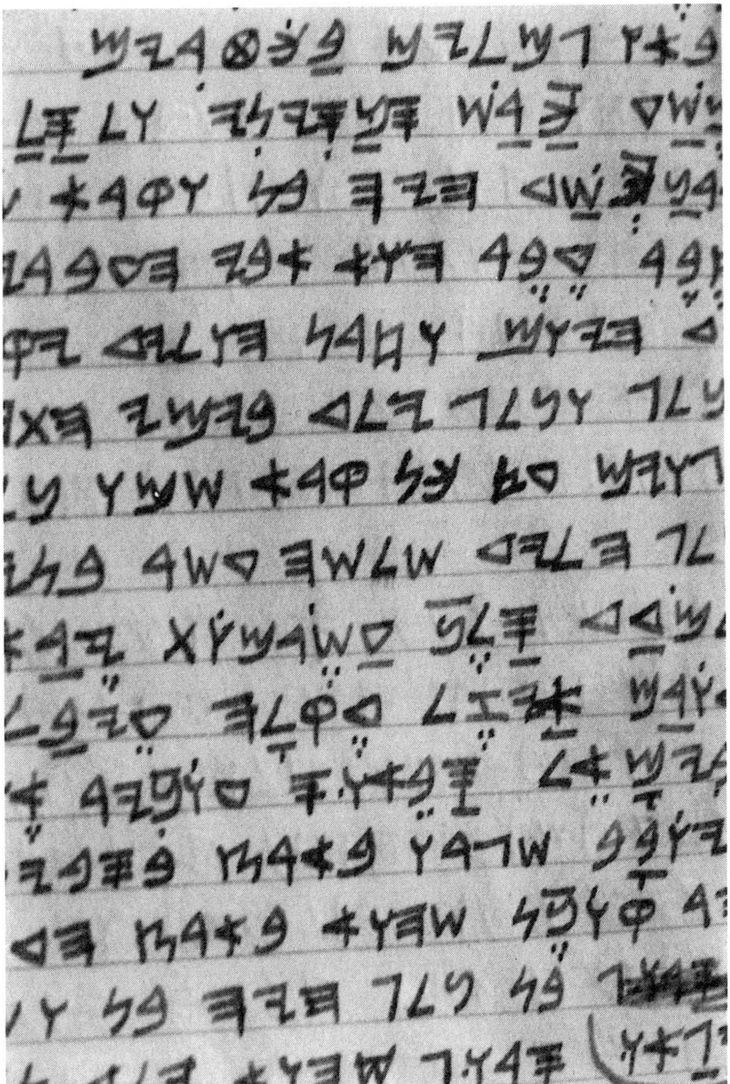

Mein Sohn David war sechs Wochen alt. Ich hatte mich von der Geburt erholt und wartete mit Spannung darauf, meine Nachforschungen über Rodinskys Grab wiederaufzunehmen. Doch diese Suche wurde noch einmal in den Hintergrund gedrängt, und zwar durch neue und sensationelle Informationen, die ich von meinem Freund Alan Dein erhielt. Alan hatte ich vor vielen Jahren über unseren gemeinsamen Mentor Professor Bill Fishman kennengelernt. Mit seinen erst vierunddreißig Jahren ist Alan meines Wissens neben mir der einzige andere Mensch unter siebzig, der Stadtrundgänge durchs jüdische Londoner East End veranstaltet. Etwa vor zehn Jahren zog er ins jüdische Viertel, »wild entschlossen, wieder eins zu werden mit den Straßen, die meine Urgroßeltern vor Jahren als jiddisch sprechende Einwanderer vorgefunden haben. Meine Eltern konnten nicht begreifen, warum ich ins East End zurückzog, das sie doch eigens gegen die Vororte eingetauscht hatten; aber mich begeisterte die ganze Geschichte des Viertels.« Alan hat viele faszinierende Interviews mit den noch im Kiez lebenden Juden aufgenommen. Unlängst produzierte er eine Sendung für Radio 4 mit dem Titel »Wenn ihr nicht mehr da seid«, bei dem er ältere Juden in einer Altentagesstätte – dem Beaumont Day Centre in Stepney – sowie Leute im Londoner Osten interviewte, die koscheres Essen auf

Rädern bekommen. Das Programm beginnt mit einer schwachen, brüchigen Stimme, die sagt: »Das alte jüdische East End ist heute vergessen ... Wir sind die letzten, und wir sind doch schon über achtzig, manche von uns sogar schon über neunzig ... Das ist hier kein Leben mehr, das ist, kann man fast sagen, ein Friedhof. Man wartet darauf, daß man geht.« Nach der Fertigstellung dieses Programms und seinen vielen Besuchen bei älteren Juden, die allein in Wohnblocks leben wie Bella Lipman, sagte Alan: »Es gibt noch viele Rodinskys in Whitechapel.«

Die Synagoge in der Princelet Street liebt Alan genauso leidenschaftlich wie ich. Mitte der achtziger Jahre arbeitete er zusammen mit David Jacobs für das Jüdische Museum in Finchley und hat selbst einiges Material aus Rodinskys Zimmer ins Museum of London hinübergeschafft. Er erzählte mir von einem bemerkenswerten Fund, den seine Kollegin Viki White gemacht hat. »Unter Rodinskys Kissen fand sie in einem zerknitterten braunen Umschlag eine handgeschriebene Notiz und ein halbes Goldmedaillon. Es war ein Liebesbrief an eine Frau. Ich glaube nicht, daß er jemals abgeschickt wurde. An die vollständige Geschichte kann ich mich nicht mehr erinnern. Du könntest mal mit Viki sprechen. Ich glaube, sie hat ihn entdeckt.« Dieses Medaillon hatte ich nie gesehen, von irgendwelchen Liebesgefühlen nie gehört, deshalb wollte ich gern mehr darüber wissen. Alan gab mir Viki Whites Telefonnummer in Edinburgh. Bei meinem wohl zehnten Anruf innerhalb einer Woche wurde der Hörer abgenommen, und es meldete sich ein der Stimme nach älterer Mann mit starkem schottischem Akzent, der sich als Vikis Vater entpuppte. »Sie haben Glück«, sagte er, »daß Sie uns erwischen, wir räumen gerade die letzte Kiste aus dem Haus ins Auto. Viki zieht heute nach Aberdeen um. Wenn Sie fünf Minuten später angerufen hätten, wären wir weg gewesen.« Viki erinnerte sich undeutlich an das Medaillon, wußte aber nicht, was damit passiert war. Am meisten beeindruckt war sie von mehreren Tagebüchern. »Sie waren voller verrückter hochtrabender Phrasen, es schien wirklich, als habe er jeden Realitätskontakt verloren.« Diese Tagebücher kannte ich nicht, nach Vikis Worten waren sie ein

Dokument seiner letzten einsamen Monate in der Dachkammer. Der Anblick von Rodinskys Zimmer verfolgte sie. »Nie werde ich das vergessen, alles sah aus, als wäre er gerade gegangen, nur daß jahrealte Staubschichten darauf lagen. Auf dem Kissen war noch der Abdruck seines Kopfes zu sehen. Ganz sonderbar.«

Weit interessanter war freilich, was Alan selbst mir zu erzählen hatte. »Letzte Woche habe ich eine Gruppe geführt, und wir kamen an der Princelet Street Nr. 19 vorbei. Ich war gerade dabei, die Geschichte zu erzählen, als eine ältere Frau mich unterbrach und sagte, ihr Bruder habe fast sein Leben lang in Nr. 21 gewohnt.« Da Alan am Aufbau eines Archivs beteiligt ist, in dem mündliche Aussagen ehemaliger Synagogenmitglieder und Bewohner der Princelet Street gesammelt werden – sie sollen dem künftig hier arbeitenden Museum zur Verfügung gestellt werden –, bat er die Frau um die Telefonnummer ihres Bruders, den er gern interviewen wollte. Der Bruder, ein Mann namens Sidney Lynn, war einverstanden und erzählte Alan, er habe mehr als fünfzig Jahre in Nr. 21 gewohnt, dann sei er in das Dörfchen in Hampshire gezogen, in dem er jetzt lebe. Alan fragte ihn in meinem Auftrag, ob er David Rodinsky kenne. »Natürlich, er war mein bester Freund, als ich klein war. Ginger Rodinsky, Rotfuchs, haben wir ihn genannt. Wir haben immer zusammen auf der Straße Kricket gespielt.«

Vielleicht konnte Sidney ein paar fröhlichere Geschichten aus Rodinskys Leben erzählen. Die Entdeckung dieses älteren Mannes ließ mich hoffen, daß meine Vorstellungen von Rodinskys ersten Lebensjahren falsch gewesen waren. Ich hatte mir ausgemalt, wie er gefangen in dieser Dachkammer saß, weil seine Mutter vor Angst umkam, wenn er außer Sichtweite war. Ich konnte es kaum erwarten, mich mit Sidney zu treffen, aber Alan sagte, er wolle ihn zuerst allein besuchen, und machte geltend, Sidney müsse *seine* Geschichte erzählt haben, bevor ich ihn mit Fragen nach Rodinsky bombardierte. Widerstrebend pflichtete ich ihm bei, und Alan versprach, er wolle Sidney bitten, etwas ausführlicher von Rodinsky zu berichten. Hier ein Teil des Interviews:

Sidney Lynn: Geboren wurde ich am 23. Mai 1920 im London Hospital in Whitechapel. Meine Mutter stammt aus Lublin, bei der ersten Pogromwelle in den achtziger Jahren ging sie fort. Zuerst wohnte sie in der Fourier Street, in der es damals viele Pelzgeschäfte gab. Etwa um 1903 zog sie in die Princelet Street 21 um, und dort bin ich aufgewachsen. Zu der Zeit war das ein Elendsviertel, aber in der Straße standen ein paar wichtige Gebäude. Zum Beispiel eine Schuhfabrik, Jackson und Joseph, nur ein paar Meter von unserem Haus entfernt; für die damaligen Verhältnisse war sie sehr modern und beschäftigte in den dreißiger Jahren viele Leute aus dem Stadtteil. Alle Häuser der Straße waren Mietshäuser, die Wohnverhältnisse grauenhaft. Oft lebten zehn Familien in einem Haus – nicht wie jetzt, mit den Yuppies und Filmstars, nur zwei Leute, zu meiner Zeit waren es eher so vierzig. Das Nachbarhaus links von uns war die Synagoge, und das rechts von uns bewohnte ein Kunde meiner Mutter (sie machte bedruckte Futterstoffe für Mützen), er hieß Rabin und stellte Mützen her, damals ein richtig großes Gewerbe.

Als ich in der Princelet Street wohnte, sah es im Haus so aus: Die Haustür stand immer offen, der vordere Raum war die Werkstatt, und die Leute kamen einfach zu den Stoffdruckern herein. Der Boden bestand aus rohen Holzdielen, und man ging durch den engen Holzeingang, von dem führten drei Türen ab. Eine zur Werkstatt, die andere zur Wohnküche, hier kochte meine Mutter immer, und zwischen beiden war ein kleines Schlafzimmer, da schlief ich mit meinen Brüdern. Es gab noch viele andere Familien im Haus, manchmal zwischen sieben und zehn. Die Leute wurden da einfach hineingepfercht, in fast unvorstellbarer Armut. Wenn ich heute zurückblicke, als achtundsiebzigjähriger Mann, dann sehe ich, wie arm wir waren. Für alle Bewohner in diesem Teil des Hauses gab es nur eine Toilette. Wir hatten nicht das kleinste bißchen Privatleben, das war etwas völlig Unbekanntes, ein Begriff für die Zukunft: Das eigene Leben war das Leben aller.

Alan Dein: Können Sie etwas über Ihre Mutter erzählen?

Sidney Lynn: Sie war ein ganz außergewöhnlicher Mensch, eine Überlebende, sie hielt sich nicht beim sehnsüchtigen Rückblick auf. Nie hat sie über das Leben in Lublin gesprochen, sie blickte nach vorn, so hat sie überlebt, sie war eine Kämpfernatur. In der Hanbury Street ist sie einmal in ein brennendes Haus hineingelaufen und hat zwei Kinder gerettet, so eine Frau war sie. Es fällt mir schwer, nicht sentimental zu werden, wenn ich an all das denke. Heute höre ich, daß Häuser in der Princelet Street für einfach lächerliche Summen verkauft werden, ich kann nur lachen, wenn ich daran denke, daß in so einem Haus jetzt eine einzige Familie wohnt, unvorstellbar für uns. Die Gebäude waren in so schlechtem Zustand, als ich dort lebte, ich weiß noch, wie ich zum Bezirksamt gegangen bin und einen Reparaturschein haben wollte, die haben mich nur ausgelacht und gesagt, das ginge nicht, weil das Haus für unbewohnbar erklärt worden wäre. Aber nie haben wir eine so drückende Armut erlebt, daß wir kein Dach mehr über dem Kopf hatten oder keine Schuhe, ich weiß noch, daß ich das in Whitechapel gesehen habe, aber so tief sind wir nie gesunken, im Vergleich dazu waren wir richtige Kleinbürger. Wegen dieser bitteren Armut, die ich immer vor Augen hatte, habe ich mit sechzehn der Religion den Rücken gekehrt und bin Kommunist geworden. Der Auslöser war die Schlacht in der Cable Street. Überall im Londoner Osten diskutierten die Leute über Politik, über Stalin und Rußland, und diese Gespräche fanden meist außerhalb der Synagoge in der Princelet Street statt. In den Jahren 1938 und '39 konnte man der Politik nirgendwo mehr aus dem Weg gehen; sie lag in der Luft, besonders in Spitalfields, die Luft war angefüllt damit. Ich kann das gar nicht vermitteln, wenn ich sechzig Jahre später darüber rede, nicht so richtig.

Meine Mutter war entsetzt, als sie herauskriegte, daß ich Kommunist geworden war. Sie hörte es von Mr. Reback, unserem Nachbarn. Er war der *Schammes* in der Synagoge nebenan. Er sah mich reden, an der Ecke bei Blooms Restaurant – Old Montague Street, Brick Lane, wo es zu Anfang war, bevor es nach Aldgate umzog. Da haben wir am Sonntagmorgen immer unser Podium aufgebaut und unsere Reden geschwungen, manchmal hatten wir auch einen Lieferwagen und ein Mikrofon, und dann kriegten wir richtig viele Zuhörer. Meine Mutter rechnete fest damit, daß ich entweder Geiger oder Rabbiner werde; aber ich wollte bloß Berufsrevolutionär werden, das war Ziel Nummer eins für mich. Als Jugendlicher bin ich oft wegen meiner kommunistischen Aktivitäten von der Polizei verhaftet worden, und ich wurde aus der *Jeschiwa* in der Thrawl Street ausgeschlossen. Ein jüdischer Kommunist in einer *Jeschiwa*, das war damals einfach schockierend.

Alan Dein: Können Sie mir etwas über die Synagoge nebenan erzählen?

Sidney Lynn: Dort habe ich meine Bar-Mizwah gefeiert. Ein unglaublicher Ort, die Atmosphäre war anders als überall sonst im Stadtteil. Sie hatte etwas Besonderes, oben waren die Frauen, unten die Männer, es herrschte unbeschreiblicher Lärm. Zu meiner Bar-Mizwah trug ich einen Bowler, was ich damals lustig fand.

Die Synagoge hatte seitliche Sitzreihen, vor ihnen stand der Thoraschrein und in der Mitte auf dem Boden ein großes Holzpodest, eine *Bima*. Von der Decke hing ein wunderschöner Leuchter, und gemessen an dem, was wir gewohnt waren, war der Raum ziemlich groß. Es gab einen ganz kunstvoll gearbeiteten purpurnen Samtvorhang, der verdeckte den Schrein, wo die *Sefer* Thoras, die heiligen Thorarollen, aufbewahrt wurden. Sie waren verziert mit silbernen hebräischen Inschriften, alles von richtigen Könnern gemacht. Die Atmosphäre und die Gegenstände dort paßten überhaupt nicht zur Umgebung. Das hatte so gar nichts zu tun mit den Armen, die dort zum Beten hinkamen, fast alles Schneider, arme ehrliche Juden. So hat dieser Ort auf mich gewirkt. Er war eine Kultstätte.

Im Dezember 1930 starb mein Vater, und ich ging elf Monate lang jeden Morgen in die Synagoge, um für ihn *Kaddisch* zu sprechen. Der *Schammes*, Mr. Reback, lebte mit seiner Familie im oberen Stockwerk, und dorthin kam man über dieselbe Treppe wie zur Frauenabteilung, und die Tatsache, daß die Synagoge eine eigene Frauenabteilung hatte, zeigt, daß sie für Spitalfields-Verhältnisse ziemlich groß war. Und das Holz war immer blank gewienert, auf Hochglanz poliert, es wurde gut gepflegt, und die hebräischen Buchstaben am Balkon wurden saubergehalten und mit Blattgold nachgemalt. Sie war ein Ort, der Respekt forderte, und man hielt den Atem an, wenn man eintrat. Sie erzeugte von sich aus diese Aura.

Alan Dein: Erinnern Sie sich nur an die eine Familie, die dort wohnte?

Sidney Lynn: Ja. Nur die Rebacks. Verglichen mit uns anderen lebten sie im Luxus, das lag an ihrem sozialen Stand. Er war der *Schammes* und wurde mit großer Hochachtung behandelt. Aber von innen habe ich ihre Wohnung nie gesehen, weil ich nie raufgegangen bin. Auf jeden Fall wohnten nur sie da. Ich kannte doch jeden in der Straße.

Alan Dein: Aber was ist mit David Rodinsky, der ganz oben wohnte?

Sidney Lynn: Nein, das stimmt nicht. Rodinsky war mein Freund und wohnte im anderen Teil der Princelet Street, jenseits von der Brick Lane, der immer Boot Street genannt wurde. Da hat Ginger Rodinsky gelebt. Ich erinnere mich gut an ihn, er steht mir sofort vor Augen. Ich weiß, sein Zimmer wurde verlassen vorgefunden, und er war so eine Art Einsiedler – meine Tochter Vivian hat es mir erzählt, es stand im *East London Observer*. Da hieß es, er hätte gelebt wie ein frommer Eremit. Ich bringe das nur schwer mit dem Jungen zusammen, den ich kannte, aber ich wußte nichts von seiner Familie, die habe ich nie gesehen. Ich kannte nur ihn. Ich wußte, daß er religiös war, aber das waren wir damals sowieso alle. Ich glaube, sein Vater war Schneider, hatte was mit Schneiderei zu tun. Ich kannte ihn gut, die ganzen Jahre, als wir Kinder waren, bevor ich zur *Jeschiwa* ging. Als meine Tochter mir von seinem Schicksal erzählte, war ich geschockt, er war nämlich ein hübscher Bursche. Gut aussehend, der Ginger, temperamentvoll, ein guter Werfer beim Kricket, ich weiß das noch, weil ich ein lausig schlechter Schläger war, und er konnte scharfe Bälle werfen, aber auch

mit Drall. Das war ungewöhnlich, ein Drallwerfer ist im allgemeinen langsam und verläßt sich auf den Drall. Aber er, er war ein schneller Werfer, der zugleich den Drall schaffte, so daß der Ball total wegzog, und wenn Ginger gegen mich spielte, kriegte er mich immer ins Aus. Wir spielten Kricket mitten auf der Straße. Wenn Verkehr kam, dann hörte man auf – Verkehr, das konnte ein Pferdewagen sein oder manchmal ein Kraftfahrzeug. Genau vor unserem Haus und der Synagoge war ein kurzes Stück Straße, wo das Kopfsteinpflaster in Asphalt überging, und das Stück nahmen wir. Zusammen bauten wir, Ginger und ich, ein Holztor. Wir spielten auch Fußball und andere Spiele, immer draußen auf der Straße, oft spielten wir auch in der Wilkes Street, an der Rückseite der Brauerei Truman. Da war ein Laternenpfahl, den benutzten wir für unser Krickettor und spielten dann auf dem Bürgersteig. Von Zeit zu Zeit wurden wir von der Polizei weggejagt, aber das machte nichts, das gehörte zum Spaß dazu, und wenn man meint, die Luft ist rein, kommt man zurück. Ich rede von der Zeit, als ich zehn oder elf war, Anfang der Dreißiger. Ginger war genauso alt wie ich. Ginger Rodinsky gehörte zur selben Bande wie ich, dort waren noch andere, Mossy Kaufman aus der Fournier Street und Woffy Sokoloff von Nr. 25. Als ich dann zur *Jeschiwa* ging, habe ich Ginger aus den Augen verloren. Die Leute zogen weg, ich weiß nicht, was mit ihm passiert ist.
Alan Dein: Das ist interessant. Ich glaube, er war noch da, als Sie in den fünfziger Jahren Ihre Stoffdruckerei in der Princelet Street hatten. Er wohnte oben in Princelet Street Nr. 19. Ganz oben unterm Dach.
Sidney Lynn: Ich glaube nicht, die einzigen, die dort wohnten, waren die Rebacks, sie hatten das ganze Haus. Eine richtige Familie, mit zwei Töchtern, Bella und Rachel, und einem Sohn, Simon. Sie stammten aus derselben Gegend wie meine Mutter – da lebte sonst keine Familie mehr. Das hätte ich gewußt, meine Mutter war eng mit den Rebacks befreundet. Ich kann mich an niemanden sonst erinnern. Ich bin sicher, daß er dort nicht lebte, sondern am anderen Ende. Aber als Jugendlicher kannte ich ihn auch nicht mehr. Ginger war aus

meinem Leben verschwunden, genau wie ich aus seinem. Deshalb kann ich nur Kindheitserinnerungen erzählen, und ich erinnere mich gut, er hatte rötliches Haar, das war das auffallendste, Sommersprossen und blaue Augen, er sah gar nicht richtig jüdisch aus. Er war ausgelassen und lebhaft. Was kann ich Ihnen sonst noch erzählen? Er war weder besonders groß noch besonders klein. Er war nicht pummelig, er hatte keine hervorstechenden körperlichen Merkmale, an die ich mich erinnern oder mit denen ich ihn beschreiben kann. Er war normal, sehr.

Sobald ich mit dem Abschreiben des Interviews fertig war, rief ich Carol und Alvin Wayne an. Carol bestätigte meinen Verdacht. Ihr rötliches Haar hatte meinen Argwohn geweckt. »Ja«, sagte sie, »ich hatte tatsächlich einen Bruder mit rotem Haar. Er hieß Mossy, aber alle nannten ihn Ginger. Ginger Rodinsky.« Kein Wunder, daß Sidney überrascht war, als er von Rodinskys zurückgezogenem Leben und dem verlassenen Zimmer hörte. Mossy, Carol (damals Ethel Rodinsky) und ihre Eltern lebten am anderen Ende der Princelet Street, in der Nähe des Uhrmacherladens meiner Großeltern.

Sidney Lynn hatte mehr als fünfzig Jahre neben der Synagoge in der Princelet Street gewohnt. Seine Familie war gut befreundet mit den Rebacks und sein bester Freund ein Vetter von David Rodinsky. Nach eigenem Bekunden war er »ein Kind mit gutem Gedächtnis, das jeden Bewohner der Straße kannte«. Noch heute kann er die Häuserreihe aus der Erinnerung herunterschnurren: »Isenfish Israel, der Stellenvermittler, daneben die Schuhfabrik Jackson and Joseph, dann die Synagoge, auf ihrer einen Seite der Mützenhersteller Rabin, auf der anderen wir. Weiter unten auf unserer Straßenseite war das Pelzgeschäft Joshua Heller, dann Yelin Lionel, der Optiker, Goldbergs Gemüseladen und der Juwelier Lichtenstein.« Anders als viele seiner Jugendfreunde, die in den dreißger und vierziger Jahren aus dem Stadtteil wegzogen, hatte Sidney Lynn bis Ende der fünfziger Jahre seinen Betrieb in Nr. 21. Eigentlich war er der bislang beste Augenzeuge. Aber Sidney Lynn hatte nie von David Rodinsky gehört, nie gewußt, daß es ihn überhaupt gab.

David Rodinsky gehörte nicht zur Kinderbande der Princelet Street. Er gehörte weder der Kommunistischen Partei noch dem Brady Club an. Aus dem Schreiben von Michael Jimack und dem Brief an Carol Waynes Mutter hatte ich erfahren, daß er viele Jahre nicht in der Princelet Street war, was Sidneys Unkenntnis erklären könnte, aber immerhin waren sie mindestens dreißig Jahre lang Nachbarn gewesen. Ich sehe David vor mir, wie er Sidney und seine Kumpel beim Kricketspielen auf der Straße direkt vor seinem Fenster beobachtet. Ich glaube nicht, daß er mitgemacht hätte. Als ich Carol Wayne anrief, um herauszubekommen, wer Ginger Rodinsky war, erzählte sie, sie habe noch einen Brief gefunden, den David mehrere Jahre vor seinem Tod an ihre Mutter geschrieben hatte. Er bestätigte meinen Verdacht, daß David Rodinsky sein einsames Leben unterm Dach der alten Synagoge überhaupt nicht mochte. Carol schickte mir eine Kopie des Briefes.

»19 Princelet Street
Brick Lane
London E1
21/9/61

Liebe Betsy,
vielen Dank für Deine Neujahrsgrußkarte, beiliegend schicke auch ich Dir eine. Im Namen der *Rachmones*, hast Du nicht ein möbliertes Zimmer für mich? Ich bin völlig allein. Sie haben es Brendall erzählt, und sie bekam mehrere Anfälle. Wenn Du meine Mütze nicht magst, trage ich sie nicht, wenn Du mir ein Zimmer gibst.

Mit freundlichen Grüßen
D. Rodinsky«

Die Medien haben David Rodinsky in den achtziger Jahren zutiefst mißverstanden. An dem Zimmer war nichts Romantisches. Heute bin ich überzeugt, daß sein Leben, zumal der letzte Teil, bitter und einsam war. Zum ersten Mal wurde mir richtig klar, wie isoliert und einsiedlerisch David Rodinsky gewesen sein muß. Mir fielen die imaginären Unterhaltungen in seinem handschriftlichen englisch-hebräischen Wörterbuch ein. Hier die Sätze, die er für die Übersetzung ins Hebräische auswählte:

»Gehst du schon?
Mußt du jetzt gehen?
Ist es wirklich unbedingt nötig, daß du gehst?
Du bist doch gerade erst gekommen.
Es ist noch früh, bleib ein bißchen.
Du scheinst es eilig zu haben.

Heute habe ich viel Arbeit.
Ich habe eine Menge zu tun.
Ich habe Wichtiges zu erledigen.
Ich habe einen langen Weg.
Ich muß durch viele Straßen.
Ich muß zu einem wichtigen Interview.
Ich fürchte, daß ich zu spät komme.
Es ist Zeit zu gehen.
Ich will dich nicht länger stören.

Wann sehen wir dich?
Sehr bald.
Also sobald ich irgend kann.
Nach dem Interview kommst du doch zurück?
Ich lasse von mir hören.
Ich komme vielleicht.

Es ist schade, daß du so schnell gehst, wir sind ganz schön (oder nicht allzu schlecht) vorangekommen.«

Ich rief Iain Sinclair an und erzählte ihm von den neuen Informationen, die ich bekommen hatte. Es wunderte ihn nicht, daß der lebhafte Junge, der auf der Straße Kricket spielte, sich als jemand anders entpuppt hatte. Ich berichtete ihm auch von den anderen Zeitungsausschnitten, die David Jacobs mir gegeben hatte, und er riet mir, noch einmal in *Downriver* nachzuschauen, da sei zusammen mit dem Brief von Mr. Jimack die Antwort eines Mr. Ian Shames abgedruckt:

»Stoke Newington
4.7.88

Lieber Mr. Jimack,

ich habe Ihren Brief über David Rodinsky gelesen, und er veranlaßt mich, Ihnen etwas zu schreiben, was heute definitiv Geschichte ist.

Ich bin der einzige noch lebende Schwiegersohn des verstorbenen Myer Reback, des *Schammes* in der Synagoge der Princelet Street, 1937 habe ich seine (mittlerweile verstorbene) Tochter geheiratet.

Für die Rodinskys war ich kein Fremder, ich kannte sie gut. Sie wohnten in einer Zwei-Zimmer-Wohnung über Mr. und Mrs. Reback, & ich habe sie dort ein paar Mal besucht.

Die Familie, das war die verwitwete Mutter, & die hatte zwei Kinder, ein Mädchen namens Bessie, das leider geistig zurückgeblieben war und die meiste Zeit in der Clayberry-Klinik, einer psychiatrischen Anstalt, verbrachte. Bessie kam nur selten in die Princelet Street, & dann gab es noch den Sohn David, der war immer ganz käsebleich im Gesicht, & die Wohnung sah ständig aus wie ein *Hagdesch*. Die Mutter war nicht die intelligenteste, sie hatte keine Zähne mehr & trug immer eine Decke um die Schultern. Verzeihen Sie mir, aber ich nannte sie ›Gandhi‹, und so wird sie noch heute in der Familie Reback genannt. Ihr Leben war erfüllt von Zukunftsangst, & die Rebacks halfen ihr in ihren armen Verhältnissen auf vielfache Weise; im Grunde lebten Mutter & Sohn in der Dachwohnung der Synagoge wie Einsiedler. Nun zu David: Als Kind war er nicht sehr helle, er hatte immer ein blasses Gesicht, & wenn man mit ihm sprach, redete er irgendwie schleppend. Meine Tochter Lorna (heute 49 Jahre) kannte ihn ziemlich gut & und erinnert sich an ihn, denn sie war als kleines Kind viel bei ihren Großeltern in der Wohnung.

Im Jahr 1939 wurde ich zum Sanitätsdienst in die Royal Army eingezogen, & nach meinem Dienst im Nahen Osten, in Indien & Burma kam ich 1946 (als ausgebildeter Pfleger) nach England zurück, & meine Verbindung zur Synagoge war Geschichte. 1948, während meiner Zeit als Krankenpfleger am Deutschen Hospital in Dalston, nahm ich an einer Bar-Mizwa in der Heneage-Street-Synagoge teil, & zu meiner Überraschung begegnete ich David, er war zum *Kiddusch* dort!

Er erkannte mich sofort, in den paar Jahren meiner Abwesenheit war er gewachsen, männlicher geworden & ganz klar im Kopf. Er wohnte noch immer in der Princelet Street Nr. 19, & zu meiner Überraschung sprach er ziemlich fließend Arabisch. Das kam heraus, als ich ihm erzählte, wo ich überall gewesen war, & mich mit ihm auf Arabisch unterhalten konnte, weil ich am Suezkanal und in Kairo Militärdienst geleistet hatte. Das war das letzte Mal, daß ich ihn sah, & und damit bin am Ende meiner Geschichte.«

Ich beschloß, Mr. Shames und Mr. Jimack ausfindig zu machen. Ich schrieb ihnen an die Adressen, die auf den damaligen Briefen standen, obgleich ich wußte, daß sie nach 1988 mit großer Wahrscheinlichkeit umgezogen waren. Mir wurde nun auch klar, daß die noch lebenden Angehörigen der Rebacks die einzigen sein könnten, die die weiter bestehenden Lücken der Geschichte auszufüllen vermochten. Ich dachte an die Beschreibung, die Mr. Katz von Rodinsky gegeben hatte: Natürlich kenne er ihn, er sei der *Schammes* gewesen, seine Tochter komme einmal im Jahr in die Synagoge, um eine *Jahrzeit*-Kerze für ihn aufzustellen. Er sprach damals gar nicht von David Rodinsky (vermutlich hatte er ihn, wie Sidney Lynn, nie gesehen), sondern von Myer Reback, dem *Schammes* und prominenten Gemeindevertreter. Ich vermute, die Rebacks haben den Rodinskys die Wohnung vermietet und offenbar auch beträchtlich geholfen. Das Interview mit Sidney Lynn machte mir ferner klar, wer Bella Lipman war. Dummerweise hatte mich, als ich sie interviewte, die Aussicht, sie könnte Rodinskys Tochter sein, so aufgeregt gemacht, daß ich es nach ihrem Nein versäumt hatte, sie zu fragen, wessen Tochter sie denn sei. Natürlich die Tochter von Myer Reback. Die anderen Reback-Kinder müssen aus der Synagoge weggezogen sein, und nur Bella und ihr Mann blieben zurück und waren jahrelang, noch nach

David Rodinskys Verschwinden, die eigentlichen Hausmeister der Synagoge. Bella war also die Schlüsselfigur; sie hatte alle Antworten auf alle noch offenen Fragen. Ich stürzte los, um sie zu interviewen, und hätte mich ohrfeigen können, weil ich das nicht früher begriffen hatte. Außerdem plagte mich das schlechte Gewissen, weil ich Bella in den letzten Monaten wegen der Schwangerschaft und Davids Geburt vernachlässigt hatte.

Von der Fassade an dem gräßlichen Wohnblock, in dem Bella Lipman wohnte, hatte der Betonkrebs noch mehr weggefressen. Nervös ging ich zum Treppenschacht, weil ich eine Wiederholung meines ersten Besuchs fürchtete, als ich im Aufzug bedroht worden war. Ich stieg hinauf zu Bellas Wohnung und klopfte an die Tür. Keine Antwort. Da ich wußte, daß sie schreckliche Angst vor Besuchern hatte (seit dem grauenhaften Überfall, nach dem sie auf einem Auge blind war), rief ich meinen Namen durch den Briefschlitz. Dabei bekam ich einen Riesenschreck. Der gemusterte Teppich war weg, man sah nur blanke Dielen, auf denen Mörtel und Zigarettenkippen herumlagen. Ich stürzte zum Küchenfenster und äugte hinein. Ihre ganzen Pillen waren verschwunden, auch der Kühlschrank, überhaupt alles. Soweit ich sah, waren die verblichenen Stores das einzige, was von Bella Lipman übriggeblieben war. Ich spürte einen Brechreiz. Ich hoffte, daß sie vielleicht in ein besseres Haus umgezogen war, aber ich befürchtete das Schlimmste. Ich klopfte an der Nachbarwohnung, und schließlich tauchte ein Paar erschreckte braune Augen am Fenster auf. Ich war nicht sicher, ob die Frau verstand, was ich fragte – sie schüttelte dauernd den Kopf, zog dann die Vorhänge zu, rannte ins hintere Zimmer der Wohnung und rief anderen Familienmitgliedern mit verängstigter Stimme etwas zu, in einer Sprache, die ich nicht verstand.

Ich mußte herausbekommen, was mit Bella Lipman geschehen war. Ich ging zur Brick Lane hinunter, vielleicht wußte Mr. Katz etwas. Auf dem Weg von Bellas Wohnung zu seinem Geschäft kam ich in der Great Garden Street am ehemaligen Koscheren Speiseklub und an der Synagoge vorbei. Die Aktionskünstler waren woanders hingezogen. Das Gebäude war mit Brettern vernagelt und das Kuppeldach der Synagoge über dem Speiseklub durch neue Wohnungen ersetzt worden. Neben dem Eingang stand eine große Plakatwand:

> Hier baut das Stadterneuerungs-Unternehmen
> Bethnal Green City Challenge
> ein Business Centre zum Aufbau
> von Geschäftsbeziehungen im Londoner Osten

Das Gebäude war von Baugerüsten umgeben; überall wuselten Handwerker herum, sie rissen die alten Fenster der Synagoge heraus und warfen sie in einen mit zerbrochenem Holz und zertrümmertem Marmor gefüllten Baucontainer.

Als ich aus der Greatorex Street in die Brick Lane einbog, hörte ich meine eigenen Gedanken nicht mehr; es herrschte ohrenbetäubender Lärm. Mehrere Wochen lang, seit Davids Geburt, war ich nicht mehr in der Straße gewesen, und schon war sie kaum wiederzuerkennen. Alle alten Gebäude waren in grünes Netztuch eingehüllt und mit Baugerüsten zugestellt. An allen Straßenecken hatten Cappuccinobars aufgemacht, und die Luft war angefüllt mit Baustaub und dem Lärm von Betonbohrern. Aber Mr. Katz war in seinem Laden. Er freute sich, mich zu sehen und von Davids Ankunft in der Welt zu erfahren. Ich fragte, ob er Bella gesehen habe, und er erwiderte, er habe sie seit mehreren Monaten nicht gesehen und sei im Zweifel, ob sie überhaupt noch lebe, denn sie habe den Geburtstag ihres Vaters ausfallen lassen, an dem sie sonst immer zur Princelet Street gegangen sei, um eine *Jahrzeit*-Kerze für ihn anzuzünden. Dann teilte er mir seine traurigen Neuigkeiten mit. Die Stadtentwickler waren dabei, ihn zu vertreiben. Er konnte die Miete nicht mehr aufbringen. In wenigen Monaten würde er die Zelte abbrechen müssen. »Siebenundfünfzig Jahre«, jammerte er, »siebenundfünfzig Jahre.«

Wenn Mr. Katz weg ist, wird nur noch ein einziges funktionierendes jüdisches Unternehmen in der Brick Lane übrigbleiben: das Steinmetzgeschäft Elfes. Nach meinem Besuch bei Mr.

Katz ging ich dort vorbei, und als ich den Ausstellungsraum mit seinen Plüschmöbeln betrat, war mir klar, daß die Firma A. Elfes Memorials gute Geschäfte machte. Drei junge Männer in teuren Anzügen saßen hinter ihren Schreibtischen und trafen emsig telefonische Absprachen für Bestattungen. Ich hatte daher etwas Zeit, ging im Ausstellungsraum umher und betrachtete die verschiedenen Marmorentwürfe und eine Tafel, auf der »Vorschläge für Grabsteininschriften« aufgelistet waren:

Schalom
Für immer in unserem Herzen
Für immer in unseren Gedanken
Das Leben ist ewig, die Liebe hört nie auf
Für immer in teurer Erinnerung
Er lebte geachtet und starb beweint
Seine Seele ruhe in ewigem Frieden

Einer der Männer hatte sein Gespräch beendet und kam beflissen auf mich zu. Ich sagte, ich wolle mich nur einmal umschauen, aber er schien überzeugt, ich hätte einen Verwandten als potentiellen Kunden. »Unser Marmor kommt aus Carrara in Italien«, sagte er und zeigte auf ein großes Farbposter, auf dem ein Bildhauer, den Meißel in der Hand, in einem sonnendurchfluteten Steinbruch stand. »Bei jedem Stein sind hundert freie Buchstaben im Preis inbegriffen, natürlich Blei; Gold kostet extra.«

Völlig benommen verließ ich das Geschäft und ging den kurzen Weg zur Princelet Street. Alle baufälligen Häuser der Straße waren restauriert worden, die Türen hatte man mit frischer Farbe überzogen und mit schimmernden Messingteilen versehen. Es war sonderbar, vor Nr. 21 zu stehen, im Ohr noch den Bericht von Sidney Lynn, daß damals bis zu zehn Familien, vierzig Menschen, in jedem Haus wohnten. Ich beobachtete, wie ein elegant gekleidetes Paar aus der Haustür kam. Sie telefonierte von einem Handy aus; er öffnete ihr höflich die Wagentür ihres silbernen Jeeps, dann fuhren sie los, in den erstickenden Staubdunst hinein.

Für Rodinsky und mich war es höchste Zeit, von hier zu verschwinden. Wir gehörten nicht mehr dazu. Es gab nur noch eines, was ich für ihn tun mußte, und es galt, sofort damit zu beginnen.

Ich folgte David Jacobs' Vorschlag und versuchte es zuerst beim städtischen Archiv in Epsom. Als ich schließlich jemanden am Apparat hatte, erfuhr ich nur, was ich bereits wußte. Alle Akten der Longrove-Klinik waren bei dem Brand vernichtet worden, und sie konnten mir nicht weiterhelfen. Dann versuchte ich mein Glück beim Bestattungsinstitut des Synagogenverbands. Ich teilte dem Mann die Einzelheiten von Rodinskys Sterbeurkunde mit, und er ging, um in den Akten nachzusehen. Wenige Minuten später kam er zurück, er sei mit Sicherheit nicht auf einem Friedhof des Verbandes beigesetzt. Ich sagte, ich hätte die Befürchtung, daß er kein jüdisches Begräbnis bekommen habe. Darauf meinte er, in diesem Fall könne man, für etwa tausend Pfund, die Leiche exhumieren und in einem jüdischen Grab auf einem jüdischen Friedhof beerdigen lassen. Er riet mir, es auch beim Bestattungsinstitut der Vereinigten Synagogen zu versuchen. Ich rief sofort dort an und geriet an einen sehr hilfsbereiten Mann, der sich mit großem Eifer alle Einzelheiten notierte. Ich fragte, ob der Waltham-Abbey-Friedhof zum Institut gehöre. »Jawohl, und wir haben alle Akten dieses Friedhofs hier in der Datenbank.« Während er suchte, wartete ich am Apparat. Es dauerte nicht lang. »Jawohl, David Rodinsky ist dort bestattet ... WA2...« Ich war dermaßen überwältigt, daß ich vergaß mitzuschreiben.

Ich bat ihn, seine Angaben zu wiederholen. »Natürlich. Bestattet wurde er in der Armenabteilung am 5. März 1969, der Standort des Grabes ist WA25, Reihe T wie Tommy, Nr. 708.« David Jacobs' Warschauer Prognose war also richtig gewesen. Ich fragte den Mann, ob es wahrscheinlich sei, daß er einen Grabstein habe. »In der Armenabteilung wohl eher nicht.« Er sagte, es sei möglich, Steinaufstellung und Gottesdienst zu bekommen, man könne das mit einem orthodoxen Rabbi der Vereinigten Synagogen vereinbaren, und er gab mir mehrere Namen von Steinmetzen in London, die für die Friedhöfe der Vereinigung arbeiteten. Einer von ihnen war A. Elfes Ltd. in Whitechapel am Ende der Brick Lane.

Ich rief zuerst bei Carol und Alvin Wayne an, um ihnen die Nachricht mitzuteilen. Sie dankten mir sehr und notierten sich alle Angaben, um selbst zum Grab gehen zu können. Dann rief ich David Jacobs an. Er war hocherfreut und bot sich an, mit mir zum Grab zu fahren und *Kaddisch* zu sprechen. Diesen Besuch schlug er für Sonntag in zwei Wochen vor. »Das ist der beste Augenblick«, sagte er, »Sie sind nicht mehr schwanger, und traditionell ist es die Zeit, in der man zu den Gräbern geht, denn wir sind jetzt im Monat *Elul*, kurz vor *Tischri* und vor dem Neujahrsfest, *Rosch Haschana*. Dieser Sonntag gehört zu den Tagen der Gottesfurcht, sie liegen vor den Hohen Feiertagen, als eine Zeit der inneren Sammlung und Kontemplation, des Betens und der Meditation. Es sind die Tage der *Teschuwa*, der Buße und Umkehr zu Gott, und nach altem Brauch besucht man um diese Zeit die Gräber von Verwandten und Lehrern, gedenkt der Heiligkeit ihres Lebens und sammelt sich für das kommende Jahr.« Es schien, als habe Rodinsky selbst diesen Augenblick für meine Entdeckung gewählt.

Bis zu diesem Besuch blieb mir noch Zeit, um einige andere Dinge zu erledigen und die Suche zu einem Abschluß zu bringen. Ich mußte mich beeilen – ein neuer David brauchte jetzt meine Zeit und Aufmerksamkeit. Ich besorgte eine Betreuung für das Baby und stürzte mich dann in hektische Aktivitäten. Meine erste Aufgabe bestand darin, noch lebende Mitglieder der Familie Reback aufzutreiben, denn sie waren die einzigen, die die Rodinskys im Alltag kannten. Außerdem machte ich mir Sorgen um Bella Lipman. Stundenlang telefonierte ich mit verschiedenen Abteilungen der Stadtverwaltung, um zu erfahren, was mit ihr geschehen war. Man bestätigte mir, daß sie aus dem Haus am Dobson's Place ausgezogen sei, verweigerte aber jede weitergehende Auskunft.

»Bitte«, sagte ich, »ich möchte doch nur wissen, ob es ihr gutgeht.«

»Ich kann Ihnen nicht helfen.«

»Bitte. Können Sie mir wenigstens sagen, ob sie tot ist oder noch lebt?«

»Kann ich nicht. Tut mir leid.«

Ich fuhr zu Alan Dein, vielleicht fiel ihm noch etwas ein. Er riet mir, zur Bibliothek für Stadtgeschichte in der Bancroft Road zu gehen und mir im *Jewish Chronicle* die Todesanzeige von Bellas Vater Myer Reback anzuschauen. Wir fuhren gleich zusammen hin, und Alan fand sie ziemlich schnell. Die Todesanzeige vom 5. Januar 1962 lautete folgendermaßen:

MR. MYER REBACK

Mr. Myer Reback, Gründungsmitglied der Synagoge
Princelet Street, E1,
und dort mehr als fünfzig Jahre lang Vorbeter,
starb vergangene Woche.
Mein geliebter Vater Myer ist entschlafen.
Die Erinnerung an ihn wird fortleben.
In tiefer Trauer seine Tochter Bella.

Auch Bellas Verwandte hatten Traueranzeigen aufgegeben, und darunter standen ihre Adressen von 1962. Ich wußte, daß vermutlich jetzt niemand mehr dort wohnte, aber es war meine einzige Hoffnung. Ich schrieb insgesamt acht Briefe und wartete. Zwei Tage später erhielt ich morgens um halb neun den ersten Anruf. Er kam von Lorna – Bellas Nichte, Myer Rebacks Enkelin und Tochter von Ian Shames, der 1988 in seinem Brief schrieb, sie könne sich an Rodinsky erinnern. Am Telefon sagte sie: »Ein Wunder, daß der Brief mich erreicht hat: Ich habe geheiratet und bin vor Jahren weggezogen, aber wir haben noch losen Kontakt zu den Leuten, die im alten Haus der Familie wohnen, und sie haben die Post freundlicherweise nachgeschickt. Ich wollte Sie gleich anrufen und Ihnen sagen, daß es Tante Bella gutgeht. Sie ist in ein Heim gezogen, sie hatte einen Schlaganfall, und es war zu schwierig für sie geworden, sich selbst zu versorgen. Sie lebt da jetzt mit ihrer Schwester zusammen und ist ganz zufrieden.« Ich war sehr erleichtert und fragte sie, ob ich Bella wohl besuchen könne. »Ich glaube nicht, also, weil, na ja, in unserer Familie redet man nicht übers Alter, und sie würde mich umbringen, wenn sie wüßte, daß ich Ihnen gesagt habe, wo sie ist. Sie will jetzt eigentlich nur in Ruhe gelassen werden.« Das konnte ich gut verstehen und respektierte es. Ich war Bella genug auf die Nerven gegangen. Aber ich freute mich zu wissen, daß es ihr gutging.

Ich fragte Lorna, ob ihr Vater noch am Leben sei, aber er war vor einigen Jahren verstorben. »Er war ein so intelligenter Mann, sprach viele Sprachen. Ich weiß noch, wie er aus Indien zurückkam, als ich klein war. Wir waren in der Synagoge der Princelet Street, und er hielt einen Diamanten in der Hand. Er sagte: ›Ich beweise euch, daß das wirklich ein Diamant ist‹, und dann ging er mit ihm zum Fenster des vorderen Zimmers über der Synagoge, dort lebten meine Großeltern, und ritzte seinen Namen ins Glas, und noch heute kann man die Schrift ganz schwach sehen.« Ich fragte Lorna, ob sie sich an die Rodinskys erinnere. »Nicht richtig«, antwortete sie, »ich war noch ein kleines Kind, mein Vater hätte mehr über sie gewußt oder Tante Bella. Was ich noch gut weiß: Oft ging ich in den Keller, um eingelegte Gurken oder Heringe zu holen, die wir da in großen Gläsern aufbewahrten, weil wir keinen Kühlschrank hatten, und ich fürchtete mich immer sehr, ihm auf der Treppe zu begegnen. Ich hatte große Angst vor ihm. Eigentlich war er wohl schüchtern, er war immer dunkel angezogen und unglaublich fromm. Ich hatte kaum mit ihm zu tun. Für mich war das wie Frankensteins Fluch, ihm auf der Treppe zu begegnen. Albern, aber ich war eben noch klein.«

Am nächsten Tag kam frühmorgens ein weiterer Anruf, den ich noch viel weniger erwartet hatte. Es war Douglas Blane, seit Monaten hatte ich versucht, ihn zu erreichen. Er bestätigte, daß er als erster Rodinskys Zimmer aufgeschlossen habe;

Bella Lipman »war damals Hausmeisterin« und hatte ihn hinaufgeführt, nachdem die Spitalfields-Stiftung für historische Gebäude die Synagoge 1980 erworben hatte. Bella habe ihm erzählt, nach ihrer Ansicht sei David Rodinsky nur mal eines Tages ausgegangen, sie wisse nicht, was ihm passiert sei: Er sei einfach verschwunden und nicht wiedergekommen. Der Eindruck, den das Zimmer auf Douglas gemacht hatte, unterschied sich wenig von dem der damaligen romantischen Zeitungsberichte. »Das Zimmer war ordentlich, auf jeden Fall nicht die Behausung eines versoffenen Irren. Alles lag und stand so, als hätte er mit seiner Rückkehr gerechnet, die Kleidung im Schrank, der Schlafanzug auf dem Bett, der Haferbrei auf dem Herd. Richtig wie eine Zeitverwerfung, alles ganz reglos, zugedeckt mit einer dichten Staub- und Spinnwebenschicht. Man meinte in der Mansarde eines Gelehrten zu sein, ich war tief beeindruckt von den zahllosen Notizbüchern, den faszinierenden und komplizierten Texten, die auf seinem Schreibtisch herumlagen. Mir schien, als müßte hier ein hochintelligenter Mensch gelebt haben.«

Jeden Tag schien mir eine neue wichtige Information über den Weg zu laufen. Kurze Zeit nach Douglas Blanes Anruf klingelte das Telefon ganz frühmorgens, noch bevor das Baby wach war. Es war Michael Jimack, der Mann, dem Ian Shames geschrieben hatte. Er erzählte, der Brief, den ich ans Jüdische Sozialamt geschrieben hätte, sei an seine alte Adresse nachgesandt und von den Leuten dort weitergeleitet worden. Wie schon aus seinem Leserbrief hervorging, hatte er David Rodinsky als Kind gekannt. »Es war 1938, ich war acht und David dreizehn. Er sollte etwa achtzehn Monate bei uns in Dagenham leben. Soweit ich mich erinnere, wurde er in Pflege gegeben, weil seine Mutter ihn nicht mehr versorgen konnte – er kam aus extrem armen Verhältnissen. Ich weiß noch, daß seine Schwester ihn einmal besuchte; sie wirkte sehr viel älter und hatte, glaube ich, Lernprobleme. Auch die Mutter kam ziemlich häufig. Mir erschien sie wie eine alte Frau; ich hatte Angst vor ihr, sie war zahnlos und offenkundig nur von unterdurchschnittlicher Intelligenz.« Mr. Jimack erzählte, damals habe die jüdische Vormundschaftsbehörde verelendete

Kinder systematisch in Pflegefamilien geschickt. Ein Ermittlungsbeamter kam ins Haus, und wenn er es für angebracht hielt, schaltete sich das Amt ein und versuchte, eine Familie für die Kinder zu finden. Ich konnte mir vorstellen, wie furchterregend die ganze Sache für die Rodinskys gewesen sein mußte: Davids »verlorene Jahre«, wie er sie nannte. Mr. Jimack erinnerte sich ein bißchen an die Zeit, als David bei ihnen lebte. »Ich war klein damals und fand ihn sehr merkwürdig. Er benahm sich wie ein Sonderling. Ich würde sagen, er war intelligent, aber dabei seltsam. Er war sehr orthodox, ständig war er mit *dawenen* und mit Schreiben und Lesen beschäftigt.« Das klang ganz so, als hätte er sich in den ganzen Jahren wenig verändert.

Auch Mr. Jimack war sehr viel später noch einmal auf Rodinsky gestoßen, als er in den sechziger Jahren Sozialarbeiter beim Jüdischen Sozialamt war. »Er gehörte nicht zu meinen Klienten, ich erinnere mich aber, daß ein Kollege von ihm erzählte. Er war sein Sozialarbeiter, ein Mann namens Michael Schneider.«

Ich wurde sehr aufgeregt, als er davon sprach. »Wissen Sie, wo ich ihn finden kann?«

Er erzählte, Michael Schneider gehöre mittlerweile zu den Führungskräften in einem der größten jüdischen Wohlfahrtsverbände der Vereinigten Staaten, er wohne in New York. Erreichen könne ich ihn über das American Joint Distribution Committee. Ich bedankte mich überschwenglich bei ihm, denn dieser Michael Schneider war vielleicht der einzige Mensch, der mir die Frage beantworten konnte, wie Rodinsky aus der Princelet Street in die Longrove-Klinik geraten war. Mit Mr. Jimack sprach ich noch ein bißchen darüber, wie es sich abgespielt haben könnte. Er war nicht überrascht, daß er in diese Klinik gebracht worden war: »Dort kamen etliche jüdische Klienten aus dem Londoner Osten hin. Es war vor allem ein Haus für Langzeitkranke.« Ich fragte ihn, ob er meine, Rodinsky sei freiwillig gegangen oder zwangseingewiesen worden. »Ich glaube nicht, daß er freiwillig gegangen wäre. Es war schrecklich dort, alles geschlossene Abteilungen.« Ein Sozialarbeiter sei nicht zur Zwangseinweisung befugt gewesen; wenn Rodinsky keine lebenden Verwandten mehr hatte, mußten die Sozialarbeiter, die eine Einweisung für erforderlich hielten, sich mit Ärzten in Verbindung setzen. Ich erzählte Jimack von dem Brief des St. Clement's Hospital in Bow an das jüdische Obdachlosenheim. Er sagte, dieses Heim hätte als Notunterkunft für Wohnungslose gedient. Alles begann sich ineinanderzufügen. Ich malte mir aus, wie Rodinsky gezwungen wurde, zum Arzt zu gehen, da sein Gesundheitszustand sich drastisch verschlechtert hatte. Der Arzt überwies ihn wahrscheinlich zur stationären Behandlung ins St. Clement's Hospital, und jemand benachrichtigte die Sozialbehörden.

Offenbar inspizierten sie seine Wohnung in der Princelet Street, erklärten sie für unbewohnbar und brachten ihn selbst ins jüdische Obdachlosenheim, wo sie ihm brieflich mitteilten, seine Wohnung werde gereinigt und renoviert. Diesen Brief überschrieb er in roter Tinte mit den wutentbrannten Worten: TEUFLISCHES KONZENTRATIONSLAGER, A. MORTE. Vielleicht las jemand diesen Zusatz, fand seine Notizbücher und erklärte ihn für geistesgestört. Ich konnte mir vorstellen, daß David Rodinsky, wenn er wirklich annahm, man werde sein Zimmer ohne seine Zustimmung renovieren, vielleicht gar nicht mehr zurückkehren wollte. Vielleicht hat er aufgegeben und ist schweigend dorthin gegangen, wo man ihn hinbrachte. Vielleicht haben die Krankenhausärzte, sein Sozialarbeiter und die Angestellten der Notunterkunft gemeinsam über sein Schicksal entschieden – ihn in den Trakt eines riesigen viktorianischen Gebäudes irgendwo auf dem flachen Land wegzuschließen. Ich war mir sicher, daß es sich so zugetragen hatte, aber ich brauchte die Bestätigung von Michael Schneider. »Rufen Sie ihn an«, sagte Mr. Jimack, »er wird sich erinnern. Einen Klienten vergißt man nie.«

Im Internet suchte ich das American Joint Distribution Committee heraus und fand eine beeindruckende Website. Auf einer Liste mit den Abteilungsleitern fand ich Michael Schneider und sandte ihm umgehend eine E-Mail. Als ich bis zum nächsten Tag nichts hörte, schickte ich einen Brief mit Eilzustellung. Noch immer nichts. Ich rief zweimal an und hinterließ eine Nachricht bei seiner Sekretärin. »Er hat furchtbar viel zu tun«, sagte sie. Ich bat sie, ihm auszurichten, daß ich nur drei Fragen an ihn hätte und ihn nur wenige Minuten in Anspruch nehmen würde. Offenbar wirkte der Köder mit den »drei Fragen«, denn nun rief er schließlich an.

Meinen Brief hatte er nicht bekommen. Ich haspelte schnell meine Bitte herunter, aber er mußte bedauernd erklären, er sei gar nicht Rodinskys Sozialarbeiter gewesen und habe nie von ihm gehört. Ich gab ihm mehr Informationen in der Hoffnung, seinem Gedächtnis aufhelfen zu können. »Nein, ganz bestimmt nicht, einen Klienten vergißt man nie.« Er riet mir, mich an die Jüdische Sozialfürsorge zu wenden. Sie hätten ein Archiv mit Karteikarten von jedem einzelnen Fall, die immer ausgefüllt würden, wenn ein Sozialarbeiter dem Klienten einen Besuch abstatte. Ich könnte einen Antrag auf Akteneinsicht stellen und würde vielleicht finden, was ich brauche. Er riet mir, gleich mit dem Direktor zu sprechen. Ich rief sofort an und erfuhr, daß alle Fallakten nach fünf Jahren vernichtet werden. Jetzt war ich außer mir vor Enttäuschung. Ich erklärte, ich wolle ja nur wissen, wie Rodinsky vom St. Clement's Hospital zur jüdischen Notunterkunft und von dort zur Longrove-Klinik gekommen war.

»Das ist leicht«, sagte der Direktor, »das kann ich Ihnen sofort sagen. Auch ich war in den sechziger Jahren Sozialarbeiter beim Jüdischen Sozialamt. Höchstwahrscheinlich hat ihn sein Sozialarbeiter zu einer zeitlich begrenzten Behandlung ins St. Clement's Hospital geschickt. In die Notunterkunft wäre er nur gekommen, wenn er obdachlos gewesen wäre.« Ich erzählte ihm von dem Brief und daß man sein Zimmer habe renovieren wollen. »Das paßt zusammen, längerfristig konnte er nicht im Krankenhaus bleiben, und nach Hause konnte er auch nicht. Wenn die Ärzte im St. Clement's Hospital und sein Sozialarbeiter der Meinung waren, sein psychischer Zustand habe sich verschlechtert, könnten sie die Zwangseinweisung beantragt und einen Dauerplatz für ihn in der Longrove-Klinik gefunden haben.«

Ich fragte ihn, worin damals die Kriterien für die Einweisung einer Person bestanden. »Wenn die Psychiater«, sagte er, »der Ansicht waren, der Betreffende stelle eine physische

Gefahr für sich oder seine Umwelt dar, wurde er eingewiesen.« Es überrasche ihn nicht, daß David Rodinsky in der Longrove-Klinik gelandet sei. »Sie war die psychiatrische Anstalt, zu der Whitechapel als Einzugsgebiet gehörte. Es gab viele jüdische Insassen dort, nicht weil dieses Krankenhaus irgendwie besonders jüdisch gewesen wäre, sondern nur weil in Whitechapel damals so viele Juden lebten.« In den sechziger Jahren sei er regelmäßig in der Klinik gewesen. »Es war trostlos dort. In der Regel blieben die Menschen dort ihr Leben lang. Dies war der Inbegriff der viktorianischen Irrenanstalt, irgendwo mitten in der Landschaft, möglichst weit weg vom Herkunftsort der Geisteskranken.« Ich erzählte ihm von meiner Theorie: daß ich der Meinung sei, Rodinsky sei gar nicht geisteskrank gewesen, sondern nur völlig unverstanden – weil die Kultur, aus der er kam, unübersetzbar war. Er stimmte mir zu. »In der Longrove-Klinik wimmelte es von kabbalistischen Genies und frommen Gelehrten, die sich in die Welt der Metaphysik versenkt hatten. Damals hat man eine Menge Fehler gemacht. Viele Krankenschwestern kamen aus Asien, viele Ärzte aus Mitteleuropa, es gab gravierende Kommunikationsprobleme.«

Die Jüdische Sozialfürsorge hatte mir ein großes Stück weitergeholfen. Ich hätte noch monatelang versuchen können, Rodinskys Sozialarbeiter aufzufinden, um vielleicht von ihm zu erfahren, ob David freiwillig in die Longrove-Klinik gegangen war, aber ich hielt es nicht mehr für nötig. Ich war sicher, daß ich die Antwort wußte.

Nun gab es nur noch eins zu tun, und endlich war der Tag da. Ich ließ Adam und David zurück und traf mich mit David Jacobs. Er fuhr mich auf der M25 zur Grenze zwischen London und Essex, und wenig später bogen wir in einer scharfen Kurve vom Autobahnring ab, und hinter einer hohen grünen Hecke lag der Waltham-Abbey-Friedhof, ein endloses Gräberfeld aus schimmernd weißem Marmor, dessen Stille allerdings gestört wurde vom unaufhörlichen Brausen des Verkehrs. Auf dem Friedhof war viel Betrieb, ganze Busladungen von älteren Juden kamen, um den Toten vor den Hohen Feiertagen ihren Respekt zu zollen. Wir gingen direkt zum Hauptbüro und schauten auf den Gräberplan. W25 Reihe T lag gleich neben der Totgeburtenabteilung im hintersten rechten Winkel des Friedhofs. Es war kein langer Weg, und mit Davids Hilfe hatten wir das Grab schnell gefunden.

Es entsprach ganz meinen Erwartungen. Kein Grabstein, nur eine plane Kiesparzelle mit einem zerbrochenen Betonrand und einer kleinen Blechplakette, die die Aufschrift trug: »David Rodinsky, 5. März 1969.« David stand schweigend mit mir davor. Schließlich öffnete ich mein Gebetbuch, und gemeinsam lasen wir das *Kaddisch*-Gebet; nach altem Brauch tut das der Sohn des Verstorbenen, aber da kein Sohn da war, der die Aufgabe hätte übernehmen können, übernahm ich sie selbst. Bevor wir gingen, legte jeder von uns einen Stein auf sein Grab, und ich las das Gebet für die Verstorbenen.

Erbarmungsvoller, in den Höhen thronender Gott, gewähre vollkommene Ruhe unter den Fittichen Deiner göttlichen Gegenwart – in der Erhabenheit der Heiligen und Reinen, die im himmlischen Glanze leuchten – der Seele des David Rodinsky, der in die Ewigkeit eingekehrt ist. Ich will, ohne ein Gelübde, Wohltätigkeit üben, um seiner Seele zu gedenken. Möge er Ruhe finden im Garten Eden. Der Herr des Erbarmens berge ihn für immer in den Schutz Seiner Fittiche und nehme seine Seele in den Bund des Lebens auf. HASCHEM ist sein Teil. Er ruhe in Frieden auf seinem Lager, und wir sagen: Amen.

Danksagung

Der erste Dank gilt meinen Freunden und meiner Familie, die mich liebevoll unterstützt haben, vor allem Adam, ohne den ich dieses Vorhaben nicht zu Ende gebracht hätte. Ein besonderes Dankeschön auch an meine Mutter und Schwiegermutter, die sich um den kleinen David gekümmert haben. Für immer stehe ich in der Schuld meines Agenten John Parker – denn er hat erkannt, daß ich in der Lage bin, dieses Buch zu schreiben – sowie des Granta Verlags, der an das Projekt glaubte. Als Ehre empfinde ich, daß Iain Sinclair mir stets beigestanden und mein Lektor Neil Belton mich beraten hat, ich bin ihnen dankbar dafür. Dank auch an den Fotografen Danny Gralton für die Erlaubnis, sein faszinierendes Foto von Rodinskys Zimmer (S. 44) zu verwenden, und an den Fotografen Marc Atkins für seine Fotos auf S. 64 und 90. In meiner ganzen Zeit im Londoner East End haben mir zahllose Menschen ihre Erinnerungen mitgeteilt und mir einen Blick in die Welt des jüdischen East End gestattet. Für die hier abgedruckten Gespräche möchte ich folgenden Personen danken: Bella Lipman, Carol und Alvin Wayne, Sidney Lynn, Mr. Rossi, Mr. Katz, Michael Jimack, Viki White, Michael Schneider und Lorna Shames. Zu großem Dank verpflichtet bin ich Professor Bill Fishman, Samuel Melnick, David Jacobs und Alan Dein für ihre fachliche Hilfe und Beratung zur jüdischen Geschichte. Bedanken möchte ich mich auch bei den Mitarbeitern des Heritage Centre in der Princelet Street, die meine Arbeit in dem Gebäude unterstützt und mir Zugang zum Rodinsky-Archiv verschafft haben: an erster Stelle bei dem jüngst verstorbenen Donald Chesworth sowie bei dem ebenfalls verstorbenen Rabbi Hugo Gryn und Susie Symes. Mein Dank gilt ferner Dominic Dyson, dem Ex-Koordinator des Heritage Centre, der mir bei der Einrichtung meiner Arbeitsstätte in dem Gebäude half, und Andrew Byrne vom Spitalfields Historic Building Trust für die tatkräftige Unterstützung, die er mir im Londoner Osten gewährt hat. Zahlreiche Personen und Institutionen haben mir während meiner Suche mit ihren Nachforschungen geholfen. Dafür danke ich Zevick Shafir und Nili Oz vom israelischen Kunstprojekt in Arad, Ricky Bergman vom Museum of the Jewish East End, Rosemary Weinstein vom Museum of London, David Webb von der Bishopsgate-Bücherei, Saul Issroff von der British Jewish Henealogical Society, Nitza Spiro vom Spiro Institute, Evelyn Friedlander von der Hidden Legacy Foundation, Elanor Bergman vom Jüdischen Institut in Warschau, Dina Abramowitz vom New Yorker Yivo Institute, Dr. Robert Rodensky, der Local History Library in der Bancroft Road, der United Synagogues Burial Society, der Federation of Synagogues Burial Society sowie Jewish Care. Einen Großteil der Forschungsarbeit für mein Buch habe ich in Polen gemacht, und dorthin wäre ich nie ohne die Hilfe von Rafael Felek Scharf gekommen, dem ich sehr dafür danke und dessen Denken mich stets begleiten und anregen wird. Ein spezielles Dankeschön geht an den Archie Sherman Charitable Trust für den kontinuierlichen Beitrag, den seine Mitarbeiter zu meinen Bemühungen geleistet haben. Sehr verpflichtet bin ich auch Dr. Hannah Mousch vom Polnischen Kulturinstitut und Kultusministerium, denn sie hat mir das Stipendium für Polen verschafft und meinen dortigen offiziellen Besuch ermöglicht. Dank gebührt ferner Dr. Joachim Russek, der mir die Teilnahme an der Tagung des Krakauer Judaica-Instituts gestattete, sowie Professor Antony Polonsky und Professor Jan Gross für die anregenden Vorträge, die ich dort hören konnte. Auch den anderen Menschen, denen ich in Polen begegnet bin und über die ich schreibe, möchte ich an dieser Stelle danken: Mr. Muller, Ignancy Bielecki, Gabriel Finder, Fern Hauck, Rachel Nuremberg, Lili Cole, Robert Gadek, Irena Karszniewicz, Jacob Balter, Ran Karni und Tomasz Kuncewicz. In Israel traf ich viele Menschen, deren Geschichten dieses Buch bereichert haben; neben anderen waren es Nili und Amos Oz, Liz Blazer, Johnny Kamiel, Jeremy Portnoi und Jen Meyers, und besonderen Dank schulde ich Rabbi Aubrey Isaacs, weil er mir die Augen für jüdische Geschichte und Kultur öffnete und ein wunderbarer, geduldiger Lehrer war. Hinzusetzen möchte ich abschließend, daß alle Informationen, die ich in diesem Buch niedergeschrieben habe, nur so wahr sind wie die Erinnerungen derer, denen ich begegnet bin und mit denen ich sprach.

Rachel Lichtenstein

Mit Dank an meinen Agenten John Richard Parker, auf dessen Anregung hin ich mich an Rachel Lichtenstein gewandt und ihr vorgeschlagen habe, einen Bericht über ihre Suche nach Rodinsky zu schreiben. An meinen Lektor Neil Belton. Und an all jene, die mit mir gesprochen, Hinweise gegeben oder mich ein Stück weit begleitet haben: Kathy Acker, Marc Atkins, Saskia Baron, Bob Bentley, Andrew Byrne, Brian Catling, Hilary Gerrard, Gerry und Pat Goldstein, Pip Goldstein, John Harle, Sandy Lieberson, Michael Moorcock, Alan Moore, Chris Petit, Nicholas Pounder, Steve Radmall, Dennis Severs, Paul Smith, Susan Stenger, Susie Symes, Paul Tickell, Jah Wobble, Patrick Wright.

Iain Sinclair

Glossar

ALAW HASCHALOM: Seine Seele ruhe in Frieden (wörtlich: »Friede über ihn«). Segensformel bei Erwähnung Verstorbener.

BASCHERT: Gottgewollt, von Gott gefügt; von jidd. *baschern* = (das Schicksal) bestimmen.

BENSCHEN: Beten, segnen, Tischgebet sprechen.

BET MIDRASCH: Lehr- oder Bethaus.

BIMA: Das Podest in der Synagoge, von dem aus die Lesung aus der Thora stattfindet.

CHEDER: Jüdische Knabenschule.

CHEWRA: Vereinigung/Verein/Bruderschaft.

CHOMEZ: Gesäuertes, Sauerteigbrot. (Auch *Chamez.*)

DAWENEN: Beten. (Auch *dawnen.*)

DIBBUK: Bezeichnung für die ruhelose Seele eines verstorbenen Sünders, die in einen Lebenden fährt und dort bleibt, bis sie ausgetrieben wird.

ELUL: Zwölfter Monat des jüdischen Kalenderjahres (Aug./Sept.). Nach jüdischem Brauch wird an den Wochentagen dieses Monats der *Schofar* geblasen, um damit das Neujahr anzukündigen.

EREW PESSACH: Vorabend des jüdischen Pessachfestes.

ERUW: Sabbatschnur, mit der die Grenze abgesteckt wird, innerhalb derer orthodoxe Juden am Sabbat gehen bzw. etwas für die Gebetsausübung Wesentliches tragen dürfen.

FRUM: Fromm, gläubig (jidd.).

HAGDESCH: Jüdisches Armenhaus, Spital oder Herberge, die von der Gemeinde unterhalten wurde.

HALACHA: Jüdisches Gesetz.

HASCHEM: Ein anderes Wort für Gott (wörtlich: »der Name«).

HAWRUSA: Lern- oder Studierpartner.

JAHRZEIT-KERZE: Gedenkkerze für die Toten.

JARMULKA: Käppchen, von orthodoxen Juden auch unter dem Hut getragen, damit man immer eine Kopfbedeckung hat.

JESCHIWA: Rabbinisches Lehrhaus, Schule zum Studium der Thora und des Talmud.

KIDDUSCH: Gebet, das zu Festtagen und zum Sabbat vor Beginn des Festmahles zu Hause über einen Becher Wein gesprochen wird.

KIPPA: Hebräische Bezeichnung für Jarmulka.

LECHAJIM: Trinkspruch (wörtlich: »zum Leben«).

MEA SHEARIM: Geschlossenes Viertel der orthodoxen Juden in Jerusalem.

MELAMED: Lehrer.

MENORA: Kultischer Leuchter (meistens der siebenarmige).

MESUSA: Handgeschriebene kleine Pergamentrolle in einer Metall- oder Holzhülse, die schräg am rechten Türpfosten angebracht ist. Enthält Text aus Deut. 6,4–9, 11.13–21.

MIKWE: Jüdisches Ritualbad. Becken mit natürlichem Regen- oder Quellwasser bzw. gemischt mit normalem Wasser, in dem rituelles Untertauchen vorgenommen wird.

MILUIM: Jährliche einmonatige Dienstverpflichtung, zu der männliche Israelis im Alter zwischen 18 und 50 Jahren herangezogen werden. Reservedienst (hebr.).

MIMUKE: Tante.

MINJAN: Vorgeschriebene Zahl von zehn männlichen Erwachsenen (mit Vollendung des 13. Lebensjahres) für Gebete und Gottesdienste.

MIZWA: Gebot, gute Tat, gutes Werk.

MOHEL: Vollzieher der Beschneidung.

MUME: Tante (jidd.).

NEBECHINKER: Armer Schlucker (jidd.); von *nebech* = arm, bedauernswert.

NEFESCH: Seele, inneres Wesen.

NESCHAMMA: Seele. (Auch *Neschama.*)

OLAM HA SOD: Geheimnisse der Welt.

PESSACH: Erstes der drei jüdischen Wallfahrtsfeste; zur Erinnerung an den Auszug aus Ägypten vor rund 3300 Jahren.

RACHMONES: Unübersetzbares hebräisches Wort für eine Kombination aus tätiger Nächstenliebe, Mitgefühl und Barmherzigkeit.

ROSCH HASCHANA: Jüdisches Neujahr am 1. Tischri. Dieser Tag gilt traditionell als der erste Schöpfungstag. Besonders gekennzeichnet ist er durch seinen Gerichtscharakter und das Blasen des *Schofar*.

SEDER: Mahlzeit und Zeremonie am ersten Abend des Pessachfestes.

SCHABBES: Sabbat (jidd.).

SCHAMMES: Abgeleitet von dem Wort für »helfen«, »dienen«. Synagogendiener, oft auch Hausmeister. Seine Aufgabe besteht in der Betreuung der Synagoge und der Gemeinde. (Auch *Schames*.)

SCHAWUOT: Wochenfest, zweites jüdisches Wallfahrtsfest sieben Wochen nach Pessach. Gefeiert wird die Offenbarung auf dem Berge Sinai. In Israel beginnt mit ihm die Sommerernte. Nach altem Brauch werden die Synagogen mit Blumen geschmückt.

SCHEITEL: Perücke der orthodoxen jüdischen Frauen.

SCHEMA: Ältestes jüdisches Gebet, das zweimal täglich, morgens und abends, gebetet wird.

SCHMATE: Fetzen, Lumpen, (jidd.).

SCHOFAR: Widderhorn.

SCHTIBEL: Chassidisches Bethaus (wörtlich: »Zimmerchen«).

SCHUL: Bethaus, Synagoge (jidd.).

SEJDE: Großvater (jidd.).

SOHAR: Klassisches Hauptwerk der Kabbala (hebräisch und aramäisch), geschrieben in der Form eines mystischen und allegorischen Pentateuchkommentars.

TALLIT: Gebetsmantel. Viereckiges Tuch zum Umhängen mit blauen oder schwarzen Streifen; an den vier Enden sind die Schaufäden angebracht.

TEFILLIN: Gebetsriemen. Kleine Lederkapseln, die Pergamentrollen mit vier Bibelabschnitten enthalten. Orthodoxe Männer legen sie zum werktäglichen Morgengebet am linken Arm und an der Stirn an.

TISCHRI: Erster Monat des jüdischen Kalenderjahres (Sept./Okt.). In diesen Monat fallen *Rosch Haschana*, der Fastentag *Gedalia*, *Jom Kippur* (Versöhnungstag) und *Sukkot* (Laubhüttenfest).

TREJFE: Nicht koschere Speise (jidd.).

YAD VASHEM: Holocaust-Gedenkstätte in Jerusalem.

ZADDIK: Gerechter, Heiliger.

ZEDAKA: Wohltätigkeit. (Jidd.: *zdoke*.)

ZIZIT: Schaufäden. Quasten am Gebetsmantel, auch am kleinen Tallit, der ständig unter der Kleidung getragen wird.

Ausgewählte Literatur

Peter ACKROYD, *Hawksmoor*, London 1985. [Dtsch.: *Der Fall des Baumeisters*, Hamburg 1988].

Rodney ARCHER, Powell JONES, *The Harlot's Curse*, London 1990.

Cecile de BANKE, *Hand over Hand*, London 1957.

Chaim BIALIK, Gedichte, 2 Bde., Berlin 1920/21.

Michael BILLINGTON, *The Life and Work of Harold Pinter*, London 1996.

Chajim BLOCH, *Der Prager Golem. Von seiner »Geburt« bis zu seinem »Tod«*, Berlin 1920.

Simon BLUMENFELD, *Jew Boy*, London 1935.

Brian CATLING, *The Stumbling Block, its Index*, London 1990.

Brian CATLING, »Written Rooms and Pencilled Crimes«, in: *Future Exiles*, London 1992.

Margaret COX, *Life and Death in Spitalfields, 1700–1850*, London 1996.

Dan CRUICKSHANK, Peter WYLD, *London: The Art of Georgian Building*, London 1975.

Salvador DALI, *Le Mythe tragique de l'Angélus de Millet*, Paris 1963.

Kerry DOWNES, *Hawksmoor*, London 1969.

Pierre de la Ruffinière DU PREY, *Hawksmoor's ›Basilica after the Primitive Christians‹: Architecture and Theology*, in: *Journal of the Society of Architectural Historians*, Bd. XLVIII, Heft 1, März 1989.

William J. FISHMAN, *The Streets of East London*, London 1979.

Geoffrey FLETCHER, *Down Among the Meths Men*, London 1966.

John FREEMAN, *London Revealed*, London 1989.
Albert H. FRIEDLANDER, *Riders Towards the Dawn*, London 1993.
Sylvie GERMAIN, *The Weeping Woman on the Streets of Prague*, Cambridgeshire 1993.
Mark GIROUARD, Dan CRUICKSHANK, Raphael SAMUEL u. a., *The Saving of Spitalfields*, London 1989.
Gina GLASMAN, *East End Synagogues*, London 1987.
Willy GOODMAN, *East End My Cradle*, überarb. Aufl., London 1988.
Robert GRAVES, Raphael PATAI, *Hebrew Myths*, London 1964.
Z'ev ben Shimon HALEVI, *Adam and the Kabbalistic Tree*, London 1974.
David HARTNETT, *Black Milk*, London 1994.
Joseph C. LANDIS (Hrsg.), *The Dybbuk and Other Great Yiddish Plays*, New York 1966.
Barnet LITVINOFF, *The Burning Bush (Antisemitism and World History)*, London 1988.
Emanuel LITVINOFF, *Journey Through a Small Planet*, London 1972.
Jack LONDON, *The People of the Abyss*, London 1903.
Colin MACCABE, *Performance*, London 1998.
Peter MARCAN, *Artists and the East End*, Eigenverlag, London 1986.
Jonathan MEADES, *Peter Knows What Dick Likes*, London 1989.
Samuel C. MELNICK, *A Giant Among Giants*, Durham 1994.
Gustav MEYRINK, *Der Golem*, München/Wien 1972.
Gustav MEYRINK, *Der Engel vom westlichen Fenster*, München/Wien 1981.
Michael MOORCOCK, *Michael Moorcock's Multiverse*, in 12 Fortsetzungen, New York, November 1997–Oktober 1998.
Alan MOORE, *Voice of the Fire*, London 1996.
Leo PERUTZ, *Nachts unter der steinernen Brücke. Ein Roman aus dem alten Prag*, Wien/Darmstadt 1988.
Harold PINTER, *Der Hausmeister*, in: *Englisches Theater unserer Zeit*, Reinbek bei Hamburg 1961.
Harold PINTER, *The Birthday Party and Other Plays*, London 1960.
Harold PINTER, *The Dwarfs*, London 1990.
Thomas PYNCHON, *Mason & Dixon*, London 1997.
Winston G. RAMSEY, *The East End, Then and Now*, London 1997.
Angelo Maria RIPELLINO, *Magisches Prag*, Tübingen 1982.

Raphael SAMUEL, *East End Underworld (Chapters in the Life of Arthur Harding)*, London 1981.
Raphael SAMUEL, *Island Stories* (= *Theatres of Memory*, Bd. II), London 1998.
Rafael Felek SCHARF, *Poland What Have I To Do With Thee?*, Krakau 1996.
Bruno SCHULZ, *Der Komet*, in *Gesammelte Werke*, Bd. 1, München–Wien 1992.
Iain SINCLAIR, *White Chappell Scarlet Tracings*, London 1987.
Iain SINCLAIR, *Downriver (or, The Vessels of Wrath)*, London 1991.
A.E. WAITE, *The Quest for Bloods (A Study of the Victorian Penny Dreadful)*, hrsg. von Ayresome Johns, Eigenverlag, London 1997.
Arnold WESKER, John ALLIN, *Say Goodbye: You May Never See Them Again*, London 1974.
Patrick WRIGHT, »Rodinsky's Place«, in: *London Review of Books*, 24. Oktober 1987.
Patrick WRIGHT, *A Journey through Ruins (The Last Days of London)*, London 1991.
Israel ZANGWILL, *Kinder des Ghetto*, Berlin 1897.
Israel ZANGWILL, *Ghetto Tragedies*, London 1893.
Israel ZANGWILL, *Der König der Schnorrer*, 3. Aufl., Berlin 1921.
Israel ZANGWILL, *Dreamers of the Ghetto*, London 1898.

Register

Quellennachweis

Die Originalausgabe erschien 1999 unter dem Titel
Rodinskys Room
bei Granta Books, London

Der Claassen Verlag ist ein Unternehmen
der Verlagshaus Goethestraße GmbH & Co. KG

ISBN 3-546-00178-8

Satz: Franzis print & media, München
Druck und Bindung: Graphischer Großbetrieb, Pößneck